Christoph Schröder
Die Schule des Tischlers

Die Schule des Tischlers.

Eine

systematisch fortschreitende

Konstruktionslehre für Holzarbeiter,

enthaltend

die wichtigsten Lehrsätze der darstellenden Geometrie, der Projektionslehre und Perspektive;

die Entwickelungen der Gehrungen, sowie Darstellung und Beschreibung aller im Holzgewerbe vorkommenden Holzverbindungen, ferner eine Anleitung zur metrischen Berechnung der Körper nach ihrem Flächen- und Kubik-Inhalt.

Zum Gebrauche für Fortbildungsschulen, sowie insbesondere zum Selbstunterricht

herausgegeben

von

Chr. Schröder,

Lehrer an der Fortbildungsschule zu Erfurt.

Mit einem Atlas von 25 Foliotafeln,
teilweise in Farbendruck.

Weimar, 1885.

Bernhard Friedrich Voigt.

Die Schule des Tischlers

von
Christoph Schröder

MANU SCRIPTUM.

Nachdruck der Originalausgabe von 1885.
Das als Vorlage verwendete Exemplar befindet sich im Besitz der Stadt- und Regionalbibliothek Erfurt
(Sign. 8° T 1826).
Der Text wurde gegenüber der Originalausgabe auf 110% vergrößert.
Qualitätsunterschiede in der Schriftwiedergabe sind auf den Zustand des Originals zurückzuführen.

ISBN 3-933497-20-5

© Manuscriptum Verlagsbuchhandlung
Thomas Hoof KG · Waltrop und Leipzig 1998
Einbandgestaltung: Hans-Jörg Sittauer, Leipzig

Vorwort.

Die freundliche Aufnahme, welche die beiden Teile seiner „Klempnerschule" in den betreffenden gewerblichen Kreisen gefunden, sowie die günstige Beurteilung, welche dieselben von fachlicher und wissenschaftlicher Seite erfuhren, hatte in dem Verfasser den wohl nicht ungerechtfertigten Wunsch aufsteigen lassen, die dort aufgestellten Prinzipien auch auf die Holzbearbeitungs-Gewerbe zu übertragen. Natürlich konnten jene angewandten Sätze hier nicht in gleicher Gestalt erscheinen, sondern mußten modifiziert und moderiert werden, doch aber blieb das Prinzip dort wie hier aufrecht erhalten: an der Hand der Wissenschaft und der wissenschaftlichen Lehrsätze dem Gewerbe eine kleine Handreichung zu thun, indem die Theorie derselben direkt in die Praxis des geschäftlichen Lebens übersetzt werden sollen.

Das freundliche, und ich darf es wohl sagen, opferwillige Entgegenkommen meines Herrn Verlegers hat auch hier wieder das Beste gethan, diesen an sich wohl guten Gedanken zur That werden zu lassen und so bleibt denn nur noch der Wunsch übrig, daß auch dieses kleine Werkchen seine Freunde finden möge, damit durch dasselbe ein Baustein mehr zu dem Ausbau unserer Holz-Industrie herbeigetragen werde!

Freilich feine Möbel, neue Stilarten, mancherlei Rezepte für Lacke und dergl. bringt Vorliegendes nicht, sondern ganz einfache, scheinbar simple Dinge. Allein gerade die sinngemäße Behandlung dieser einfachen Sachen schien dem Verfasser so wichtig zu sein und so wichtige Bildungsmomente zu bergen, daß er immer wieder auf dieselben zurückkam.

Die Erwägung, daß so mancher Tischlerlehrling gern zeichnen lernt, daß er aber zumeist nur fertige, mehr oder weniger feine Möbel zu kopieren erhält und dabei an dem so nahe Liegenden beachtungslos vorübergeführt wird, konnte ihm in seiner Ansicht nur bestärken.

Böse Zungen wollen behaupten, daß durch das Zeichnen schöner Möbel der Anfänger seines Berufs nur zur Ueberhebung angeleitet werde, wenn der Meister, dem die Gelegenheit zum Zeichnen vielleicht nicht geboten war, nicht gleichen Schritt halten könne. Diese Gefahr liegt hier nicht vor, im Gegenteil sind die hier gebotenen Zeichnungen so instruktiv, daß die Wertschätzung und Achtung vor dem Können des Meisters bei dem Anfänger nur gehoben wird.

Aber noch ein anderes Motiv hat bei der Aufstellung dieser „Schule des Tischlers" mitgewirkt. Die zahlreichen Anstalten und Schulen, welche heutzutage zur Fortbildung der angehenden Handwerker gebildet werden, fassen die Aufgabe des Zeichenunterrichtes dahin auf, daß sie nur die Fertigkeit der Hand im

Zeichnen als Hauptgesichtspunkt hinstellen und diese durch das Kopieren von Vorlagen erreichen wollen. Dem gegenüber ist der Verfasser dieses der Meinung gewesen, daß der Zeichenunterricht an solchen Anstalten sich eingehender mit den Interessen des bezüglichen Gewerbes beschäftigen und daß vor allem auch der Verstand und das Denkvermögen des Zeichners in Mitleidenschaft gezogen werden müsse; auch könnte sehr wohl dieser Unterricht gleichmäßig fortschreiten mit der Entwickelung der Ausbildung, die der Lehrling in seiner Werkstatt nimmt, das Interesse für die Sache kann dadurch nur gewinnen.

Die perspektivische Darstellung derjenigen Holzverbindungen, die des Tags über den Lehrling oft beschäftigen, hielt er zur Erreichung dieses Zwecks für am geeignetsten und wenn durch solche zeichnerische Beschäftigung mit dergleichen Dingen eine gute Vorkenntnis für immerhin etwas schwierige Arbeiten der Praxis gewonnen wird, so wird diese dem Gewerbe doch merklich zu statten kommen.

Was nun die Ausführung der einzelnen Figuren anbetrifft, so sei bemerkt, daß sie anfangs nur mit Blei, jedoch möglichst sauber angefertigt werden sollen. Hat der Zeichner schon einige Fertigkeit erlangt, so können sie mit der Reißfeder ausgezogen und zuletzt auch mit Tusche, Farbe oder schwarzem Kaffee angelegt werden. Das Anlegen der perspektivisch dargestellten Körper in dreierlei Farbetönen in licht, hell und dunkel, hilft wesentlich dazu, die Zeichnung recht plastisch zu machen. Die Lichttöne erhalten alsdann die dem Lichte zugewendeten Flächen, die hellen Farbetöne mehr die seitlich gelegenen und die dunkeln Töne endlich die dem Lichte abgewendeten Körperflächen. Zu dem Ende wird stets dieselbe Farbe angewandt nur in etwas dunklerem Tone.

Die punktierten oder gestrichelten Linien der einzelnen Tafeln werden der Zeitersparnis wegen vom Zeichner am besten mit roter oder blauer Tinte ausgezogen, damit sie als Hilfslinien erkannt werden.

So möge denn auch dieses Werkchen hinausziehen in die Oeffentlichkeit, Belehrung zu spenden allen, die danach begehren, begleitet von den besten Wünschen

des Verfassers.

Inhalt.

	Seite
Vorwort.	v
Einleitung	1

Erstes Kapitel.

Erster Abschnitt. Von der Geometrie im allgemeinen 14
Zweiter Abschnitt. Darstellende Geometrie 15
   A. Von der geraden Linie, Tafel I 15
     1. Die senkrechte Linie, Tafel I 15
     2. Die wagerechte Linie, Tafel I 16
   B. Von den Winkeln, Tafel I 17
     a) Der rechte Winkel 17
     3. Die schrägen Linien, Tafel I 17
     b) Der stumpfe Winkel, Tafel I 20
   C. Von den geometrischen Figuren, Tafel I 22
     a) Das Dreieck und der spitze Winkel, Tafel I 22
     b) Das Quadrat 26
     c) Vom Pythagoräischen Lehrsatz, Tafel I 30
     d) Der Kreis, Tafel II 33
     e) Das Oval, Tafel III 43
     f) Die Eilinie, Tafel III 47
     g) Die Ellipse, Tafel IV 49
Dritter Abschnitt. Eine Anleitung über Vergrößerung resp. Verkleinerung eines gegebenen Modelles 58
     a) Vergrößerung in einem bestimmten Verhältnisse, Tafel IV . 58
     b) Vergrößerung in einem unbestimmten Verhältnisse, Tafel IV . 62
     c) Verkleinerung eines Profiles, Tafel IV 63

Zweites Kapitel.
Von dem Furnieren.

	Seite
Erster Abschnitt. Allgemeines	64
Zweiter Abschnitt. Das Zusammensetzen des Furniers	68
Dritter Abschnitt. Ueber Einlegearbeiten	75

Drittes Kapitel.
Von den Gehrungen.

Erster Abschnitt. Gehrungen regelmäßiger Figuren, Tafel V	79
Zweiter Abschnitt. Gehrungen beliebiger Winkel, Tafel V	82
Dritter Abschnitt. Gehrungen mit gekrümmten Gehrungsflächen, Tafel V	86

Viertes Kapitel.
Projektionslehre.

Erster Abschnitt. Projektion des Punktes, Tafel VI	91
Zweiter Abschnitt. Die Projektion der Linie, Tafel VI	93
Dritter Abschnitt. Projektion der Fläche, Tafel VI	97
Vierter Abschnitt. Projektion der Körper, Tafel VI	102
Fünfter Abschnitt. Projektion eines Körpers mit verschiedenen Schnittflächen, Tafel VII	107

Fünftes Kapitel.
Ueber Perspektive.

Ueber Parallelperspektive, Tafel VIII	114

Sechstes Kapitel.
Ueber die Holzverbindungen.

Erster Abschnitt. Allgemeines	127
Zweiter Abschnitt. Holzverbindungen, welche nur durch den Leim gehalten werden, Tafel IX	131
Dritter Abschnitt. Die Hirnholzverbindungen, Tafel X	139
Vierter Abschnitt. Langholzverbindungen, Tafel XI	145
Fünfter Abschnitt. Das Platten und Schlitzen, Tafel XII	148
Sechster Abschnitt. Der Zapfen, Tafel XIII	153

	Seite
Siebenter Abschnitt. Das Zinken, Tafel XIV	158
Achter Abschnitt. Bewegliche Holzverbindungen, Tafel XV	167
a) Die Schraube	168
b) Das Scharnierband	168
c) Das Stehband	170
d) Das Zapfenband	173
e) Das Fischband	175
f) Das Sekretärband	176
g) Der Spieltisch	177

Siebentes Kapitel.

Die Holzverbindungen in ihren Anwendungen.

1. Die Holzverbindungen des Nähtisches, Tafel XV	178
2. Die Holzverbindungen des Stuhles, Tafel XV	183
3. Die Holzverbindungen des Tisches, Tafel XVII	186
4. Holzverbindungen der Kommode, Tafel XVIII	191
5. Die Holzverbindungen des Ausziehtisches, Tafel XIX	201
6. Die Holzverbindungen des Schrankes, Tafel XX	206
7. Die Holzverbindungen der Thür, Tafel XXI	213
8. Die Holzverbindungen des Fensters, Tafel XXII	217
9. Diverse Lang- und Querholzverbindungen, Tafel XXIII u. XXIV	220

Achtes Kapitel.

Von dem Werkholze und dessen Eigenschaften.

Erster Abschnitt. Von dem Bau des Holzes im allgemeinen	225
Zweiter Abschnitt. Eigenschaften des Holzes	226
Dritter Abschnitt. Fällzeit des Holzes	228
Vierter Abschnitt. Beschreibung der Nutzhölzer	230
A. Die Nadelhölzer	231
B. Die Laubhölzer	234
C. Ausländische Hölzer	243

Neuntes Kapitel.

Ueber die Bauglieder, Tafel XXV 245

Zehntes Kapitel.

Von dem Maßstabe.

Erster Abschnitt. Ueber den natürlichen Maßstab	253
Zweiter Abschnitt. Ueber den verjüngten Maßstab, Tafel XXV	255
Dritter Abschnitt. Die Veranlagung eines verjüngten Maßstabes	255

Elftes Kapitel.

Das Berechnen von Linien, Flächen und Körpern.

		Seite
Erster Abschnitt. Das Berechnen von Linien	. . . . .	259
Zweiter Abschnitt. Ueber Flächenberechnung	. . . . .	260
Dritter Abschnitt. Ueber die Körperberechnung	. . . . .	269
Vierter Abschnitt. Angewandte Aufgaben	. . . . .	273

Einleitung.

Will ein Tischler sich über das Niveau der Alltäglichkeit und des Gewöhnlichen erheben, so kann er dieses Ziel nicht besser und sicherer erreichen, als wenn er tüchtig zeichnen lernt. Das hatten schon unsere alten Vorfahren erkannt und deshalb hielten sie streng darauf, daß der angehende Handwerker nicht nur lerne ordentlich das Handwerkszeug zu regieren, sondern auch den Zeichenstift. Der Lohn dieses edlen Strebens war, daß sie ihre Gewerbe zu einer sehr hohen Stufe der Entwickelung brachten, daß sie Arbeiten schufen, die noch heute uns zum großen Teil als Musterbild dienen.

Nicht nur das Baugewerbe allein war es, welches solche großen Erfolge errang, sondern auch andere Gewerbszweige, die mit jenem mehr oder weniger in enger Verbindung standen, sie nahmen an jener Begeisterung für das Bessere regen Anteil, und so sehen wir denn in vielen Zweigen der damaligen Industrie Arbeitsleistungen vor uns, die uns heute noch mit gerechter Bewunderung erfüllen.

Auch die Tischlerei nahm regen Anteil an diesem löblichen Streben. Arbeiten, die uns aus jener Zeit erhalten geblieben sind, erfreuen uns heute noch durch ihre Formen derartig, daß wir vielfach anfangen, auf dieselben wieder zurückzugreifen.

Leider trat in den Kunstbestrebungen jener Zeit, wie in so vielen nützlichen, menschlichen Bestrebungen eine Stagnation ein, und wie überall Stillstand der Anfang zum Rückgange ist, so war es auch hier. Die schönen, mustergültigen Formen wurden anfangs bizarr, dann aber verflachten sie sich und ermüdeten lange Zeit hindurch durch ihre Sterilität unser Auge. Sicherlich würden wir uns auch heute noch auf demselben Standpunkte der Nichtachtung befinden, wenn uns nicht jenes hochwichtige Wort: „Billig, aber schlecht" aus unserer Sorglosigkeit aufgeschreckt hätte.

Und so ist denn auch gegenwärtig wieder das Streben nach Verbesserung und Vervollkommnung auf allen Gebieten unserer deutschen Industrie erwacht, überall sucht man zu bessern und zu heben. Vor allem sucht man die jüngere Generation mit in diese allgemeine Vorwärtsbewegung hineinzuziehen und durch eine bessere, berufliche, theoretisch-technische Ausbildung der angehenden Handwerker den alten, guten Ruf, den unsere deutsche Industrie vordem hatte, wieder von neuem zu begründen.

Daß man zur Erreichung dieses Zieles vor allem dem Zeichenunterrichte wieder mehr und mehr seine Aufmerksamkeit zuwenden mußte, das war das Natürlichste von allem. Ist doch der Zeichenunterricht diejenige Disziplin, welche den Lernenden nach verschiedenen Seiten hin bildet, seine Fähigkeiten weckt und entwickelt.

Zunächst weckt der Zeichenunterricht bei dem Lernenden den Sinn für Ordnung, für Gesetzmäßigkeit, für Reinlichkeit und Akkuratesse und ist dieses erst geschehen, so werden sich diese guten Dinge auch bald anderen Lebensäußerungen besonders auf die Bethätigung des Lebensberufes vorteilhaft äußern. Doch dieser Gewinn, der in der Angewöhnung guter Eigenschaften besteht, ist immer nur als ein nebensächlicher, beiläufiger zu betrachten.

Den Hauptgewinn, welchen der Zeichenunterricht mit sich bringt, lernen wir erst kennen, wenn wir diese Disziplin nach ihren zwei Hauptarten hin betrachten. Diese sind das Freihandzeichnen und das Linearzeichnen.

Es unterliegt keinem Zweifel, daß die systematische Ausbildung im Freihandzeichnen von ganz eminenter Wichtigkeit ist für die Ausbildung des Individuums. Nicht nur wird durch das Freihandzeichnen die menschliche Hand geschickter gemacht zur Verrichtung feinerer Arbeiten, kunstvoller Leistungen und zu erhöhter Thätigkeit, auch das Auge nimmt mit teil an einer solchen Veredlung der Funktionen. Wer je in den Besitz eines guten „Augenmaßes" gekommen ist, der hat durch den Zeichenunterricht sich diesen wertvollen, für den Handwerker geradezu unentbehrlichen Besitz errungen. Besser als der Maßstab oft kontrolliert ein gut geschultes Auge die Arbeit und entdeckt Fehler, die sonst vielleicht verborgen geblieben wären. Wenn nun Hand und Auge in ihren Funktionen durch den Zeichenunterricht vervollkommnet werden, so ist hiermit diesem Unterrichtszweige das beste Zeugnis ausgestellt, denn was hat der Handwerker Besseres als seine Hand und sein Auge!

Aber durch eine systematische Ausbildung im Freihandzeichnen wird das Auge auch noch zum andern empfänglicher für schöne Formen gemacht. Ein ungeschultes Auge geht ziemlich teilnahmlos an schön geformten Gegenständen vorüber; es berührt ihn nicht, wenn Unebenmäßigkeiten, unschöne Linien, schlecht gewählte Verhältnisse den Gegenstand verunzieren und verunstalten aus dem einfachen Grunde, weil es diese bösen Dinge aus eigener Erfahrung und aus eigener Uebung nicht kennen gelernt hat. Denn wenn jemand einem andern nachweisen will, daß er falsch gerechnet hat, der muß eben selber gelernt haben richtig zu rechnen. Ist aber erst ein menschliches Auge für schönere, edlere Formen empfänglich gemacht worden, dann liegt es in der Natur der Sache, daß es sich von unschönen und falschen Formen von selbst wegwendet und von dem Besseren angezogen fühlt.

Menschen, die diesem Zuge folgen, den rühmt man nach, daß sie einen guten Geschmack haben, und wenn ein Handwerker speziell ein Tischler, sich bei den Anfertigungen seiner Arbeiten von einem guten Geschmacke leiten läßt, dann ist ihm der beste Empfehlungsbrief für seine industrielle Laufbahn ausgestellt.

Lange Zeit ist es der Vorzug eines nachbarlichen Volkes gewesen, einen feinern Geschmack als wir zu haben und dieser Vorzug, der ihm den Vorrang in der Industrie einbrachte, war ihm zu teil geworden, weil es früher als wir die Wichtigkeit des Zeichenunterrichtes für das Gewerbe erkannt und daher gepflegt hatten. Aber jetzt schon scheint sich das Blättchen gewendet zu haben, seit wir uns unsere Augen haben aufthun lassen und dem Zeichenunterrichte diejenige Beachtung zugewendet haben, die er verdient.

Aber außer dieser Vervollkommnung mechanischer Fertigkeiten und Verfeinerung des Geschmacks haben wir noch von einer anderen erziehlichen Thätigkeit des Zeichenunterrichts zu berichten, der sich mehr der intellektuellen Ausbildung des Individuums zuwendet und somit einen wesentlichen Bildungsmoment ausmacht.

Wir lernen diese wichtige Seite des Zeichenunterrichtes kennen, wenn wir die zweite Hauptart des Zeichnens: **das Linearzeichnen** betrachten.

Wenn das Freihandzeichnen sich vorzugsweise sozusagen mit den ästhetischen Seiten des Individuums befaßt, um sie zu entwickeln und auszubilden, so wendet sich das Linearzeichnen fast ausschließlich an das Denkvermögen desselben, also an den Verstand und da nun einmal ein jeder Unterricht erziehlich wirkt und wirken muß, so liegt es auch in der Natur dieses Zweiges des Zeichenunterrichtes lediglich erziehlich auf den Verstand des Zeichners einzuwirken.

Das Linearzeichnen hat — wie es schon der Name andeutet — fast allein mit Linien und zwar meistens mit geraden Linien zu thun, aber eine jede dieser Linien hat ihren speziellen Zweck, ihre spezielle Aufgabe in der Zeichnung zu erfüllen. Gerade so wie im Rechnen die kleinste Ziffer — und wäre es die Null — ihre Bedeutung hat, so hat auch die kleinste Linie hier ihre Bedeutung, welche sie nicht beliebig ändern darf.

Das Linearzeichnen ist demnach ein Rechnen mit dem Zeichenstift und demnach ist jede fertige Zeichnung ein Produkt einer Verstandesoperation. Solche Verstandesoperationen können aber nur durch Urteilen, Folgern und Schließen sich vollziehen und diese Geistesthätigkeiten zusammen machen das Denken aus. Wird nun dieses Linearzeichnen in systematischer Weise betrieben, so liegt es auf der Hand, daß die Denkfähigkeit des Zeichners durch einen solchen Unterricht aufs beste und nützlichste ausgebildet wird.

Der Uebungsstoff, welcher dieser Disziplin zu Grunde liegt, ist zum großen Teil aus der Geometrie genommen und zwar aus denjenigen Lehrsätzen ausgewählt, welche eine praktische Bedeutung für das Gewerbe haben. Die Beschäftigung mit diesem Unterrichtszweige ist demnach nicht nur eine nützliche, sondern auch eine interessante und zweckdienliche.

Wenn die Anfänge der Uebungen im Freihandzeichnen zweck der Kultivierung desselben in die Lernschulen gelegt werden und also an das jugendliche Alter des Individuums herantreten, so ist diese Thatsache nur als recht und billig zu betrachten, denn man kann mit der Gewöhnung des Menschen zum Guten und Schönen nicht frühzeitig genug beginnen, und wird nur die richtige Grenze inne gehalten, so ist gegen das Zeichnen in der Schule nichts Stichhaltiges einzuwenden; im Gegenteil ist nur zu wünschen, daß dieses dort recht gepflegt und noch vielmehr als es geschieht, beachtet werde. Dort sollen ja die allgemeinen Grundlagen für diese Kunst geschaffen werden.

Wesentlich anders verhält es sich mit dem gewerblichen Linearzeichnen. Weil dasselbe sich den speziellen Bedürfnissen des Gewerbes zuwendet — für welches die Lernschule nicht sorgen kann und nur die allgemeine Vorbildung zum späteren beruflichen Leben schaffen soll. — Und weil nun dieses rechnende Zeichnen mehr Erfahrungen und Kenntnisse voraussetzt, kann auch der Platz für dasselbe nicht in der Lernschule sein. Das Linearzeichnen gehört daher vorzugsweise in berufliche Schulen, Fortbildungsschulen und Gewerbsschulen.

Die Aufgabe aber, welche dem Linearzeichnen zufällt, ist vor allem die, daß dieser Zeichenunterricht alle diejenigen Lehrsätze aus der Geometrie, welche zu dem Gewerbe irgend welche Beziehungen haben, zusammenfaßt, und dergestalt bearbeitet, daß die Bedeutung des betreffenden Lehrsatzes für das Gewerbe aufs deutlichste zu tage tritt.

Gerade in diesem Punkte ist mit ein Hauptgewinn des Linearzeichnens zu suchen. Der Knabe, welcher nur die Lernschule besucht und das geometrische Linearzeichnen nicht kennen gelernt hat, hat wohl auch manchen wissenswerten Lehrsatz aus der Geometrie kennen gelernt, aber er hat ihn nicht um eines Gewerbes willen, sondern nur um der Wissenschaft — der Geometrie — selbstwillen sich aneignen müssen, und bleiben ihm wohl in den meisten Fällen die Beziehungen zu seinem späteren Lebensberufe fremd. Daher kommt es, daß manches hochwichtige Pfund, welches der Knabe in der Lernschule sich erwerben mußte, nichtsdestoweniger im Schweißtuche vergraben bleibt, mit welchem er wohl zehn andere hätte gewinnen können.

Was nun die Anordnung des Stoffes für einen Unterricht im Linearzeichnen anlangt, so muß bei derselben, wie bei jedem andern Unterrichte, eine genetische Stufenfolge ersichtlich sein, es muß ein stetes Fortschreiten vom Leichtern zum Schweren stattfinden.

Den Anfang macht die gerade Linie in verschiedenen Lagen. Zu der einen geraden Linie gesellt sich alsdann eine zweite, diese beiden bilden bald den Winkel, der nach seinen verschiedenen Arten und Verwendungen im Gewerbe zu behandeln ist.

Tritt endlich zu diesen zwei Geraden eine dritte, so entsteht die Figur. Die wichtigsten von ihnen sind: Das Dreieck, das Viereck, der Kreis, das Oval, welche ebenfalls von dem Gewerbe auf die mannigfachste Art verwendet werden. Die charakteristischen Eigenschaften dieser einzelnen Figuren, sowie ihre Bedeutung für das Bau- resp. Tischlergewerbe müssen hierbei zur Behandlung kommen, um Nutzanwendungen daraus machen zu können.

Mit den Figuren sind wir bereits zur Behandlung der Flächen gekommen, von denen die ebenen Flächen im Gewerbe die wichtigsten und gebräuchlichsten sind. Es haben demnach die Merkmale und Prüfungsmittel für ebene Flächen hier aufzutreten.

Aus der Verbindung mehrerer Flächen entsteht endlich der Körper. Der Körper aber ist derjenige Gegenstand, an welchem das Gewerbe der Holzarbeiter das größte Interesse nimmt. Darum muß auch der Körper die eingehendste Behandlung erfahren. Alles, was der Tischler fertigt, sind Körper, freilich Körper der verschiedensten Art und Gestalt. Er stellt diese selbst erst aus anderen Körpern her und die Art und Weise, wie er diese kleineren zu einem größeren Ganzen verbindet, ist eben seine Kunst, eine Hauptbeschäftigung seiner täglichen Arbeit, aber auch seiner täglichen Sorge.

Das sind aber zugleich auch die einzelnen Stufen der Ausbildung, welche ein jeder Anfänger des Tischlergewerbes in seiner Werkstatt zu durchlaufen hat. Hat er es anfangs doch nur meist mit der geraden Linie zu thun, wenn er die Kanten eines Werkstückes bearbeiten und den Hobel oder die Säge regieren lernen soll. Ist ihm die fluchtrechte Herstellung einer Längenkante gelungen, so schreitet er zur Bearbeitung der Hirnkante fort, er lernt den Winkel in Gebrauch ziehen zunächst den rechten, dann auch schiefe.

Der nächste Fortschritt ist die Bearbeitung der Fläche mittels Hobel und Rauhbank, sowie die Prüfung derselben nach ihrer Ebenheit und gelingt ihm diese Arbeit, so ist nur noch ein kleiner Schritt zu thun übrig, um zur Bearbeitung der Körper zu gelangen.

Als wichtigstes Stück sind in dieser Beziehung die Verbindungen verschiedener Werkkörper zu einem Ganzen, das sind die Holzverbindungen, anzusehen, denn es sind dieses diejenigen Arbeiten, welche dem Anfänger die meisten Schwierigkeiten zu machen pflegen, weil sie nicht und niemals auf mechanischem Wege sich erlernen lassen, sondern nur durch ein richtiges verständiges Auffassen ausgeführt werden können, auch hat bei ihnen die größte Genauigkeit und Akkuratesse obzuwalten, wenn sie ihren Zweck richtig erfüllen sollen.

Der Wichtigkeit dieses Faktums entsprechend, ist denn auch dieses Kapitel von den Holzverbindungen in diesem Werke behandelt worden. Die Aufgaben, welche hier gelöst worden sind, sind in der eingehendsten Weise besprochen worden, so daß wohl kaum noch Zweifel in einigen Dingen obwalten wird. Werden aber diese wichtigen Dinge der Tischlerei sachgemäß als Uebung im Zeichnen dargestellt, so kann es keine Frage mehr sein, daß dieselben als eine wichtige technische Vorschule für die Praxis gelten werden.

Diese Zeichenübungen erfüllen aber dann nur ihren Zweck, Aufklärung und Verständnis zu schaffen, voll und ganz, wenn die richtige Darstellungsweise hierzu gewählt wird. Die geometrische Darstellungsweise der Holzverbindungen kann diese Frage nicht befriedigend genug lösen, weil sie nicht die Flächen, sondern nur die Kanten, derselben also nur die Linien, welche äußerlich sichtbar werden, ersichtlich machen. Nur die perspektivische Darstellungsweise dieser Dinge vermag eine verständnisvolle Darstellung zu liefern und es ist diese um so instruktiver, als sie den Zeichner nötigt, sich in den Verlauf einer jeden Verbindungsfläche vollständig hineinzudenken, wenn er sie richtig zeichnen will.

Eine Spezialisierung dieser Holzverbindungen muß notwendigerweise die technische Ausbildung des jungen Tischlers vervollständigen.

Einige Winke für den angehenden Zeichner.

Wie ein Arbeiter in der Werkstatt nur dann ein gutes Stück Arbeit liefern kann, wenn er auf gutes Material, auf gutes, scharfes Werkzeug und endlich drittens auf eine gute Ausführung der Arbeit bedacht ist, so kann auch nur der Zeichner und zwar der angehende wie auch der fertige, eine gute Zeichnung liefern, wenn er keine dieser drei Hauptbedingungen aus dem Auge läßt und eine jede mit der größten Sorgfalt befolgt.

Das Zeichenmaterial muß sich in gutem Zustande befinden, es muß von guter Qualität sein. Das Zeichenwerkzeug, die Zeichenutensilien müssen gleichfalls von guter Beschaffenheit sein, wenn sie Gutes leisten sollen. Wie dieselben beschaffen sein sollen, wird uns der folgende Abschnitt zur Genüge zeigen.

Doch beide Hauptfaktoren können nicht das ihrige leisten, wenn nicht der dritte hinzukommt und das ist die Arbeit des Zeichners, die Art und Weise, wie er diese Dinge gebraucht!

Wie das beste Material, das beste Werkzeug in der Hand eines Ungeschickten oder Gleichgültigen nichts Ordentliches entstehen lassen kann, wohl aber vielfach noch in seiner Qualität herabgedrückt wird, so vermag auch das beste Zeichenmaterial kein gutes Werk entstehen helfen, wenn es der Zeichner durch seine plumpe Behandlung verdirbt und dadurch zu erkennen gibt, daß er von der Kunst des eigentlichen Zeichnens so viel wie nichts versteht.

Daher muß sich der Zeichner — wenn er kein Stümper in dieser Kunst werden und bleiben will — gleich von den ersten Zeichenlektionen an daran gewöhnen, alles, auch die kleinste Arbeit, so gut als nur möglich zu verrichten. Nichts soll ihm zu klein und unbedeutend und unwesentlich erscheinen, daß er nicht Fleiß und Aufmerksamkeit anzuwenden nötig hätte.

Es ist eben das Zeichnen eine Kunst, die nicht angeerbt, sondern durch eigenes Schaffen, durch eigenen Fleiß und durch Ausdauer erworben sein will und wenn jemals das Sprichwort: „Uebung macht den Meister" zur Wahrheit geworden ist, so ist es in Beziehung auf das Zeichnen geschehen.

So ist denn dem angehenden Zeichner kein besserer Rat zu erteilen als der, sich tüchtig in dieser edlen Kunst zu üben und seine Hand zu zwingen, immer bessere Arbeiten zu vollbringen, und sicherer in der Ausführung derselben zu werden. Dabei sei aber bemerkt, daß nicht die Kunstfertigkeit im Zeichnen das Ziel ist, welches unter allen Umständen erreicht werden soll und muß, wohl aber die Geläufigkeit im Entwurf und die Sicherheit im Strich. Wer diese beiden Stadien erreicht hat, dem wird es auch an Freude über seine Leistungen nicht fehlen und wird Gelegenheit im gewerblichen Leben genug finden, die Früchte seines Fleißes und seiner Ausdauer einzuheimsen.

Ueber die Zeichenutensilien.

Da in vorigem so großes Gewicht auf die Beschaffenheit der Zeichenutensilien gelegt wurde, so erfordert es wohl die Pflicht, die allgemeinen

Kennzeichen der guten Eigenschaften derselben hier zur Sprache zu bringen und einige Bemerkungen über den zweckmäßigsten Gebrauch zu geben.

Zu den wichtigsten und unentbehrlichsten Zeichenutensilien gehören:

1. das Reißbrett,
2. die Reißschiene,
3. die Zeichendreiecke,
4. die Zeichenstifte,
5. das Zeichenpapier,
6. das Gummi und
7. das Reißzeug.

1. Das Reißbrett soll nur aus ganz vollständig ausgetrocknetem Holze hergestellt sein, und weder rund noch hohl oder wohl gar windschief sein. Außer Tannen- und Fichtenholz eignet sich am besten das Lindenholz zur Anfertigung eines Zeichenbrettes, weil dieses am besten steht und die gleichmäßigsten Holzjahre besitzt. Weiches Tannenholz eignet sich wegen der harten Jahresringe und den dazwischen liegenden weichen Holzfasern am wenigsten gut zu diesem Zwecke, weil die weichen Holzteile sich leicht und die harten Holzjahre sich bleibend in das Zeichenpapier eindrücken. Auch ist Eichenholz, ganz abgesehen von seiner Schwere, nicht gut für Reißbretter geeignet, wegen seiner großen Porösität, welche das Eindringen der Blei- und Zirkelspitze in das Papier begünstigen.

Ein jedes gutes Reißbrett hat etwa 10 cm von den Hirnkanten entfernt zwei Einschubleisten, welche das Brett vor dem Verziehen schützen sollen. Dasselbe muß genau von Breiten und gut im Winkel sein. Ist dieses nicht der Fall, so müssen sich notwendigerweise alle diese Unregelmäßigkeiten, welche das Reißbrett an sich hat, beim Zeichnen in der Figur wiederholen. Der Zeichner weiß oft nicht, woher diese Differenzen rühren und hat nur unnötige Korrekturen, Aerger und Zeitverlust davon zu ertragen.

Man überzeugt sich von der Richtigkeit des Winkels am Reißbrett, wenn man die Entfernungen zweier einander gegenüberliegender Ecken mißt und wenn diese Entfernungen übereinstimmen. (Siehe über die Diagonale **Fig. 29** bis **31, Taf. 1**, Seite 27).

2. Die Reißschiene. Die Reißschiene besteht aus zwei Hauptteilen, aus dem Kopfe und aus der Zunge. Sie muß ebenfalls wie das Reißbrett genau im Winkel sein, weil ein Mangel in dieser Beziehung beständig Fehler in der Zeichnung hervorruft.

Unsicher und falsch funktioniert eine Reißschiene, wenn die Innenkante des Kopfes, das ist die Anschlagsseite desselben, etwas rund ist, denn hierdurch wird die Zunge der Reißschiene niemals sicher nach ein und derselben Richtung dirigiert; viel eher kann diese Kante etwas hohl sein, ohne wesentliche Fehler zu erzeugen.

Die Zunge der Reißschiene darf weder zu dick noch zu dünn sein, denn dicke Zungen erschweren das Zeichnen, verdecken häufig den Bleiriß und werfen viel Schatten; sehr dünne Zungen sind dem Verderben sehr leicht ausgesetzt. Da sie trotzdem sich einer großen Beliebtheit erfreuen, sei hier darauf hingewiesen, daß eine Konservierung derselben dadurch leicht erzielt werden kann, daß man die Reißschiene nach dem Gebrauche in eine hölzerne Zungenscheide steckt, welche sie vor mancher Unbill bewahrt.

Die Reißschiene kann nur von hartem Holze hergestellt werden und muß dieses ebenfalls recht trocken und schlicht gewachsen sein, damit sie sich nicht so leicht verzieht.

Von der Richtigkeit einer Reißschiene überzeugt man sich, wenn man sie z. B. von links über das Reißbrett legt und einen feinen Bleiriß macht. Wird sie hiernach abgehoben und auch von der rechten Seite her über das Reißbrett gelegt, so daß die Zunge dicht an dem Bleirisse zu liegen kommt und ist eine Abweichung nach der einen oder andern Seite nicht zu bemerken, so ist die Reißschiene richtig im Winkel.

Die Reißschiene soll nur von einer Seite angeschlagen werden und zwar von der linken, alle übrigen Linien sind mit dem Dreieck zu ziehen. Nur in dem Falle, daß letzteres zu kurz sein sollte, ist es gestattet, auch die senkrechten Linien mit der Reißschiene zu ziehen. In diesem Falle schlägt man sie von unten an, weil die überragende Zunge dem Zeichner im Wege sein würde.

Reißschienen, deren Kopf so eingerichtet ist, daß die obere Hälfte derselben, die Decke, mittels einer Stellschraube verstellt werden kann, gewähren beim Zeichnen oft großen Vorteil, wenn in der Zeichnung mehrere schräge Linien von derselben Schmiege zu ziehen sind.

Warnung: Schneide niemals mit der Reißschiene den Zeichenbogen ab!

3. Die Zeichendreiecke. Ein jeder einigermaßen sorgfältige Zeichner setzt sich in den Besitz zweier Dreiecke. Das eine Dreieck ist ein rechtwinklig-gleichschenkliges, das andere ein ungleichschenkliges, von denen der eine recht lang ist, um längere Linien mit demselben ziehen zu können.

Das erstere ist deshalb für das konstruktive Zeichnen so wichtig, weil die Schräge seiner Hypotenuse eine für das Baugewerbe sowohl als auch für das Tischlergewerbe eine so überaus wichtige ist; es ist die Schräge von 45° in der Technik kurz: „Gehrung" genannt. Dieses Dreieck erleichtert dem Zeichner die Arbeit wesentlich und erspart ihm viele Zeit, so daß die Anschaffung eines solchen nicht genug angeraten werden kann.

Die Dreiecke können ebenfalls nur aus hartem Holze hergestellt werden und müssen recht dünn gearbeitet sein; infolgedessen verlangen sie aber eine behutsame Handhabung, weil sie in den Fugen sehr leicht zerbrechen. Gewöhnlich sind sie von Ahorn oder Mahagoniholz angefertigt, weil diese Hölzer am besten stehen; die Kanten derselben sind bei besseren Arten meist mit Ebenholz eingefaßt, um diese unempfindlicher gegen Stöße und Lücken zu machen.

Die Richtigkeit des rechten Winkels am Dreieck, als der Hauptsache derselben, prüft man so. Man legt die Reißschiene über das Reißbrett und legt an diese den einen Schenkel des Dreiecks dicht an, um an dem andern Schenkel mit einem recht spitzen Bleistifte einen scharfen Bleiriß zu machen. Ist dieses geschehen, so legt man denselben Schenkel des Dreiecks von der andern Seite wieder an dieselbe Kante der Reißschiene ohne diese zu verrücken und prüft nun, ob der freie Schenkel des Dreiecks genau in die Flucht des Bleirisses fällt. Stellt sich dieses heraus, so ist der Winkel richtig, im andern Falle aber nicht; es muß alsdann solange am Dreiecksschenkel abgehobelt oder abgefeilt werden, bis die Uebereinstimmung hergestellt ist.

Freilich muß hierbei vorausgesetzt werden, daß die Zunge der Reißschiene selbst genau fluchtrecht, also weder rund noch hohl ist. Man überzeugt sich hiervon, wenn man ein Auge schließt und die Zunge nun so vor das noch geöffnete Auge hält, daß man die Längenkante mit einem Blicke übersehen kann. Jede Abweichung von der geraden Flucht macht sich dann bemerklich.

4. **Die Zeichenstifte.** Da es beim Linearzeichnen nicht wie beim Freihandzeichnen zuweilen auf das Hervorbringen hellerer oder dunkler Linien ankommt und hier also nicht mit dem Bleistift schattiert wird, so hat man bei der Auswahl der Zeichenstifte besonders darauf zu achten, daß man Stifte von gleichmäßig abfärbendem Blei erhält. Die sogenannten weichen Stifte sind für die Zwecke des Linearzeichnens gar nicht zu gebrauchen, es eignen sich aber auch die ganz harten Bleifedern nicht gut hierzu, weil sie gern das Papier ritzen und die Linien so eingravieren, daß sie nicht wieder vom Papiere zu beseitigen sind. Die besten Dienste leisten die Bleistifte von mittlerer Härte, etwa Faber Nr. 3.

Am besten ist es, sich stets zwei Zeichenstifte zuzuspitzen und zwar den einen mit gewöhnlicher kegelförmiger Spitze, den andern aber mit keilförmiger Spitze in der Art, wie der Zimmermann seine Bleistifte zuspitzt. Mit einer solchen keilförmigen Spitze läßt es sich viel besser arbeiten, wenn viele lange Linien zu ziehen sind; auch werden dieselben viel feiner und schärfer, das Blei nutzt sich nicht so schnell ab, und macht sich ein Schärfen des Bleies daher nicht so oft notwendig. Kleinere und gebogene Linien werden aber alsdann mit dem andern, kegelförmig zugespitzten Stifte gezeichnet.

Ueberhaupt hängt im Linearzeichnen viel von der Schärfe des Stiftes ab, weil mit einem stumpfen sich nie so scharf und genau arbeiten läßt, als es die Natur der Sache erfordert. Oefteres Schärfen des Stiftes ist eine Notwendigkeit und sollte man sich diese kleine Mühe niemals verdrießen lassen.

Gute Dienste hierbei leistet eine feine Eisenfeile.

5. **Das Zeichenpapier.** Das Zeichenpapier ist gut, wenn es stark, gut geleimt und ein wenig körnig ist; ganz glattes Papier eignet sich nicht für unsere Zwecke, weil sich falsche Linien nicht gut wieder von ihm entfernen lassen.

Es ist jedem Zeichner anzuraten, das Aufspannen des Zeichenbogens selbst zu erlernen und sich dadurch von dem Buchbinder unabhängig zu machen. Zu dem Ende bricht man rings um den Bogen einen Rand von etwa 1 cm, wendet alsdann den Bogen um, und befeuchtet mittels eines Wasserschwammes die linke Seite des Papiers reichlich mit reinem Wasser doch so, daß der umgebrochene Rand trocken bleibt. Ist dieses geschehen, so legt man den Bogen wieder umwendend auf das Reißbrett, so daß er möglichst parallel mit den Kanten des Brettes liegt, bestreicht den umgebrochenen Rand mit Gummiarabikum oder flüssigem warmem Leim. Mit einem Falzbeine oder auch mit dem Finger reibt man nun den Papierrand auf das Reißbrett nieder und ist bestrebt, schon jetzt den Zeichenbogen möglichst glatt und ohne Falten auszubreiten.

Das Gelingen dieser unscheinbaren Arbeit hängt nun noch von dem Trocknen ab; es sei aber im voraus daran erinnert, daß Eilen hier niemals gut thut. Allzuschnelles Trocknen am warmen Ofen, oder an der Sonne, verdirbt gewöhnlich die Arbeit wieder, weil das Papier sich zu schnell wieder zusammenzieht, bevor der Leim oder das Gummi nur einigermaßen gehaftet hat. Der Bogen springt deshalb teilweise nicht selten ganz wieder ab und man ist genötigt, die ganze Arbeit noch einmal zu beginnen. „Eile also mit Weile."

Am besten gerät das Aufspannen, wenn man das Reißbrett mit dem noch feuchten Papiere so aufstellt, daß der Bogen der Wand zugekehrt ist; er bleibt alsdann länger feucht, der Leim kann vollständig während dieser Zeit binden und die schließlich nachfolgende Spannung des Papieres aushalten.

Bevor aber der Zeichenbogen nicht seine ursprüngliche Trockenheit wieder angenommen hat, beginne man nicht zu zeichnen!

6. Das Gummi. Der Zeichner lasse sich nicht durch das Gummi verwöhnen, indem er zu oft davon Gebrauch macht. Besonders das so beliebte Radiergummi ist geeignet, durch öfteren Gebrauch das Papier zu verderben. Dasselbe wird rauh und wund und ist dieses ohnehin schon ein Fehler bei einer Zeichnung, so wird dieser zu einem Schandfleck, wenn die Zeichnung mit Tusche ausgezogen oder mit einer Farbe angelegt werden soll. Um solche Uebelstände zu vermeiden, lasse man lieber unrichtige Linien zuweilen stehen, bezeichne sie, um Irrungen zu verhindern, mit kleinen Strichen und beschränke somit den Gebrauch des Gummis so viel als nur immer möglich.

7. Das Reißzeug. Eine wichtige Rolle im Linearzeichnen spielt das Reißzeug, dessen Gebrauch im Freihandzeichnen geradezu verpönt ist. Für die Lösungen unserer Aufgaben ist es aber unentbehrlich und es hängt das Gelingen einer Zeichnung häufig viel von der Güte des Reißzeuges ab.

Ein jedes, einigermaßen gutes Reißzeug enthält

    a) eine Reißfeder,
    b) einen Stichzirkel,
    c) einen Einsatzzirkel,
    d) ein Lineal und
    e) ein Dreieck.

Bessere Reißzeuge fügen diesen Hauptgegenständen noch zu

    f) einen kleineren Stichzirkel mit stellbarem Fuße,
    g) einen kleineren Einsatzzirkel,
    h) einen Nullzirkel,
    i) einen Transporteur.

a) Die Reißfeder besteht aus der eigentlichen Ziehfeder und aus dem Griffe; erstere muß immer von gutem gehärtetem Stahle gefertigt sein; beide Stahlblätter werden durch eine Stellschraube zusammengehalten und reguliert.

Von einer guten Reißfeder verlangt man, daß sie die Tusche gut aufnimmt und gleichmäßig wieder abgibt; zu dem Ende müssen die Spitzen der Stahlblättchen von gleicher Länge und sanft abgerundet sein. Um aber der Reißfeder diese wichtigen Eigenschaften möglichst zu erhalten, ist es notwendig, dieselbe nach jedem Gebrauche sorgfältig zu reinigen. Dieses geschieht am besten mit weichem Papier oder Leder und muß von außen und innen erfolgen; andernfalls trocknen die Tuschreste von innen an und geben frühzeitig Gelegenheit, durch Rosten die Feder zu verderben. Um die eigentliche Feder vor Rost zu schützen, empfiehlt es sich, alle Stahlteile derselben mit einem weichen Leder, welches ein jeder Zeichner sich anschaffen sollte, sanft abzureiben, damit nicht der durch den Gebrauch von der Hand zurückgebliebene Schweiß die Veranlassung zu jenen verderblichen Eigenschaften des Stahles gebe.

Letzteres empfiehlt sich auch für alle übrigen Instrumente des Reißzeuges, indem es die Utensilien des Reißzeuges sehr lange blank erhält und demnach gut konserviert.

Vor jedem Gebrauche der Reißfeder vergesse der Zeichner nicht, sie, nachdem sie mit Tusche gefüllt worden ist, auf dem Rande des Bogens zu probieren, um sich einesteils davon zu überzeugen, ob sie noch gut zieht, andernteils aber auch zu prüfen, ob die Stärke der Linie, welche sie zieht, auch der Zeichnung entspricht. Erst nachdem mit Hilfe der Regulierschraube die Feder richtig gestellt worden ist und man sich von dem egalen Zug derselben überzeugt hat, kann das Ausziehen der Zeichnung mit Tusche beginnen. Von dieser Unterlassungssünde her schreiben sich die meisten unsaubern und verdorbenen Arbeiten.

Wer endlich seine Reißfeder schonen will, der vergesse nicht, nach beendigtem Gebrauche die Regulierschraube etwas wieder zu lösen, damit die Stahlblätter in ihre ursprüngliche Lage zurückkehren können und ihre Federkraft behalten, auch ist es ersprießlich für sie, den stählernen Teil in eine etwas aufgeschlitzte Gänsefederpose zu stecken.

Die Schwester der Reißfeder, das ist die Zeichenfeder, ist ebenso sorgfältig wie diese zu behandeln, wenn sie längere Zeit ihre Schuldigkeit thun soll; Reinlichkeit spielt auch bei ihr die Hauptrolle, denn angetrocknete Tuschreste und Rost verderben sie bald.

Auch die Zeichenfeder muß vor dem Gebrauch, nachdem sie mit Tusche gefüllt worden ist, auf dem Rande des Zeichenbogens geprüft werden, ob sie auch den Erwartungen, die man an sie stellt, entspricht und nicht etwa durch einen dicken Strich die Zeichnung verdirbt.

Ueberhaupt ist der Rand des Zeichenbogens ein wichtiger Bestandteil und ein passender Prüfstein, der manche Uebelstände entdecken und von vornherein verhüten läßt.

Mit der Zeichenfeder zeichnet man die Kurvenlinien aus, während man mit der Reißfeder nur die geraden Linien der Zeichnung auszieht.

b) Der Zirkel ist nächst der Reiß- und Zeichenfeder das diffizilste Handwerkszeug des Zeichners, daher sehr zu schonen, besonders die Spitzen der Zirkelfüße.

Von der Güte eines Zirkels überzeugt man sich so: man öffnet den Zirkel spannenweit, nimmt die Spitzen zwischen zwei Finger der rechten Hand und schließt langsam den Zirkel. Läßt er sich gleichmäßig etwas steifgehend schließen, so ist der Zirkel ein guter, geht er aber bald schneller bald langsamer zu, so taugt er nichts. Freilich sind betrügerische Fabriken so erfinderisch in ihren Täuschungsmitteln gewesen, daß auch dieses

Prüfungsmittel nicht mehr stichhaltig ist. Sie haben nämlich den Zirkel erwärmt und in flüssiges Wachs getaucht, wodurch nach dem Erkalten des Wachses ein egal strenger Gang des Zirkels erzielt wird. Ist aber das Wachs durch den Gebrauch des Zirkels verzehrt worden, so klappt auch der Zirkel schnell zusammen und ist in den seltensten Fällen vom Mechanikus auf einen leidlichen Stand seiner Güte zu bringen. Man wende sich daher beim Ankauf eines Reißzeuges nicht an eine Eisenwarenhandlung, welche alle möglichen metallenen Artikel führt, sondern an einen guten Mechanikus und lasse sich nicht durch einen billigen Preis bestechen. Das Beste ist immer das Billigste.

Der Stichzirkel ist ein Zirkel mit einfachen Zirkelfüßen und dient zum Abstechen der Maße und Einteilen der Linien. Bei letzterem Geschäft ist darauf zu achten, daß die Zirkelspitze nicht in das Papier eindringt und dort ein Loch hinterläßt. Ein vorsichtiger Zeichner setzt den Zirkel ganz leise auf das Papier und macht mit einer feinen Bleispitze dicht am Fuße des Zirkels eine feine Bleimarke, wodurch die fatalen Löcher vermieden werden.

Eine Hauptregel beim Gebrauch eines jeden Zirkels ist: ihn stets am Kopfe und nicht an den Schenkeln anzufassen, weil er sich dadurch sehr leicht verstellt!

Hat ein Stichzirkel die Einrichtung, daß ein Fuß desselben durch eine kleine Stellschraube verstellt werden kann, so nennt man ihn Haarzirkel. Durch diese Einrichtung wird es möglich, auch die kleinste Verstellung des Zirkels — und wäre es nur eine Haarbreite — zu ermöglichen, was mit einem Stichzirkel gewöhnlicher Art nicht ausführbar ist. Viel Zeit wird mit einem solchen oft erspart.

Der Einsatzzirkel hat einen festen und einen einsteckbaren Zirkelfuß. Letzterer wird durch einen Bleifuß und durch eine einsetzbare Reißfeder gewöhnlich ersetzt, beide Stücke müssen mit einem Kniegelenke versehen sein. Der Einsatzzirkel wird vorzugsweise zum Ziehen der Kreisbögen benutzt, dabei ist darauf zu achten, daß die ruhende Zirkelspitze beim Drehen des Zirkels sich nicht in das Papier einbohrt. Hat man keinen Nadeleinsatz, der diesen Uebelstand beseitigen hilft, so kann man sich dadurch helfen, daß man ein dünnes durchsichtiges Hornblättchen unter die ruhende Zirkelspitze legt, falls man mehrere konzentrische Kreise zu ziehen hat.

Bei der Anwendung eines Bleifußes oder der Zirkelreißfeder beugt man das Knie des Fußes dergestalt, daß das Blei oder die Reißfeder möglichst senkrecht auf den Zeichenbogen trifft. Probiere aber vorher die Reißfeder auf dem Rande des Bogens!

Bessere Reißzeuge enthalten außer diesen ebengenannten Teilen eines Einsatzzirkels noch eine Verlängerungsstange. Sie dient dazu, besonders große Kreisbögen schlagen zu können, was mit einem gewöhnlichen Zirkel nicht gut mehr geschehen kann, denn muß der Zirkel zu weit ausgespannt werden, so kann die Reißfeder nur unter einem schiefen Winkel das Papier treffen. Die Folge davon ist, daß nur ein Stahlblättchen der Feder auf das Papier aufgesetzt und daher nur unvollkommene Linien hervorbringt.

Zu kleineren Arbeiten dienen die kleinen Zirkel, mit welchen besonders gut ausgestattete Reißzeuge oft komplettiert werden.

Der Nullzirkel ist der kleinste Zirkel und in den meisten Fällen nur mit einer kleinen sehr fein gearbeiteten Reißfeder versehen. Eine besonders angebrachte Stahlfeder treibt die Schenkel des Zirkels beständig auseinander, aus diesem Grunde ist eine Stellschraube angebracht, mit welcher die feinsten Differenzen ausgeglichen oder hervorgerufen werden können. Dieser Zirkel verlangt die subtilste Behandlung nicht nur in bezug auf die Reißfeder, sondern auch auf die feinen Nadeleinsätze, mit welchen der ruhende Fuß versehen ist.

Der Transporteur ist ein Meßinstrument, welches beim Linearzeichnen vielfach gebraucht wird. Er besteht aus einem geraden Schenkel und aus einem halbkreisförmigen. Der erstere enthält in seiner Mitte einen Einschnitt als Mittelpunkt für den Halbkreis, der letztere ist auf seiner breiten Fläche in 180 Grade eingeteilt und mit Ziffern versehen. **Taf. I** veranschaulicht seine Anwendung.

Er ist gewöhnlich von Messing oder auch edlerem Metalle angefertigt.

Zu den Zeichenutensilien gehören endlich noch die Tusche, Farbe und Pinsel.

Die beste Tusche ist immer die teuere, chinesische Tusche. Nachahmungen dieser Tusche gibt es unzählige; sie sind meistenteils aus gewöhnlichem Lampenruß gefertigt, sind entweder schmierig oder fettig, so daß sie die Feder nicht gern annimmt.

Auch die meisten flüssigen Tuschen sind nicht immer gut; viele derselben trocknen so rasch, daß sie während des Ausziehens den Dienst versagen und steif werden.

Soll eine Zeichnung mit Farbe oder auch mit Tusche angelassen werden, so darf dieses nur in blassen Tönen geschehen, wenn nicht Flecken hervorgerufen werden sollen. Am besten wird dem Anfänger die Anlage mit Farbe gelingen, wenn die zu färbende Fläche vorher einmal mit reinem Wasser angelegt wird. Sobald diese Wasseranlage nicht mehr glänzt, kann man mit dem Auftragen der Farbe beginnen. Sobald auch diese nicht mehr glänzt, kann man das Anlegen so lange wiederholen bis sie dunkel genug geworden ist. Man nehme den Pinsel nicht zu voll und nicht zu mager.

Der Pinsel muß schlank und spitz sein. Seine Größe richtet sich nach der Größe der anzulegenden Fläche, weil große Flächen sich nicht mit kleinem Pinsel fleckenlos bearbeiten lassen. Beim Anlegen vermeide man das Trockenwerden einzelner Partien der Zeichnung.

Erstes Kapitel.

Erster Abschnitt.
Von der Geometrie im allgemeinen.

Die Geometrie ist derjenige Teil der Größenlehre, welcher von den Raumgrößen handelt. Ihr gegenüber steht die Arithmetik, welche sich mit den Zahlengrößen beschäftigt. Schon die alten Griechen und Aegypter waren in diesen Wissenschaften gut zuhause und viele Werke ihrer Meister stehen noch heute in hohen Ehren, wie z. B. Euklides, Archimedes, Apollonios u. a. Sie waren es auch, welche dieser Wissenschaft den Namen „Geometrie" gaben, das heißt Erdmeßkunst.

Die neuere Zeit hat allerdings den Begriff „Geometrie" erweitert, indem sie alles das mit zur Geometrie rechnet, was in bezug auf räumliche Größe eine Betrachtung zuläßt. Solche Raumgebilde sind der Punkt, die Linie, die Fläche und der Körper.

Der Punkt ist im strengen Sinne des Wortes eigentlich keine Größe, denn er besitzt keine Ausdehnung. Er hat für unsere Zwecke daher nur insofern einen Wert, als er uns den Anfang oder das Ende einer Linie darstellt.

Die Linie ist die einfachste Größe. Sie besitzt nur eine einzige Ausdehnung, die wir Länge nennen. Man kann sich die Linie, die gerade sowohl als auch die krumme, so entstanden denken, daß ein Punkt sich fortbewegt hat, die Linie demnach den zurückgelegten Weg eines Punktes vorstellt. Hat hierbei der beschreibende Punkt seine Richtung niemals verändert, so ist die gerade Linie entstanden; ist jedoch eine Aenderung der ursprünglichen Richtung eingetreten, so ist eine krumme Linie erzeugt worden. Die letzteren können nun wieder regelmäßig oder unregelmäßig gekrümmt sein.

Die Lehre von den Linien wird Longimetrie genannt.

Die Fläche ist eine vollkommenere Größe als die Linie, denn sie besitzt zwei Ausdehnungen (Dimensionen), nämlich Länge und Breite. Sie wird begrenzt von den Linien und können ebensowohl gerade oder gekrümmt sein. In ersterem Falle redet man von Ebenen.

Auch die Fläche kann man sich erzeugt denken, nämlich durch die Fortbewegung einer Linie als deren zurückgelegter Weg sie alsdann erscheint. Die Lehre, welche sich mit der Betrachtung der Flächen beschäftigt, hat den Namen „Planimetrie" erhalten.

Der Körper ist diejenige Größe, welcher die meisten jetzt bekannten Ausdehnungen besitzt, nämlich drei. Sie heißen Länge, Breite, Dicke. Letztere Dimension ändert ihre Bezeichnung manchmal ab, indem man an ihrer Stelle von Höhe oder auch Tiefe eines Gegenstandes spricht. Ja selbst unter dem Ausdrucke „Tiefe" versteht man nicht nur die Richtung nach unten (im Gegensatze zur Richtung nach oben, das ist die Höhe), sondern auch die Richtung nach hinten in horizontaler Lage. Ein Haus ist 10 m tief soll demnach nicht anders heißen als die Entfernung der Vorderwand von der Hinterwand beträgt 10 m.

Auch den Körper kann man sich entstanden denken durch die Fortbewegung einer niederen Größe, nämlich der Fläche. Er wird also von ihr der Fläche sowie von Linien begrenzt. Letztere heißen alsdann Kanten und liegen immer zwischen zwei zusammenstoßenden Flächen. Da wo sich zwei Kanten begegnen entstehen Ecken.

Wenn der Handwerker in seiner Beschäftigung Gebrauch von den Lehrsätzen der Geometrie macht, so sieht er in der Regel von einer so scharfen Begriffsscheidung, wie die eben vorgeführte, mathematische Geometrie es verlangt, ganz und gar ab; denn in der That existieren alle ebengenannten Dinge nur in der Vorstellung und können gar nicht wirklich gezeichnet werden.

Da es sich hier aber vorzugsweise nur darum handelt, praktischen Nutzen aus dieser Wissenschaft zu ziehen, so wenden wir uns dem folgenden Abschnitte dieses Kapitels zu, der uns die Methode kennen lehren will, wie die Geometrie die räumlichen Gebilde zu praktischem Gebrauche auf der Ebene darstellt; es ist die „darstellende Geometrie".

Zweiter Abschnitt.

Darstellende Geometrie.

A. Von den geraden Linien.

Fig. 1 bis 8, Taf. I.

Die gerade Linie kann dreierlei Richtungen annehmen, nämlich die senkrechte, wagerechte und schiefe.

1. Die senkrechte Linie.

Senkrecht sind alle die Linien zu nennen, welche die Richtung von oben nach unten aufweisen. Sie zeigen sämtlich ohne Ausnahme alle nach dem Mittelpunkte der Erde. Welche Wichtigkeit diese Linie im Baufach sowie auch in der Tischlerei erlangt hat, braucht nicht erst nachgewiesen zu werden, denn wie vom Hause so verlangt man auch von einem jeden, noch so gering scheinenden Möbel oder Geräte, daß es gerade stehe.

Das sicherste Prüfungsmittel für die senkrechte Linie ist das Senkblei oder auch Lot, von welchem sie auch ihre Bezeichnung erhalten hat. Wir finden diese senkrechte Richtung überall da, wo ein Baum, ein Pflanzenstengel ɛc. von anderen Kräften unbeeinflußt, frei emporwachsen kann, oder wenn ein Regentropfen vom Winde unbehelligt zur Erde niederfällt. Auch der Apfel, der vom Baume fällt, der Vogel, den die Kugel des Jägers getötet hat, kennzeichend diese senkrechte Linie.

Fig. 1, Taf. I.

Es sind hier acht der in Rede stehenden Linien gezeichnet worden. Sie sollen sämtlich gleichweit voneinander entfernt also parallel sein. Ferner sollen sie alle gleichlang sein und zwar so lang, als die Entfernung der ersten Linie von der letzten beträgt. Sie sollen endlich alle gleichstark gezeichnet sein, damit keine vor der anderen hervortritt.

Anmerkung. Senkrechte Linien zeichnet man stets von unten nach oben und nur in Ausnahmefällen umgekehrt.

Fig. 2, Taf. I.

2. Die wagerechte Linie.

Wagerecht nennt man diejenigen Linien, welche von rechts nach links oder umgekehrt ziehen. Die Bezeichnung „wagerecht" ist von der Richtung des Wagebalkens im Stande der Ruhe hergenommen, mit welcher sie identisch ist. Eine andere Bezeichnung für diese Linie ist die Bezeichnung: horizontal, weil auch der Horizont — oder unser Gesichtskreis, — wenn Gebirge nicht in den Weg treten, stets diese Richtung zeigt.

Das untrügliche Prüfungsmittel für die gedachte Linie ist und bleibt aber immer der Wasserspiegel eines stehenden Gewässers im Zustande der Ruhe; daher ist auch das Wasser, dieses bewegliche Element, zu einem Richter unserer gewerblichen Linien gemacht worden, sofern man es in eine gläserne Röhre eingeschlossen hat, in welcher die vorhandene Luftblase, sobald sie sich in der Mitte der Rohrlänge befindet, die Richtung einer wagerechten Linie aufs genaueste angibt. Das ist die Wasserwage.

Die wagerechte Linie ist nicht minder wichtig als die senkrechte; gibt sie uns doch eigentlich erst die Grundlage zu allen unsern gewerblichen Gegenständen und sie begegnet uns deshalb überall auf Schritt und Tritt.

Auch in vorliegender Aufgabe, **Fig. 2, Taf. I**, sind acht solcher Linien zum Zeichnen gegeben, welche ebenfalls sauber gezeichnet und gleichweit voneinander entfernt sein sollen. Ihre Länge soll ebenso groß sein als die Entfernung der obersten Linie von der untersten beträgt.

Anmerkung. Wagerechte Linie zieht man immer von links nach rechts und schlägt dazu selbstverständlich die Reißschiene von der linken Seite an.

Fig. 3, Taf. I.

In vorliegendem Beispiele ist das in **Fig. 1** und **2** zu einer einzigen Aufgabe vereinigt worden. Wagerechte und senkrechte Linien kreuzen sich und es entstehen durch diesen Vorgang eine Menge kleiner Quadrate.

Daran, daß kein Quadrat kleiner oder größer als das andere ist, kann der angehende Zeichner prüfen, ob er die Einteilung der Linien, also ihre einzelnen Abstände voneinander, genau und sorgfältig gemacht hat.

Sämtliche Linien sollen gleiche Stärke haben, so daß keine vor der anderen sich markiert.

B. Von dem Winkel.

a) Der rechte Winkel.

Wenn zwei Linien nicht parallel sind (wie sie es in den drei ersten Beispieleen doch sind), so treffen oder schneiden sich dieselben, mindestens doch dann, wenn sie hinlänglich verlängert werden. Wenn sich aber zwei Linien treffen oder schneiden, so entsteht immer ein Winkel.

In vorliegendem Beispiele sind es wage- und senkrechte Linien, die sich treffen und es entsteht hierdurch der rechte Winkel.

Die sechzehn rechte Winkel sind zu vier Quadraten zusammengefügt worden und es ist jedes folgende um den gleichen Abstand kleiner gezeichnet worden als das vorhergehende, worauf zu achten ist.

Denkt man sich eine solche Figur aus dünnem Holze ausgeschnitten, so wird man beobachten, daß immer zwei Seiten der Figur hell und zwei dunkel erscheinen, weil je zwei dem Lichte zu resp. abgewendet sind.

Es ist nun Usus im Zeichnen geworden, daß man die Lichtquelle, von welcher die Beleuchtung der Figur ausgeht, immer links oben befindlich annimmt, daher werden stets die obern und linken Seiten oder Kanten als Lichtseiten angesehen und daher schwächer gezeichnet. Hieraus folgt, daß die übrig bleibenden rechten und unteren Linien dunkel erscheinen müssen und deshalb stark auszuzeichnen sind.

Durch Anwendung solcher Licht- und Schattenlinien gewinnt eine Zeichnung ungemein an Lebhaftigkeit und Plastik, wie aus den Beispielen 4, 5 und 8 ersichtlich ist.

Fig. 5, Taf. I.

Die rechten Winkel sind in dieser Aufgabe als weitere Uebung in entgegengesetzter Weise zusammengestellt worden, wodurch ein Fensterkreuz entsteht. Die Schattierung ist nach dem eben entwickelten Gesetz ausgeführt worden.

Will man seine Arbeit in den Beispielen 4 und 5 prüfen, ob die Einteilung richtig und demgemäß die Scheitelpunkte der rechten Winkel in einer Richtung liegen, so ziehe man von einer Ecke der Figur bis zur gegenüberliegenden eine schräge Hilfslinie. Fallen sämtliche Scheitelpunkte in dieselbe, so ist die Richtigkeit der Figur erwiesen.

3. Die schräge Linie.

Alle Linien, welche weder senkrecht noch wagerecht sind, sind schräg. Diese schräge Richtung kann eine tausendfache sein; wir wollen indessen auf diese Mannigfaltigkeit hierorts nicht weiter eingehen und an deren Stelle diejenigen schrägen Linien bedenken, welche für den Anfänger die wichtigsten sind, das sind nämlich die unter einem Winkel von 45° geneigten, welche als sogenannte „Gehrungslinie" im Baufache sowohl als auch in der Möbelbranche so ungemein häufig vorkommt.

Vorläufig soll an dieser Figur auch nur gezeigt werden, auf welchem Wege man diese so wichtige Linie finden kann, wenn man nicht im Besitze eines passenden Dreiecks sein sollte. Man konstruiert nämlich zuerst ein Quadrat, wie die gestrichelten Hilfslinien andeuten, und zieht alsdann von einer Ecke desselben zur gegenüberliegenden eine gerade Linie, so hat man die Richtung derselben gefunden.

Alle übrigen Schrägen sind zu der ersten, längsten Schräge parallel gezeichnet worden. Es sind zu dem Ende zwei (nur zwei) Seiten des Quadrates in gleiche Teile geteilt worden und aus diesen Teilpunkten die Schrägen gezogen. Alle Linien sollen gleichstark gezeichnet sein!

In betreff der Ausführung sei erwähnt, daß solche Linien, welche von links oben nach rechts unten gehen, auch in gleicher Weise, also von oben nach unten, ausgezeichnet werden und nicht umgekehrt.

Fig. 7, Taf. I.

Da gegenwärtige Aufgabe nur die Umkehrung der vorigen ist, ist auch in Hinsicht ihrer Lösung etwas Neues nicht anzugeben und kann wohl daher die Lösung dieser Aufgabe dem Zeichner überlassen bleiben.

Weil aber diese Schrägen von links unten nach rechts oben laufen, so hat auch der Zeichner diesen Weg einzuschlagen und die Linien so auszuziehen; nicht also von oben nach unten.

Fig. 8, Taf. I.

Mit Hilfe der in **Fig. 6** und **7** kennen gelernten Schräge von 45^0 ist in **Fig. 8** eine Bandverschlingung gezeichnet worden, welche ein hübsches Bild liefert.

Der Zeichner wird sehr bald merken, daß die Ausführung dieser Figur einige Aufmerksamkeit erfordert. Es dürfen nämlich diejenigen Stellen, an welchen sich das Band über- oder unterschlägt, nicht ausgezogen, sondern ausgespart werden.

Da das Ueberschlagen und Ueberlegen in einer gewissen Ordnung stattfindet, so macht ein Fehler sich sofort bemerkbar.

Die Anwendung von Licht- und Schattenlinien kommt dieser Figur sehr zu statten und ist dieselbe ganz in dem bei **Fig. 4** angegebenen Sinne ausgeführt worden.

Als Hilfsfigur dient wieder das aus punktierten Linien hergestellte Quadrat, dessen Seiten in je 6 gleiche Teile geteilt worden sind.

Da die Gehrungslinie, die Schräge von 45^0, in dem folgenden Kapitel noch einmal zur Behandlung kommen soll und mit dem soeben Gegebenen nur die vorläufige Bekanntschaft herbeigeführt werden sollte, kann die weitere Verfolgung derselben für jetzt abgebrochen werden, um zuvor einige konstruktive Aufgaben noch zu lösen.

Ueberhaupt sollten mit diesen ersten acht Beispielen dem Zeichner zunächst nur der Umgang mit Reißschiene, Dreieck und Zeichenstift einigermaßen geläufig gemacht werden und konnten zu diesem Zwecke auch nur die einfachsten Beispiele gewählt werden.

Zu dem Gebrauche der Reißschiene und des Dreiecks muß nun notwendigerweise noch die Bekanntschaft in der Handhabung des Zirkels speziell des Einsatzzirkels treten, wie sich aus der Lösung der folgenden Aufgaben sofort ergeben wird.

Wir treten gleichzeitig dem eigentlichen Wesen der „darstellenden Geometrie" etwas näher.

Fig. 9, Taf. I.

Aufgabe: Es ist die Linie ab gegeben und es soll in dem Punkte c eine Senkrechte errichtet werden.

Lösung. Ich setze den Nadelfuß des Zirkels in c ein und schneide mit dem eingesetzten Bleifuß desselben mit beliebiger Zirkelöffnung gleiche Stücke links und rechts von c auf ab ab; ich erhalte somit die Durchschnittspunkte f g. Ich setze nun in f ein und mache in der Gegend von d einen kleinen Kreuzbogen, um sodann dasselbe noch einmal von g aus zu thun. Hierdurch ergibt sich die Kreuzung bei d. Verbinde ich nun den Kreuzungspunkt d mit dem gegebenen c durch eine gerade Linie, so steht letztere auf ab senkrecht, womit unsere Aufgabe gelöst ist.

Aufgabe A. Gib der Linie ab eine etwas geneigte Lage und löse sodann diese Aufgabe noch einmal. Die Linie cd wird alsdann ebenfalls eine geneigte Lage einnehmen, doch aber normal das heißt senkrecht auf ab stehen.

Aufgabe B. Neige ab nach der entgegengesetzten Seite und errichte in c eine Normale, jedoch nicht nach oben, sondern nach unten.

Fig 10, Taf. I.

Aufgabe. In die Mitte der gegebenen Linie ab soll eine Senkrechte errichtet werden.

Lösung. Man setzt in a ein und schlägt mit einer Zirkelweite, die etwas größer ist als die Hälfte der Linie ab einen Kreisbogen; sodann setzt man in b ein und schlägt ebenfalls einen Kreisbogen, so daß sich beide in c und d schneiden. Legt man nun durch die beiden Kreuzungspunkte eine Gerade, so steht diese senkrecht auf ab und zwar in der Mitte derselben.

Fig. 11, Taf. I.

Aufgabe. An das Ende der gegebenen Linie ab soll eine Senkrechte errichtet werden, ohne daß dieselbe verlängert wird.

Lösung. Man nimmt den Punkt c außerhalb der Linie ab beliebig an, setzt hier den Zirkelfuß ein, und schlägt einen Kreisbogen der Art, daß er durch den Endpunkt a geht und die Linie ab selbst schneidet. Dieses geschieht in d. Legt man nun durch die Punkte c und d eine Gerade, welche den Kreisbogen jenseits von c schneidet (in f), so braucht man nur diesen Schnittpunkt f mit dem Endpunkte a durch eine Gerade zu verbinden, und die Aufgabe ist gelöst.

Aufgabe A. Gib der Linie ab ebenfalls eine geneigte Lage und löse diese Aufgabe noch einmal.

Aufgabe B. Gib der ab eine andere Neigung und konstruiere die Senkrechte nach unten.

Anmerkung. In der Praxis sowohl als auch im Zeichnen selbst werden diese drei Lösungen meist durch ein kürzeres Verfahren ersetzt, indem man anstatt zum Zirkel lieber zum Dreieck greift und die Aufgabe löst. (**Fig. 12**).

Soll nämlich von irgend einem Punkte aus eine Linie zu einer Wagerechten normal gezogen werden, so legt man den einen Schenkel des Dreiecks (**Fig. 12**) dicht an die Reißschiene und rückt dasselbe so lange hin und her, bis der freie Schenkel genau vor den gegebenen Punkt fällt. Hierauf zieht man die verlangte Linie.

Hat aber ab eine geneigte Lage, wie es in

Fig. 13, Taf. I,

bereits abgenommen worden ist, und es sollen andere Linien normal zu ihr gezogen werden, so gibt man der Reißschiene dieselbe Lage der ab, und hantiert nun mit dem Dreieck in gleicher Weise wie vorher. Die nötige Anschauung ergibt sich aus der Figur; sie soll aber keineswegs die drei vorausgegangenen Lösungen überflüssig machen, denn dieselben müssen bekannt und gelernt werden.

b) Der stumpfe Winkel.

Jeder Winkel, welcher größer als ein rechter und kleiner als ein gestreckter ist, gehört zu den stumpfen Winkeln*).

Fig. 14, Taf. I.

Aufgabe. Der stumpfe Winkel a b c soll an die Linie v w getragen werden.

Lösung. Man setzt zuerst den Nadelfuß des Zirkels in den Scheitelpunkt b ein und schneidet mittels eines Kreisbogens beide Schenkel (in r und s). Hierauf setzt man mit derselben Zirkelweite dieselbe Zirkelspitze in den einen Endpunkt der Linie (v) ein und schlägt gleichfalls einen Kreisbogen so, daß v w in r geschnitten wird. Es wird nun der Zirkel in r eingesetzt und die Schenkelöffnung bis s gemessen. Ist dieses geschehen, so übertrage ich diese Schenkelweite, indem ich den einen Zirkelfuß in r' einsetze und mit dem andern den Kreisbogen in s' kreuze. Verbinde ich schließlich v mit s' durch eine Gerade, so ist Winkel s' v w gleich Winkel a b c.

Aufgabe. Neige ebenfalls den einen Schenkel des Winkels b c und löse die Aufgabe noch einmal; auch soll der betreffende Winkel an das rechte Ende der Linie angetragen werden. Eine praktische Anwendung dieser Konstruktion ist folgende:

Es soll z. B. der Tischler einen Eckschrank anfertigen, die Ecke ist aber schiefwinkelig. Hat nun der Tischler seine Schmiege nicht zur Hand und will er sich den Weg nachhause ersparen, so suche er ein Stäbchen oder doch einen Faden zu bekommen, halte das eine Ende desselben dicht in die Ecke und mache an die Wand eine Bleimarke für das andere

---

*) Bekanntlich wird die Umfangslinie eines Kreises in 360° geteilt. Um den Mittelpunkt desselben herumliegen aber 4 rechte Winkel, mithin kommen auf einen $\frac{360}{4} = 90°$.

Ende des Stäbchens oder Fadens. Dasselbe thue er an der anderen Wand. Nun wird die Entfernung der beiden Marken ebenfalls mittels des Stäbchens oder Fadens gemessen und er ist nun im stande, zuhause den Winkel der Ecke sicher aufzureißen und den Eckschrank anzufertigen.

Fig. 15, Taf. I.

Aufgabe. Es soll der Winkel a b c halbiert werden.

Lösung. Man legt den Transporteur (siehe die Zeichnung) so an die gerade Linie a b, daß der dreieckige Einschnitt desselben mit der scharfen Ecke genau auf den Scheitelpunkt b fällt. Es läßt sich nun mit Leichtigkeit auf der Rundung des Winkelmessers die Gradzahl ablesen, welche der andere Schenkel des Winkels angibt. Es ist dieses in vorliegendem Falle der 120. Grad. Halbiert man diese Zahl mittels Rechnung, so erhält man 60 Grad. Ich lege hierauf den Transporteur an eine zweite Linie a' b' ganz in der vorigen Weise, so daß der scharfe, (rechte) Winkel des Einschnittes auf b' fällt und mache bei der Zahl 60 auf dem Papiere eine Bleimarke. Nach erfolgter Hinwegnahme des Winkelmeßinstrumentes wird die Bleimarke mit dem Endpunkte b' durch eine Gerade verbunden und es ergibt sich, daß der spitze Winkel a' b' c' die Hälfte ist von dem stumpfen a b c.

Mit Hilfe dieses mechanischen Verfahrens läßt sich auch der in **Fig. 14** gedachten Aufgabe sicher und rasch lösen. Versuche es!

Fig. 16, Taf. I.

Nicht jeder Zeichner ist immer in dem Besitze eines Transporteurs; ihm soll daher ein anderes Verfahren für letztere Lösung gegeben werden.

Lösung. Soll der stumpfe Winkel a b c mit dem Zirkel halbiert werden, so ist derselbe zunächst wieder in dem Scheitelpunkte b einzusetzen und auf beiden Schenkeln durch einen Kreisbogen gleiche Stücke abzuschneiden. Es geschieht dieses in den Kreuzpunkten d und e.

Wie in **Fig. 9, Taf. I**, wird nun abwechselnd in d und e der Zirkel eingesetzt und mit einer etwas weiteren Zirkelöffnung innerhalb der Winkelöffnung gekreuzt, wie hier bei f. Es braucht nun nur noch der Punkt f mit dem Scheitelpunkte b durch eine Gerade verbunden zu werden, so ist die Aufgabe auch auf konstruktivem Wege gelöst.

Anmerkung. Beim Bezeichnen eines Winkels durch drei Buchstaben wird der Buchstabe am Scheitelpunkte stets in die Mitte gestellt, also a b c, nicht a c b.

Da sich zwei gerade Linien im höchsten Falle nur in einem Punkte treffen resp. schneiden können, so kann, wenn nur zwei Linien vorhanden sind, auch weiter nichts als ein oder, wenn sie sich schneiden, mehrere Winkel entstehen. Von der Wissenschaft der Winkel haben wir aber alles, was der Handwerker zu lernen nötig hat, kennen gelernt. Wir ziehen daher noch eine dritte Linie zu Hilfe und werden nun sehen, was diese uns lehren. Siehe den folgenden Abschnitt.

C. Von den geometrischen Figuren.

Sind mehr als zwei gerade Linien gegeben, welche sich schneiden oder treffen, so ist die Möglichkeit gegeben, daß geometrische Figuren entstehen ohne daß jedoch dieses bedingt ist. Es ist aber selbstverständlich, daß aus drei Linien oder Seiten im besten Falle nur eine dreiseitige Figur entstehen kann, das ist

a) das Dreieck.

Da die Art und Weise, unter welcher sich diese drei Seiten schneiden können, eine höchst mannigfaltige ist, so müssen auch sehr verschiedene Dreiecke entstehen können. Man redet daher auch von gleichseitigen, gleichschenkligen, ungleichseitigen Dreiecken, wenn man nur die Seitenlängen der Figur in Betracht zieht. Hat man aber mehr die Winkel in dieser Figur im Auge, so ergeben sich die Bezeichnungen: rechtwinkeliges, spitzwinkeliges und stumpfwinkeliges Dreieck.

Im allgemeinen gesagt, ist das Dreieck die bedeutungsvollste Figur, die wir haben und liegt ihr großer Vorzug wohl hauptsächlich in der Dreiheit ihrer Ecken und Seiten.

Wie uns ein wichtiger Lehrsatz der Geometrie nachweist, wird durch drei Punkte schon eine Fläche bestimmt d. h. ihre Lage festgestellt. Es genügt demnach vollständig, daß wir unsere Thüren, Fenster und Läden durch drei Punkte, nämlich zwei Thürangeln und das Schloß oder den Schnäpper vor dem Eindringen fremder Gewalt sichern. Nicht nur beim Schutz unserer Häuser vor dem schädlichen Regen, sondern auch zur Verzierung derselben durch Fensterverdachung, Frontspießen und dergl. leistet das Dreieck uns treffliche Hilfe. Es hilft uns unsere Schneidewerkzeuge herrichten, hilft uns den Stein, den Ast spalten, und beim „Zinken" zwei verschiedene Teile aufs innigste und festeste zu verbinden; ferner die Wiese, den Acker berechnen. Und wenn wir die Höhen der Berge oder eines Turmes ausfindig machen wollen, ohne auch nur einen Schritt hinauf zu thun, so nehmen wir wiederum das Dreieck zu Hilfe, welches uns niemals im Stich läßt.

Ja selbst in das unermeßliche Himmelsgewölbe dringt an der Hand des Dreiecks die menschliche Rechenkunst und lehrt die Astronomen finden, wieviel Tausende von Meilen und Sonnenfernen dieser oder jener Stern von der Erde entfernt seine stille Bahn zieht!

Wenn man drei Stäbchen an ihren Enden durch ein Stiftchen verbindet, so ist die gegenseitige Lage dieser Stäbchen bestimmt, die Figur ist geschlossen und man kann an der Gestalt derselben nichts mehr ändern, was sehr wohl bei jeder andern Figur z. B. bei dem Viereck der Fall ist; denn dieses läßt sich durch Verschieben bald in ein rechtwinkeliges, bald in ein schiefwinkeliges verwandeln.

Auf dieser Eigenschaft des Dreiecks beruht jene große Bedeutung, welche das Dreieck im Brückenbau bekommen hat. Denn während man früher den Lastwagen oder einen Eisenbahnzug nicht anders über den Fluß zu führen verstand, als daß man gewaltige Steinmassen zu einer

Brücke aufbaute, so trägt man heutzutage dem Dreiecke, oder vielmehr einer Reihe von Dreiecken diesen Dienst auf, indem man Eisenstäbe zu Dreiecken miteinander verbindet, wie uns die Rheinbrücken und unzählige andere Brückenbauten beweisen.

Soll man da bei solcher Leistung des Dreiecks nicht Achtung bekommen vor einer solchen einfachen, unscheinbaren Figur? Und wenn der Volksmund seine Weißheit ausspricht mit den Worten: „Aller guten Dinge sind drei", so ist auch hierin schon eine Ahnung ausgedrückt von dem Segen, der in der Dreiheit der Dinge liegt. Darum Achtung vor dem Dreieck!

Fig. 17, Taf. I.

Aufgabe. Die Seite vx ist gegeben, es soll daraus ein gleichseitiges Dreieck konstruiert werden.

Lösung. Man zeichnet am besten zuerst eine wagerechte Linie und macht sie so lang wie vx. Mit derselben Länge oder Zirkelweite schlägt man abwechselnd von den beiden Endpunkten a und b aus einen kleinen Kreisbogen, so daß sie sich oberhalb oder auch unterhalb der Wagerechten kreuzen. Dies geschieht in c. Man verbindet nun die Endpunkte a und b mit c durch gerade Linien und erhält somit das gewünschte Dreieck abc.

Anmerkung 1. Alle drei Winkel in dieser Figur sind einander gleich und es enthält ein jeder 60^0.

Anmerkung 2. Schon aus der Berechnung geht hervor, daß die Summe aller drei Winkel in dem gleichseitigen, sowie auch in jedem anderen Dreiecke zwei Rechte beträgt. Denn $3 \times 60 = 180^0 = 2 \times 90^0$, also zwei Rechte.

Aufgabe. Es soll der Mittelpunkt von dieser Figur gesucht werden.

Lösung. Beschreibe zunächst von a aus einen kleinen Kreisbogen bei d und mit derselben Zirkelöffnung einen zweiten Kreisbogen von c aus, so schneiden sich dieselben bei d. Wiederhole dieselbe Arbeit auf der rechten Seite des Dreiecks von c und b aus, so schneiden sich diese Bogen in f.

Wird endlich Punkt b mit d und a mit f durch gerade Linien verbunden, so schneiden sich diese innerhalb der Figur und der Schnittpunkt g ist der gesuchte Mittelpunkt. Gleichzeitig ist dieser auch der Schwerpunkt, vorausgesetzt, daß dieses Dreieck in allen Teilen gleiche Stärke hat.

Merke: Jeder Winkel im gleichseitigen Dreieck beträgt 60^0.

Fig. 18, Taf. I.

Diese Zeichnung veranschaulicht ein rechtwinkelig gleichschenkliges Dreieck, welches für unsere zeichnerischen Zwecke wesentliche Dienste leistet wegen der großen Zweckmäßigkeit seiner Winkel, wie aus den eingeschriebenen Ziffern zu ersehen ist.

Die drei Seiten eines rechtwinkeligen Dreiecks haben einen besonderen Namen erhalten, denn die beiden Seiten, welche den rechten Winkel einschließen, werden Katheten und die dem rechten Winkel gegenüberliegende schräge Seite wird Hipotenuse genannt.

Fig. 19, Taf. I.

Aufgabe. Auf die Grundlinie a b soll ein gleichschenkliges Dreieck errichtet werden, dessen Schenkel die Länge r s haben.

Lösung. Verfahre wie in **Fig. 17**, indem du die Schenkellänge r s in den Zirkel faßt und von a und b aus abwechselnd oberhalb Kreisbögen schlägst. Verbinde hierauf den Kreuzungspunkt c mit a und b durch zwei gerade Linien.

Anmerkung. Wird in einem gleichschenkeligen Dreiecke von der Spitze desselben aus (c) eine Normale errichtet, so wird nicht nur der Winkel an der Spitze (a c b), sondern auch die Grundlinie (oder Basis genannt) halbiert. Ferner gibt diese Normale c d zugleich die Höhe des Dreiecks an.

Merke. Im gleichschenkeligen Dreieck sind die Winkel an der Basis einander gleich. Es ist also Winkel m = n.

Fig. 20, Taf. I.

Aufgabe. Von dem stumpfwinkeligen Dreiecke a b c, soll die Höhe gesucht werden.

Lösung. Verlängere die Grundlinie a b über b hinaus. Von c aus fälle eine Normale bis zur verlängerten Grundlinie, so gibt die Normale c d die absolute Höhe des Dreiecks an.

Fig. 21, Taf. I.

Es sind hier drei Dreiecke gezeichnet worden, nämlich die Dreiecke I, II und III. Alle drei Figuren haben gleiche Grundlinien, a b, a, b', a" b" und gleiche Höhe, denn sie liegen zwischen zwei Parallelen a b" und c d.

Von solchen Dreiecken behauptet und beweist die Geometrie, daß sie an Flächeninhalt einander gleich sind. Es hat demnach Dreieck I soviel Flächeninhalt als Dreieck II und dieses soviel als Dreieck III, obschon der Augenschein dieser Wahrheit widersprechen möchte.

Merke also: Dreiecke von gleicher Grundlinie und gleicher Höhe sind einander gleich.

Fig. 22, Taf. I.

Ein rechtwinkelig gleichschenkliges Dreieck a b c ist hier gegeben. Setze ich an dieses in umgekehrter Lage dasselbe Dreieck noch einmal, so erhalte ich ein Quadrat a b c d. Dieses besteht mithin aus zwei gleichgroßen Dreiecken. Eins davon muß demnach die Hälfte vom Quadrate sein.

Fig. 23, Taf. I.

An Stelle des vorigen Dreiecks ist jetzt ein ungleichseitiges Dreieck getreten, nämlich a b c. Dadurch, daß ich durch die Spitze c eine Linie parallel zur Grundlinie a b und von b aus eine schiefe Linie parallel zur Dreiecksseite a c gezogen habe (b d), habe ich dasselbe gethan wie in voriger Aufgabe und ein neues Dreieck b c d in umgekehrter Lage erhalten, welches dem Grundsatze aus **Fig. 21** gemäß gerade so groß ist als das erste.

Beide Dreiecke bilden aber das Parallelogramm a b c d, folglich muß ein Dreieck (a b c oder b c d) die Hälfte jenes Vierecks sein. Also

Merke. Jedes Dreieck ist die Hälfte eines Parallelogramms, wenn es mit ihm gleiche Grundlinie und gleiche Höhe hat.

Fig. 24, Taf. I.

Aus dem soeben entwickelten Lehrsatze folgt, daß wenn eine Seite eines Dreiecks halbiert wird, beispielsweise Seite a c in d, durch diesen Punkt d eine Parallele zur Grundlinie a b und durch b eine Parallele zur Seite a c gezogen wird, daß alsdann das entstandene Parallelogramm a b d e an Flächeninhalt so groß ist als das Dreieck a b c.

Wenn man das abgeschnittene Dreieck c d f herunterklappt nach f e d, so hat man auf mechanischem Wege den augenscheinlichen Beweis für die oben ausgeführte Behauptung gefunden.

Es ist folglich auch ein Dreieck gleich einem Parallelogramm, wenn es mit ihm gleiche Grundlinie aber doppelte Höhe hat.

Fig. 25, Taf. I.

Aufgabe A. Verwandle Dreieck a b c in ein gleichgroßes Viereck, indem du die Grundlinie a b halbierst.

Aufgabe B. Löse dieselbe Aufgabe noch einmal, indem du eine der Seiten a c oder b c halbierst und wie eben gelehrt worden ist, verfährst.

Die praktische Nutzanwendung dieser drei letzten Lösungen ist folgende:

Wird z. B. ein Eckschrank, der ja meistenteils die Gestalt eines Dreiecks erhält, verlangt, welcher denselben räumlichen Inhalt wie ein gewöhnlicher, viereckiger, Schrank erhalten soll, so mißt man die Länge und Breite desjenigen Schrankbodens aus, mit welchem der neue Eckschrank gleichen Rauminhalt erhalten soll und zeichnet alsdann dieses Viereck, welches gewöhnlich ein Rechteck ist, noch einmal so groß, indem man dieselbe Figur mit ihren langen Seiten noch einmal ansetzt. Zieht man nun in diesem großen Vierecke eine Diagonale (siehe Aufgabe 29), so wird das große Viereck in zwei Dreiecke zerlegt, von denen ein jedes denselben Rauminhalt besitzt als das vorherige kleine Rechteck. Die Seiten des Dreiecks geben nun die Maße für die Seiten des Eckschrankes an, vorausgesetzt, daß die Höhe der Schrankseiten in dem einen wie in dem andern Schranke dieselbe bleibt.

Nach dieser Lösung der Aufgabe wird es sich aber hier und da herausstellen, daß die eine Schrankseite des Eckschrankes breiter oder schmäler ausfällt als die andere. Es ist aber eine alte Schönheitsregel, daß solche Unterschiede möglichst vermieden werden sollen. Will also der Verfertiger des Schrankes dieser alten Regel nachkommen, so muß er, bevor er die Diagonale in das vergrößerte Rechteck zieht, dieses zuvor in ein Quadrat verwandeln, welches mit jenem gleichen Flächeninhalt hat. Wie dieses anzufangen ist, wird uns die Aufgabe 32 lehren und sei hiermit auf jene Lösung verwiesen.

b) Das Quadrat.

Wenn das Viereck auch nicht eine solche immense Wichtigkeit aufzuweisen hat, wie wir dieses von dem Dreiecke kennen lernten, so ist dessenungeachtet das Viereck eine Figur von sehr großer Bedeutung für unser praktisches und bürgerliches Leben, ja wir können sagen, daß sie für dasselbe ganz unentbehrlich ist.

Von allen unseren gewerblichen Gegenständen, Geräten, Werkzeugen und dergl. sind es nur wenige, bei denen das Viereck in irgend einer Weise nicht zur Anwendung gekommen wäre. Wenn der Tischler sein „zugschnittenes" Brettstück ausarbeiten will, so ist seine erste Arbeit dasselbe zuvor in ein regelrechtes Viereck, Rechteck oder auch Quadrat zu verwandeln resp. ihm diese Gestalt zu geben. Kein Schubkasten, keine Kiste, keine Fußbank, kein Tisch, kein Rahmen ꝛc. ist herzustellen, ohne daß nicht Bezug auf das Viereck genommen werden muß.

Und wer mag die Vierecke alle zählen, die beim Bau eines Hauses in Anwendung gekommen sind? Die zweckmäßigste und darum immer angestrebte Gestalt eines Bauplatzes ist und bleibt das Viereck. Unsere Fenster und Thüren und alle dergleichen wichtige Dinge, sie mögen von ihrer ursprünglichen Gestalt auch noch soviel abweichen, sie lassen doch stets wieder erkennen, daß das Viereck ihnen zu Grunde gelegt worden war.

Es mag daher wohl auf der ganzen Erde kein Gewerbe zu finden sein, welches nicht mit dem Viereck zu thun hätte und ist es vielleicht auch nicht der Gegenstand, welcher von ihm fabriziert wird, so sind es doch zweifelsohne Werkzeuge und Geräte, die zur Verwendung kommen und die mit Hilfe des Vierecks hergestellt worden sind.

Allein die uns umgebende Natur scheint auf den ersten Blick sich von der Anwendung des Vierecks emanzipiert zu haben, indem sie nichts Viereckiges zu produzieren scheint. Allein die Mineralogie lehrt uns, daß bei der sogenannten Kristallisation, das Drei-, Vier-, Fünf- kurz Vieleck in einer Weise zur Anwendung gelangt, welche uns gerechte Bewunderung abnötigt.

Das Viereck ist demnach nicht weniger als das Dreieck eine recht lehrreiche und wissenswerte Figur, und weil von allen Vierecken das Quadrat allein, das regelmäßigste Viereck ist, wollen wir uns zunächst mit diesem beschäftigen, um seine wesentlichen Eigenschaften näher kennen zu lernen.

Fig. 26, Taf. 1.

Weil ein Quadrat, wie jedermann weiß, vier gleiche Seiten und vier rechte Winkel hat, so bietet die Anfertigung dieser Figur dem Zeichner nicht viel Schwierigkeiten dar, zumal wenn seine Zeichenutensilien sich in gutem Zustande befinden. Denn mit Hilfe zweier wagerechten, an der Reißschiene gezogenen Linien und zweier senkrechten, am Dreieck gezogenen, ist diese Figur rasch hergestellt.

In vorliegender Aufgabe ist aber eine Seite gegeben a b und es soll mit dieser das verlangte Quadrat gezeichnet werden.

Ist ein Dreieck nicht zur Stelle, so muß die erste Arbeit, den rechten Winkel zu zeichnen, in der Weise ausgeführt werden, wie dies in

Fig. 11, Taf. 1, Seite 19 gelehrt wurde. Ist nun der rechte Winkel b a c vollendet, so wird der Schenkel a c = a b gemacht, indem man einen Kreisbogen (b c) mit der Zirkelweite a b schlägt. Diese Zirkelweite wird sofort weiter benutzt, indem man mit dem Zirkel abwechselnd von b und c aus in der Gegend bei d kreuzt. Wird nun der sich ergebende Kreuzungspunkt d mit den Punkten b und c durch zwei gerade Linien verbunden, so haben wir diesesmal unsere Aufgabe gelöst.

Fig. 27, Taf. 1.

Wie man mit einer gegebenen Seite (a b) ein Quadrat auch ohne Zirkel konstruieren kann, will uns die **Fig. 27** belehren. Freilich wird vorausgesetzt, daß man im Besitze eines zuverlässigen, rechtwinkelig gleichschenkligen Dreiecks ist (**Fig. 18**). Die Lösung ist folgende:

Man errichtet die Senkrechte b d von noch unbestimmter Länge und zieht von a aus die Schräge von 45° nach d, wodurch b d = a b gemacht wird. Hat man erst diesen Teil des Quadrates gefunden, so ist mit der zu Gebote stehenden Reißschiene und dem Dreiecke die Figur bald vollendet.

Hiermit mag die Konstruktion des Quadrates abgethan sein.

Fig. 28, Taf. 1.

Aufgabe. Es ist die Seite a b und der spitze Winkel 1 gegeben, aus welchen beiden Bestandteilen ein schiefwinkeliges Viereck (Rhombus) mit gleichen Seiten angefertigt werden soll.

Lösung. Uebertrage an die Seite a b zunächst den spitzen Winkel 1 ganz in derselben Weise, wie dies in **Fig. 14, Taf. 1,** Seite 20 gezeigt wurde. Mache hierauf a c = a b mit dem Zirkel wie in **Fig. 26**, und vollende alsdann diese Aufgabe, wie es dort mit dem Quadrate geschah.

Fig. 29, Taf. 1.

Es ist hier das Quadrat a b c d gezeichnet worden und man hat von einer Ecke desselben zur gegenüberliegenden schräge Linien gezogen, also a d und b c. Solche Linien führen den Namen Diagonalen und es sind deren in jedem Vierecke nur zwei möglich.

Mißt man nun eine derselben mit dem Zirkel und vergleicht sie mit der anderen, so findet man, daß beide gleichlang sind.

Fig. 30, Taf. 1.

In das Rechteck a b c d sind ebenfalls zwei Diagonalen a d und b c gezogen worden und der Zirkel weist uns nach, daß auch in einem Viereck mit zwei langen (a c und b d) und zwei kurzen (c d und a b) Seiten und vier rechten Winkeln, die beiden Diagonalen gleichlang sind, und daß beide Linien sich in ihrer Mitte schneiden.

Der Kreuzungspunkt ist gleichzeitig der Mittelpunkt beziehungsweise auch der Schwerpunkt für die Figur.

Fig. 31, Taf. 1.

Die vorige Figur ist hier unter Beibehaltung ihrer Seiten wiedergegeben worden, jedoch sind jene vier rechte Winkel in schiefe, in zwei spitze und zwei stumpfe verwandelt worden. Darauf wurden abermals die beiden Diagonalen a d und b c gezogen, welche sich ebenfalls gegenseitig halbieren und zugleich den Mittelpunkt und Schwerpunkt der Figur angeben.

Vergleicht man aber nun beide Diagonalen in Beziehung auf ihre Länge, so findet man, daß eine länger ist als die andere; denn a d ist größer als b c.

Was lernen wir aus dieser Thatsache? Wir lernen, daß ein Quadrat ein Rechteck, überhaupt ein Viereck nur dann wirklich vier rechte Winkel aufweist, wenn seine beiden Diagonalen gleichlang sind.

Von diesem überaus wichtigen Satze hat längst jeder erfahrene Tischler, Zimmermann, Glaser 2c. schon Gebrauch gemacht, wenn auch anzunehmen ist, daß er es in einem gewissen Grade von Unbewußtsein gethan hat. Denn wenn der Tischler eine Kommode, einen Schrank oder einen Sekretär „zusammenbaut" und will das Stück Möbel „in den Winkel richten", so greift er nicht zu dem Winkelmaße, wie man wohl denken sollte, weil ihm dieses nicht genug Sicherheit bietet.

Er nimmt vielmehr zwei Holzstäbe und mißt den innern (Lichtenraum) Raum von einer Ecke bis zur gegenüberliegenden, also die Diagonale; sodann mißt er die Entfernung der anderen beiden Ecken (im Lichten). Findet er, daß eine Differenz dieser beiden Entfernungen (Diagonalen) stattfindet, so übt er gegen die längere Diagonale einen energischen Druck aus, wodurch diese verkürzt und jene verlängert wird. Diese Manipulation setzt er so lange fort, bis endlich beide Diagonalen gleichlang sind und mithin das Stück Möbel „im Winkel gerichtet" ist.

Fig. 32, Taf. I.

Das Quadrat a b c d ist hier in einer seiner Seiten (a c) halbiert worden (in f). Wird von dem Halbierungspunkte f aus eine Linie parallel zur Grundlinie a b gezogen, so wird das Quadrat in zwei gleiche Hälften geteilt. Das Rechteck I ist demnach gleich dem Rechtecke II und jedes für sich gleich der Hälfte vom Quadrat.

Auch das Rechteck III ist die Hälfte vom Quadrat a b c d, denn es ist hier anstatt die senkrechte die wagerechte Seite halbiert worden, was auf das Endresultat keinen Einfluß ausübt.

Fig. 33, Taf. I.

Hatten wir in voriger Aufgabe ein Quadrat in zwei gleiche Rechtecke zerlegt, so soll uns hier ein Rechteck in der Weise beschäftigen, daß es in ein gleichgroßes Quadrat verwandelt werden soll.

Aufgabe. Das Rechteck a b c d ist gegeben und soll in ein gleichgroßes Quadrat umgestaltet werden.

Lösung. Verlängere die Grundlinie a b über b hinaus und trage auf dieser Verlängerung die Höhe des Rechtecks b d mittels Zirkelschlag nach e. Die Länge a e wird nun halbiert und von dem Halbierungspunkte f aus ein Halbkreis über a e geschlagen.

Verlängere ich nun die Rechtecksseite b d bis zur Peripherie des Halbkreises, so gibt die Länge b g das Maß für eine Seite des zu suchenden Quadrates an. Zeichne also mit der Länge b g das Quadrat b g h i und es ist somit das Rechteck in ein gleichgroßes Quadrat verwandelt worden.

Fig. 34, Taf. I.

Was in voriger Aufgabe an einem Rechtecke, soll hier an einem Dreiecke geschehen.

Aufgabe. Das Dreieck a b c soll in ein gleichgroßes Quadrat verwandelt werden.

Lösung. Errichte in einem Endpunkte der Grundlinie a b eine Normale (hier in b) von unbestimmter Länge und halbiere eine der Dreiecksseiten a c oder b c. Von einem dieser Halbierungspunkte (f oder d) aus ziehe eine Parallele zu a b bis zur Normalen und trage die Höhe b m mittels Zirkelschlag auf die verlängerte Grundlinie nach g ab. Wie oben, so wird auch hier wieder die Länge a g halbiert und von dem Halbierungspunkte h aus ein Halbkreis über a g gezogen. Dieser Kreisbogen schneidet die Normale in i und es ist nun die Länge b i das Maß für eine Seite des zu suchenden Quadrates.

Wird nun mit der Seite b i das Quadrat b i k l konstruiert, so hat dasselbe den Flächeninhalt des Dreiecks a b c erhalten.

Aufgabe A. Löse diese Aufgabe noch einmal und zwar so, daß die Seite a b halbiert wird.

Aufgabe B. Verwandle eines der Dreiecke aus den **Fig. 17** bis **21**, in ein gleichgroßes Quadrat, indem du stets die linke Dreiecksseite halbierst!

Nutzanwendung. Sollte einmal an den Tischler das Verlangen gestellt werden, an Stelle eines vorhandenen Eckschrankes einen anderen von viereckiger Grundfläche, jedoch gleichem Rauminhalte, anzufertigen, so kann er diese Aufgabe in der ebenbeschriebenen Weise lösen. Er muß zunächst das Dreieck des Bodens in ein gleichgroßes Quadrat verwandeln.

Gewöhnlich wünscht man aber für den Boden eines Schrankes nicht die Form des Quadrates und es muß dieses daher wieder in ein gleichgroßes Rechteck verwandelt werden.

Dieses geschieht, indem man den in **Fig. 33, Taf. I**, Seite 28 angegebenen Weg rückwärts einschlägt. Also

Quadrat b g h i ist gegeben und es soll in ein gleichgroßes Rechteck verwandelt werden.

Lösung. Man verlängert die Grundlinie b i und nimmt den Punkt f beliebig an. Nun setzt man den einen Zirkelfuß in f ein und öffnet den Zirkel bis g, um sodann einen Halbkreis zu schlagen. Dieser trifft die verlängerte Linie in a und die Quadratsseite in e. Nach diesem setzt man den Nadelfuß des Zirkels in b ein und öffnet ihn bis e, um das Maß b e durch einen Viertelkreis nach d zu bringen. Zieht man nun aus d eine Parallele zu a b und errichtet in a eine Normale, so erscheint das Rechteck a b c d als die gesuchte Figur.

Aufgabe A. Versuche dieser Lösung an dem Quadrate der **Figur 22, Taf. I**.

Aufgabe B. Verwandle nach dieser Angabe das Dreieck a b c **Fig. 18, Taf. I**, in ein gleichgroßes Rechteck!

c) **Der Pythagoräische Lehrsatz***)

und einige seiner Anwendungen im praktischen Leben. Pythagoras fand, daß wenn er ein rechtwinkeliges Dreieck so zeichnete, daß eine Kathete drei gleiche Teile, die andere aber vier solcher hatte, dann allemal die Hypotenuse fünf solcher gleiche Teile maß.

Dieses Maßverhältnis 3 : 4 : 5 bleibt immer dasselbe, es mag ein Dreieck nach Millimetern, Zentimetern, Metern oder Kilometern gezeichnet werden. In

Fig. 35, Taf. I,

ist ein solches Dreieck zur Anschauung gebracht worden, und es soll der Zeichner ein gleiches nachthun, indem er der kleinen Kathete eine Länge von 24 mm gibt. Wie lang wird alsdann die große Kathete? Wie lang die Hypotenuse? (32 und 40.)

Fig. 36, Taf. I.

In weiterer Verfolgung dieser interessanten Entdeckung kam nun dieser große Mathematiker zu folgendem Resultate.

Er zeichnet ein Dreieck in den eben beschriebenen Maßverhältnissen und errichtete auf jeder Seite des Dreiecks ein Quadrat und fand nun durch Berechnung, daß das große Quadrat über der Hypotenuse b c an Flächeninhalt genau so groß war als die beiden kleinen Quadrate (über a b und a c) zusammengenommen.

Wir wollen uns indessen an dieser Stelle nicht in jene Berechnung vertiefen, sondern mit einem mechanischen Beweise der Richtigkeit dieses Satzes uns begnügen, da wir es überhaupt in diesem Kapitel mehr mit dem Konstruieren als Berechnen zu thun haben und wollen die letztere am Ende dieses Werkes etwas näher treten.

Die Seiten des fraglichen Dreiecks a b c sind hier in der gedachten Weise eingeteilt worden. Sehen wir nun, was weiter geschehen kann.

Wenn a b in drei gleiche Teile geteilt worden ist, so kann dieses auch mit einer jeden anderen Seite des Quadrates geschehen. Thun wir dieses und ziehen wir aus diesen Teilpunkten zwei senkrechte und zwei wagerechte Linien, so erhalten wir in diesem kleinen Quadrate neun kleinere Quadrate.

Die Seite a c enthält aber vier Teile und demnach auch eine jede andere Seite des Quadrats über a c. Ziehen wir wieder aus jedem Teilpunkte senkrechte und wagerechte Linien, so erhalten wir an jeder Seite vier kleinere Quadrate, im ganzen 16, von denen ein jedes so groß ist als die Quadrate im a b Quadrat.

Weil die Hypotenuse b c erwiesenermaßen fünf solcher gleiche Teile hat, so kann auch jede Seite dieses Hypotenusenquadrates in 5 Teile geteilt werden und es entstehen durch die aus den Teilpunkten gezogenen Parallelen an jeder Quadratseite 5 Quadrate, im ganzen 25.

---

*) Pythagoras war ein griechischer Mathematiker und lebte 560 vor Christus.

Da sämtliche kleinen Quadrate gleichgroß sind (weil wir immer dieselben gleichen Teile angewendet haben), so ergibt sich ganz von selbst, daß das Hypotenusenquadrat so groß ist als die beiden Kathetenquadrate zusammengenommen, denn dieses enthält 25; von den Kathetenquadraten enthält aber das eine 16, das andere 9, macht zusammen auch 25. Darum

Merke. Das Quadrat der Hypotenuse ist an Flächeninhalt gleich der Summe der Quadrate der beiden Katheten.

Fig. 37, Taf. I.

Eine unmittelbare und praktische Anwendung von dem merkwürdigen Zahlenverhältnisse in diesem Dreiecke macht der Zimmermann, wenn er den Grund zu einem Hause auf seiner Zulage aufreißt oder der Maurer, wenn er den Bauplatz absteckt. Er bedient sich nämlich bei diesem Geschäfte nicht des Winkelmaßes weil dieses zu klein ist und die nötige Sicherheit nicht bietet, sondern er verfährt wie folgt.

Er nimmt drei Latten und mißt auf der einen beispielsweise 6, auf der zweiten 8, auf der dritten aber 10 m ab und macht sich die betreffenden Marken. Er legt nun diese drei Latten so zusammen, wie es die **Fig. 57,** andeutet und hat somit einen recht großen rechten Winkel bekommen, der ihn nicht trügt.

Statt der Zahlen 3, 4, 5, wie in dieser Zeichnung angegeben worden ist, kann auch jedes Vielfach derselben also 6, 8, 10 oder 9, 12, 15 und sofort gewählt werden, wodurch die Sicherheit stets vermehrt wird, denn je größer das Maß ist, desto genauer ist es, und dieses soll auch dem Zeichner gesagt sein.

Fig. 38, Taf. I.

Diese Zeichnung ist noch einmal die alte und doch auch nicht die alte, denn es ist hier nicht ein Dreieck gewählt worden, dessen Seiten sich zu einander verhalten wie 3 : 4 : 5, sondern ein rechtwinkelig gleichschenkliges, denn der eben bewiesene Lehrsatz hat seine Richtigkeit bei jedem Dreiecke, welches einen rechten Winkel hat.

Beide Katheten sind hier also einander gleich; es müssen folglich auch die auf denselben errichteten Quadrate einander gleich sein also B = C. Quadrat B + C sind aber zusammen so groß als Quadrat A, mithin ist ein Quadrat die Hälfte vom A oder was dasselbe ist, Quadrat A ist noch einmal so groß als B oder C.

Nutzanwendung. Sollte aus irgend einem Grunde eine Tischplatte so verkleinert werden, daß sie nur halb so viel Flächenraum enthält, und doch quadratisch ist, so kann dieses nach folgender Konstruktion erfolgen.

Fig. 39, Taf. I.

An eine Seite des Quadrates a b c d zeichnet man ein rechtwinkliges Dreieck und zwar so, daß man bei b und d eine Schräge von 45° ansetzt, so daß sie sich in e schneiden. Die Seite b e oder e d ist nun das Maß für die Seiten des zu suchenden Quadrates und dieses ist nach Angabe der Zeichnung bald gefunden.

Quadrat d e f g ist mithin halb so groß als Quadrat a b c d.

Fig. 40, Taf. I.

Das Umgekehrte von voriger Aufgabe soll jetzt eintreten, denn es soll das Quadrat abcd in ein anderes verwandelt werden, welches an Flächenraum noch einmal so groß ist.

Lösung. Man zieht in das gegebene Quadrat abcd irgend eine Diagonale wie hier die Diagonale bc. Diese gibt sogleich das Maß für eine Seite des zu suchenden größeren Quadrates an, mit welchem man nach Angabe der Zeichnung sehr bald die Konstruktion des Gesuchten ausgeführt hat.

Quadrat bcef ist also noch einmal so groß als Quadrat abcd.

Auch für diesen Satz liegt ein mechanischer Beweis zur Hand. Zieht man nämlich in dem großen Quadrate bcef die beiden Diagonalen be und cf, so entstehen in demselben vier Dreiecke, nämlich bdc, cde, edf und fdb. Das erstere Dreieck bdc ist zugleich aber auch ein Bestandteil des kleineren Quadrates abcd und zwar die Hälfte von diesem. Quadrat bcef enthält also vier solcher gleicher Dreiecke wie Quadrat abcd deren nur zwei, und somit ist die Richtigkeit jener Behauptung erwiesen.

Aufgabe A. Nimm das Quadrat abcd der **Fig. 26, Taf. I**, und konstruiere es noch einmal so groß, wie es in **Fig. 40** gelehrt wurde.

Aufgabe B. Nimm das Quadrat abcd der **Fig. 22, Taf. I**, und konstruiere ein Quadrat, welches an Flächenraum noch einmal so klein ist.

Anmerkung. Gleiche Figuren haben unter den verschiedenen Gewerben nicht immer auch gleiche Wichtigkeit und gleiches Interesse, wie man das vielleicht bei der ersten flüchtigen Betrachtung annehmen könnte. Denn während das eine Gewerbe eine Figur mehr hinsichtlich seines Flächeninhaltes betrachtet und danach die größere oder geringere Nützlichkeit derselben beurteilt, hat das andere Gewerbe vielleicht mehr Interesse an der Umgrenzung der betreffenden Figur.

Wird beispielsweise dem Klempner die äußere Form eines Hohlgefäßes frei gestellt, so würde er unklug handeln, wenn er statt des Quadrates irgend ein Rechteck, vielleicht ein recht langgestrecktes, zur Form des Gefäßbodens wählen, weil er sich dadurch zum Schaden arbeiten würde; denn es hat das Quadrat die kürzeste Umgrenzung und verlangt daher auch die kürzesten Seitenwände.

Hätte z. B. ein Quadrat 10 cm Seitenlänge, ein Rechteck aber 1 cm Breite und dafür 100 cm Länge, so würden zwar beide Figuren an Flächeninhalt vollständig gleich sein, denn beide enthalten in diesem Falle 100 qcm Flächenraum.

Mit dem Umfange oder mit der Umgrenzung dieser Figuren steht es aber anders, denn während das Quadrat nur $4 \times 10 = 40$ cm Grenzfläche aufweist, hat jenes Rechteck $2 \times 100 + 2 \times 1 = 202$ cm Grenzfläche.

Für den Tischler hingegen kann sehr oft der umgekehrte Fall eintreten und des sich Herbeiwünschenwollen, was jener gern vermeidet. Der Beweis liegt sehr nahe.

Bei der Anlage eines Tisches kommt es bekanntermaßen weniger auf den Flächeninhalt der Platte als vielmehr auf ihren Umfang an, denn je größern Umfang sie hat, desto mehr Personen können daran placiert werden, desto brauchbarer wird der Tisch. Für ihn ist also das Rechteck eine günstigere Figur als das Quadrat, also gerade umgekehrt wie beim Klempner.

Handelt es sich freilich darum, einen Garten anzulegen und mit einem Stakete zu versehen, so würde allerdings das Quadrat den Vorzug erhalten.

Zur allgemeinen Uebersicht mögen am Schlusse dieser Abteilung folgende vier Figuren nach ihren Umgrenzungsverhältnissen zusammengestellt werden.

Es verhalten sich bei gleichem Flächeninhalte die Grenzen dieser Figuren wie die Zahlen:

Dreieck   300   zum
Rechteck   288,0 zum
Quadrat   264,0 zum
Kreise   235,5.

Der Kreis hat also die kürzeste Umgrenzung.

d) Der Kreis.

Der Kreis ist die einfachste Figur, die wir haben. Er läßt sich mit Hilfe eines Zirkels in der denkbar kürzesten Zeit darstellen und in Ermangelung eines solchen thut es auch ein Stäbchen und ein Stift, selbst eine Schnur oder Faden. Der Stift, welcher feststeht, und um den sich das Stäbchen dreht, bildet alsdann den Mittelpunkt des Kreises, während das andere Ende desselben die Umfangslinie — auch Peripherie genannt, beschreibt.

Der Kreis ist also eine regelmäßig gekrümmte, in sich selbst zurückkehrende Linie, welche in allen ihren Punkten gleichweit vom Mittelpunkte entfernt ist.

Nicht so leicht wie die Herstellung ist die Berechnung des Kreises. Doch auch diese läßt sich in ziemlich einfache und leicht verständliche Formeln bringen, wie weiter unten gezeigt werden soll.

Nicht wie der Mathematiker vielleicht erwartet, hat das Tischlergewerbe, überhaupt die Holz-Industrie, einen so ergiebigen Gebrauch von dieser lehrreichen Figur gemacht, weil die runde Gestalt ihr weniger zusagt. Einen weitaus ergiebigern Gebrauch macht hingegen das Klempnergewerbe von ihm, weil er, wie die kleine Tabelle am Schlusse des Abschnittes c statistisch feststellt, viele Vorteile bietet nicht allein in Beziehung auf seine Umgrenzung, sondern auch in Beziehung auf die Herstellung solcher Gefäße, denen der Kreis als Bodengestalt zu Grunde gelegt ist.

Allein die Technik des Zeichnens und der Konstruktionslehre kann des Kreises nicht entbehren und da auch der Holzarbeiter ab und zu mit ihm zu thun bekommt, so sollen hier wenigstens die wichtigsten Sätze aus der Kreislehre ihren Platz finden.

Begriffe.

Außer den beiden oben schon angedeuteten Benennungen, nämlich Mittelpunkt, auch Zentrum genannt, und der Peripherie, das ist Umfangslinie des Kreises, hat der Zeichner noch folgende Ausdrücke zu merken:

3) Sehne, das ist eine gerade Linie, welche von einem Punkte der Peripherie zu irgend einem andern derselben geht, wie die Linien f3, f2, f1 in **Fig. 4, Taf. II.**

4) Durchmesser heißt die Linie, welche ebenfalls von einem Punkte der Peripherie zu einem anderen derselben gerichtet ist und dabei durch den Mittelpunkt geht, wie die Linie gf durch den Mittelpunkt c, **Fig. 4.** Er ist zugleich die größte Sehne im Kreise.

5) Halbmesser ist die Hälfte vom Durchmesser also cf, cd oder cg, **Fig. 4.** Er wird auch Radius genannt.

6) Tangente heißt Berührungslinie; sie berührt den Kreis in nur einem einzigen Punkte und zwar von außen. ab ist eine solche (**Fig. 4**).

7) Segment nennt man das Stück eines Kreises, welches durch eine Schnittlinie von der Kreisfläche abgesondert wird, wie z. B. das Stück f3 zwischen der Sehne und dem Kreisbogen. f2, f1 sind ebenfalls solche Kreisabschnitte.

8) Kreisausschnitt oder Sektor. Ein solcher entsteht, wenn zwei Schnittlinien so geführt werden, daß sie von der Peripherie bis zum Mittelpunkt des Kreises dringen, wie z. B. die beiden Linien do und fo, **Fig. 5, Taf. II.** Die Schnittlinien sind dann immer zwei Radien.

Stehen diese beiden Radien rechtwinkelig zu einander, wie es in **Fig. 4, Taf. II,** bei gc und cd oder fc und cd der Fall ist, so wird ein solcher Kreisausschnitt Quadrant genannt.

Ein solcher Quadrant — Viertelkreis — findet seine Verwendung beim Eckbrett und beim Eckschranke, dient aber sonst auch noch zur Darstellung von regelmäßigen Figuren, wie weiter unten sich ergeben wird.

Fig. 1, Taf. II.

Vier Kreise sind hier gezeichnet worden und zwar sämtlich aus ein und demselben Mittelpunkte. Solche Kreise nennt man konzentrische Kreise.

Anmerkung. Beachte beim Zeichnen mit dem Zirkel das, was in dieser Beziehung über die Handhabung desselben eingangs gesagt worden ist.

Fig. 2, Taf. II.

Ebenfalls sind in dieser Aufgabe vier Kreise gezeichnet worden, welche jedoch keinen gemeinschaftlichen Mittelpunkt haben. Diese liegen vielmehr in gleichen Abständen auf der senkrechten Linie 1a. Wohl aber haben sämtliche vier Kreise einen Punkt gemeinschaftlich, nämlich den Punkt a in der Peripherie.

Solche Kreise heißen exzentrische und sind in der Maschinenbaukunde von sehr großer Bedeutung.

Anmerkung. Beim Ausziehen mit Tusche, welches nun beginnen soll, hüte man sich davor die einzelnen Kreislinien bei dem Berührungspunkte a zusammenlaufen zu lassen.

Fig. 3, Taf. II.

In jedem Kreise läßt sich sein Halbmesser genau sechsmal auf der Umfangslinie abtragen. In dieser Figur ist dieses geschehen und es ist zugleich aus jedem der sechs Teilpunkte ein Kreisbogen geschlagen worden, woraus eine Sternfigur entstanden ist.

Anmerkung. Ein jeder dieser Kreisbögen geht durch den Mittelpunkt. Sollte bei der Ausführung dieser Aufgabe an dieser Stelle ein Zwischenraum entstehen, oder sollten sich die einzelnen Bögen schneiden, so liegt dieses allein an der ungenauen Arbeit des Zeichners.

Fig. 4, Taf. II.

Aufgabe. An einen Kreis soll die Tangente a b gezogen werden. (Siehe unter 6.)

Lösung. Ist der Berührungspunkt d noch nicht gegeben, so nehme man diesen beliebig an und ziehe von hier eine gerade Linie nach dem Mittelpunkte des Kreises c. In dem einen Endpunkte dieses Radius bei d errichte man eine Normale, wie dies früher gelehrt wurde und man hat die Lage der Berührungslinie gefunden.

Anmerkung. In der oberen Hälfte dieser Figur sind auf der Peripherie des Kreises drei verschiedene Punkte angenommen worden und es ist von einem jeden eine gerade Linie sowohl nach g wie auch f gezogen worden. Alle drei Winkel, die hierbei entstanden sind, sind rechte Winkel. Werden also von irgend einem Punkte der Peripherie aus nach den beiden Endpunkten des Durchmessers gerade Linien gezogen, so entsteht immer ein rechter Winkel. Man kann somit auch mit Hilfe eines Halbkreises die Richtigkeit eines Dreiecks oder Winkelhakens prüfen, sowie umgekehrt mit einem Dreieck oder Winkelhaken einen Kreis ohne Zirkel herstellen. Man braucht alsdann in diesem Falle bei g und f nur zwei Stifte zu befestigen und die Schenkel des Dreiecks an diese anzulegen und im Sinne der Zeichnung fortzubewegen.

Fig. 5, Taf. II.

Aufgabe. Durch die drei beliebig angenommenen Punkte a b c soll ein Kreis gelegt werden.

Lösung. Oeffne den Zirkel um etwas mehr als die Hälfte der Entfernung a b beträgt und schlage damit von a aus einen kleinen Kreisbogen zwischen a und b. Sodann setze den Nadelfuß des Zirkels in b ein und schlage ebenfalls einen Kreisbogen, so daß sich beide in d und i schneiden; gleichzeitig schlage einen Kreisbogen nach rechts zwischen b und c und schneide schließlich vom dritten Punkte c aus denselben durch einen vierten Kreisbogen, so werden sich die beiden letzteren in f und g schneiden.

Werden nun durch diese vier Kreuzungspunkte d i und f g zwei gerade Linien gelegt, so schneiden sich diese in dem Punkte h und dieser ist der Mittelpunkt für einen Kreis dessen Peripherie durch die drei gegebenen Punkte a b c geht.

Die Anwendung dieser Aufgabe kann dem Tischler großen Nutzen verschaffen, wenn er z. B. eine kreisbogenförmige Fensterbekrönung anfertigen soll und ihm dabei die Breite und Höhe der Wölbung gegeben sind.

Fig. 6, Taf. II.

Aufgabe. Es ist der Mittelpunkt eines gezeichneten Kreises verwischt worden und es soll dieser aufs neue gesucht werden.

Lösung. Man setze in irgend einem Punkte der Peripherie z. B. in 1 den Zirkel ein und schlage einen kleinen Kreisbogen, der die Peripherie schneidet (hier in 2). Dann setze man den Zirkel im Schnittpunkte 2 ein und schlage ebenfalls einen Kreisbogen, so daß sich beide schneiden. Dasselbe thue man an irgend einer anderen Stelle des Kreises, beispielsweise bei 3 und dem Schnittpunkte 4.

Werden nun durch die Kreuzungen bei 5, 6 und 7, 8 zwei gerade Linien gelegt, so schneiden sich diese in dem Punkte c und dieses ist der Mittelpunkt, welcher gesucht werden sollte.

Obige Aufgabe läßt sich auch so lösen, daß man auf der Umfangslinie die vier Punkte a b d f beliebig annimmt und von jedem aus vier Kreisbogen schlägt, daß sie sich schneiden. Die geraden Linien, welche durch diese vier Kreuzungen gezogen werden, führen ebenfalls zu dem Mittelpunkte des Kreises.

Endlich kann der Mittelpunkt auch nach Anleitung der

Fig. 7, Taf. II,

gefunden werden. Man zieht in den Kreis irgend eine Sehne (a b) und schlägt von den Endpunkten derselben (a und b) aus einen Kreisbogen mit einer Zirkelöffnung. Die etwas mehr als die Hälfte der Sehne beträgt. Diese Kreisbogen schneiden sich in d und k. Durch diese Punkte zieht man nun eine gerade Linie und verlängert sie bis sie die Umfangslinie trifft. Dieses geschieht bei f. Die Strecke g f stellt nun einen Durchmesser dar und wird dieser halbiert, so ist der Mittelpunkt ebenfalls gefunden.

Fig. 8, Taf. II.

Aufgabe. In einen Kreis soll das größtmöglichste, gleichseitige Dreieck gezeichnet werden.

Lösung. Mit dem Radius des Kreises schlage man von irgend einem Punkte der Peripherie aus einen Kreisbogen, der die Peripherie in zwei Punkten schneidet, nämlich in a und b. Verbinde nun diese beiden Punkte durch eine Gerade, so ist die erste Seite des zu suchenden Dreiecks gefunden. Faßt man die Länge a b in den Zirkel und kreuzt damit abwechselnd von a und b aus bei c, so ist der Punkt c der dritte Punkt des Dreiecks. Verbinde diesen mit a und b durch zwei Gerade, so ist die Aufgabe gelöst.

Anmerkung. Sollte der Punkt c nicht in die Peripherie des Kreises fallen, so trägt das ungenaue Arbeiten des Zeichners die Schuld daran.

Fig. 9, Taf. II.

Aufgabe. Es soll das größtmöglichste Quadrat in einen Kreis gezeichnet werden.

Lösung. Stelle zwei Durchmesser des Kreises rechtwinkelig zu einander und verbinde nun die vier Endpunkte derselben a b und c d der Reihe nach durch die vier geraden Linien a c, c b, b d und d a.

Fig. 10, Taf. II.

Aufgabe. Der aus dem Mittelpunkte c geschlagene Kreis soll in ein Quadrat verwandelt werden, welches mit ihm gleichen Flächeninhalt hat.

Lösung. Man setze wieder zwei Durchmesser rechtwinkelig zusammen und verlängere sie bis über die Kreislinie hinaus.

Hierauf teilt man einen der Halbmesser in vier gleiche Teile und setzt einen solchen Teil an jedem Ende des verlängerten Durchmesser außerhalb des Kreises an. Man erhält hierdurch die vier Punkte 5, f, g, h. Werden nun diese durch vier gerade Linien verbunden, so ist das zu suchende Quadrat gefunden, also der Kreis in ein gleichgroßes Quadrat verwandelt worden.

Aufgabe A. Verwandle das Quadrat a b c d der **Fig. 22, Taf. I**, in einen gleichgroßen Kreis, indem du den eben beschriebenen Weg rückwärts gehst!

Lösung. Ziehe die Diagonalen, teile eine Hälfte derselben in fünf gleiche Teile und nimm vier davon zum Radius für den zu suchenden Kreis.

Das Fünfeck.

Fig. 11, Taf. II.

Aufgabe. Es soll in einen Kreis ein regelmäßiges Fünfeck gezeichnet werden.

Lösung. Hat man den Kreis gezeichnet, so konstruiere man einen Quadranten, indem man die zwei Halbmesser a c und 5 c rechtwinkelig zusammenstellt. Den dazwischenliegenden Viertelkreis teile man in 5 gleiche Teile. Zieht man nun eine Gerade von a nach Punkt 4, so hat man eine Länge gefunden, welche sich fünfmal im Kreise abtragen läßt.

Warum? Wird der Viertelkreis in 5 gleiche Teile geteilt, so ist das dasselbe als wenn der Vollkreis in 20 gleiche Teile zerlegt würde. In 20 Teilen gehen aber 4 Teile fünfmal auf, denn $4 \times 5 = 5 \times 4$.

Das Sechseck.

Fig. 3, Taf. II.

Da in einem jeden Kreise der Radius sich sechsmal auf der Umfangslinie abtragen läßt, wie bereits oben schon angedeutet wurde, so läßt sich das Sechseck auf die einfachste Art dadurch herstellen, daß man diese 6 Teilpunkte durch 6 Sehnen untereinander verbindet.

Das Siebeneck.

Fig. 12, Taf. II.

Aufgabe. In einen Kreis soll ein regelmäßiges Siebeneck gezeichnet werden.

Lösung. Man schlägt mit dem Radius des Kreises von irgend einem Punkte der Peripherie aus (hier von a) einen Kreisbogen, der diese in zwei Punkten schneidet. Es geschieht dieses in d und g. Verbindet man diese beiden Punkte durch eine Sehne und zieht den Radius a c, so wird die Sehne in f halbiert. Die Hälfte dieser Sehne d f oder f g ist nun das Maß für die Seite des Siebenecks und diese läßt sich bei genauer Arbeit siebenmal im Kreise abtragen.

Das Achteck.

Fig. 13, Taf. II.

Mit Hilfe einer Reißschiene und eines rechtwinkelig gleichschenkeligen Dreiecks, läßt sich diese Figur in höchst einfacher Weise konstruieren, denn man braucht je nur zwei Durchmesser rechtwinkelig und zwar den einen wagerecht und den anderen senkrecht zusammenzustellen und hierauf zwei andere ebenfalls rechtwinkelig jedoch unter einem Winkel von 45°, so braucht man nur die Endpunkte aller vier Durchmesser durch acht Sehnen zu verbinden, um das Achteck zu erhalten.

Freilich muß streng darauf gehalten werden, daß sämtliche Geraden sich in dem Mittelpunkte des Kreises schneiden.

Noch schneller und sicherer erhält man das Achteck, wenn man dasselbe um den Kreis legt. Man braucht in diesem Falle die Seiten der Figur nur als Tangenten zu betrachten, die mit Hilfe der Reißschiene und des Dreiecks sehr schnell gezogen sind. Es gehören hierzu zwei wagerechte, zwei senkrechte und vier schräge unter einem Winkel von 45°.

Das Neuneck.

Fig. 14, Taf. II.

Will man eines zeitraubenden Einteilens der Kreislinie in neun gleiche Teile enthoben sein, so muß man folgendes Verfahren anwenden.

Man beginnt wie beim Siebeneck, indem man von einem Punkte der Peripherie aus mit demselben Radius einen Kreisbogen beschreibt, der die Peripherie in zwei Punkten schneidet, hier in b und d. Man zieht hierauf die Sehne und verlängert dieselbe über die Peripherie hinaus. Der Radius a c halbiert diese Sehne in i. Von i aus schlägt man nun einen Kreisbogen unter steter Beibehaltung der Zirkelweite, wodurch der Punkt g bestimmt wird. Thut man dasselbe von g aus, so kreuzen sich die beiden Bögen in f. Verbindet man nun f mit dem Mittelpunkte c, so wird die Peripherie in h geschnitten. Setzt man sodann den Zirkel in a ein, um das Maß ah nach al zu übertragen und verbindet schließlich l th durch eine Sehne, so ist diese eine Seite des Neunecks, mit deren Hilfe die Figur bald hergestellt ist.

Das Neuneck läßt sich aber auch auf folgendem Wege herstellen.

Durch den Mittelpunkt des Kreises c legt man einen Durchmesser, faßt dessen Länge mn in den Zirkel und schlägt von beiden Endpunkten aus kleine Kreisbögen, so daß sie sich bei o kreuzen. Den Durchmesser teilt man nun in 9 gleiche Teile und legt von o aus durch den Punkt 2 eine Gerade, die man bis zur Peripherie verlängert. Die Strecke mp ist nun eine Neuneckseite.

Ueberdies läßt sich nach diesem Verfahren jedes Vieleck darstellen. Man teilt den Durchmesser immer in soviel gleiche Teile, als die Figur Ecken erhalten soll und zieht von dem Kreuzungspunkte o aus stets durch den Teilungspunkt 2 des Durchmessers eine Gerade bis zur Peripherie. Der Abstand dieses Punktes von dem Endpunkte des Durchmessers m gibt dann immer das Maß für die Vieleckseite

Aufgabe A. Konstruiere das Neuneck nach dieser Angabe noch einmal.

Aufgabe B. Konstruiere so ein Elfeck.

Das Zehneck.

Fig. 15, Taf. II.

Will man ein Zehneck zeichnen, so kann man den Quadranten ähnlich wie in **Fig. 11**, in 10 gleiche Teile teilen und von a aus eine Sehne nach 4 und von 4 aus eine solche nach Teil 8 ziehen und hat somit zwei Seiten der Figur erhalten, welche sich dann leicht im Kreise abtragen lassen.

Oder man teilt den Quadranten zuvor in zwei gleiche Teile und verfährt mit der einen Hälfte so wie dort mit dem Ganzen. Die Zeichnung mag das Nötige erklären.

Das Zwölfeck.

Fig. 16, Taf. II.

Wird ein Zwölfeck zu zeichnen verlangt, so kann man seine Aufgabe wie folgt lösen: Man zeichnet wie früher vier Quadranten, indem man zwei Durchmesser in ihrer Mitte rechtwinkelig zusammenstellt. Schlägt man nun von einem jeden Endpunkte der beiden Durchmesser vier Kreisbogen mit Radius ac, so wird die Peripherie 12mal geschnitten und es bilden diese Schnittpunkte zugleich die Eckpunkte der verlangten Figur, welche durch 12 Sehnen zu verbinden sind.

Fig. 17, Taf. II.

Aufgabe. Ein Oval ist gegeben und soll dieses in einen gleichgroßen Kreis verwandelt werden.

Lösung. Man stelle die lange und kurze Mittellinie — Achsen genannt — so zusammen, daß sie sich in ihrer Mitte rechtwinkelig schneiden (in c). Von c aus trage man die Länge der halben kurzen Achse von d nach f und halbiere die Strecke af in g. Die Länge ag ist nun der Radius für den Kreis.

Fig. 18, Taf. II.

Aufgabe. Ein Kreis soll in ein gleichgroßes Dreieck verwandelt werden.

Vorbemerkung. Fertigt man eine kreisrunde Holzscheibe an und gibt ihr beispielsweise einen Durchmesser von 7 cm, so wird eine Schnur, die man über die Rundung hinweg spannt, von Ende zu Ende 22 cm messen. Der Durchmesser ist also 7 cm lang, der Umfang 22 cm. Dieses Verhältnis ist immer dasselbe, der Kreis mag noch so groß oder noch so klein sein, immer ist der Durchmesser in dem Umfange des Kreises $3\frac{1}{7}$ mal enthalten.

Die Geometrie hat daher den wichtigen Lehrsatz aufgestellt:

Der Durchmesser eines Kreises verhält sich zu seinem Umfange wie 7 : 22.

Dieses Verhältnis ist das älteste und soll von dem griechischen Mathematiker **Archimedes***) zuerst durch Rechnung gefunden worden sein.

Der Niederländer **Ludolph** leitete aus diesem Verhältnis 7 : 22 ein anderes ab, welches bei der Berechnung der Kreisfläche in Gebrauch gezogen werden soll, nämlich das Verhältnis 100 : 314. Das ist die sogenannte **Ludolph-Zahl**. Für das konstruktive Verfahren ist indessen das archimedische Verhältnis überall das zweckmäßigste.

Wollen wir also an der Hand dieses archimedischen Lehrsatzes unsere obengestellte Aufgabe lösen, so teile man den Durchmesser in 7 gleiche Teile und trage 22 dieser Teile auf einer genügend langen Tangente ab. Verbindet man nun beide Endpunkte der Tangente mit dem Mittelpunkte c, so entsteht ein Dreieck, welches mit der Kreisfläche gleichen Flächeninhalt hat.

Warum? Hat man den Durchmesser in 7 gleiche Teile geteilt, so lassen sich wie bekannt deren 22 auf der Umfangslinie abtragen. Zieht man nun von einem jeden Teilpunkte einen Strahl (Radius) nach dem Mittelpunkte, so entstehen 22 gleichgroße Dreiecke im Kreise (wenn man den kleinen Kreisbogen als gerade Linie ansieht).

Auf Grund des Lehrsatzes von **Fig. 21, Taf. I**, Seite 24, lassen sich aber mehrere Dreiecke von gleicher Grundlinie und gleicher Höhe in ein Dreieck verwandeln, welches alle Grundlinien zur Grundlinie und ihre Höhen zur Höhe hat.

Fig. 19, Taf. II.

Aufgabe. Der Kreis A soll in einen Kreis verwandelt werden, der noch einmal so groß als dieser ist.

Lösung. Man glaube nicht, diese Aufgabe dadurch lösen zu wollen, daß man in den Kreis A den Durchmesser zieht und diesen noch einmal so groß macht für den zu suchenden neuen Kreis, denn dadurch würde der neue Kreis anstatt noch einmal so groß viermal so groß als A werden.

Sondern man setzt an den Durchmesser a b, weil Kreise sich gerade so verhalten wie ihre Quadrate, dieselbe Länge rechtwinkelig zu a b und verbindet d mit a durch eine Schräge. Diese ist nun die Hypotenuse zu den beiden Katheten.

Zeichnet man also über der Hypotenuse a d einen Kreis, so ist dieser noch einmal so groß als A. Halbiere also a d in C und schlage mit C a als Radius den Kreis C.

---

*) Er lebte 287 bis 212 v. Christus.

Wiederhole die Aufgaben vom Pythagoräischen Lehrsatze. **Fig. 35. Taf. I.**

Fig. 20, Taf. II.

Aufgabe. Der Kreis A soll noch einmal so klein gezeichnet werden.

Lösung. Verfahre umgekehrt wie in voriger Aufgabe. Betrachte den großen Kreis A als den Kreis der Hypotenuse und siehe den Durchmesser a b als Hypotenuse an, so braucht man nur über a b ein rechtwinkelig gleichschenkliges Dreieck zu konstruieren, indem man an beiden Enden zwei Schrägen von 45° so anlegt, daß sie sich senkrecht über A, dem Mittelpunkte des Kreises, schneiden.

Die Kathete a c betrachte nun als Durchmesser des neuen Kreises, halbiere ihn und schlage aus dem Mittelpunkte C den Kreis.

Aufgabe A. Zeichne einen Kreis von 4 cm Durchmesser und sodann einen zweiten noch einmal so groß.

Aufgabe B. Zeichne den ersten Kreis noch einmal und einen vierten Kreis, welcher noch einmal so klein ist.

Konstruktionen einiger Vielecke, wenn die Seite dazu gegeben ist.

Fig. 21, Taf. II.

Aufgabe. Ein regelmäßiges Fünfeck soll gezeichnet werden, wenn die Seite a b gegeben ist.

Lösung. Zeichne mit der gegebenen Seite a b einen Quadranten, teile den Viertelkreis in 5 gleiche Teile und setze einen solchen Teil auf der verlängerten Kreislinie bei c an bis d. Verbinde d mit a, so sind zwei Seiten des Fünfecks und der von ihnen eingeschlossene Winkel gefunden. — Ein solcher Winkel wird Polygonswinkel genannt. —

Es gilt nun die Figur zu vollenden. Dies kann auf zweierlei Wegen geschehen. Entweder man trägt an beiden freien Enden der Seiten bei b und d den nun gefundenen Polygonswinkel a an nach Anleitung der **Fig. 14, Taf. I**, und macht den neuen Schenkel gleich der gegebenen Seite a b, so bleibt nur noch die fünfte Seite der Figur zu zeichnen übrig, deren Lage und Länge sich von selbst ergeben hat; oder man legt nach Anleitung der **Fig. 5, Taf. II**, durch die drei Punkte b a d einen Kreis und kann nun die Seite a b fünfmal in der Kreislinie auftragen.

Fig. 22, Taf. II.

Anstatt eines Quadranten wie in voriger Aufgabe, ist in dieser mit der gegebenen Seite a b ein Halbkreis gezeichnet worden. Der Halbkreis wurde in 5 gleiche Teile geteilt und von dem 3. Teilpunkte aus nach dem Mittelpunkte b ein Strahl gezogen. Hierdurch hat sich ebenfalls der Polygonswinkel a b 3 ergeben.

Fig. 23, Taf. II.

Aufgabe. Ein regelmäßiges Siebeneck soll gezeichnet werden, wenn dazu die Seite a b gegeben ist.

Lösung. Das Verfahren ist das gleiche wie in voriger Lektion.

Man zeichnet mit der gegebenen Seite a b einen Quadranten und teilt die Kreisbogenlinie in sieben gleiche Teile. Auf der verlängerten

Bogenlinie werden nun drei Teile aufgetragen und der Endpunkt d mit b durch eine Gerade verbunden, so hat sich auch für diese Figur der Polygonswinkel ergeben.

Hat man erst zwei Seiten und den von ihnen eingeschlossenen Winkel gefunden, so ist die Figur selbst auf ein oder dem anderen Wege aus voriger Lösung bald vollendet.

Nach diesem Verfahren kann man den Vielecksswinkel zu einem jeden Vielecke, zu welchem die Seite gegeben worden ist, finden. Man teilt zu dem Ende den mit der gegebenen Seite beschriebenen Quadranten in soviel gleiche Teile als die Figur Ecken erhalten soll. Von der ganzen Anzahl der Teile zieht man vier Teile ab und setzt den Rest der Teile auf der verlängerten Bogenlinie hinzu. Hierauf verbindet man das Ende des letzten Teiles mit dem Mittelpunkte des Quadranten und erhält so allemal den richtigen Winkel.

Also z. B. beim Elfeck:

11 Teile — 4 = 7 Teile; 11 + 7 = 18 Teile, oder was dasselbe ist 11 Teile + 11 — 7 = 18 Teile.

Setzt man, wie dies in der Mathematik allgemein üblich ist, an Stelle der Anzahl der Ecken der Figur den Ausdruck n, so ergibt sich folgende Formel zur Darstellung einer jeden beliebigen Figur:

Das Achteck   n Teile + n — 4, also für
         8 + 8 — 4 = 12 Teile.

Mit dieser Formel läßt sich der Polygonswinkel auch durch Berechnung finden. Da der Vollkreis 360° hat, kommen auf einen Quadranten 90°.

Der 8. Teil vom 90° = $11\frac{1}{4}$. $11\frac{1}{4}$ mal (8 + 8 — 4 =) 12 macht 135° für das Achteck.

Fig. 24, Taf. II.

In vorliegender Zeichnung ist das Achteck so gebildet worden, daß man zuerst das große Quadrat a b c d und von den vier Ecken desselben aus vier Viertelkreise gezeichnet hat, die alle durch den Mittelpunkt des Quadrates gehen.

Die Durchschnittspunkte, welche die Kreisbogen mit den Quadratsseiten bilden, sind nun durch Schrägen von 45° untereinander verbunden worden.

Durch zweckmäßige Verbindung senkrechter, wagerechter und schräger Linien ist eine Sternfigur entstanden, welche bei furnierten Gegenständen passende Verwendung finden kann.

Fig. 25, Taf. II,

gibt ein anderes Beispiel solcher Verzierungen, bei welcher Umgrenzung der übliche Fries gegeben worden ist.

Von den acht Ecken der Figur sind Strahlen nach dem Mittelpunkte gezogen worden; die Innenkante des Frieses wurde halbiert, jeder Strahl in 4 gleiche Teile geteilt.

Fig. 26, Taf. II.

Das letzte Beispiel dieser Tafel bringt noch ein Vorbild für Verzierungen kleiner Flächen, wie solche beim Furnieren kleinerer Gegenstände als Nähtische, Nipptischchen, Theetischen, Schatullen ꝛc. des öfteren gebraucht werden.

Der fünfstrahlige Stern ist ein Pentagramm, welches in der Mythelogie der Griechen eine höchst bedeutungsvolle und mystische Figur war.

Das Zeichnen dieser Figur soll zugleich eine Wiederholung sein und zur Befestigung dessen dienen, was über das regelmäßige Fünfeck gesagt worden ist.

e) Das Oval.

Weit lieber als die Kreislinie verwendet der Tischler zu seinen Arbeiten das Oval und das mag wohl in folgendem seine Begründung haben.

Da die Kreislinie in allen ihren Punkten gleichweit vom Mittelpunkte entfernt bleibt, nimmt sie etwas Eintöniges und Steriles an; sie bietet dem Auge keine Abwechselung dar, was in bezug auf die äußere Gestaltung der Möbel ein großer Mangel ist. Es werden daher nur wenig Tische noch kreisrund angelegt und es beschränkt sich die Verwendung der Kreislinie deshalb nur auf sehr kleine Tischchen — etwa Nipp- oder Theetischen — oder auf recht große, wie z. B. den Kulissentisch. Aber auch letzterer wird durch seine Auszüge aus der kreisrunden in die längliche Form übergeführt.

Auch bei Füllungen und Bilderrahmen werden Kreise nur in kleineren Dimensionen verwendet.

Die Natur hingegen weist eine größere Verwendung des Kreises auf. Wir sehen ihn nicht nur als Querschnitt verwandt bei den Stämmen der Bäume, bei den Zweigen, den Stengeln und Blattstielen der meisten Pflanzen, bei den Gliedern des menschlichen und tierischen Körpers ꝛc., sondern auch die Erde — unserer aller Mutter — bringt uns mit dem gesamten Weltall als Gesichtskreis, als scheinbare Gestalt von Sonne und Mond den Kreis zur Anschauung.

Im Baugewerbe hat das Oval große Bedeutung erlangt. Die Bogen der Brücken werden meist, die Gewölbe unserer Keller nicht selten nach dem Ovale konstruiert. Außerdem greift der Böttcher, der Klempner, der Gärtner, der Korbflechter in vielen Fällen zum Ovale, um seine Arbeiten danach zu gestalten.

Aber auch dem Ovale — wenigstens einer besonderen Art derselben, der Ellipse — begegnen wir im Bereiche der Natur, denn nicht nur unsere Erde, sondern alle Planeten mit Einschluß der Kometen ziehen ihre stille Bahnen jahraus jahrein in Formen dieser länglichen Figur.

Weil demnach das Oval eine für unser Gewerbe recht wichtige und vielgebrauchte Figur geworden ist, soll in folgendem von der Konstruktion desselben in hinreichender, wenn auch nicht erschöpfender Weise die Rede sein.

Begriffe.

Das Oval ist eine regelmäßig gekrümmte, in sich selbst zurückkehrende Linie. Das Oval wird aus mehreren, mindestens vier Kreisbogen gebildet.

Die gerade Linie, welche die längste Ausdehnung des Ovales angibt, wird die große Achse genannt, kleine Achse hingegen heißt die Gerade, welche die kürzeste Ausdehnung angibt. Beide Achsen stehen stets rechtwinkelig zu einander und halbieren sich gegenseitig.

1. Die Längenachse des Ovales ist gegeben.

Fig. 1, Taf. III.

Aufgabe. Ueber der Strecke ab soll ein Oval gezeichnet werden.

Lösung. Teile ab in drei gleiche Teile und nimm einen solchen Teil zum Radius für die beiden Kreise. Ziehe diese aus den beiden Teilpunkten f und g, so schneiden sich diese in den Punkten c und d. Von letzteren aus lege je zwei gerade Linien durch die Mittelpunkte f und g bis zur Peripherie der Kreise. Es werden hierdurch die beiden kleinen Kreisbogen des Ovales abgegrenzt.

Setze hierauf den Zirkel abwechselnd in c und d ein und öffne ihn bis h (= zwei Teile von ab) und zeichne die beiden Ergänzungsbogen h i.

Fig. 2, Taf. III.

Die Längenachse des Ovales ist in dieser Aufgabe in vier gleiche Teile geteilt worden und mit einem derselben als Radius drei Kreise aus den Teilpunkten 1, 2, 3 beschrieben worden.

In der Mitte von ab wurde alsdann eine Senkrechte — errichtet, welche den mittleren Kreis in d d schneidet. Von diesen Schnittpunkten d d aus sind nun je zwei gerade Linien durch die Mittelpunkte c' und c" bis zur Kreislinie zu legen, wodurch wiederum die kleinen Endkreisbogen des Ovales begrenzt werden. Als Mittelpunkte für die beiden Ergänzungsbogen dienen nun die Punkte d, d.

Fig. 3, Taf. III.

Die Konstruktion dieses Ovales ist der vorigen ähnlich. Die Längenachse ab ist in fünf gleiche Teile geteilt, und mit einem solchen vier Kreise gezeichnet worden. Durch die Kreuzungspunkte e und f sind je zwei gerade Linien gezogen worden, welche sich oberhalb und unterhalb der großen Achse und zwar über deren Mitte kreuzen. Dies geschieht in c und d und es sind diese zugleich die Mittelpunkte für die Ergänzungsbogen. Diese reichen bis zu den aus c und d gezogenen Geraden.

Fig. 4, Taf. III.

Aufgabe. Ein Böttcheroval soll gezeichnet werden.

Lösung. Ohne auf die Länge der Achse Rücksicht zu nehmen, sind zwei Quadrate nebeneinander gezeichnet worden und hierauf sämtliche Diagonalen gezogen. Die Schnittpunkte der Diagonalen 1 und 2 dienen nun als Mittelpunkte für die kleinen Kreisbogen, während die Punkte 3 und 4 als Mittelpunkte für die Ergänzungsbogen anzunehmen sind.

2. Beide Achsen des Ovales sind gegeben.

Fig. 5, Taf. III.

Sind zu einem Ovale beide Achsen gegeben worden, so müssen auch bei der Konstruktion desselben beide in Betracht gezogen werden.

Man stellt zu dem Ende beide Achsen rechtwinkelig zusammen, so daß sie sich in ihrer Mitte schneiden (in c). Das Maß der halben kleinen Achse c h trage man von c nach g und teile das Stück a g, um welches die halbe große Achse länger als die halbe kleine ist, in zwei gleiche Teile.

Man fasse nun drei solcher Teile in den Zirkel und trage sie von c aus auf der großen Achse links und rechts ab, so werden die beiden Punkte i und l bestimmt. Auf der kleinen Achse aber werden wieder von c aus nach oben und unten vier solcher gleicher Teile aufgetragen und man erhält nun die beiden Punkte d und f.

Legt man nun durch die Punkte d i, d l und f i, f l gerade Linien, so sind sämtliche vier Kreisbogen, aus denen sich das zu suchende Oval zusammensetzt, hinsichtlich ihrer Länge bestimmt. Die Mittelpunkte für die Endbogen sind die beiden Punkte i und l, für die Ergänzungsbogen aber d und f und kann man in diesem Falle auch mit dem Zeichnen der Ergänzungsbogen beginnen.

Fig. 6, Taf. III.

In dieser Aufgabe sind wiederum die beiden Achsen a b und d f des Ovals rechtwinkelig in ihrer Mitte zusammengestellt. Von der halben großen Achse a c ist die halbe kleine d c abgezogen worden und die Differenz der beiden Hälften l c in drei gleiche Teile geteilt worden. Es wird nun ein solcher Teil von l nach h und das Maß c h rechts ab von c nach i getragen.

Setze hierauf den Zirkel in h ein und schlage mit der Oeffnung h i einen Kreisbogen und einen zweiten Kreisbogen von i aus. Beide Bögen schneiden sich oberhalb und unterhalb der großen Achse und diese Kreuzpunkte sind die Mittelpunkte für die Ergänzungsbogen. h i aber die für die kleinen Endbogen und ihr zugehöriger Radius ist a h.

3. Die kleine Achse des Ovales ist gegeben.

Fig. 7, Taf. III.

Mit einer Wagerechten setzt man die kleine Achse a b rechtwinkelig zusammen, so daß die erstere durch die Mitte der letzteren geht.

Man nimmt nun die Länge der kleinen Achse a b in den Zirkel und schlägt von a so wie von b aus zwei Kreisbogen, welche die Wagerechte in o und 4 schneiden.

Die Länge o 4 wird nun in vier gleiche Teile geteilt und von a und b aus durch die Punkte 1 und 3 je zwei gerade Linien gezogen, welche die vier Kreisbogen bestimmen. Von den Punkten 1 und 3 aus wird das Oval schließlich durch die kleinen Kreise vervollständigt.

Fig. 8, Taf. III.

Auf ziemlich gleichem Wege wie vorige Figur ist diese konstruiert worden. Sie unterscheidet sich nur insofern von der vorigen, als bei a und b Schrägen von 45° angesetzt worden sind, welche die Längenachse in c und d schneiden. Alles übrige wie vorher.

Wie endlich Ovale auch auf mechanischem Wege und mit Hilfe des Freihandzeichnens hergestellt werden können, sollen folgende zwei Figuren ersichtlich machen.

Fig. 9, Taf. III.

Aus den Längen der großen und kleinen Achse, welche wiederum in der bisherigen Weise rechtwinkelig zusammengestellt werden, wird ein Rechteck gezeichnet und hierauf die langen Rechtecksseiten sowohl als auch die kurzen in dieselbe Anzahl gleicher Teile geteilt.

Einige Aufmerksamkeit erfordert das nun folgende Geschäft des Numerierens. Es werden nämlich, wie die Zeichnung lehrt, die Teile der übrigen Seiten von der Mitte aus nach außen mit fortlaufenden Zahlen versehen, während die Teile der langen Seiten von den Enden nach der Mitte zu fortlaufend numeriert werden. Es steht demnach in der Mitte der langen Seite immer die höchste, in der Mitte der kurzen aber die niedrigste Ziffer.

Es werden nun alle gleichbezifferten Teile der aneinanderstoßenden kleinen und großen Seitenhälften durch gerade Linien verbunden und es entsteht hierdurch im Innern des Rechtecks eine vielfach gebrochene Linie, die, wenn sie aus freier Hand durch eine Kurvenlinie ersetzt wird, ein sehr hübsches Oval liefert.

Fig. 10, Taf. III.

Dasselbe Verfahren ist hier noch einmal eingeschlagen worden, jedoch ist eine andere Numerierung in Anwendung gebracht, wodurch die Form des Ovales eine wesentlich andere geworden ist.

Es sind nämlich die vier Ecken des Rechtecks, sowie die Mitten der vier Seiten unbeziffert gelassen worden und man hat an irgend einem Ende beginnend, stets derselben Richtung folgend, die Teile mit 1, 2, 3, 4; 1, 2, 3, 4 und so fort beziffert. Letzteres Oval hat einen größeren Flächenraum erhalten. Beide dürften sich für ovale Bilderrahmen empfehlen.

Bevor wir den Abschnitt über die Konstruktion der Ovale beschließen, sei hier noch eine etwas kompliziertere Lösung gegeben, die sich wegen der gefälligen Form sehr empfehlen dürfte.

Fig. 11, Taf. III.

Beide Achsen sind gegeben. Das Oval setzt sich aus acht Kreisbogen zusammen.

Lösung. Wieder setzt man die beiden Achsen in der bisherigen Weise sich schneidend zusammen und trägt das Maß der halben kleinen Achse auf der großen von b nach f ab. Die Differenz der beiden Hälften fo wird nun halbiert (in g) und das Maß fg von f nach h getragen. Mache hierauf die Entfernung o h' = oh. Es werden nun auf der kleinen Achse oder deren Verlängerung von o aus nach oben und unten fünf Teile = og abgetragen und von den beiden Punkten 5 aus durch g und g' je zwei Gerade gelegt, welche den mittleren Ergänzungsbogen einschließen.

Durch die Punkte 3 zieht man eine kurze Wagerechte und bestimmt hierdurch auf den eben gezogenen Geraden die vier Punkte i. Legt man auch durch diese Punkte hi paarweise Gerade, so werden nicht nur die Zwischenbögen, sondern auch die Endbogen begrenzt.

— 47 —

Die Mittelpunkte sind nun folgende: h und h' für die kleinen Endbogen, die vier Punkte i für die sich anschließenden und endlich die Punkte 5 für die mittleren Ergänzungsbogen.

i) Die Eilinie.

Fig. 12, Taf. III.

Aufgabe. Eine Eilinie soll gezeichnet werden, zu welcher die Breite a b gegeben ist.

Lösung. Mit der halben Breite a b ziehe einen Vollkreis, zeichne zwei Durchmesser, welche sich rechtwinkelig schneiden und verlängere den einen über die Peripherie hinaus.

Ziehe hierauf die beiden Schrägen a c und b c über c hinaus und schlage von a sowohl als auch von b aus mit dem Durchmesser a b als Radius die beiden Seitenbogen bis zu den Schrägen.

Die Spitze des Eies ergibt sich von c aus als Mittelpunkt durch einen kleinen Kreisbogen.

Fig. 13, Taf. III.

In dieser Aufgabe ist die halbe Breite des Eies in drei gleiche Teile geteilt worden und es sind zwei davon nach links und nach rechts abgetragen worden. Desgleichen zwei nach unten auf der Längenachse des Eies. Nach oben wurde indessen nur 1 Teil abgetragen und man hat somit die vier Punkte 1, r, t und s erhalten, welche zugleich die Mittelpunkte für die vier Kreisbogen repräsentieren.

Fig. 14, Taf. III.

Aufgabe. Es soll eine Eilinie durch eine sogenannte Vergatterung gezeichnet werden.

Lösung. Mit der Hälfte der Längenachse a o beschreibe man einen Kreis, ziehe durch den Mittelpunkt desselben eine senkrechte Mittellinie und trage auf dieser von x aus die Länge des Durchmessers von x nach a'. Von a' aus ziehe an beide Seiten des Kreises Tangenten und von dem Berührungspunkte 6, 6 aus die beiden Radien 6, 0.

Diese beiden Radien teile man in beliebig viel gleiche Teile (hier in 6) und numeriere sie alsbald in der vorstehenden Reihenfolge. Endlich lege man durch einen jeden Teilpunkt konvergierende Linien nach a' bis über die Kreislinie hinaus. Durch diese letzteren wird der Kreis von jeder Linie zweimal geschnitten und diese Schnittpunkte sollen nun dazu dienen, die Eilinie zu ermitteln.

Es wird nämlich der Radius o 6 von den Durchschnittspunkten 6, 5', 4', 3', 2', 1', 0'; 1', 2', 3', 4', 5', 6 aus auf den Schrägen nach unten abgetragen und somit die Punkte 6", 5", 4", 3", 2", 1", 0; 1", 2", 3", 4", 5", 6" festgestellt, durch deren Verbindung mittels einer Kurvenlinie der obere Teil der Eilinie sich ergibt.

Nun verrichte man das Geschäft des Abtragens des Radius noch einmal und zwar nach unten von den in der Zeichnung nicht bezifferten Durchschnittspunkten des unteren Kreisbogens so, daß man den Radius stets auf derselben Geraden vom Schnittpunkte aus absticht.

Es läßt sich nun auch der untere Teil der Eilinie aus freier Hand leicht vollenden.

Fig. 15, Taf. III.

Aufgabe. Aus den beiden Achsen a b und d k soll eine Eilinie hergestellt werden.

Lösung. Halbiere die kleine Achse und beschreibe von ihrer Mitte (c) aus einen Halbkreis. Lege durch c eine senkrechte Mittellinie, welche den Halbkreis in d schneidet. Von d aus trage die Längenachse nach k und ziehe von k aus die halbe kleine Achse a c ab, so bleibt das Stück c f übrig. Dieses teile in drei gleiche Teile und trage zwei davon von f nach g und je einen auf die zuvor verlängerte kleine Achse nach h und i. Die so bestimmten Punkte h g i werden durch gerade Linien verbunden, und es sind durch dieselben nun die einzelnen Kreisbogen, welche zur Bildung der Eilinie erforderlich sind, bestimmt. Die Radien für diese sind h b oder a i für die Seitenbogen und g k für die Spitze.

Als weitere Uebung in er Zirkelführung sollen nun noch einige Figuren gegeben werden, welche im gewerblichen Leben häufig vorkommen.

Fig. 16, Taf. III. Der gotische Spitzbogen.

Der gotische Spitzbogen wird im allgemeinen stets auf ein gleichseitiges Dreieck basiert.

Man zeichne also ein solches a b c und betrachte die Endpunkte der Basis a und b als Mittelpunkte für die beiden Seitenbogen a c und b c.

Soll der gotische Bogen etwas höher, also schlanker werden, so rückt man die Mittelpunkte a und b etwas nach außen und verlängert zu dem Ende die Basis nach links und rechts.

Soll er aber niedriger, gedrückt werden, so rückt man die Punkte a und b auf der Grundlinie mehr nach innen.

Fig. 17, Taf. III. Der persische Spitzbogen.

Auch der persische Spitzbogen oder sogenannte Eselsrücken, basiert auf dem gleichseitigen Dreiecke.

Jede Seite des gleichseitigen Dreiecks a b c ist in drei gleiche Teile geteilt und durch die Teilpunkte 1 und 2 parallel zur nächsten Dreiecksseite eine Schräge gelegt worden gleich der Länge einer Seite.

Die Teilpunkte 1 und 2 sind nun die Mittelpunkte für die großen und die Endpunkte der Schrägen die Mittelpunkte für die kleinen Seitenbogen.

Fig. 18, Taf. III.

Zu Grunde liegt dieser Figur wieder ein gleichseitiges Dreieck (a b c). Die Seiten desselben sind nach **Fig. 17, Taf. I**, halbiert und die beiden Punkte d und f, welche sich durch die Kreuzung der Kreisbogen mit den Halbierungslinien ergeben haben, durch eine Wagerechte verbunden. Hierdurch ergibt sich der Punkt g, g′ g″, von welchem aus die einspringenden Spitzen — Nasen — durch Kreisbögen beschrieben werden.

Fig. 19, Taf. III.

In ähnlicher Weise wie die vorige ist auch diese gotische Verzierung konstruiert worden.

Der Figur sind jedoch keine geradlinigen sondern kreisbogenförmige Seiten gegeben. Dieselben sind halbiert und die Halbierungspunkte durch gerade Linien verbunden worden, wodurch sich die drei Mittelpunkte f, f, f ergeben haben.

f) Die Ellipse.

Von allen Ovalen, die je konstruiert werden mögen ist und bleibt die Ellipse das schönste und gefälligste Oval. Eine Ellipse entsteht, wenn ein walzenrunder Körper, z. B. ein Bleistift, ein Holzstamm und dergl. oder ein Kegel (siehe weiter unten) schräg durchschnitten wird. Die Schnittfläche zeigt alsdann eine Ellipse von größerer oder geringerer Exzentrizität*) je nachdem der Schnitt mehr oder weniger schief gegen die rechtwinkelige Schnittfläche (oder auch Grundfläche) gerichtet worden ist.

Obwohl eine jede Ellipse zu den Ovalen zu rechnen ist, ist doch umgekehrt nicht jedes Oval eine Ellipse zu nennen, wie man dies irrtümlicherweise in vielen Lehrbüchern antrifft und zwar aus folgendem Grunde.

Jede Ellipse hat drei wesentliche Eigenschaften, durch welche sie sich von einem jeden Ovale unverkennbar unterscheidet:

1) Sie besteht nicht wie die Ovale aus mehreren Kreisbogen und kann daher auch nicht mit Hilfe des Handzirkels gezeichnet werden.

2) Sie hat auf ihrer Längenachse zwei Punkte, welche die wesentlichsten Eigentümlichkeiten dieser Figur ausmachen und zur Herstellung derselben unentbehrlich sind. Es sind dieses ihre beiden Brennpunkte.

3) Wird von irgend einem Punkte der Umfassungslinie der Ellipse aus eine gerade Linie nach dem einen und eine gleiche Linie nach dem anderen Brennpunkte gezogen oder eine Schnur in der besprochenen Weise nach diesen Punkten gespannt, so beträgt die Länge dieser beiden Linien oder der Schnur im ausgestreckten Zustande genau die Länge der großen Achse.

4) Jede von dem einen Brennpunkte der Ellipse nach deren Umfangslinie geworfene Kugel, Schallwelle oder Lichtstrahl wird von dieser in der Richtung des anderen Brennpunktes zurückgeworfen.

Aus diesen vier wesentlichen Eigenschaften der Ellipse ist schon zu ersehen, daß wir es bei der Ellipse mit einer ganz eigenartigen Figur und nicht mit einem gewöhnlichen Ovale zu thun haben.

Als ob es zur ganz besonderen Auszeichnung der Ellipse gereichen sollte, ist dieser regelmäßig gekrümmten, in sich selbst zurückkehrenden Kurvenlinie von unserm Schöpfer die hochwichtige Aufgabe gestellt worden, die Leitlinie und Richtschnur aller derjenigen Himmelskörper zu sein, welche in dem großen Himmelsgewölbe keinen festen Platz erhalten haben, sondern in ununterbrochener Bewegung den weiten Raum des Weltalls durchwandern. Wir alle werden auf diese wunderbare Wanderschaft

---

*) Unter Exzentrizität einer Ellipse versteht man die Entfernung der beiden Brennpunkte von dem Mittelpunkte der Figur. Je kleiner die Exzentrizität ist, desto mehr nähert sich die Ellipse dem Kreise, je größer sie ist, desto mehr entfernt sie sich von der Rundung des Kreises und nimmt eine längliche Gestalt an.

von unserer Erde mitgenommen, ohne daß wir selbst diese Thatsache vielleicht schon bedacht haben!

Auch bei diesen, ich möchte sagen, himmlischen Ellipsen spielt die Existenz der Brennpunkte eine bedeutungsvolle Rolle, denn in einem dieser Brennpunkte befindet sich allemal die Sonne.

Ellipsen von außerordentlich großer Exzentrizität bilden ausnahmslos die Bahnen der Kometen. Bei ihnen liegen die Brennpunkte so nahe an der Umfangslinie, daß hin und wieder an dieser Stelle von den Astronomen ein Zusammenstoß des betreffenden Gestirnes mit der Sonne befürchtet worden ist, woher sich wohl auch die allgemeine, abergläubische Furcht vieler Menschen bei Erscheinung eines solches Gestirnes herschreiben mag.

Fig. 1, Taf. IV.
Die Konstruktion der Ellipse.

Auf die oben unter Nr. 3 angegebene, eigentümliche Eigenschaft der Ellipse gründet sich die Konstruktion derselben, wie in folgendem gelehrt werden soll. Da wir aber zu derselben vor allen Dingen die Brennpunkte der Ellipse haben müssen, soll deren Auffindung uns zunächst beschäftigen.

Aufgabe: Zu der in **Fig. 1** dieser Tafel gegebenen Ellipse sollen die beiden Brennpunkte x und y gesucht werden.

Lösung. Wir bedürfen zur Lösung dieser Aufgabe weiter nichts als die Längen der beiden Achsen. Man stellt diese beiden Linien a b und d f so rechtwinkelig zusammen, daß sie sich in ihrer Mitte kreuzen und faßt alsdann die halbe große Achse a c oder c b in den Zirkel, um damit von einem der beiden Endpunkte der kleinen Achse d oder f aus einen Kreisbogen zu beschreiben, welcher die große Achse in zwei Punkten schneidet. Es geschieht dieses in den Punkten x und y und sind diese beiden die gesuchten Brennpunkte.

Nun erst kann die Konstruktion der Ellipse selbst beginnen.

Man setzt zu dem Ende den Zirkel in a ein und schneidet auf der großen Achse das Stück a 1 ab. Mit dieser Zirkelweite beschreibt man zuerst von dem einen Brennpunkte x dann vom anderen y aus nach oben und unten je einen also im ganzen vier kleine Kreisbogen.

Ist dieses Geschäft in sorgfältiger Weise beendet, so setzt man den Zirkel in dem anderen Ende der großen Achse, also in b, ein und faßt das noch übrige Stück b 1 in den Zirkel. Darauf hebt man den Zirkel von b ab, um ihn zuerst in den Brennpunkt y wieder einzusetzen und die beiden kleinen Kreisbogen bei 1' auf der linken Seite der Figur zu kreuzen; dasselbe thut man auf der rechten Seite von dem Brennpunkte x aus. Es entstehen somit die vier Kreuzungspunkte 1', 1', 1', 1'.

Nun kehrt man wieder zu dem Anfange zurück, setzt den Zirkel in a ein und schneidet auf der großen Achse das Stück a 2 ab, mit welcher Zirkelöffnung nun abermals von x und y aus abwechselnd die vier kleinen Kreisbogen 2', 2', 2', 2' oberhalb und unterhalb der Achse gezeichnet werden. Ist dieses geschehen, so mißt man, indem man den Zirkel in b einsetzt, das übrige Stück der Achse b 2, um wiederum abwechselnd von y und x aus jene eben beschriebenen Kreisbogen 2′ zu kreuzen. Es entstehen somit die Kreuzungen 2′, 2′, 2′, 2′.

Dieses Verfahren kann man nach Belieben fortsetzen, bis man genug Kreuzungen erhalten zu haben meint. In vorliegendem Beispiele ist dieses fünfmal geschehen und sind demnach 20 Kreuzungen entstanden, welche aus freier Hand durch eine Kurvenlinie verbunden worden sind und die gesuchte Ellipse nun darstellen.

Anfängern dürfte der gute Rat zu statten kommen, mit diesen Kreuzungen nicht kargen zu wollen, weil alsdann sehr leicht Fehler in der Zeichnung entstehen können; auch ist besondere Vorsicht an der kurzen Krümmung zu empfehlen, weil diese die schwierigsten Seiten der Ellipse sind.

Anmerkung. Wollte man nun noch um die eben konstruierte Ellipse eine zweite Kurvenlinie parallel zur ersten zeichnen, wie dieses bei den Ovalen der vorigen Tafel fast immer geschehen ist, so darf man von dieser zweiten Figur weder glauben noch behaupten wollen, daß sie auch eine Ellipse sei, denn sie entspricht nicht der unter Nr. 3 gekennzeichneten Eigentümlichkeit der Ellipse und ist demnach nur ein gewöhnliches Oval.

Zweites Verfahren.

Fig. 2, Taf. IV.

Nicht immer läßt sich das eben gezeigte Konstruktionsverfahren in allen Fällen anwenden, besonders dann nicht, wenn die Ellipse in recht großem Maßstabe ausgeführt werden soll. Man wählt alsdann lieber einen anderen Weg.

Sind die beiden Brennpunkte x und y ermittelt, so greift zum Exempel der Gärtner, der ein elliptisches Blumenbeet herrichten will, zu folgendem höchst einfachen Mittel, welches sich wieder auf die schon wiederholt genannte Eigenschaft der Ellipse stützt.

Er schlägt drei Pfähle ein, zwei an die Stelle der beiden Brennpunkte und einen an das obere oder untere Ende der kleinen Achse. Ist er damit fertig, so spannt er eine Schnur um sämtliche drei Pfähle und löst alsdann den dritten bei d wieder los, um mit ihm die Ellipse auf die Erde zu zeichnen. Er führt nämlich diesen nach rechts oder links gehend und immer der Leitung der Schnur folgend weiter, doch so, daß die Schnur immer straff bleibt. Ist er wieder bei dem Anfange der Zeichnung angekommen, so ist die Ellipse fertig.

Aber nicht nur der Gärtner, sondern auch der Tischler kann von diesem Verfahren Nutzen ziehen, wenn er z. B. eine elliptische Tischplatte auf seiner Zulage aufzureißen hat. An Stelle der Pflöcke nimmt er natürlich dann Drahtstifte und setzt für den dritten bei d, nachdem die Schnur geknüpft ist, einen Bleistift ein.

Drittes Verfahren.

Fig. 3, Taf. IV.

Im kleinen Maßstabe läßt sich die Ellipse sehr leicht dadurch herstellen, daß man, nachdem die beiden Achsen rechtwinkelig zusammengestellt hat wie bisher, einen Papierstreifen nimmt, auf welchem man die halbe Länge der großen und der kleinen Achse durch eine Bleimarke fixiert.

Bewegt man nun diesen Papierstreifen so, daß die Marke für die kleine Achse (1) sich immer auf der Linie der großen und die Marke der großen Achse (2) sich immer auf der Linie der kleinen Achse befindet, so beschreibt das Ende des Papierstreifens (a) ebenfalls eine Ellipse.

Dasselbe erreicht man, dazu noch schneller und sicherer im großen, wenn man den Papierstreifen durch einen Holzstab ersetzt und bei den Längenmarken der halben Achsen kleine Stifte einschlägt.

Befestigt man nun an der Kreuzung der beiden Achsen ein Dreieck oder Winkelmaß, so kann man in gleicher Weise diesen Holzstab fortbewegen und wenigstens das untere linke Viertel der Ellipse beschreiben.

Durch Abpausen dieses Viertels oder durch Umlegen des Winkelmaßes läßt sich die Ellipse bald vervollständigen.

Viertes Verfahren.

Fig. 3b, Taf. IV.

Die Ellipse läßt sich aber auch nach folgendem Konstruktionsverfahren leicht zeichnen:

Man stellt die große und kleine Achse der Ellipse in der bisherigen Weise so zusammen, daß sie sich in ihrer Mitte gegenseitig rechtwinkelig schneiden und bildet aus diesen Längen das Rechteck c d f g. Beschäftigen wir uns nun zunächst mit der oberen Hälfte der Ellipse.

Wir teilen deshalb die beiden Hälften c h und d i der kurzen Rechtecksseiten in beliebig viel gleiche Teile (hier in 5) und verbinden diese Teilpunkte durch die Parallelen 1, 1; 2, 2; 3, 3; 4, 4. Ziehen wir nun die beiden Schrägen a h und a i (Diagonalen), so werden jene Parallelen in 1', 2', 3' und 4' zweimal geschnitten.

Verbinden wir nun die Schnittpunkte 1', 2', 3', 4' der Schrägen a h mit dem Punkte i durch gerade Linien und ziehen diese genügend lang, so werden die Rechtecksseiten in 1'', 2'', 3'', 4'' getroffen. Ziehen wir nun noch von den Teilpunkten 1, 2, 3, 4 der Rechtecksseite h c ebenfalls divergierende Linien nach a, so werden jene von i ausgezogenen Linien gekreuzt. Suchen wir nun die Kreuzungspunkte der gleichnamigen Schneidenden auf und markieren dieselben, so erhalten wir die Punkte 1''', 2''', 3''', 4''', die — wenn sie durch eine Kurve aus freier Hand verbunden werden — ein Viertel der gesuchten Ellipse erzeugen.

Ebenso erhält man das rechte Viertel der Ellipse. Es sind hier aber der Deutlichkeit zu liebe die divergierenden Linien von h durch die Teilpunkte der Schrägen a i nicht durchgezogen worden, weil wir nur die Enden derselben brauchen, nämlich 1' 1''; 2' 2''; 3' 3''; 4' 4''. Auch die Schrägen a 1, a 2, a 3, a 4 sind nicht durchgezogen worden, sondern nur von den Punkten 1, 2, 3, 4 aus bis zu den gleichbezifferten Enden der eben genannten Schrägen. Hierdurch ergeben sich gleichfalls die Kreuzungspunkte 1''', 2''', 3''', 4''', die durch eine Kurve miteinander verbunden werden.

Hat man sich mit diesem höchst praktischen Verfahren einigermaßen vertraut gemacht, so kann man sich folgende Abkürzung erlauben.

Ist nämlich das Prinzip dieses Verfahrens richtig, so muß es auch gleichgültig sein, ob wir die kurzen Rechtecksseiten in gleiche Teile bringen oder nicht; und so verhält es sich auch.

Wir wollen diese Thatsache beim Auszeichnen der unteren Hälfte der Ellipse in Anwendung bringen, indem wir die unteren Hälften der Rechtecksseite hf in beliebig kleine oder große Teile teilen und aus jedem Teilpunkte 5, 6, 7, 8 eine Parallele zu fg oder hi ziehen, wodurch auch die rechte Seite gi in dieselbe Teilung gebracht wird. Wir ziehen nun die Schrägen bh und bi, wodurch sich die Schnittpunkte 5', 6', 7', 8' ergeben. Durch einen jeden dieser Punkte ziehen wir nun schräge Linien nach i und sodann auch von den Schnittpunkten der Linie bi aus nach h; wir brauchen jedoch auch hier nur die Enden dieser Divergierenden und daher nur zwischen den Diagonalen und den Rechtecksseiten, dieselben auszuziehen.

Es werden nun noch die ursprünglichen Teilpunkte der Rechtecksseiten durch schräge Linien mit dem Punkte b verbunden, so entstehen die gesuchten Kreuzungen 5", 6", 7", 8", die sich durch eine Kurvenlinie verbinden lassen und die verlangte Ellipse erzeugen.

Die Vorzüge dieses Konstruktionsverfahrens beruhen darin, daß die Ellipse sich hierdurch sehr schnell herstellen läßt dazu noch, wie wir eben aus diesem abgekürzten Verfahren gesehen haben, ohne Zirkel. Zudem gibt es die kurzen Biegungen der Figur sehr genau an, was bei der Konstruktion nach **Fig. 1**, nicht so der Fall ist.

Der Ovalzirkel.

Fig. 4, Taf. IV.

In Verfolgung dieser Wahrnehmung ist ein spekulativer Kopf auf den Einfall gekommen, sich ein immer dienstbereites Handwerkszeug zu schaffen, mit welchem schnell und sicher jede beliebige Ellipse zu zeichnen ist, das ist der Ovalzirkel.

Er besteht aus drei Hauptteilen, deren Herstellung größtenteils vom Tischler selbst besorgt werden kann, nämlich aus dem Kreuze, aus dem Stabe und aus den Klemmschrauben.

Das Kreuz ist aus gut ausgetrocknetem, schlicht gewachsenem, hartem Holze herzustellen, und hat zwei lange und zwei kurze Schenkel. Die Unterlage dazu, das Blindholz, wird übers Kreuz zusammengeplattet. Auf dieses Blindkreuz werden Leisten aus gleichem Holze aufgeleimt, welche etwas schmäler sind als die Hälfte der Breite des Blindholzes beträgt und diese werden an der inneren, unteren Kante etwa 1 cm breit und 5 mm tief abgefalzt.

Beim Aufleimen dieser Leisten werden die abgefälzten Kanten gegeneinander genommen, so daß eine ⊥ förmige Nut gebildet wird, die durch alle Schenkel des Kreuzes läuft und überall gleiche Weite haben muß.

Die untere Seite des Kreuzes wird mit spitzen Stiften versehen, welche zum Festhalten desselben beim Gebrauche des Zirkels dienen.

Der Stab ist gewöhnlich vierkantig. An dem einen Ende desselben ist ein kleines Loch eingebohrt, welches zur Aufnahme der Bleifeder dient.

Die Klemmschrauben sind gewöhnlich von Messing oder Eisen hergestellt und bestehen aus einem Schieber, der über den vierkantigen Stab paßt, doch so, daß sich letzterer leicht hindurchschieben läßt.

Auf der oberen Platte des Schiebers (siehe **Fig. 4** b), ist eine Verstärkung der Platte aufgelötet, damit die eigentliche Klemmschraube eine bessere Führung erhält und das Schraubengewinde widerstandsfähiger gemacht wird.

In der Mitte der Unterplatte ist ein gestielter Knopf eingenietet, welcher so eingerichtet sein muß, daß er sich in der ⊥ förmigen Nut des Kreuzes leicht auf- und abbewegen läßt.

Soll nun dieser Zirkel in Funktion treten, so hat man nur nötig, den Stab herauszuziehen und die Schieber so zu stellen, daß die Stiele der unteren Knöpfe oder die Schraubenspindel der Klemmschrauben genau auf die vorhin genannten Marken der halben großen und kleinen Achse zu sitzen kommen. Stehen diese richtig, so werden sie sogleich festgeschraubt.

Ist alles in Ordnung, und ist auch das Kreuz so auf die Zulage gedrückt worden, daß die Nuten genau in die Richtung der beiden Achsen fallen, so wird der Stab wie er herausgenommen worden ist, wieder eingesetzt und es kann nun das Zeichnen der Ellipse beginnen.

Viertes Verfahren.

Fig. 5, Taf. IV.

Endlich ist die Ellipse aber auch mit Hilfe zweier Kreise auf folgende Weise zu zeichnen. Man zeichnet zwei konzentrische Kreise (siehe **Fig. 1, Taf. II**), und gibt dem einen die große Achse der Ellipse und dem andern die kleine Achse zum Durchmesser. Hierauf teilt man den großen Kreis sowohl als auch den kleinen in gleichviel gleicher Teile, wie hier in 12. Es dient zur wesentlichen Erleichterung, wenn man die Bezifferung der einzelnen Teile nach Art dieser Zeichnung wählt.

Es werden nun aus allen Teilen des großen Kreises (mit Ausschluß der Teile V und VIII) kleine, senkrechte Linien in das Innere des Kreises gezogen; von den Teilpunkten des kleinen Kreises aus aber wagerechte Linien außerhalb desselben, welche sich mit den ersteren senkrechten schneiden.

Sucht man nun die Schnittpunkte derjenigen Linien auf, welche aus den gleichbezifferten Teilpunkten beider Kreise kommen, und markiert dieselben durch Bleimarken, so bleibt einem nur noch die kleine Arbeit übrig, wie in **Fig. 1** dieser Tafel sämtliche markierten Punkte durch eine Kurvenlinie aus freier Hand zu verbinden.

Der Grund, warum dieses Verfahren eine Ellipse erzeugen muß, wird aus einem späteren Kapitel ersichtlich werden.

Ueberdies ist dieses Verfahren ein sehr kurzes und praktisches, weil, wenn man durch die Teilpunkte des großen Kreises lauter Durchmesser legt, die Einteilung des kleinen Kreises sich von selbst ergibt.

Fig. 7, Taf. IV.

Aufgabe. Zu der gegebenen Ellipse soll der Mittelpunkt gesucht werden.

Lösung. In die Figur zieht man zwei beliebige, jedoch parallele Sehnen a b und c d, halbiert sie und legt durch beide Halbierungspunkte f und g eine Gerade, welche mit ihren beiden Enden bis zur Umfangslinie reicht. h i wird nun halbiert und ist somit mit dem Halbierungspunkte k auch der Mittelpunkt der Ellipse gefunden.

Fig. 8, Taf. IV.

Aufgabe. Zu der gegebenen Ellipse sollen die beiden Achsen gesucht werden.

Lösung. Von dem Mittelpunkte der Ellipse aus (c) schlage man einen Kreisbogen mit einem Radius, der größer ist als die halbe kleine Achse und kleiner als die halbe große. Dieser Kreis schneidet die Ellipse in den zwei Punkten a und b.

Verbinde nun die Durchschnittspunkte a und b durch eine Gerade und lege durch den Mittelpunkt c parallel zu a b eine gerade Linie, so ist die große Achse gefunden.

Die kleine Achse ergibt sich nun von selbst, denn man braucht nur winkelrecht zur großen Achse sie durch c zu ziehen.

Anmerkung. Das Aufsuchen der Achsen einer Ellipse oder überhaupt eines Ovales ist keine nutzlose Beschäftigung, wie man vielleicht bei einer flüchtigen Beurteilung dieser Aufgabe anzunehmen geneigt sein möchte.

Gesetzt es sollte eine ovale Tischplatte furniert werden.

Bei einer neuen Tischplatte werden zwar in diesem Falle die beiden Achsen stets vorhanden sein, wenn man das Oval resp. die Ellipse nach irgend einer Art, der vorausgegangenen Lösungen selbst konstruiert hat. Es können aber auch Fälle vorkommen, daß schon gebrauchte, also alte Tischplatten, aufs neue mit einem schöneren Furnier versehen werden sollen, und so muß denn zu allererst die Lage der großen Achse, sowie auch der kleinen ermittelt werden. Ganz unerläßlich ist diese Forderung, wenn das Furnier eine „Kreuzfuge" erhalten soll. Doch dieses führt uns ganz von selbst auf eine andere wichtige Frage, nämlich über das Zusammensetzen der Furniere. Da die Beantwortung dieser Frage für den Tischler von sehr großer Bedeutung und mit kurzen Worten nicht abgethan ist, soll dieselbe in das folgende Kapitel verwiesen werden.

Wie schon bereits mehrfach angedeutet, hat die Ellipse, beziehungsweise auch das Oval im Baufache eine große Bedeutung gewonnen.

Die Alten gingen in der Anwendung der Ellipse sogar so weit, daß sie elliptisch gebaute Gewölbe schufen, welche den Namen Sprachgewölbe erhalten haben. Denn in einem der Brennpunkte dieses Gewölbes wurden ihre Gefangenen und Verbrecher stationiert, während in dem anderen ihre Richter auf die Gespräche der Verhafteten lauschten, denn wie unter Nr. 4 oben von der Ellipse gesagt worden ist, werden alle Schallwellen (sowie auch Licht- und Wärmestrahlen), die von einem Brennpunkte der Ellipse ausgehen, von der Umfangslinie nach dem zweiten Brennpunkte zurückgeworfen oder reflektiert.

Eine solche Anwendung erfährt die Ellipse allerdings heutzutage nicht mehr. Dafür wird sie jetzt desto mehr als Norm für Brückenbogen angenommen, selbstverständlich jedoch nur als halbe Ellipse, wie **Fig. 9, Taf. IV**, andeutet.

Jedoch auch nicht als reine Ellipse konstruiert man derartige Tragebogen, sondern man wendet hierzu ein anderes Verfahren an, welches dem der Konstruktion der Ovale ziemlich ähnlich ist, und von welchen wenigstens die wichtigeren und gebräuchlichsten in folgenden vier Beispielen in kurzen Worten vorgeführt werden sollen.

Der Korbbogen.

Fig. 10, Taf. IV.

Aufgabe. Es soll ein Korbbogen gezeichnet werden, zu welchem die Breite (das ist die Spannweite) ab gegeben ist. Die Höhe cd ergibt sich von selbst.

Lösung. Man teilt die halbe Spannweite ac in 13 gleiche Teile und trägt vier solcher Teile, nachdem durch c eine senkrechte Mittellinie gezogen worden ist, auf dieser viermal ab nach den Punkten I, II, III, IV.

Durch die vier Punkte der Spannweite 4, 7, 9, 10 werden nun aus den vier Punkten der Mittellinie die Geraden gelegt: IV 4, III 7, II 9, I 10 und genügend lang über ab hinaus gezogen, wodurch die einzelnen Kreisbogen, aus welchen sich dieser Lehrbogen zusammensetzt, hinsichtlich ihrer Länge nach bestimmt werden.

Die vier vorhin gezogenen Geraden erzeugen drei Schnittpunkte, nämlich: f, g, h, und diese dienen als Mittelpunkte für die einzelnen Kreisbogen, welche zwischen dem aus 10 beschriebenen Endbogen und dem aus IV beschriebenen Mittelbogen liegen.

Bevor man jedoch diese Kreisbögen beschreibt, hat man die bisherige Konstruktion auf die rechte Seite der Figur zu übertragen, um sodann ungestört das Zeichnen des Bogens vollenden zu können.

Fig. 11, Taf. IV.

Aufgabe. Es soll ein solcher Bogen nach einem kürzeren Konstruktionsverfahren gezeichnet werden, wenn die Spannweite a 4 ebenfalls gegeben ist.

Lösung. Teilt die Spannweite a 4 in vier gleiche Teile und beschreibe mit den Teilen 2 und 3 unterhalb a 4 das gleichseitige Dreieck 1, 3 d, es sind somit die Mittelpunkte für die Kreisbögen gefunden, nämlich 1 und 3 für die Seitenbogen und d für den Mittelbogen bc.

Fig. 12, Taf. IV.

In diesem Beispiele ist die Spannweite ab in drei gleiche Teile geteilt worden und es ist ein solches Drittel sowohl nach oben als auch nach unten auf der Mittellinie abgetragen worden.

Hiernach wurde die Spannweite aufs neue eingeteilt, diesmal aber in vier gleiche Teile und so wurden die Punkte d und f festgestellt, welche als Mittelpunkte für die Endkreisbögen dienen sollen. Der Mittelbogen wird von c aus beschrieben.

Fig. 13, Taf. IV.

Aufgabe. Es soll ein Lehrbogen mit Hilfe eines Quadranten gezeichnet werden.

Lösung. Man zeichnet zuerst den Quadranten a b c und teilt die Linie a c in beliebig viel gleiche Teile. Hierauf teilt man die ganze Spannweite a' d in doppelt soviel gleiche Teile und errichtet nun in allen Teilpunkten Normale. Die Normalen 1, 2, 3, 4 schneiden den Viertelkreis in den Punkten 1″, 2″, 3″, 4″. Werden nun diese Schnittpunkte auf die gleichbezifferten Normalen 1′, 2′, 3′, 4′; 4′, 3′, 2′, 1′ des Lehrbogens übertragen durch Ueberwinkeln mittels der Reißschiene, so entstehen die neuen Schnittpunkte 1‴, 2‴, 3‴, 4‴ u. s. w., welche aus freier Hand durch eine Kurvenlinie zu verbinden sind.

In den bisherigen Beispielen war die Höhe des Bogens immer niedriger als die halbe Länge der Spannweite. Ist dieses nicht der Fall, so entsteht

der überhöhte Bogen.

Fig. 14, Taf. IV.

Aufgabe. Es soll ein überhobener Bogen gezeichnet werden, zu welchem die Höhe a b gegeben ist.

Lösung. Teile die Höhe a b in drei gleiche Teile und beschreibe mit zwei solcher Teile als Radius von c aus einen Kreisbogen, der die Grundlinie in d und f schneidet.

Durch den Mittelpunkt c und die beiden Schnittpunkte d und f werden alsdann zwei Gerade gelegt als Begrenzungslinien der Endbogen. Letztere selbst aber werden aus jenen Punkten d und f mit dem Radius f g oder d h beschrieben.

Der steigende Bogen.

Fig. 15, Taf. IV.

Unter einem steigenden Bogen hat man einen solchen zu verstehen, bei welchem die Basis a b nicht horizontal, wie bisher, sondern in einer abschüssigen Lage angenommen werden muß. Die Konstruktion solcher Bögen ist folgende:

Die Spannweite dieses Bogens ist a f, seine Steigung aber b f.

Lösung. Lege an die Spannweite a f die Steigung b f und halbiere die ganze so erhaltene Länge a c in d. Errichte hierauf in d eine Normale (d h) und ziehe die Linie g b parallel zu a c.

Mit der Linie g b als Radius beschreibe den Viertelkreis b h und ergänze nun diesen Bogen durch einen zweiten mit dem Radius a d von d aus.

Fig. 16, Taf. IV.

Ist die Steigung a b bestimmt, so halbiere man dieselbe in c und errichte in c eine Senkrechte (c h). Halbiere den hierdurch entstandenen Winkel a c h und ziehe die Gerade g c bis f. Mache ferner c h gleich a c, ziehe die Gerade h f und die Linie b i parallel zu a d. Es sind nun die Punkte i und f die Mittelpunkte für die beiden Kreisbögen a h und h b.

Dritter Abschnitt.

Eine Anleitung über Vergrößerung resp. Verkleinerung eines gegebenen Modelles.

a. Vergrößerung in einem bestimmten Verhältnisse.

Häufig wird es dem Tischler bei Ausführung seiner mancherlei und verschiedenartigsten Arbeiten, vorkommen, daß er das Profil eines Gesimses oder sonst eine Verzierung entweder nach einer gegebenen Zeichnung oder nach einem schon vorliegenden Gegenstande vergrößern soll unter strenger Beibehaltung aller Verhältnisse der Gliederung und Schweifung der einzelnen Teile.

Da gilt es denn, Rat zu holen bei der Wissenschaft und es ist auch hier wieder die Geometrie derjenige Teil unserer Theorie, welche unsere Lehrmeisterin sein kann und sein will.

Unter der Bezeichnung „Aehnlichkeit der Dreiecke" macht uns die Geometrie mit einer Eigenschaft der Dreiecke bekannt, welche für die Wissenschaft nicht nur, sondern auch für die Praxis also auch für unsere in Rede stehende Industrie von der größten Bedeutung ist.

Wird nämlich irgend eine Seite eines Dreiecks z. B. die Seite a d **Fig. 23, Taf. I,** halbiert (in d) und von dem Halbierungspunkte aus eine Linie parallel zur zweiten Dreiecksseite (also hier parallel zu a b) nach der dritten Seite b c gezogen, so wird auch diese Seite halbiert (in f).

Hätte ich weiter von dem Halbierungspunkte d aus eine Linie parallel zur Seite b c nach der Basis a b gezogen, so wäre diese ebenfalls halbiert worden.

Daß dieser Lehrsatz nicht bloß von einem gleichschenkligen oder gleichseitigem Dreiecke, sondern von einem jeden beliebigen gilt, beweist die **Fig. 34, Taf. I.** Weil a f = f c ist, die Linie f d aber parallel zu a b gezogen worden ist, ist auch d d = d c, und weil ferner f n parallel zu b c gezogen wurde, a n = n b.

Ferner. In **Fig. 17, Taf. III**, ist die Basis a b in drei gleiche Teile geteilt und aus den Teilpunkten zwei Gerade parallel zu je einer Dreiecksseite gezogen worden. Deshalb ist auch a d = $^2/_3$ von a c, weil a 2 zwei Drittel von a b ist und b g = $^2/_3$ von b c, weil b 1 = $^2/_3$ von b a ist. Und weil ferner 1 h = a c, ist auch 1 g = $^2/_3$ von 1 h und 2 d = $^2/_3$ von 2 f, weil 2 f = b c.

Aber noch mehr.

Wird in einem Dreiecke eine Spitze so abgeschnitten, daß die schneidende Linie parallel zu einer der beiden übrigen Dreiecksseiten gerichtet ist, so bildet diese abgeschnittene Spitze natürlich wieder ein Dreieck; es ist aber das Merkwürdige dabei, daß in diesem kleinen, abgeschnittenen

Dreiecke alle die Verhältnisse so wiederkehren (natürlich im verkleinerten Maßstabe), wie sie in dem großen stattgefunden haben. Machen wir uns dieses deutlich an der

Fig. 35, Taf. I.

Das große Dreieck a b c war, wie noch bekannt sein wird, so gezeichnet worden, daß die Seite ab 3 cm, ac 4 cm und somit die Hypotenuse bc 5 cm Länge hatte. Es stehen demnach die einzelnen Seiten dieser Figur in dem Verhältnis wie 3 : 4 : 5.

Wird nun auf der Seite a c beispielsweise von dem Punkte d aus parallel zu a b die Spitze d f c abgeschnitten, so findet in diesem kleinen Dreiecke dasselbe Verhältnis der Seiten wieder statt, wie in dem großen.

Durch Messen mittels des Metermaßes kann man sich von der Wahrheit dieser Behauptung überzeugen, denn es mißt die Seite df 9 mm, die Seite d c 12 mm und die Hypotenuse f c 15 mm. Werden diese Zahlen durch 3 gekürzt so erhalten wir die ursprünglichen Verhältniszahlen wieder, nämlich 3 : 4 : 5.

Dieser Gesetzmäßigkeit im Dreieck wollen wir uns nun bedienen, indem wir die oben gestellte Aufgabe, ein Modell in einem bestimmten Verhältnis zu vergrößern, damit lösen.

Fig. 17, Taf. IV.

Aufgabe. Dieses aus einer Hohlkehle, einem Plättchen, einem Karniese, aus einem zweiten Plättchen und aus einer Fase bestehende Gesimsprofil soll in dem Verhältnis 2 : 3 vergrößert werden.

Lösung. Um diese Aufgabe zu lösen, ziehe ich die Senkrechte ab, welche die ganze Höhe des gegebenen Profiles angibt und teile diese Höhe in zwei gleiche Teile.

Hierauf ziehe ich die Wagerechte a' b' in

Fig. 18, Taf. IV,

und errichte in einem Endpunkte derselben die Normale von noch nicht bestimmbarer Länge. Sodann fasse ich drei Teile von den zwei gleichen Teilen, in welche ich vorhin die Höhe a b geteilt hatte in den Zirkel, setze mit dem einen Zirkelfuß in a' **Fig. 18, Taf. IV**, ein und kreuze mit dem Bleifuße des Zirkels die in b' errichtete Normale. Dieses geschieht in c'. Ich verbinde nun die Punkte a' c' durch eine gerade Linie, so entsteht das Dreieck a' b' c', in welchem sich die Seite a' b' zu a' c' verhält wie das verlangte Vergrößerungsverhältnis 2 : 3.

Durch Ueberwinkeln mit der Reißschiene markiere ich nun sämtliche Glieder des gegebenen Profiles **Fig. 17, Taf. IV**, auf die Senkrechte und erhalte so die einzelnen Punkte hg, fd. Dieselbe Einteilung gebe ich nun auch der Wagerechten a' b' in **Fig. 18, Taf. IV**, und erhalte so die Punkte a', g', f', d', in allen diesen Punkten errichte ich Senkreche und erhalte nun auf der Seite a' c' derselben Figur die entsprechende gleiche Abteilung, natürlich vergrößert und zwar in dem Verhältnis 2 : 3.

Was nun folgt, ist eine leichte Arbeit, nämlich mit Hilfe der **Fig. 18, Taf. IV**, das verlangte größere Profil **Fig. 19, Taf. IV**, zu zeichnen.

Zu dem Ende zeichne ich zuerst die Höhe des Profils a" b" der Linie a' c' aus **Fig. 18, Taf. IV**, und trage auf dieser Höhe die näm=

liche Einteilung der Seite a'c' auf, um ihr zugleich die gleichlautende Benennung zu geben: h''', g''' f''' d'''.

In allen diesen Punkten werden nun Normalen errichtet, deren Länge noch nicht bestimmt ist.

Natürlich müssen auch diese Wagerechten h'''' g''' f''' d''' um die Hälfte länger werden als ihre Originale h g f d in **Fig. 17**, **Taf. IV**, und man könnte durch Abmessen mit dem Zirkel wohl auch diese Längen erhalten. Allein da wir einmal das Vergrößerungsdreieck a'b'c' **Fig. 18**, **Taf. IV**, haben, soll dasselbe uns diese Arbeit abnehmen.

Wir beginnen mit der Länge d i aus **Fig. 17**, **Taf. IV**, und tragen diese von a' aus auf a'b' ab. Sie reicht bis 1. Errichte ich in 1 die Normale, so erhalte ich auf a'c' das Maß a'1'' und das ist die gesuchte Länge für die oberste Platte des Gesimses, welche sofort nach d''' 1''', **Fig. 19**, **Taf. IV**, übertragen werden kann. Ziehe ich die kleine senkrechte Linie daselbst, so ist die Platte fertig gezeichnet.

Ebenso finde ich das Maß für das unterste Plättchen g h. Ich messe die Strecke h 2 **Fig. 17**, **Taf. IV**, transportiere sie von a' aus nach 2' **Fig. 18**, **Taf. IV**, ziehe die Senkrechte 2' 2'' und habe nun die Entfernung a' 2'' bekommen, welche nach **Fig. 19**, **Taf. IV**, an der betreffenden Stelle g''' nach 2''' eingeschrieben wird. Durch Ziehen der kleinen Senkrechten ist auch dieses Plättchen fertig gestellt.

Es handelt sich nun noch um das Zeichnen des Karnieses und der Hohlkehle.

Wer im Freihandzeichnen noch nicht ganz sicher ist, dem steht folgendes Hilfsmittel zu Gebote. Er teilt den Karnies, auf der Linie g f, in eine beliebige Anzahl gleicher Teile, wie hier in 3 und zieht durch jeden Teilpunkt eine Parallele zu jenen früher gezogenen Linien d i und so fort. Auch in **Fig. 19**, **Taf. IV**, teilt er dieselbe senkrechte Strecke g''' f''' in gleichviel, hier also in 3 Teile und legt durch jeden Teilpunkt ebenfalls eine Wagerechte. Nun handelt es sich darum, die letzteren von „Längen zu machen". Dieses geschieht aber ganz in der vorigen Weise, indem man jede wagerechte Hilfslinie (die punktierten) in **Fig. 17**, **Taf. IV**, in den Zirkel faßt, das Maß von a' in **Fig. 18**, **Taf. IV**, auf der Wagerechten abträgt, die Senkrechte zieht bis zur Schrägen a'c', um von dieser die gesuchte Länge zu erhalten. Es ist nun ein leichtes diese Länge an der betreffenden Stelle der **Fig. 19**, **Taf. IV**, einzuschreiben und nach Beendigung dieses Geschäftes alle Endpunkte dieser Hilfslinien aus freier Hand durch eine gebogene Linie zu verbinden.

Mit dem untersten Gliede des Profiles — der Hohlkehle — wird ebenso verfahren.

Fig. 20, Taf. IV.

Erleichtert wird die Arbeit des Verwandelns der kleineren Dimensionen in größere, wenn man dem Multiplikationsdreieck a b c aus **Fig. 18**, **Taf. IV**, eine etwas veränderte Einrichtung gibt, nämlich so wie die **Fig. 20** es darstellt.

Die äußere Einrichtung dieses Dreiecks ist zwar dieselbe wie vordem, denn es wird der Grundlinie ebenfalls die Höhe des Profiles zur Länge gegeben, es wird auch an dem einen Ende der Basis eine Senkrechte errichtet und diese wird auch von dem noch freien Ende der Basis aus geschnitten mit einer Länge, welche gleich ist der Höhe des zu vergrößernden Profils.

Das Neue dieses Hilfswerkzeuges besteht aber darin, daß die Grundlinie a b in eine beliebige, am besten recht viele und kleine Teile geteilt worden ist, wie hier in 12.

Werden nun von diesen Teilpunkten aus die Senkrechten gezogen, so kann man dieses Dreieck ganz in derselben Weise benutzen, wie man einen Maßstab benutzt. Denn hat man die zu vergrößernde Länge in den Zirkel gefaßt, so braucht man sie nur von a aus auf die Grundlinie zu halten und sieht nun an den eingeschriebenen Ziffern, welches Maß man oben auf der Hypotenuse abzunehmen hat.

Wer einige Uebung in dem Gebrauche dieser Hilfsfigur erlangt hat, der wird es bald dahin bringen, daß er die halben Teile und Viertel, welche über die vollen Zahlen hinausgreifen, sofort auch oben absticht, ohne erst eine neue Hilfslinie ziehen zu müssen.

Fig. 21, Taf. IV. Ein anderes Verfahren.

Aufgabe. Es ist wieder ein Gesimsprofil gegeben, welches in dem Verhältnis 5 : 7 vergrößert werden soll.

Lösung. Ist die senkrechte Höhe a b durch eine gerade Linie markiert, so teilt man diese in 5 gleiche Teile. Hierauf zieht man unten bei a unter einem beliebigen, jedoch immer spitzen Winkel eine Schräge hinreichend lang und trägt auf dieser sieben solcher gleiche Teile ab, wo durch sich b' bestimmt.

Da es für die Gestaltung des Profiles in den meisten Fällen gleichgültig ist, ob es rechts oder links gezeichnet wird, so gestattet dieses, ein wesentlich kürzeres Verfahren einzuschlagen.

Man verbindet nämlich beide Endpunkte b b' durch eine gerade Linie und hat jetzt schon das Multiplikationsdreieck a b b' erhalten, mit welchem nun auch in der vorigen Weise operiert werden kann.

Auf die Senkrechte a b werden alle Glieder des Profils durch wagerechte Linien projektiert und aus den so erhaltenen c', d', f', g', h', i', k' schräge Linien in das Dreieck a b b' jedoch stets parallel zu b b' gezogen.

Die Schräge a b' enthält nun alle Höhenmaße des Profiles im vergrößerten Maßstabe und zwar ist ein jedes einzelne Maß $1/5$ von den entsprechend kleinern in **Fig. 21**.

Um nun unsere Aufgabe zu lösen ziehen wir in

Fig. 22, Taf. IV,

aus allen Teilpunkten der Schrägen a b' gerade Linien normal zu a b'. Die Längen für diese Linien ergeben sich wieder wie früher.

Man sticht z. B. den Abstand des obersten Plättchens c d **Fig. 21, Taf. IV**, von der Senkrechten a b ab, trägt dieses Maß von a in senkrechter Richtung nach 1'; zieht von hier die Parallele 1' 1", so ist die Strecke a 1" das Maß für den Abstand des Plättchens in **Fig. 22**. Das Plättchen selbst ist parallel zu a b' zu zeichnen.

Ebenso wird der Abstand f von f' (**Fig. 21, Taf. IV**), gemessen und unten bei a nach 2' getragen und durch eine parallele Hilfslinie nach 2" geführt. Das Maß a 2" wird bei f" eingetragen.

Da dieses Profil aus sehr vielen geraden Gliedern besteht, kann die vergrößerte Wiedergabe desselben auf Schwierigkeiten nicht stoßen. Die Hohlkehle, der Viertelstab sowie das Rundstäbchen, mit welchem der Karnies abschließt, können aus freier Hand gezeichnet werden.

Für die Vergrößerung des Karnieses aber können die in voriger Aufgabe angewendeten Hilfsmittel Platz greifen.

Es ist einleuchtend, daß auf diesem Wege ein jedes auch noch so komplizierte und gegliederte Profil in jedem beliebigen Verhältnisse ohne große Mühe vergrößert werden kann und kommt es nur darauf an, hierin die rechte Uebung zu erlangen.

Um diese zu fördern sei die Aufgabe gestellt aus **Taf. XXV** die besten Profile auszuwählen und in ein oder dem andern Verhältnis zu vergrößern.

b. Vergrößerung in einem unbestimmten Verhältnisse.
Fig. 23, Taf. IV.

Will man ein Gesimsprofil vergrößern, ohne daß es auf ein bestimmtes Verhältnis ankommt oder ohne daß man dasselbe erst berechnen mag, so kann man auf folgendem Wege ebenfalls schnell und sicher zum Ziele kommen.

Man zeichnet das gegebene Profil links- oder rechtsseitig wie hier sauber auf das Papier, verlängert die Grundlinie nach beiden Seiten in hinreichender Weise.

Ueber die Spitze des Profiles hinweg zieht man nun eine gerade Linie nach dem einen Ende der Grundlinie, wodurch jenes Vergrößerungsdreieck angedeutet wird. Letztere wird über c hinaus verlängert.

Nun nimmt man die gewünschte Höhe, welche das neue Profil erhalten soll, in den Zirkel und trägt dieselbe auf einer Senkrechten (r s) von dem unteren Ende aus ab, so erhält man den Punkt t. Durch t legt man eine Parallele zur Grundlinie, so wird die schräge Seite des Dreiecks in c' geschnitten.

In c' errichtet man nun eine Senkrechte (b' c') und hat somit die Rückwand des neuen Profiles erhalten.

Die einzelnen Glieder werden nun so gefunden.

Handelt es sich um die Wiedergabe der Fase, so wird dieselbe richtig, wenn man von c' aus eine Schräge zieht parallell zur Schräge c g.

Weil aber das Profil verschiedene Ausladungen besitzt, so muß ein sicherer Weg eingeschlagen werden können, um die Tiefen der einzelnen Glieder zu finden.

Man zieht zu dem Ende von allen wesentlichen Ausladungspunkten des Profiles b c senkrechte Linien bis zur Grundlinie b d und verlängert gleichzeitig die Rücklinie b c nach unten.

Sämtliche so heruntergelotete Maße trägt man nun durch Viertelkreise auf die Linie b d' über, so ergeben sich die Punkte h' g' f' e' d'.

Durch alle diese Punkte legt man schräge Linien, welche sich in a vereinigen. Es wird nun die Senkrechte b' c' ebenfalls nach unten verlängert, und man erhält die entsprechend vergrößerten Tiefen h" g" f" e" d". Diese werden ebenfalls mittels Viertelkreise von b' aus nach der

Grundlinie b' d''' transportiert und von hier senkrechte Hilfslinien gezogen.

Legt man nun durch die entsprechenden Glieder des Hauptprofiles Schrägen nach a, so markieren dieselben in dem vergrößerten Profile genau die Lage und Größe der einzelnen Glieder.

c. Verkleinerung eines Profiles.

Kaum ist es noch nötig, anzudeuten, daß es auf Grund dieser drei Lösungen auch möglich ist, ein Profil gleichmäßig zu verkleinern. Man braucht in diesem Falle den eben beschriebenen Weg nur rückwärts zu gehen.

Soll also ein Profil in dem Verhältnis 3 : 2 verkleinert werden, so beginnt man beim Zeichnen des Divisionsdreiecks mit der größten Seite und gibt ihr 3 gleiche Teile, während die zweite Seite nur 2 erhält. Beide Enden dieser Seiten werden durch eine Gerade verbunden und kann nun mit diesem Dreieck ebenso arbeiten wie vordem; nur darf man nicht vergessen, daß man stets auf der großen Seite zuerst aufzutragen hat.

Zweites Kapitel.
Von dem Furnieren.

Erster Abschnitt.
Allgemeines.

Wenn in diesem Kapitel von dem Furnieren gesprochen werden soll, so soll damit nicht gesagt sein, daß alle bei dem Geschäfte des Furnierens vorkommenden Arbeiten und Verrichtungen zur Abhandlung kommen sollen, um dem angehenden Tischler diese Leistung anzueignen, denn das würde von vornherein ein ganz nutzloses Unterfangen sein, da erfahrungsmäßig noch niemand das Furnieren aus einem Buche gelernt hat und überhaupt wird lernen können. Es will eben diese immerhin schwierige Arbeit praktisch erfahren und daher in der Werkstatt gelernt sein, wie mir gewiß ein jeder Fachmann, der es ernstlich meint, zugeben wird.

Sondern wenn hier vom Furnieren die Rede ist, sollen vor allen die Fragen zur Beantwortung kommen, die ein konstruktives Interesse für die Tischler haben und somit die Aufgabe, welche dieses vorliegende Werk zu lösen sich gestellt hat, fördern helfen.

Zwar möchte es wohl von manchen Seiten für überflüssig gehalten werden, in gegenwärtiger Zeit noch viel von dieser Kunstfertigkeit zu reden, weil hier und da Stimmen laut werden, es überhaupt mit dem Furnieren zu brechen. Sie meinen, es wäre nicht statthaft dem Aeußern eines Stückes Möbel ein anderes Gewand zu geben, als dem Innern.

Wenn eine solche Ansicht laut wird aus dem innern Drange nach Wahrheit und als Abwehr eines fehlerhaften Hanges nach prunkhafter Außerlichkeit ohne inneren guten Halt, so hat allerdings eine solche Meinung ihre gute Berechtigung.

Allein für unsere in Rede stehende Bestrebung bezieht sich dieser Vorwurf nicht, und es hieße schlechterdings aus einem Extrem in das andere fallen, wenn wir solchen abweichenden Urteilen wollten Gehör geben und nun alle Möbel von massivem Holze ausführen, damit es ja nicht äußerlich wertvoller erscheine als von innen.

Ganz abgesehen davon, daß ein Stück Möbel, wenn es von massivem Holze ausgeführt wird, unverhältnismäßig an seinem Eigengewicht zunimmt, daß demnach ein vollständiges massives Meublement mit einem enormen Gewichte auf den Fußboden drückt, so ist es ja eine alte Erfahrung, daß massive Möbel sich weniger gut halten als furnierte.

Und was das Aeußere solcher massiven Möbel anlangt, so muß doch jedermann zugeben, daß solche immer ein eintöniges, monotones, langweiliges Aussehen annehmen und wenn eine solche Geschmacksrichtung wirklich mit der Zeit mehr Boden gewinnen und Ausschlag gebend werden sollte, so würde dieselbe schwerlich ein Gewinn für unsere Möbelbranche bringen oder etwa als Fortschritt gelten können.

Aber auch nach einer anderen Seite hin läßt sich die Hinfälligkeit einer solchen Ansicht nachweisen.

Ziehen wir einmal von einer solchen die Konsequenzen, wie viele Gewerbszweige würden alsdann davon und zwar nicht zu ihrem Vorteil getroffen! Denn wenn es nicht mehr statthaft sein sollte, dem Möbel ein besseres äußeres Kleid geben zu können, dann dürfte keine Mauer mehr mit besserem Gestein verblendet, kein Metall mehr gebeizt, kein metallenes Kuchengerät gemalt, kein Holzrahmen mehr vergoldet oder bronziert, überhaupt keine Imitation mehr gestattet sein, und damit würde eine ziemliche Anzahl von Gewerbsbranchen ein empfindliches „Halt" in ihrem Streben nach Fortschritt und Verfeinerung zugerufen sein.

Am empfindlichsten würde hierdurch das jüngste Kind unseres industriellen Lebens getroffen werden, nämlich die Galvanoplastik mit ihren wirklich staunenswerten Leistungen und Produktionen auf vielen Gebieten.

Jedermann, der Gelegenheit gehabt hat auf Gewerbe-Ausstellung 2c. die heutigen Produkte dieser Industrie, von der uns noch von früherher bekannten galvanischen Verkupferung bis herab zu der jetzt sich immer mehr und mehr emporschwingenden Vernickelung der gebräuchlichsten Handgeräte, freut sich an dem schönen Anblick dieser tausenderlei Gegenstände und findet das Streben nach Verfeinerung löblich und ganz in der Ordnung.

Mithin steht zu erwarten, daß auch auf dem Gebiete der Tischlerei und besonders auf dem Gebiete der Möbelbranche das Streben nach Verfeinerung der Möbel hinsichtlich ihrer Außenseite noch lange erhalten wird.

Und das ist auch gut und notwendig! Denn es ist eine unbestrittene Thatsache, daß das Geschäft des Furnierens kein ganz leichtes und daß es im stande ist, den Arbeiter in gute Zucht zu nehmen, ihn zu einem guten Arbeiter zu erziehen. Denn ebensowenig wie beispielsweise eine liederliche Handschrift auf einen ordentlichen akkuraten Menschen schließen läßt, läßt auch ein liederlich furniertes Stück auf einen gewissenhaften Arbeiter schließen. Wer ein Stück gut furnieren will, der muß auch dasselbe durch gutes, akkurates, exaktes „Ausarbeiten" furnierfähig gemacht haben. Andernfalls ist ein gutes Gelingen seines Vorhabens geradezu unmöglich.

Aber auch in Hinsicht der guten Geschmacksausbildung leistet das Furnieren in dem Erziehungsgeschäfte des Arbeiters vortreffliche Dienste, weil es sich durch die zweckmäßige oder unzweckmäßige Veranlagung und Anordnung der Furnierfasern, der Farben, der sogenannten „Spielung des Furniers" sofort verrät, ob der Verfertiger des Möbels Geschmack hat oder nicht.

Das Furnieren nimmt also den Arbeiter in Zucht in Beziehung auf:

1. Die Ausarbeitung des Blindholzes.

Dasselbe muß durchaus genau von „Dickten" sein und zwar nicht nur an den äußeren Kanten, sondern vor allen Dingen im Inneren der Fläche. Es darf keinesfalls das Blindholz in der Mitte schwächer sein als am Rande, weil alsdann an dieser Stelle das Furnier nicht fest auf das Blindholz aufgedrückt werden kann und der Leim sich „sackt". Ein solches Schwächersein wird durch das Lineal angedeutet, wenn es z. B. auf der rechten Seite — das ist die Furnierseite — ganz aufliegt, aber auf der linken hohl liegt oder umgekehrt.

Daß jede offene Stelle des Blindholzes wie Harzgallen, eingerissene Stellen oder Astlöcher mit Langholz in der Richtung der Jahre ausgefüllt oder kleinere Stellen ausgerieben oder ausgekittet werden müssen, versteht sich von selbst, ebenso daß die Fläche gut abgezahnt sein muß.

2. Die Ausarbeitung der Zulage.

Diese muß ebenso sorgfältig wie das Blindholz ausgearbeitet sein, wenn nicht recht störende Fehler im Furnieren — „die Kürschner" — entstehen sollen. Sie muß gleichmäßig von „Dickten" sein und ebenfalls gut abgezahnt. Viel eher kann die Zulage, ja selbst auch das Blindholz in der Mitte etwas stärker sein — und man sieht dieses eigentlich gern und verspricht sich dabei ein weit besseres Gelingen der Arbeit — als daß das Umgekehrte der Fall ist, wenn eins oder das andere in der Mitte schwächer wäre.

Sollen aber solche Fehler in der Dickte der beiden Hölzer vermieden werden, so bedingt dieses, daß der Tischler auch seine Aufmerksamkeit richte auf

3. das Lineal oder Richtscheit,

mit welchem man das Blindholz oder die Zulage abrichten will. Es darf dieseses an seinen äußeren Längekanten weder „rund" noch „hohl" sein, denn es wird dadurch das Gelingen des Furnierens von vornherein in Frage gestellt sein.

Endlich muß auch ein prüfender Blick auf

4. die Rauhbank

gerichtet werden, damit sie nicht rund und auch nicht hohl ist, weil ein mit solchen Fehlern behafteter Abrichtungshobel nicht sicher funktionieren kann, und demnach auch die beiden Hölzer nicht verlaßbar abgerichtet werden können.

Nicht ganz soviel Vorsicht wie die eben genannten Dinge erfordert der zweite Hauptbestandteil, nämlich das Furnier selbst, von welchem weiter unten noch ausführlicher die Rede sein soll, weil dieser durch die gegenwärtigen, guten und vollkommenen Einrichtungen der Furnierschneide= maschinen den Furnier in allgemein befriedigendem Zustande herstellen. Unganze Stellen, Risse, offene Stellen werden natürlich am besten „vor dem Leimen" durch Ausfüllen und Aufleimen von Papierstreifen unschäd= lich gemacht.

Wird nach allen diesen Vorbereitungen nun noch Sorge getragen, daß der Leim gut flüssig, weder zu dünn noch zu dick ist, daß er, und vor allen Dingen auch die Zulage recht warm ist, daß die aufliegende Seite der Zulage gut mit Seife bestrichen oder mit Makulatur belegt worden ist, um ein Anbacken derselben an dem Furnier zu vermeiden, so kann das Geschäft des Furnierens vor sich gehen.

Anmerkung 1. Ein Uebelstand, der sich durch das Furnieren weniger während oder nach Beendigung desselben als vielmehr längere Zeit nach demselben einstellt, ist das „Werfen" des Holzes, und dieses ist ein Uebelstand, der dem Arbeiter manchmal rechte ernstliche Sorge bereiten kann.

Um diesem Uebelstande soviel als möglich entgegenzutreten beachte man folgende Regeln:

1) Sind sehr schwache Hölzer zu furnieren wie z. B. Füllungen, so thut man am besten, wenn man sie auf beiden Seiten furniert; es kann dabei das linke, das Blindfurnier, ein schlichtes, ja selbst ein buchenes oder fichtenes Furnier sein. In vielen Fällen leistet ein weiches Furnier denselben Dienst.

2) Auch stärkeres Blindholz wird mit Vorteil auf beiden Seiten furniert, besonders dann, wenn es frei zu stehen kommt und auf der linken Seite nicht gebunden werden kann (siehe davon weiter unten). Auch in diesem Falle versieht ein geringeres Furnier denselben Dienst.

3) Möchte man das Furnieren des Blindholzes auf beiden Seiten gern vermeiden, so kann man das nachteilige Verwerfen des Holzes da= durch vermindern, daß man

a) das Furnier vorher sehr gut austrocknen läßt,
b) die Zulage vor dem Auflegen durchdringend erwärmt und endlich
c) das Blindholz auf der zu furnierenden Seite am Abend zuvor, ehe man zu furnieren gedenkt, etwas mit Wasser anfeuchtet, da= mit es sich vor dem Furnieren ein wenig rund wirft.

Ist letzteres geschehen, so kann man sicher sein, daß das lästige „Hohlwerden" der rechten Seite kaum eintreten wird, oder doch so un= bedeutend auftritt, daß man es leicht durch andere Hilfsmittel z. B. „Wärmen an dem Feuer" beseitigen kann. Denn daß sich das Holz nach dem Furnieren verzieht, hat allein darin seinen Grund, daß durch den aufgetragenen Leim, gleichwie durch eine jede andere Feuchtigkeit, das Furnier an Volumen zunimmt also breiter wird. Dieses Bestreben des Furniers, wegen Aufnahme von Feuchtigkeit sich auszudehnen, zeigt sich auch noch unmittelbar nach dem Furnieren, denn am ersten und zweiten Tage wird man finden, daß die rechte Seite rund wird, denn es dehnt sich nicht nur das Furnier sondern auch die ganze äußere Faserschicht des Blindholzes aus, während die linke Seite des Holzes in ihrem anfänglichen Zustande — man könnte sagen schlafend — verharrt.

Von dem dritten Tage an fängt aber die rechte Seite „zu arbeiten" an, wie die Geschäftssprache sagt. Die äußere Faserschicht des Blindholzes samt dem Furnier trocknet wieder ein und will in ihren früheren Zustand wieder zurückkehren.

Wenn es damit genug wäre, so hätte das „Arbeiten" des Furnierers noch nichts Böses zu bedeuten. Das Furnier hat aber wegen seiner großen Dünnheit während des Leimens viel schneller die Feuchtigkeit des Leimes aufgesogen als dieses das weit stärkere Blindholz thun konnte und hatte demnach sich schon um ein gutes Stück ausgedehnt, ehe noch die äußere Schicht der Holzfasern der rechten Seite sozusagen daran dachte.

Wenn daher die rechte Seite durch das Eintrocknen wieder in ihren früheren, geraden Zustand zurückgekehrt ist und nun aufhören möchte, zu „arbeiten" ist das Furnier noch lange nicht damit fertig; es arbeitet fort, trocknet weiter ein, und nimmt dabei das weit stärkere Blindholz mit, so daß das gefürchtete „Hohlwerden" nun eintreten muß.

Das aufgeleimte Furnier wirkt demnach wie die Saite auf dem Bogen; wird diese gespannt, so krümmt sich der Bogen nach derselben Richtung hin.

Hat man daher durch das vorherige Anfeuchten der rechten Seite des Blindholzes zum vorherigen Ausdehnen gezwungen, so hat sie vor dem nachfolgenden, dünnen und darum schnelleren Furnier einen Vorsprung erhalten, so daß das Blindholz beim Austrocknen dem Furnier überall hin folgen kann ohne hohl zu werden.

Anmerkung 2. Ist eine einseitig furnierte schwache Füllung durch das Hohlwerden fast unbrauchbar geworden und läßt sich dieser Fehler durch das Wärmen derselben auf der linken Seite am offenen Feuer nicht verbessern, so ist eine solche Füllung nicht selten dadurch noch zu retten, daß man sie nachträglich noch und zwar mit einem recht feuchten Furnier furniert. Die Gewalt des langsamen Eintrocknens des letzteren ist so groß, daß sie meist die Füllung wieder gerade richtet.

Zweiter Abschnitt.

Das Zusammensetzen des Furniers.

Schon im ersten Abschnitte dieses Kapitels wurde angedeutet, daß das Geschäft des Furnierens geschmackbildend auf den Arbeiter einwirken kann und einwirken muß, und daß eine gute Furnitur immer ein recht gutes Zeugnis für ihren Anfertiger ausstellt, ja man kann recht gut behaupten, daß ein gut Teil Kunstfertigkeit dazu gehört, ein Stück Möbel gut und geschmackvoll zu furnieren.

War nun in jenem ersten Abschnitte mehr von den Dingen die Rede, von welchem das Gelingen der praktischen Arbeit des Furnierens abhängt, so soll in gegenwärtigem vielmehr davon gesprochen werden, worauf die Technik dieser Thätigkeit zu achten hat, denn wie eine jede Kunst sich auf gewisse Regeln aufbaut, so ist auch die Technik des Furnierens an gewisse Regeln gebunden, die niemals ungestraft sich umgehen lassen.

Diese Regeln der Technik zu kennzeichnen und die Aufmerksamkeit des Lesers auf dieselbe zu richten, soll der Inhalt folgender Zeilen sein.

Beim Zusammensetzen der Furniere hat man im wesentlichen auf zwei Dinge zu achten, nämlich auf den Lauf der Furnierfasern und sodann auf die Richtung der Fugen, unter welcher sich die einzelnen Furnierteile treffen.

a) Der Lauf der Holzfasern oder Jahre des Furniers richtet sich im allgemeinen stets nach dem Laufe der Jahre des Blindholzes und weicht nur in besonderen Fällen von diesem ab, wie wir weiter unten sehen werden.

Bei der Anwendung von schlichtem Furnier wird, falls die Breite desselben die zu bedeckende Fläche des Blindholzes nicht ganz bedeckt, Langholz an Langholz gesetzt, es werden also nur Langfugen gemacht und sind besondere Bedingungen an dieselbe weiter nicht zu stellen, als daß sie in allen ihren Teilen vollkommen dicht ist und die Farben der beiden Furniere so gewählt werden, daß sie möglichst unsichtbar wird und somit das Stück Möbel das Aussehen erhält, als wenn es aus einem einzigen Holzstücke hergestellt worden wäre.

Die Richtung der Jahre geht bei stehenden Möbeln alsdann stets nach oben, bei breiten Möbeln von der linken zur rechten Seite.

Solche Furnierungen aber kommen nur bei Möbeln der billigsten Art vor und werden deshalb gewählt, weil sie die wenigste Mühe machen. Elegantere Möbel aber können auf diese Weise nicht furniert werden, bei ihnen werden nicht nur größere sondern auch kleinere Flächen nicht aus einem Stück furniert, sondern aus mehreren Stücken und man will damit bezwecken, daß die Eintönigkeit, welche größere Flächen an sich haben, vermindert wird. Man setzt daher mehrere Stücke zu einem Ganzen zusammen um durch die verschiedene Richtung der Jahre eine sogenannte „Spielung" zu erreichen und die Fläche des Möbels hierdurch zu beleben. Denn es ist bekannt, daß einerlei Furnier, wenn es so zusammengesetzt wird, daß seine Jahre nicht miteinander, sondern gegeneinander laufen, auch zweierlei Schattierungen der Farbe nach verfolgter Politur zeigt. Dieses Spiel der Schattierung recht vorteilhaft zu gestalten, erfordert aber ein nicht geringes Maß von Geschicklichkeit des Arbeiters.

Lohnender jedoch als die Zusammensetzung eines schlichten Furniers ist die Zusammensetzung eines flammigen oder gemaserten; freilich ist diese Art auch nicht selten begleitet von weit größeren Schwierigkeiten, den Fugen die erforderliche Dichtigkeit zu geben und nach dem Furnieren auch zu erhalten.

Solche Furniere sind meistenteils uneben, gewellt, bruchig und dazu noch spröde und leicht zerbrechlich. Sie müssen daher, bevor sie zur Zusammenfügung tauglich sind, entweder mit Wasser oder selbst mit sehr verdünntem Leim angefeuchtet werden, um sie biegsamer zu machen und endlich durch ganz allmähliches Pressen zwischen zwei Zulagen nach und nach geebnet werden.

Doch der Lohn für eine solche, fast immer mühevolle Arbeit ist alsdann auch eine recht schöne wirkungsvolle Blume der Furniere.

Sowohl im letzteren als auch im ersteren Falle hat der Zusammensetzer der einzelnen Furniere aber stets darauf zu achten, daß die Fugen die richtigen Richtungen haben und daß durch schönheitswidrige Fugen der Erfolg der mühsamen Arbeit nicht beeinträchtigt wird, was durch Unkenntnis der Sache nur allzuleicht geschehen kann. Es soll daher von diesen jetzt die Rede sein.

b) Der Lauf der Fugen richtet sich im allgemeinen nach den Grenzen des zu furnierenden Gegenstandes.

Soll also z. B. das Vorderstück eines Schubkastens einen umlaufenden Fries erhalten, so müssen natürlicherweise die Fugen desselben überall parallel mit den Kanten des Vorderstückes sein, auch der Fries selbst muß überall die gleiche Breite haben. Letzteres ist nicht so leicht erzielt, wie man vielleicht glauben möchte, da wegen der leichten Verschiebbarkeit des Furnieres bei Beginn des Niederschraubens Fehler in dieser Hinsicht entstehen können.

Außer diesen Langfugen sind aber auch die Gehrungsfugen des Frieses zu beachten. Diese sind richtig, wenn sie eine Schräge von 45° erhalten haben (daß auch gegen diese Regel oft gesündigt werden kann, soll im folgenden Kapitel besprochen werden). Auch die kurzen Teile eines Frieses sollen dieselbe Breite erhalten wie die langen und da ferner in diesen Gehrungsfugen sehr kurzes Hirnholz zusammenstößt, sind dieselben nicht so leicht korrekt hergestellt. Meistenteils wählt man Zwergholz zum Friese und nur höchst selten Langholz.

Werden aber die kurzen Enden eines Frieses nicht winkelrecht abgesetzt, sondern halbkreisförmig geschweift, so wählt man lieber Langholz zum Friese und es fallen die Gehrungsfugen gänzlich fort.

Derselbe Fall tritt ein, wenn ein Kastenvorderstück eine Verdoppelung erhält, wo dann diese die Stelle des Frieses einnimmt und ganz so behandelt wird.

Ein dritter Fall ist der, daß das Holz des Frieses schräg und dann meistenteils in der Richtung der Gehrung genommen wird. Der Fries besteht dann aus vier Teilen, deren Fugen sich in der Mitte der Langseiten und kurzen Seiten befinden.

Die Kreuzfuge.

Ein ferneres Verzierungsmittel einer vierseitigen Oberfläche ist die Kreuzfuge. Man wendet sie an bei größeren Füllungen und bei Tischplatten, um durch die „Spielung" der Masern und Jahre, welche bei Kreuzfugen sich ganz besonders schön gestaltet, angenehm zu beleben.

Es braucht wohl kaum gesagt zu werden, daß diese Fuge auch wirklich ein Kreuz d. h. vier rechte Winkel bilden muß.

Sie wird am besten so hergestellt, daß man die vier Furniere, welche von einem Stücke sein müssen, zusammenlegt und in Winkel stößt, sodann aber je zwei und zwei zu einem Stück zusammensetzt" und diese zwei großen Stücke schließlich zu einem verbindet. Hierdurch hat man es immer nur mit einer Fuge zu thun.

Somit sind alle diejenigen Zusammensetzungen, welche bei einer vierseitigen Oberfläche vorkommen können, einer Besprechung unterworfen worden und es fragt sich nun noch, wie die Zusammesetzung der Furniere bei vielseitigen runden und ovalen Gegenständen sich gestaltet.

Fig. 24, Taf. II.

Es ist hier eine achtseitige Figur zum Beispiele gewählt worden, da man ja solche bei kleineren Tischchen, Nähtischchen und dergl. angewendet findet.

Es sind in dieser Zusammensetzung dreierlei Richtungen der Fugen ersichtlich nämlich die senkrechte, wagerechte und schiefe. Die Fugen zeigen stets von Ecke zu Ecke der äußeren Figur und formieren dadurch eine gefällige Sternfigur.

Die Richtung der Jahre ist der der Fugen entsprechend, es sind daher auch nur drei Richtungen zu unterscheiden.

Während in der oberen Hälfte der Figur die Zusammensetzung nur mit schlichtem Furnier gedacht worden ist, ist sie in der unteren Hälfte blumiger angenommen worden, wodurch die Sternfigur deutlicher von dem schlichten Grunde sich abhebt.

In der Größe einer Nähtischplatte ausgeführt, ist es am besten diese Zusammensetzung nur aus ein und demselben Holze auszuführen, während in kleineren Exemplaren, wie z. B. auf ein Schmuckkästchen und dergl. auch verschiedenfarbige Hölzer etwa weiße und schwarze, rote und schwarze, gelbe (Kirsch) und braune verwendet werden können; die Grundfläche kann dann wiederum ein anderfarbiges Holz sein.

Um diese Arbeit auszuführen, darf man natürlich nicht versäumen, die Grundfigur sich genau aufzureißen, entweder auf das Blindholz selbst oder aber auf eine Zulage. Auch muß das Ganze zuletzt etwas größer ausfallen, als das Blindholz ist, weil ein jedes Furnier größer als sein Blindholz sein muß. Dessenungeachtet darf die Figur selbst keine Vergrößerung erfahren, sondern nur die acht äußeren Dreiecke. Dem Verschieben des Furniers wird am besten damit begegnet, daß ganz kleine Stiftchen in schlichtes Langholz geschlagen werden, welche nach Vollendung des Leimens wieder entfernt werden, oder dadurch, daß man auf die linke Seite des Furniers, soweit es übersteht, kleine Klötzchen anleimt. Die Spitzen der Figur müssen schließlich genau auf die Ecken des Blindholzes passen.

Fig. 25, Taf. II.

Noch einmal tritt das Achteck auf als äußere Form eines Tischplättchens.

Ein Fries, welcher den vierten Teil eines Strahles zur Breite hat, läuft rundum als besondere Einfassung des Mittelfeldes.

Die Fugen desselben werden bestimmt durch eine gerade Linie, welche die jedesmalige Ecke mit der gegenüberliegenden verbindet. Sie darf nicht einen Millimeter von dieser Flucht abweichen.

Alle acht Teile des Frieses sind so zu wählen, daß die Hauptrichtung der Holzfasern rechtwinkelig zu der Außenkante des Achtecks stehen und es kommt diese Regel auch dann zur Anwendung, wenn geflammtes Furnier zur Herstellung des Frieses gewählt wird.

Das Mittelfeld besteht aus der Zusammenfügung von acht Dreiecken, welche ihre Spitzen gegeneinander richten. Sie werden am besten aus schlichtem Holze gefertigt.

Der eingesetzte Stern wird folgendermaßen konstruiert.

Jede der acht Seiten des Mittelfeldes wird halbiert und jeder Strahl in vier gleiche Teile geteilt, von welchen, wie schon gesagt, das erste Viertel die Breite des Frieses bestimmt, das letzte aber zur Bildung des Sternes dient. Ziehe also von dem Mittelpunkte einer jeden Achtecksseite (des Mittelfeldes) nach dem letzten Viertel der beiden nächsten Strahlen gerade Linien, so entsteht der achtstrahlige Stern. Dasselbe Resultat erhält man, wenn man von der eben genannten Mitte einer Achtecksseite aus nach den Endpunkten der gegenüberliegenden Achtecksseite gerade Linien bis zu den beiderseitigen Strahlen zieht.

Auch hier wie bei allen solchen Zusammensetzungsarbeiten muß zuerst die ganze Figur genau aufgerissen werden, um die einzelnen Teile nach der Zeichnung zusammenpassen zu können. Immer wenn zwei oder drei Teile zusammenpassen, werden sie durch Aufleimen von Papierstreifen vereinigt.

Daß wie dieses Beispiel auch voriges durch einen Fries vervollständigt werden kann, soll hier noch andeutungsweise gesagt sein. Derselbe muß dann ebenfalls seine Jahre winkelrecht gegen die Außenkante richten.

Fig. 26, Taf. II.

Ein rundes Tischplättchen läßt sich nach Angabe dieser Zeichnung recht geschmackvoll durch Zusammensetzung verschiedener Furniere verzieren.

Den Schluß bildet ein schmaler Fries. Weil zu diesem stets Zwergholz genommen werden muß und die Jahre desselben nicht anders als nach dem Mittelpunkte der Platte gehen dürfen, wird es notwendig, denselben aus kleinen Stücken zusammenzusetzen, damit dieser Forderung nachgekommen werden kann.

Auch die Fugen — der Zusammenstoß — dieser Stücke, müssen nach dem Zentrum des Plättchens weisen und müssen so gewählt werden, daß sie möglichst wenig sichtbar werden.

Die nun folgenden fünf Felder, welche den Raum zwischen dem Sterne und dem Friese ausfüllen, sind ebenfalls so zu richten, daß, wenn das Furnier ein schlichtes ist, die Jahre oder bei flammigem die Blume nach der Mitte zu gerichtet ist, auch soll die Hauptmaserung an der Kreislinie liegen.

Der fünfstrahlige Stern besteht wiederum aus zwei Teilen, nämlich aus der Füllung und dem Friese.

Der Fries kann aus Langholz aber auch aus Zwergholz hergestellt werden. Ersteres ist leichter auszuführen, letzteres aber schöner anzusehen. Alle Fugen, welche bei letzterer Ausführung nicht Gehrungsfugen sind, müssen soviel als möglich verborgen werden und darum winkelrecht zu den Langseiten gerichtet sein.

Die Gehrungsfugen des Frieses richten sich sämtlich gegen den Mittelpunkt der Platte und verlangen große Akkuratesse in der Arbeit, weil die Spitzen derselben sehr kurzes Zwergholz erhalten und daher gern abbrechen.

Die Füllungen des Sternes machen weniger Mühe, weil alle fünf zusammen ausarbeitet werden können. Es dient aber zur wesentlichen Verschönerung des Ganzen, wenn dieselben aus zwei Teilen gearbeitet werden. Sie erhalten dann eine Mittelfuge, welche eine Gleichseitigkeit der Blume ermöglicht. Will man dieses thun, so beginnt man zuerst mit dieser Mittelfuge, indem man eine jede Füllung aus zwei Teilen zusammensetzt.

Ueberhaupt bilden diese fünf Füllungen den Anfang der ganzen Arbeit nachdem die Figur sorgfältig aufgerissen worden ist.

Runde Flächen lassen sich auch sehr zweckmäßig durch sechsstrahlige Sternfiguren verzieren, wie sie überhaupt für jede regelmäßig hergestellte Figur geeignetes Feld bieten.

Es sind daher in den **Fig. 21** bis **27** auf **Taf. III** noch verschiedene Muster gegeben worden, welche sich mehr oder weniger zur Ausführung in der vorgeschriebenen Art eignen dürften, teils in größeren, teils in kleineren Maßverhältnissen. Ueberhaupt sei hierdurch nur die Schaffenslust des Zeichners angeregt und belebt, es möge daher derselbe aus eigner Erfindung dergleichen Muster sich herstellen.

Wie schon früher gesagt wurde, ist die Anwendung der Kreislinie in der Möbelbranche weit weniger beliebt, als man denken sollte, wenigstens doch in größerem Formate. Kreisrunde Tische liebt man nicht, dafür gibt man einer größeren Tischplatte viel lieber die Form eines Ovales. Somit fällt uns noch die Aufgabe zu, die Verzierung eines Ovales durch Zusammensetzung der Furniere zu besprechen und sollen uns zu diesem Zwecke die drei letzten Beispiele der **Taf. III** die nötige Anschauung liefern.

Fig. 28, Taf. III.

Dieses Oval soll die Form eines ovalen Tisches darstellen, dessen Platte durch einen Fries verziert werden soll.

Zunächst handelt es sich hierbei darum, festzustellen, welche Richtung die Holzfasern zu nehmen haben.

Wird der Fries aus schlichtem Holze hergestellt, so dürfen dieselben keine andere Richtung annehmen als die, welche auch für die Fugen allein maßgebend sind. Wollte man diese so richten, wie wir es von der kreisförmigen Platte her noch im Sinne haben und wie es auf der linken Seite dieser Zeichnung angedeutet worden ist — nämlich nach dem Mittelpunkte c, so würde eine Mißgestaltung hervorgerufen werden, welche sehr störend auf das Auge wirkt. Es dürfen daher ebensowenig die Holzjahre so laufen, weil dieses ebenso störend wirken würde.

Naturgemäß würde die Anlegung der Fugen sein, wenn sie so laufen, wie es auf der rechten Seite der Zeichnung angegeben worden ist, weil diese Art der Anordnung überhaupt der Entstehung des Ovales entspricht.

Es sind daher die Fugen und mit ihnen die Jahre des Frieses so zu richten, daß sie nach dem jedesmaligen Mittelpunkte desjenigen Kreisbogens weisen, aus welchem das Oval sich gebildet hat.

Deshalb werden die Nähte der kleinen Endkreisbogen nach den Punkten x und g, die der großen Ergänzungsbogen aber nach a und b gerichtet.

Jedes wissentliche oder unwissentliche Zuwiderhandeln gegen diese Hauptregeln wird sich sofort auf das auffälligste bemerklich machen. Selbst wenn der Fries aus flammigem Holze hergestellt wird, müssen diese Gesichtspunkte in bezug auf Richtung der Blume als auch der Fugen wenigstens annähernd zur Geltung gebracht werden.

Gewöhnlich wird eine derartig verzierte ovale Tischplatte auch noch mit einer Kreuzfuge versehen, um eine schöne Maserzeichnung zu erhalten. Dieselbe wird ganz nach den oben aufgestellten Regeln ausgeführt.

Nur möchte noch daran zu erinnern sein, daß die vier Fugen derselben auch wirklich zwei gerade Linien bilden und daß diese Linien genau mit den Richtungen der beiden Achsen des Ovales zusammenfallen. Sollten diese aus irgend einem Grunde nicht mehr vorhanden sein, so müssen dieselben aufs neue nach **Fig. 8, Taf. IV**, gesucht werden, bevor die Arbeit des Zusammensetzens begonnen werden kann.

Fig. 29, Taf. III.

Das Neue an diesem Beispiele besteht darin, daß die Füllung des Ovales nicht durch eine Kreuzfuge aus vier, sondern aus acht Zwickeln gebildet worden ist.

Das Aufsuchen der schiefen Fugen kann keine Schwierigkeiten bieten, da ein jedes Viertel des Ovales halbiert und von diesem Halbierungspunkte aus gerade Linien nach dem Mittelpunkte der Tischplatte geführt werden.

Durch eine solche Teilung wird natürlich das Maserbild ein noch volleres, es gehören freilich acht gleiche Stücke Furniere dazu, um diese ausführen zu können.

Fig. 30, Taf. III.

Das letzte Beispiel dieser Art bildet eine ovale Sternfigur, welche von einem Friese eingefaßt ist.

Die Hauptsache bei der Anlage dieser Zeichnung ist, daß der Stern regelmäßig gebildet wird. Dieser kann nur dann Anspruch auf Regelmäßigkeit machen, wenn die Ecken, wo sich die Strahlen des Sternes trennen, wieder ein fehlerloses Oval bilden.

Man zeichne also dieses innere, kleine Oval und teile die Umfangslinie desselben in so viel gleiche Teile, als man dem Sterne Strahlen zu geben beabsichtigt. Es sind deren hier zwölf gewählt worden.

Hierauf legt man durch diese 12 Teilpunkte gerade Linien durch den Mittelpunkt der Figur und verlängert dieselben bis zum zweiten Ovale, wodurch auf dieser Linie 12 gleiche Abschnitte entstehen. Einen jeden dieser Teile halbiere man nun und ziehe von jedem Halbierungspunkte aus je zwei Linien nach den nächsten Teilpunkten des inneren Ovales.

Auch für dieses Muster wird es sich empfehlen, die Grundfläche von schlichtem, den Fries und Stern aber von flammigem Holze, jedoch von derselben Farbe auszuführen. Im kleinen aber gefertigt, sind verschiedenfarbige Hölzer zulässig.

Dritter Abschnitt.
Ueber Einlegearbeiten.

Endlich ist noch eine Art der Furnierung zu erwähnen, nämlich das Furnieren mit eingelegten verschiedenfarbigen Hölzern.

Freilich ist dieses gerade nicht ein sehr dankbares Thema, weil die Einlegerei eine Leistung ist, die der Mode sehr unterworfen ist. Zwar ist wohl überhaupt auch in der Möbelbranche ein Wechsel des Geschmacks von Zeit zu Zeit erkennbar, denn während vor kaum einem halben Jahrzehnt noch die geschweifte Form der Möbel florierte, hat man sich gegenwärtig mit Entschiedenheit wieder zu den geradlinigen Formen der Renaissance zugewandt und schon jetzt machen sich, — um nach einigen Ausartungen in diesem Stile zu schließen — Andeutungen kund, daß selbst der überladene, vielfach ans Lächerliche streifende Geschmack des Rokoko in Sicht sei, so daß wir endlich einen vollständigen Kreislauf der Mode und des herrschenden Geschmacks auch in Beziehung unserer Haus- und Zimmergeräte beschrieben haben werden.

Mit der Liebhaberei für Einlegerei ist es genau so gewesen, nur daß der Wechsel des Geschmacks darin noch schneller vor sich ging, und doch ist die Einlegerei eine Arbeit, die an sich höchst dankbar ist, doch aber auch ein recht sorgfältiges und genaues Arbeiten erheischt, wenn sie gut gelingen soll.

Daß dieser Artikel so sehr der Mode unterworfen ist, scheint nach der unmaßgeblichen Meinung des Verfassers darin zu liegen, daß einesteils die Ornamente, welche eingelegt werden sollen, nicht immer glücklich gewählt worden sind; dann aber auch darin, daß man fast ausnahmslos zu wenig Rücksicht auf die Farben der Hölzer, welche eingelegt werden sollen, genommen hat, denn wenn überhaupt, so darf auch bei diesen Arbeiten die Wahlverwandtschaft der Farben nicht unbeachtet bleiben, wenn dieselben nicht Verstöße gegen die Gesetze der Schönheit und Kunst machen sollen.

Wie bei allen solchen dilettantischen Versuchen, so ist es auch hier: eine Zeit lang hat man seinen Gefallen daran, aber es währt nicht lange, so hat man sich müde gesehen an dem Durcheinander so greller Farben. Denn gewöhnlich versteht sich die Einlegerei nur darauf, ganz unverwandte Farben wie Schwarz und Weiß, oder Weiß und Palisanter und dergl. mehr zusammenzustellen.

Einen viel feineren Geschmack verrät es, wenn man einen geringeren Farbenunterschied der Hölzer auswählt also vielleicht Nußbaum und helles Mahagoni, Nußbaum und Ebenholz oder seine Imitation, Nußbaum und Kirsche, Ahorn und Mahagoni und dergl. Man braucht nicht zu fürchten, daß etwa das eingelegte Ornament nicht genug vor dem Grunde hervortrete, das ist durchaus nicht der Fall. Schon ein hellerer und dunklerer Farbenton von ein und demselben Holze wie z. B. helles und dunkles Nußbaum gibt ein vortreffliches und geschmackvolles Farbenbild, an welchem man sich viel weniger bald müde sieht als an dem vorerwähnten.

Häufig ist man noch soweit gegangen, daß man dem eingelegten Ornamente und besonders dann, wenn es von Ahorn ist, durch heißgemachte Eisen an gewissen Stellen dunkle Flecke einbrannte, um dasselbe gewissermaßen zu schattieren. Eine solche Zuthat seitens des Einlegers kann nur als eine Verirrung des Geschmacks angesehen werden, weil es naturwidrig ist.

Denn was will man mit dem Einbrennen, mit dem angeblichen Schattieren erreichen? Will man vielleicht dem Beschauer glauben machen, daß die Einlegearbeit eine Bildhauerarbeit sei!

Mit solchen und noch manchen anderen oft noch schlimmeren Hilfsmitteln läßt sich die Einlegerei nicht kultivieren, sondern nur durch Veredelung des Geschmacks in der Wahl der farbigen Hölzer.

An sich ist die Einlegerei keine so schwierige Arbeit, wie es der Anschein vielleicht besagen will. Sie erfordert nur einen ruhigen, allerdings aber akkuraten Arbeiter, eine sichere und geschickte Hand im Ausschneiden und drittens die vorhin genannte Hauptbedingung, einen guten Geschmack in der Auswahl des Ornamentes, sowie in der Zusammenstellung der Farben.

Hat man sich mit dem letzteren schlüssig gemacht, so überzeugt man sich davon, ob die einzelnen Furniere, aus welchen die Einlegearbeit hergestellt werden soll, nicht rissig oder sonst mit Fehlern behaftet ist.

Es werden sodann die beiden Furniere, oder wenn man drei oder noch mehr Farben haben will, drei oder mehrere zusammengeleimt.

Dieses Leimen jedoch erfordert Vorsicht, denn es ist nur ein provisorisches und es müssen, nachdem das Ausschneiden beendet ist, alle zusammengeleimten Schichten, auch die zartesten Teilchen wieder auseinandergebracht werden, daher wird eine jede Fläche des Furniers, welche mit einer andern zusammengeleimt werden soll, mit trockener Seife bestrichen, damit sich beide Teile wieder trennen lassen. Dasselbe erreicht man, wenn man anstatt die Flächen mit Seife zu bestreichen, weiches Papier zwischen je zwei Furniere leimt.

Ist dieses verleimte Material soweit ausgetrocknet, daß es sich nicht mehr verzieht während der Arbeit, so kann das Ausschneiden beginnen. Man hat zu dem Ende die Zeichnung des Ornamentes auf Papier zu übertragen und dieses selber auf eine der Furnierseiten aufzuleimen.

Mit einem feinen Bohrer oder einem sehr feinen, kantigen Spitzbohrer werden an allen Stellen, wo man von außen mit dem Laubsägebogen nicht in die Glieder des Ornamentes kommen kann, Löcher eingebohrt, doch so daß sie möglichst verdeckt werden.

In bezug auf die Auswahl der Laubsägeblättchen mag gesagt sein, daß ein Anfänger in dieser Arbeit mit 00quadrat ziemlich gut auskommen wird; später mag er zu einer feineren Sorte zu 000 quadrat aufrücken.

Am besten sind immer die quadratförmigen Laubsägeblättchen, für solche Einlegearbeiten geeignet, weil mit diesen sich auch die kleinsten Schweifungen ausführen lassen, während die breiten nur mäßige Krümmungen erlauben und vor allem sehr gern „laufen", was sie oft gänzlich unbrauchbar macht. Beim Schneiden hat man immer darauf zu achten, daß stets senkrecht geschnitten wird.

Ist das Ausschneiden beendigt, dann beginnt die etwas mühsame und Geduld erfordernde Arbeit, des Auseinandernehmens der zusammengeleimten Furniere, sowie das Zusammensetzen und Einsetzen.

Man setzt die Furniere am besten so zusammen, daß man die rechte Seite der Einlegerei oben hat. Ist alles vollständig eingerichtet, dann wird die obere Fläche mit Papier beleimt und wenn dieses geschehen und genug ausgetrocknet ist, wird die untere, linke Seite gut und vorsichtig mit dem Zahnhobel bearbeitet, bis diese vollständig eben geworden ist, sodann wird das eingelegte Furnier auf das Blindholz geleimt. In Beziehung auf das Dichtewerden des Sägeschnittes braucht man sich nicht allzugroße Sorge zu machen, weil der Leim mit welchem furniert wird, dieses Geschäft ganz von selbst besorgt. Unganze Stellen oder fehlende Stückchen des Grundfurniers müssen allerdings vorher entweder durch das Einsetzen von demselben Furnier oder durch Ausreiben beseitigt werden. Zum Ausreiben solcher Stellen werden gewöhnlich feine Sägespäne von derselben Holzfarbe mit Leim vermischt, verwandt. Weißer Leim ist zum Furnieren dunkler Hölzer nicht geeignet, weil er helle Linien zurückläßt, die sich nicht wieder beseitigen lassen.

Eine Vorsichtsmaßregel ist es, beim Furnieren mit eingelegten Furnieren zwischen die Zulage und das Furnier weiches Makulaturpapier zu legen, damit erstere nicht durch den durchdringenden Leim anhaftet.

Drittes Kapitel.
Von den Gehrungen.

Wie an den Federn den Vogel, so erkennt man an den Gehrungen den Arbeiter! Diese sind immer eine Zierde, mögen sie nun an einem Möbel oder an einem Gebäude oder an sonst einem Gegenstande vorkommen.

So wie sie aber eine Zierde sind, so werden sie auch sofort zum Gegenteil umgestempelt, wenn sie nicht regelrecht und ordentlich ausgeführt werden. Dieses ist nun nicht immer eine leichte Sache, weil es in manchen Fällen sogar seine Schwierigkeiten hat, eine Gehrung richtig zu konstruieren. Auch liegt es häufig nur an der Unkenntnis der Regeln, nach welcher solche anzuordnen sind, wenn Unregelmäßigkeiten entstehen und die sofort beseitigt sind, wenn der Gesetzmäßigkeit Gehör gegeben wird.

Darum sei es diesem Kapitel anheim gegeben, einige Belehrung über dieselben herbeizuführen.

Begriff.

Eine Gehrung entsteht überall da, wo ein Gesimsstück seine ursprünglich angenommene Richtung verläßt und eine neue unter Bildung eines Winkels annimmt, oder mit andern Worten, wenn zwei Gesimsstücke von demselben Profile mit ihren Enden unter einem Winkel zusammenstoßen. Es ist dabei gleichgültig, ob dieser Winkel ein rechter, spitzer oder stumpfer und ob die Winkelebene eine senkrechte, wagerechte oder schiefe ist.

Die Flächen, mit welchen beide Gesimsstücke sich berühren, werden Gehrungsflächen genannt; den Vorgang aber, diese beiden Gesimsstücke mit ihren Gehrungsflächen aneinander zu passen, nennt man „kröpfen".

Von einer guten Gehrung verlangt man, daß beide Gesimsstücke in allen Punkten ihrer Gehrungsflächen sich innig berühren. Geschieht dieses nicht, kann man also an irgend einer Stelle der derselben zwischen beide Gehrungsflächen hineinsehen, so bezeichnet man sie mit dem Namen „Undichte Gehrung".

Ist eine Gehrung von vornherein undicht, so ist der Anfertiger derselben daran selbst schuld. Tritt das Undichtwerden erst später ein, so liegt dieses an der unzureichenden Trockenheit des Holzes, welches zu den Gesimsstücken verwandt worden ist.

Zweitens verlangt man von einer guten Gehrung, daß beide Gesimsstücke hinsichtlich ihres Profiles sich vollständig decken, daß also kein Glied der einen Kehlleiste vor demselben Gliede der anderen Kehlleiste vor- oder zurücktrete. Man nennt dieses mit dem technischen Ausdrucke: Die Gehrung ist „bündig".

Das Bündigsein muß unter allen Umständen von selbst eintreten, wenn beide Gesimsteile genau dasselbe Profil haben und wenn alsdann die Gehrung richtig angelegt und gehandhabt worden ist.

Drittens aber kann eine Gehrung nur dann „gut" genannt werden, wenn die Gehrungslinie in eine Ebene fällt.

Den häufigsten Fehler, den man bei Gehrungen findet, ist der, daß die Gehrungslinie oder Gehrungskante nicht in eine Ebene fällt. Weil hier und da sich beim Kröpfen Unrichtigkeiten herausgestellt haben, hat es der Kröpfer nicht selten unterlassen, der Ursache des Uebels nachzuspüren und hat sich zuletzt damit geholfen, die einzelnen hervortretenden Gehrungsglieder hinwegzufeilen. Dieses „Fuchsschwänzen" verrät sich aber sofort, wenn man eine solche Gehrung übereck betrachtet, denn man wird alsdann finden, daß die Flucht der Gehrung in senkrechter Richtung bald links bald rechts abweicht und so anstatt eine gerade Linie eine Zickzack- oder doch Wellenlinie bildet. In diesem Falle liegt die Gehrungslinie nicht in einer Ebene, wie oben gefordert worden ist.

Erster Abschnitt.

Gehrungen regelmäßiger Figuren.

Von den regelmäßigen Figuren, welche durch Kröpfungen gebildet werden, ist es vor allem das Viereck mit vier rechten Winkeln, welches in Anwendung kommt. Da in allen regelmäßigen Figuren alle Winkel gleich sind, so hat man es immer auch nur bei Aufsuchung des Gehrungswinkels mit einem einzigen zu thun, in diesem Falle mit einem rechten Winkel.

Fig. 1, Taf. V.

1. Eine Viertelgehrung oder die Gehrung des rechten Winkels findet man, wenn man das Quadrat a b c d zeichnet eine Seite desselben verlängert (a b) und die Diagonale b c so zieht, daß sie mit der Verlängerung einen stumpfen Winkel bildet.

Dieser stumpfe Winkel ist nun der Gehrungswinkel und beträgt 135°.

Da es beim Aufreißen des Gehrungswinkels auf große Genauigkeit ankommt, weil die geringste Ungenauigkeit sich sofort bemerklich macht, da sie sich bei jedem Winkel mit 2, im Viereck also mit 8 multipliziert, so thut man gut, das Quadrat so groß als möglich anzulegen, um eben jener Ungenauigkeit soviel als nur möglich vorzubeugen. Ferner muß die Diagonale mit Sorgfalt gezogen werden, damit sie auch wirklich scharf aus einer Ecke in die andere geht und so den richtigen Winkel angeben kann.

Wegen der Häufigkeit des Vorkommens dieser Gehrung in der Tischlerei sowohl als auch im Baufache, würde es zuviel Zeit in Anspruch nehmen, diese Gehrung immer aufs neue aufsuchen zu müssen. Deshalb fertigt man ein Gehrungsmaß wie es

Fig. 2, Taf. V,

veranschaulicht, an.

Es ist selbstverständlich, daß man zu einem solchen Stück Handwerkszeug nur gut ausgetrocknetes, schlicht gewachsenes Ahorn-, oder Buchenholz verwenden darf, weil durch ein nachträgliches Eintrocknen sich jedenfalls der Winkel nicht gleichbleiben, sondern entweder vergrößeren oder verkleinern würde, und weil ein jeder Fehler eines Winkels sich, wie oben schon angedeutet, vervielfältigt und die Dienstleistung eines solchen Hilfsmittels stark herabgemindert würde.

Ein zweites Hilfsmittel ist die Gehrungs-Schneidlade, welche aus zwei parallelen Zargen besteht, in welche zwei Gehrungen — eine rechte und eine linke eingeschnitten sind.

Beim Einschneiden dieser Gehrung bediene man sich nicht eines schon vorhandenen Gehrungsmaßes sondern des Quadrates wie es obige Figur verlangt, damit jede Möglichkeit einer Irrung ausgeschlossen ist. Auch thut man gut, die beiden Zargen wenigstens aus hartem, am besten aus schlichtem Eichenholze herzustellen, damit durch den öfterer Gebrauch dieser Schneidlade die Gehrungseinschnitte nicht allzubald abgenutzt und dadurch unzuverlässig werden.

Fig. 3, Taf. V.

2. **Die Fünftelgehrung.** Wie sich die Viertelgehrung viermal im Kreise abtragen läßt, so die Fünftelgehrung fünfmal, so daß, wenn gleichlange Gesimsstücke gewählt werden, ein regelmäßiges Fünfeck entsteht.

Die Schmiege dieser Gehrung finde ich, wenn, wie das auf **Taf. I** schon einmal gelehrt wurde, der Quadrant in fünf Teile geteilt und ein solcher Teil auf der verlängerten Kreislinie zugegeben wird, oder wenn ein Kreis in fünf gleiche Teile geteilt wird und drei solcher Teilpunkte durch zwei aneinanderstoßende Sehnen verbunden werden. Von dem Vereinigungspunkte aus zieht man einen Strahl nach dem Mittelpunkte des Kreises, so erhält man zwischen Strahl und Sehne den gesuchten Gehrungswinkel für das Fünfeck.

Fig. 4, Taf. V.

3. **Die Sechstelgehrung** erhält man, wenn der Halbkreis in 3 gleiche Teile geteilt und von c aus nach dem zweiten Teilpunkt eine Gerade gezogen wird. Diese bildet mit dem Strahl 1, 3 einen stumpfen Winkel, welcher die verlangte Gehrung mathematisch genau angibt.

4. Eine **Achtelgehrung** erhält man folgendermaßen. Man zeichnet einen Quadranten, teilt die Viertelkreislinie in vier gleiche Teile und trägt einen solchen auf die verlängerte Kreislinie auf. Der End-

punkt wird hierauf mit dem Mittelpunkte des Kreisbogens verbunden, so ergibt sich der gesuchte stumpfe Winkel.

Fig. 5, Taf. V.

5. Die Zehntelgehrung erhalte ich auf gleichem Wege wie die Fünftelgehrung. Ich zeichne einen Halbkreis, teile diesen in 5 gleiche Teile und ziehe von c aus nach dem vierten Teilpunkt.

Fig. 6, Taf. V.

Die Zwölftelgehrung ist so zu finden, daß man den Halbkreis in 6 gleiche Teile teilt und von c aus nach dem fünften Teilpunkt einen Strahl zieht.

Da Gehrungen von noch mehr Ecken höchst selten zur Verwendung kommen, soll das Aufsuchen dieser nicht weiter fortgesetzt werden.

Ueberdies können solche regelmäßige Gehrungen auch auf einem andern Wege als den der Konstruktion gefunden werden, nämlich durch Berechnung. Man teilt alsdann einen Halbkreis in soviel gleiche Teile als die Figur Ecken erhalten soll und addiert einen solchen Teil zu dem rechten Winkel = 90°. Dieses gibt, da der Halbkreis bekanntlich 180° enthält, folgendes Resultat:

a Drittelgehrung $3 : 180° = 60 \quad + 90° = 150°$
b Viertelgehrung $4 : 180° = 45 \quad + 90° = 135°$
c Fünftelgehrung $5 : 180° = 36 \quad + 90° = 126°$
d Sechstelgehrung $6 : 180° = 30 \quad + 90° = 120°$
e Achtelgehrung $8 : 180° = 22\frac{1}{2} + 90° = 112\frac{1}{2}°$
f Zehntelgehrung $10 : 180° = 18 \quad + 90° = 108°$
g Zwölftelgehrung $12 : 180° = 15 \quad + 90° = 105°$
h Achtzehntelgehrung $18 : 180° = 10 \quad + 90° = 100°$
i Zwanzigstelgehrung $20 : 180° = 9 \quad\;\; + 90° = 99°$

Das Aufsuchen des Gehrungswinkels ist nach dieser Art ein sehr einfaches und leichtes und kann jedem Bedürfnis leicht angepaßt werden.

Es gibt auch den Gehrungswinkel als stumpfen Winkel an, der im praktischen Leben auch allgemein der beliebteste ist; er wird dann, wie sich von selbst versteht, an dem Kröpfungsstücke von innen nach außen angeschlagen.

Sollten Fälle eintreten, in denen die Anwendung des spitzen Winkels vorteilhafter und sicherer erscheint, so kann der stumpfe Winkel dadurch sehr leicht in einen spitzen verwandelt werden, daß man die Anzahl seiner Grade von dem gestreckten Winkel = 180° abzieht, der Rest gibt alsdann diejenige Anzahl der Grade an, welche der spitze Winkel enthalten muß.

Hat man aber den stumpfen Gehrungswinkel schon auf die Zulage oder auf das Reißbrett aufgerissen, so braucht man nur einen Schenkel zu verlängern und hat dann ebenfalls den spitzen gefunden.

In gleicher Weise kann man einen spitzen Gehrungswinkel in einen stumpfen verwandeln.

Zweiter Abschnitt.

Gehrungen beliebiger Winkel.

Wenn auch die Möbel-Tischlerei in den meisten Fällen mit der Viertel-, Achtel-, Drittel- und Sechstelgehrung auszukommen pflegt, so doch nicht das Baufach, denn hier werden oft Gehrungen verlangt, die sich nicht nach irgend einem regelmäßigen Vieleck richten, sondern den gegebenen Umständen und architektonischen Gesetzen sich unterordnen müssen, und daher ist es nötig, daß das Aufsuchen auch solcher Gehrungen bekannt sein muß.

Da eine Gehrung nur dann entsteht, wenn ein Gesimsstück, wie eingangs erwähnt wurde, seine ursprüngliche Richtung verläßt, also einen Winkel bildet, so kann man den allgemeinen Satz aufstellen, daß

eine jede Gehrung gefunden wird, wenn ihr Winkel halbiert wird!

Den Beweis für diesen Behauptungssatz liefert beispielsweise die Viertelgehrung.

Die Viertelgehrung kröpft sich um einen rechten Winkel = 90°. Ein jeder Teil derselben weist aber, wie wir oben sahen, einen Winkel von 45° auf, also die Hälfte von 90°.

Soll aber eine Gehrung aufgerissen werden, so verfährt man gewöhnlich wie folgt:

Fig. 7, Taf. V.

Aufgabe. Der stumpfe Winkel a b c ist gegeben und es soll eine Kehlleiste hinein gekröpft werden.

Lösung. Hat man den gegebenen Winkel a b c genau aufgerissen, so trägt man die Breite der Kehlleiste a d sowohl an den Schenkel a b als auch b c rechtwinklig an und legt durch die so erhaltenen Punkte zwei Parallele (a f und f c). Diese schneiden sich in f; wird nun b mit f durch eine Gerade verbunden, so ist der Winkel a b f oder c b f der gesuchte Gehrungswinkel.

Weil man aber in der Praxis immer lieber den stumpfen Winkel als Gehrungsmaß benutzt, weil dieses Verfahren Vorteil gewährt, so kann man ebensogut den Winkel d f b oder g f b als solchen annehmen, ohne irre zu gehen, weil beide Winkel nach einem Lehrsatze der Geometrie zusammen zwei Rechte = 180° betragen und es also gleich ist, ob ich den einen oder andern von diesem Produkte abziehe.

Anmerkung. Ist eine solche Kehlleiste sehr schmal, so könnte das Endresultat dieses Verfahrens sehr leicht Ungenauigkeiten gestatten; es ist daher besser, diese recht breit aufzureißen. Ueberhaupt kann man schließlich von der größeren oder geringeren Breite der Leiste ganz absehen und kurzweg zwei recht weit von den Schenkeln des Winkels gelegene Parallele ziehen. Je weiter diese Linien angenommen werden, desto mehr wird die Richtigkeit verbürgt.

Fig. 8, Taf. V.

Aufgabe. Um die scharf vorspringende Ecke d f g soll ein Bekrönungsgesims gekröpft und der hierzu nötigen Gehrungswinkel aufgesucht werden.

Die Zeichnung ist von oben gesehen zu betrachten.

Lösung. Man reißt zunächst die betreffende Ecke d f g, welche im Baufache sowie auch bei Möbeln öfters vorkommt, genau auf, indem man sich von dem Gegenstande die beiden Maße d g als Breite und h f als Höhe des Dreiecks absticht. An beide Seiten dieses Dreiecks trägt man die Breite des Gesimses a' d' winkelrecht auf d f auf und zieht die beiden Parallelen a b und b c, die sich in b kreuzen.

Hierdurch ergibt sich der Gehrungswinkel d f b, sobald die Kreuzungspunkte b und f durch eine Gerade verbunden sind. Dieselbe fällt genau in die Verlängerung der Mittellinie f h.

Anmerkung. Gehrungen mit solch stumpfem Winkel wie die vorliegende, müssen sehr genau und mit der größten Sorgfalt aufgerissen werden, weil die geringste Abweichung und wäre es auch nur eine Bleirißbreite, sich sofort bemerklich macht, so daß das Profil des Gesimses sich auf der Außenkante dann nicht mehr völlig deckt.

Fig. 9, Taf. V.

Aufgabe. Eine Verkröpfung, bei welcher sich drei Kehlleisten unter gleichem Winkel in einem Punkte treffen, soll konstruiert werden.

Lösung. Um den Vereinigungspunkt c beschreibe einen Kreis und teile diesen, da sich die Gesimsteile unter gleichem Winkel treffen, in drei gleiche Teile. Durch diese Teilungspunkte 1, 2, 3 lege um Radien nach c, und es treffen sich diese nun unter einem Winkel a c b, der gleich ist dem gesuchten Gehrungswinkel.

In den meisten Fällen werden solche Kehlleisten auch an ihren anderen Enden Gehrungen bilden und empfiehlt es sich deshalb, den Aufriß zu vervollständigen, um dadurch von jedem Gehrungsstücke auch zugleich die richtige Länge zu erhalten. Man sticht daher zu beiden Seiten der drei Radien die halbe Breite der Kehlleiste ab und zieht sechs Parallele zu ihnen; die Kreuzungspunkte f g h werden mit c verbunden, und es geben nun diese Linien, welche genau in die Verlängerungen der Radien fallen, die Fugen der Gehrungen an.

Wenn sich die oben genannten drei Kehlleisten jedoch nicht unter gleichem Winkel treffen, so geschieht das Aufreißen folgendermaßen.

Man beschreibt wiederum zuerst den Kreis und nimmt die Lage der ersten Leiste beliebig an, etwa a c. Sodann bestimme man die Lage der zweiten b c dadurch, daß man ihre Entfernung von der ersten genau ausmißt, und so auch die dritte von der ersten. Werden durch diese so bestimmten Punkte die Radien gezogen, so kann man den Aufriß des Ganzen in der bisherigen Weise vervollständigen. Selbstverständlich erhalten jetzt die drei Kehlleisten nicht mehr dieselben Gehrungen, sondern eine jede eine besondere.

Fig 10, Taf. V.

Aufgabe. Die Brüstung eines Fensters soll durch eine Kröpfung verziert werden, wie es in der gegebenen Zeichnung angedeutet worden ist. Wie werden die Gehrungen hierzu gefunden?

Lösung. Wir reißen zuerst die ganze Breite der Brüstung a a auf und geben gleichzeitig die durchlaufende (also nicht mit zu kröpfende) Platte a b oben und unten an. Die nächste Arbeit ist nun, bei b und b, welche Punkte natürlich lotrecht übereinander liegen müssen, den Winkel der zu kröpfenden Figur b c b aufzureißen. Als dritte Arbeit ist die zu nennen, die Breite des Kehlstoßes g h an alle ebengezogenen Linien winkelrecht anzutragen und zwar bei b, b nach innen, bei b c, c b nach beiden Seiten.

Durch alle so erhaltenen Punkte werden Parallele zu b und zu b c, c b gezogen um schließlich die Kreuzpunkte f und d mit b zu verbinden. Es entsteht somit in den wagerechten Kehlleisten der dreieckige Einschnitt f b d, in welchen der ebenso gestaltete Kopf der schiefen Kehlleisten unter vollkommener Deckung aller Profilsglieder einpaßt.

Bei c gestaltet sich die Gehrung weit einfacher, nämlich als Viertel= gehrung, die in vorliegender Aufgabe ganz unbeachtet bleiben soll.

Fig. 11, Taf. V.

Die vorige Aufgabe ist in diesem Beispiele insofern noch vervoll= ständigt worden, als der nach links einspringende Winkel b c b, **Fig. 10**, hier zugleich auch nach rechts einspringt und somit ein übereck stehendes Quadrat gebildet wird.

Die Lösung dieser Aufgabe ist ganz die vorige. Man zeichnet zu= erst die Breite der Brüstung und die durchlaufende Platte bei a oben und unten. Sodann setzt man unter einem Winkel von 45° die vier Linien a b, b c, c d, d a und furniert somit das Quadrat. Endlich wer= den überall die Breiten des Kehlstoßes und zwar beim Quadrat beider= seits angetragen.

Das Ergebnis ist dasselbe wie oben, nur mit dem Unterschiede, daß bei a und c die Gehrungen senkrecht gerichtet sind und nicht schräg wie in **Fig. 10**.

Fig. 12, Taf. V.

In dieser Zeichnung ist das Bild einer Verkröpfung gegeben worden, welches man vielfach an Möbeln mit übereck stehenden Lisenen, ange= wendet findet. Die Zeichnung gibt das Bild als von oben gesehen.

Will man eine solche Verkröpfung sich aufreißen, so beginnt man zuerst mit dem Aufriß der Kernlinie c b a a b d, wobei zu beachten ist, daß die Linien a a und a b stets Linien von 45° sein müssen.

Ist dieses geschehen, so reißt man die Breite der Kehlleiste überall winkelrecht zur Kernlinie an und zieht die erforderlichen Parallelen.

Das Ergebnis ist, daß bei a, a Viertelgehrungen, bei b, b aber Achtelgehrungen entstehen.

Fig. 13, Taf. V.

Weil in den bisherigen Konstruktionslösungen beständig große Ge= nauigkeit im Konstruieren verlangt wurde, soll in diesem Beispiele einmal ein Bild gegeben werden von den Fehlern, die aus einer ungenauen Arbeit entspringen und die einem jeden Arbeiter Verdruß bereiten müssen, wenn anders er noch etwas auf akkurate Arbeit hält.

Ist beim Aufreißen oder auch beim Schneiden einer Gehrung irgend etwas versehen worden, so entsteht der schon oben gerügte Fehler, daß entweder die Gehrung nicht schließt, oder daß einzelne, die äußeren oder inneren Glieder der Kehlung nicht aufeinander passen, daß sie also vor- oder zurücktreten.

Wie entsteht aber eine solche falsche Gehrung?

Sie entsteht, wenn

    1. die Kehlleisten nicht genau dieselben Breiten haben und wenn

    2. die Gehrungswinkel an beiden Teilen nicht vollständig gleich sind.

Sind die Kehlleisten von verschiedener Breite, so kann der Gehrungswinkel noch so genau konstruiert sein, es wird doch nie eine Uebereinstimmung der Gehrungsflächen zu erzielen sein.

Werden die Kehlleisten aus freier Hand gekehlt, so entsteht ebenfalls dieser Fehler, wenn nicht darauf gesehen worden ist, daß sämtliche Glieder untereinander nach den entsprechenden gleichen Maßen ausgekehlt worden sind.

Endlich entstehen aber die meisten Unrichtigkeiten wohl dadurch, daß die Gehrungswinkel an beiden Teilen nicht vollständig gleich sind, daß also der eine Winkel stumpfer als der andere ist.

Das Bild von einer solchen falschen Gehrung liefert uns die **Fig. 13**, unten bei c d. Obschon beide Kehlleisten gleiche Breite und gleiche Gliederung aufweisen, ist doch nur die Gehrung bei a brichtig geworden, weil der Winkel a c d weniger stumpf ist als Winkel f c d.

Die Folge davon ist, daß während die inneren Glieder (in der Nähe von c) noch ziemlich passen, die äußeren weit differieren.

Sind die Gesimsstücke noch lang genug d. h. läßt sich von ihrer Länge noch etwas abnehmen, so läßt sich dieser Fehler noch dadurch berichtigen, daß man bei dem Gehrungswinkel a c d im Inneren also bei c auf der Schräge c d etwas wegnimmt; beim Winkel f c d aber im Aeußeren, also bei d, und so fort fährt, bis beide Kehlungen übereinstimmen.

Ist jedoch das Gesimsstück schon von Längen, so ist diese Korrektur nicht mehr möglich und der Fehler muß dadurch einigermaßen gemildert werden, daß die vorstehenden Glieder abgefeilt werden. Dadurch aber entsteht ein zweiter Fehler, nämlich der, daß die Gehrungskante nicht mit der Gehrungsfuge zusammenfällt, sondern seitlich zu liegen kommt, daß auf der Kehlung Hirnholz sichtbar wird und daß endlich die Gehrungslinie nicht in eine Ebene fällt, sondern eine Wellenlinie erkennen läßt, wenn sie übereck betrachtet wird. Das sind aber so grobe Verstöße gegen die gute Sitte, daß ein jeder halbwegs gewissenhafter Arbeiter sie schlechterdings zu vermeiden sucht.

Dritter Abschnitt.

Gehrungen mit gekrümmten Gehrungsflächen.

So lange nur geradlinige Gesimse oder Kehlleisten verkröpft werden, sind auch die Gehrungsflächen derselben gerade, unter welchem Winkel sie auch gebildet werden mögen. Dieses ändert sich aber sofort, sobald an eine gerade Kehlleiste ein gebogenes oder auch gedrehtes Gesimsstück von gleichem Profil tritt. In diesem Falle ist dann die Gehrungslinie also auch die Gehrungsfläche nicht mehr eine gerade Linie resp. Fläche sondern eine gebogene.

Zwar ist die Abweichung dieser Linie von der geraden in den meisten Fällen eine so geringe, daß sie von einem unkundigen Auge vielleicht nicht einmal wahrgenommen wird, sie ist aber dessenungeachtet nicht weniger bedeutungsvoll, weil durch Unkenntnis der Sache jener am Ende vorigen Abschnittes gerügte Fehler sich einstellt, auch wenn der Zeichner glaubt, noch so vorsichtig und sorgfältig gearbeitet zu haben.

Noch schlimmer wird eine solche Unkenntnis des Konstruktionsverfahrens bestraft, wenn der Drechsler das zu kröpfende, runde Gesimsstück genau nach dem vom Tischler zum Modell gegebenen Kehlstoß gedreht und auch wohl fertig poliert hat. Kommt es zum Kröpfen und der Tischler versieht es, der Gehrung die vorbedingte Schweifung zu geben, so passen die Glieder nicht wie sie passen sollen, er muß bald an seinen oft ebenfalls schon fertig polierten Kehlleisten nachfeilen oder selbst an dem gedrehten Stücke dieses thun, wodurch dann immer Zeit verloren und die Politur geschädigt wird.

Solche Aergerlichkeiten lassen sich aber glücklicherweise durch Ziehen von ein paar Linien leicht vermeiden. Wie dieses zu geschehen hat, soll an den drei folgenden Beispielen gelehrt werden.

Fig. 14, Taf. V.

Als Gegenstand ist in diesem Beispiele wieder eine Brüstung gewählt worden, die außer durch geradlinige Kehlleisten auch durch eine runde Füllung, welche von runden Rahmenhölzern eingefaßt, verziert worden ist. Die Kehlstöße sind natürlich alle einander gleich.

Um die Gehrungslinie für diese Kröpfung zu finden, reißt man wieder die ganze Breite der Brüstung auf und zeichnet die obere und untere Platte nach innen ein. Ist dieses geschehen, so halbiert man die Lichtenweite der Brüstung und beschreibt einen Kreis mit einer Zirkelweite, die etwas größer ist als die halbe Lichtenweite. Darauf zieht man einen kleineren Kreis, der soviel von dem ersteren absteht, als die Breite der Platte a beträgt.

Da der innere, der Lichtenkehlstoß des Rundstückes für die Lösung unserer Aufgabe keine Beziehung hat, wollen wir von diesem ganz absehen und uns nur mit dem äußeren beschäftigen, dafür aber die Zeichnung noch einmal und zwar recht groß zeichnen, damit wir ein recht genaues Bild erhalten. Einen Teil einer solchen Detailzeichnung enthält die

Fig. 15, Taf. V.

Ist also die durchgehende Platte a b durch wagerechte Linien bestimmt und auch die kreisförmige gezeichnet, so zieht man durch den Mittelpunkt m eine gerade Linie parallel zur Wagerechten.

Es werden nun sämtliche Glieder des Kehlstoßes von c bis k der Reihe nach an die wagerechte Platte a b sowohl als auch sofort an die kreisförmige Platte a' b' angetragen; erstere immer winkelrecht zu a b, letztere immer auf der Hilfslinie, welche durch m gezogen worden ist.

Den Anfang macht das schmale Plättchen c und das kreisförmige c'; sodann folgt die Hohlkehle d und d', der Karnies d f und d' f', das Plättchen f g, f' g'; die Hohlkehle g h, g' h' und den Schluß bilden die beiden Plättchen i k, i' k'.

Ist diese doppelte Abtragung aller Glieder des Kehlstoßes der Reihe nach beendet, so zieht man mittels der Reißschiene durch jeden von der Platte a b abwärts gezeichneten Punkt eine Wagerechte, sowie von dem Mittelpunkte m aus durch einen jeden auf der Hilfslinie markierten Punkt eine Kreisbogenlinie soweit bis letztere sich mit den ersteren schneiden.

Endlich sind die Durchschnittspunkte der gleichbenannten Linienpaare zu markieren und durch sämtliche eine Linie zu legen. Diese Linie ist die gesuchte Gehrungslinie, die, wenn genau gearbeitet worden ist, wesentlich von der bisherigen geraden Flucht abweicht.

Nach diesen gebogenen Linien l n und l' n' muß nun das Rahmenholz sowohl als auch das kreisförmige Rahmenstück ausarbeitet werden und man braucht alsdann keine Sorge zu haben, daß die Glieder des Kehlstoßes sich nicht decken würden.

Nur die kurze Fuge l l' ist vollständig gerade an beiden Teilen.

Nicht nur Brüstungen sondern auch bessere Haus- und Stubenthüren, Thürfutter ꝛc. sind mit dergleichen runden Füllungen häufig verziert und darum ist es gewiß hier am Platze gewesen, eine solche von den gewöhnlichen Kröpfungen abweichende Gehrungslinie zur Sprache zu bringen.

Fig. 16, Taf. V.

Einen weiteren Beleg für die Richtigkeit und Wichtigkeit dieser theoretisch-praktischen Lösung gibt das in der letzten Figur dieser Tafel gegebene Beispiel einer gemischten Verkröpfung.

In früheren Jahren fanden solche sehr häufig an besseren Schränken und Sekretären ihre Verwendung, weil man es liebte die scharfen Ecken derselben durch runde Säulen, sogenannte „Dreiviertelsäulen" zu verzieren. Die Rundung der Säule begann unten mit einem kreisrunden Fuße und schloß oben mit einer runden Gesimsverkröpfung ab, auf welcher gewöhnlich eine Urne placiert war.

Gegenwärtig ist zwar dieser Möbelstil veraltet, doch fallen nichtsdestoweniger solche „runde Ecken" da noch vor, wenn ein viereckiges Schild an seinen Ecken solche runde Ecken erhalten soll.

Auch hier wieder ist das Verfahren, die zugehörige, richtige Gehrungslinie aufzufinden, das vorige, eben beschriebene Verfahren.

Man zeichnet zuerst die Kernlinie, welche durch die Schraffierung der Zeichnung erkenntlich gemacht ist, und trägt an den geraden Gesimsteilen sowie auch auf einer Hilfslinie, welche von dem Mittelpunkte der Ecke aus (c) gezogen worden ist, alle Glieder der Reihe nach auf, indem man mit dem inneren bei a beginnt. Es werden alsdann nach Beendigung dieser Abtragung alle geraden und Kreisbogenlinien gezogen und die gleichnamigen Kreuzungen derselben durch eine geeignete Kurvenlinie aus freier Hand verbunden.

In vorliegendem Beispiele ist nun aber außer diesem auch noch der Fehler ersichtlich gemacht worden, welcher entsteht, wenn diese Gehrungslinie nicht als Kurve sondern als eine Gerade ausgezogen wird und zwar oben bei der Gehrung m o.

Wird also die erste Kreuzung bei o mit der letzten bei m durch eine Gerade verbunden, so wird man finden, daß die Gesimsglieder nur an den Enden passen, nach der Mitte des Kehlstoßes zu aber differieren und zwar so, daß die Glieder des runden Gesimsstückes vor denen der geraden hervortreten.

Dieser Uebelstand fällt aber von selbst weg, sobald man in richtiger Weise den Gehrungsschnitt ausführt, wie dieses unten bei n d angegeben worden ist.

Mit dieser Betrachtung schließt das dritte Kapitel, von welchem gewünscht wird, daß es nicht ohne Nutzen bleiben möge und von dem Anfertiger solcher Gehrungen ferner nicht unbeachtet gelassen, damit der guten Arbeit immer mehr werde.

Viertes Kapitel.
Projektionslehre.

Einleitung.

Die Projektionslehre beschäftigt sich mit der zeichnerischen Darstellung der Körper, Flächen, Linien und Punkte im Raume. Wo sich auch eine von den genannten geometrischen Größen im Raume befinden mag, wir können sie zu uns in Beziehung setzen, wir können sie zeichnen.

Natürlich muß eine solche bildliche Darstellung irgend eines Körpers 2c. sehr verschieden ausfallen, je nachdem derselbe uns eine, zwei oder mehr seiner Seiten zugleich sehen läßt.

Befindet sich z. B. ein Körper so vor mir, daß ich von ihm nur eine seiner Seiten — seine Vorderseite — erblicken kann, so habe ich von ihm eine geometrische Ansicht und das Bild, welches ich von ihm zu Papiere brächte, hieße dann die geometrische Ansicht des Körpers.

Nimmt derselbe Körper aber eine solche Stellung ein, daß er zwei seiner Seiten zugleich sehen läßt, so habe ich von ihm eine perspektivische Ansicht, und das notierte Bild von ihm ist alsdann eine perspektivische Ansicht.

Endlich kann ein Körper eine solche Lage einnehmen, daß außer seiner Vorder= und Seitenfläche auch noch seine Oberfläche sichtbar wird, wenn mein Standpunkt ein höher gelegener als der des beobachteten Körpers ist. Die Ansicht, die sich mir in diesem Falle von dem Körper darbietet, ist eine solche, welche man mit dem Namen „Vogelperspektive" belegt hat.

Das was uns in diesem Kapitel am meisten beschäftigen soll, ist die erstere Art der Darstellung eines Körpers nämlich die geometrische.

Stelle ich mir vor, ich befände mich vor dem Fenster in meinem Zimmer, draußen im Freien aber stände in angemessener Entfernung irgend ein körperlicher Gegenstand z. B. eine kurze Säule, so kann ich durch das Glas des Fensters alle Linien dieser Säule, die mir zugewendet sind, mit meinem Auge verfolgen.

Wäre nun die Fensterscheibe durch Bestreichen von Gummiwasser so präpariert worden, daß ich mit einer Nadel, mit Blei oder auch mit Kohle darauf zeichnen könnte, so würde ich im stande sein, die obengenannte Säule nach ihren äußeren Umrissen auf der Glasscheibe nachzeichnen zu können, und hätte ich somit die erwähnte geometrische Ansicht — falls dieselbe in gerader Richtung und nicht etwa seitlich von mir sich befand — angefertigt.

Offenbar muß diese eben angefertigte Zeichnung erheblich kleiner ausfallen als das Original davon — die Säule selbst — ist. Dieses rührt daher, weil die Gesichtsstrahlen, die von meinem Auge hinüber zu dem Objekte (Säule) gehen, einen Winkel, den sogenannten Gesichts- oder Sehwinkel bilden. Dieser ist um so kleiner, je weiter sich der beobachtete Gegenstand von mir befindet und um so größer, je näher mir derselbe ist. Je nach der größeren oder geringeren Weite des Gesichtswinkels richtet sich auch die Größe der Zeichnung.

Bei den geometrischen Darstellungen von Gegenständen nimmt man den Abstand des Gegenstandes von dem Beschauer unendlich weit an, so daß der Gesichtswinkel ein unendlich kleiner wird. Ja man sieht eigentlich von einem Winkel ganz und gar ab, indem man annimmt, daß alle Sehstrahlen unter sich parallel laufen und daß sie gegen das Objekt rechtwinkelig zu seiner Oberfläche gerichtet sind, weshalb man diese Art des Zeichnens auch „Parallel-Projektion" genannt hat.

Wäre nun jene Glasscheibe des Fensters, auf welche ich vorhin die im Freien stehende Säule projizierte, so eingerichtet worden, daß ich sie aufklappen und aus ihrer senkrechten in eine horizontale Lage bringen kann, so läßt sich noch der Fall denken, daß ich durch sie hindurch einen zu meinen Füßen oder etwa auf der Fensterbank selbst einen körperlichen Gegenstand beobachten resp. zeichnen kann.

Ich nehme nun an, ich hätte jenen Säulenstumpf aus dem Freien in mein Zimmer transportiert, um ihn nun auf dem Fußboden unterm Fenster stehend, auch von oben auf die wagerecht gestellte Glastafel zu zeichnen.

Wenn ich nun nach Gelingen meiner zeichnerischen Thätigkeit das erste Resultat meiner Aufnahme mit dem letzteren vergleiche, so werde ich jedenfalls eine große Verschiedenheit beider Zeichnungen konstatieren müssen. Denn während das erste Säulenbild weiter nichts als die Umrisse eines Vierecks zeigt (nämlich die zwei Langseiten als linke und rechte Seite der Säule und die beiden kurzen als Ober- und Unterkante derselben), so ist das zweite Bild ein Kreis geworden.

Mit nur wenig Ausnahmen zeigen sämtliche Körper, die wir zu zeichnen haben, diese Verschiedenheiten in den beiden eben beschriebenen Darstellungen.

Die Sprache der Technik hat nun einer jeden dieser beiden Darstellungsweisen einen besonderen Namen gegeben, indem sie die letztere den „Grundriß" eines Gegenstandes genannt hat, während sie die erstere mit „Aufriß" bezeichnet.

Grundriß und Aufriß sind nun die Hauptangeln, um welche sich alles technische Zeichnen dreht. Sie sind der sprachliche Ausdruck, durch welchen wir einen Gegenstand uns zeichnerisch darstellen und über seine äußere sowie auch innere Gestaltung uns gegenseitig verständigen, durch welche wir unsere eigenen Gedanken aussprechen aber auch die Gedanken anderer Menschen in uns aufnehmen und uns verständlich machen können.

Schon hieraus mag die große Wichtigkeit dieser Darstellungsart für den Zeichner sowie für das Gewerbe überhaupt erhellen und welchen Vorteil sie demjenigen gewährt, der durch Schul= oder Selbstunterricht sich heimisch und vertraut mit der Projektionslehre gemacht hat, denn nichts entgeht nun mehr seiner Bleifeder, jeder Gegenstand, der ihm wichtig erscheint oder sonst sein Interesse anregt, muß sich seinem Willen unterwerfen und auf das Zeichenpapier fixieren lassen.

Mehr aber noch als dieser praktische, gewissermaßen greifbare Gewinn ist der geistige, der intellektuelle Gewinn zu schätzen, der durch die Beschäftigung mit der Projektionslehre hervorgerufen wird. Denn nicht durch die Aufnahme mehr oder weniger abstrakter Lehrsätze und dadurch, daß diese Sätze dem Gedächtnisse eingeprägt oder richtiger aufgedrungen werden, wird die Projektionslehre angeeignet, sondern allein und zwar nur allein durch geistiges Erfassen und Verstehen. Mechanisches Auffassen und Einprägen der nun folgenden Sätze ist nirgends mehr als hier vom Uebel. Wer einen Satz noch nicht verstanden hat, der mag ihn so lange wiederholen und überlegen, bis er ihn verstanden hat, oder alle darauf verwendete Zeit ist vergeblich und alles Arbeiten verlorene Mühe.

Darum sollte diese Lehre von den Projektionen auch einen wesentlichen Teil dieses Werkchens ausmachen und durfte und sollte keineswegs fehlen. Nur eins mußte lebhaft bedauert werden, daß bei der großen Wichtigkeit dieser Sache der Stoff nicht eingehender konnte behandelt werden und daß nur das allernotwendigste konnte genommen worden, weil, wenn diese Wissenschaft erschöpfend sollte gelehrt werden, allein ein Werk ausfüllen würde.

Da aber in vorliegendem Werke uns noch andere Ziele gesteckt sind, mußte eine solche Beschränkung stattfinden. Um so mehr aber möchte sich der Lernende veranlaßt fühlen, das hier gebotene Wenige recht verständlich zu machen und sozusagen geistig zu verdauen. Die Freude daran und der praktische wie geistige Gewinn wird nicht ausbleiben.

Erster Abschnitt.

Projektion des Punktes.

Wie wir in der Einleitung dieses Kapitels vernahmen, können wir eine jede geometrische Größe zu zwei Ebenen, dort Glasscheiben genannt, in Beziehung setzen, nämlich zu einer wagerechten und einer senkrechten.

Weil wir auf diese Ebenen oder Flächen jene geometrischen Dinge zeichnen oder, wie wir nun sagen wollen projizieren, wollen wir dieselben **Projektionsebenen** nennen und zwar die wagerechte, auf welcher wir den Grundriß des Gegenstandes zeichneten die erste und jene senkrechte mit ihrer Aufrißzeichnung die zweite Projektionsebene.

Beide Ebenen wollen wir wenigstens anfänglich in der Zeichnung stets mit bemerkbar machen, indem wir zwei Vierecke b, c, d, f; g, h, i, k zeichnen. Sie sind immer senkrecht übereinander zu stellen; die Linie, welche beide voneinander trennt, heißt Schnittgerade oder Projektionsachse, kurz auch bloß Achse genannt.

Die erste Projektionsebene denken wir uns beim Beginne des Zeichnens oder Projizierens immer in die wagerechte Richtung in die Höhe geklappt, so daß wir von ihr eigentlich weiter nichts zu sehen bekommen als ihre Vorderkante. Nachdem wir den betreffenden Gegenstand auf dieselbe gezeichnet haben, denken wir sie uns herunter in die senkrechte Richtung gebracht, wodurch nun der darauf projizierte Gegenstand ersichtlich wird.

Endlich denken wir uns nun den zu projizierenden Gegenstand nicht mehr wie jene Säule hinter und unter der Glasscheibe, sondern vor und über der Bildtafel.

Fig. 1, Taf. VI.

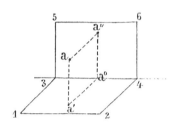

Aufgabe. Es befindet sich der Punkt a über der horizontalen und vor der senkrechten Bildtafel. Es soll seine Projektion auf beiden Ebenen gesucht werden.

Lösung. Wie nebenstehende Abbildung in perspektivischer Zeichnung andeutet, ist die horizontale oder erste Projektionsebene 1, 2, 3, 4 in die wagerechte Lage aufgeklappt.

Befindet sich nun mein Auge senkrecht über dem Punkte a, so trifft der Sehstrahl auch senkrecht auf diese Projektionsebene und ich werde den Punkt a senkrecht darunter, also bei a' erblicken. Fixiere ich nun diesen Punkt, so ist a' die erste Projektion von a, sozusagen der Grundriß von a.

Befindet sich aber mein Auge so vor a, daß meine Sehstrahlen wagerecht*) auf die zweite also auf die vertikale (senkrechte) Projektionsebene 3, 4, 5, 6 fallen, so erblicke ich den Punkt a auch wagerecht hinter a also bei a". Zeichne ich diesen Punkt, so ist a" die zweite Projektion von a, also der Aufriß von a.

Wird nun endlich die wagerechte Projektionsebene 1, 2, 3, 4, nachdem die Projektion a" gezeichnet worden ist, herunter in die senkrechte Richtung geklappt, so muß a' auch senkrecht unter a" fallen und es gibt die Entfernung a' a⁰ den Abstand des Punktes a von der senkrechten Projektionsebene an, während der Abstand des Punktes a von der wagerechten Projektionsebene durch die Entfernung a" a⁰ angezeigt wird.

Uebertragen wir dieses perspektivische Bild in eine geometrische Darstellung in **Fig. 1, Taf. VI**, so erscheint a' ebenfalls als erste, a" aber als zweite Projektion von Punkt a, der selbst auf der Zeichnung gar nicht vorhanden ist, sondern nur in seinen Projektionen. Wohl aber deutet

---

*) Eigentlich senkrecht.

a′a⁰ seine Entfernung von der senkrechten und a″a⁰ die von der wagerechten Projektionsebene an.

Ebenso verhält es sich mit den drei nebenstehenden Projektionen r′s′t′ und r″s″t″, welche die Anwesenheit der drei Punkte r, s, t, sowie deren Abstände von der senkrechten und wagerechten Projektiosebene konstatieren.

Zweiter Abschnitt.
Die Projektion der Linie.

Da der Punkt weder Länge, Breite noch Dicke hat, bietet er dem Zeichner auch nicht viel Uebungsstoff zum Projizieren dar, denn ich kann ihn von irgend einer Seite ansehen, von welcher ich will, immer wird sein Bild stets wieder ein Punkt sein.

Mehr Stoff zur Uebung bietet schon die Linie dar, die uns jetzt beschäftigen soll, denn sie besitzt doch wenigstens eine Ausdehnung, das ist ihre Länge.

Fig. 2, Taf. VI.

Aufgabe. Eine Gerade steht normal auf der ersten Projektionsebene und es sollen ihre beiden Projektionen gesucht werden.

Steht die Gerade auf der wagerechten Projektionsebene normal, so muß ihre zweite Projektion auch eine Normale sein, also senkrecht auf der Achse stehen. Es ist demnach a″b″ die zweite Projektion von ab, also der Aufriß von ab.

Befindet sich aber mein Auge senkrecht über der Geraden, so sehe ich von ihr weiter nichts als den oberen Endpunkt, mit dem unteren Endpunkte steht sie auf der wagerechten Projektionsebene. Markiere ich diesen und bringe hierauf die Wagerechte durch Umschlagen nach unten, so ist diese Marke b′ die Projektion dieses Fußpunktes und die Strecke b′b⁰ gibt die Entfernung der Geraden vor der zweiten Projektionsebene an.

Weil nun der Fußpunkt mit dem oberen Endpunkte der Geraden in der ersten Projektion zusammenfällt, deutet man dieses an durch die Bezeichnung desselben a′b′.

Nebenstehend enthält **Fig. 2, Taf. VI** noch zwei Projektionen zweier Geraden c″d″ und f″g″ als Aufriß und c′d′ und f′g′ als Grundriß. Aus diesen Zeichnungen ist zu folgern, daß zwei Gerade, von denen die eine cd, die andere fg heißt, vor der senkrechten Bildtafel stehen und zwar um die Strecke d′d⁰ und g′g⁰.

Fig. 3, Taf. VI.

Aufgabe. Eine Horizontale ab ist gegeben, welche senkrecht auf der zweiten Projektionsebene steht; ihre beiden Projektionen sollen gesucht werden.

Lösung. Steht die Horizontale ab senkrecht auf der zweiten Projektionsebene, so muß deren erste Projektion (ihr Grundriß) als eine Gerade erscheinen, die auf der Achse senkrecht steht, das ist a'b'.

Ihre zweite Projektion aber, der Aufriß, erscheint, weil die Gerade senkrecht auf der vertikalen Projektionsebene steht und meine Sehstrahlen ebenso auf diese fallen, als ein Punkt. a" ist demnach der Aufriß dieser Geraden und es bezeichnet a" den Anfangs= und b" den Endpunkt derselben.

In der nebenstehenden Zeichnung von **Fig. 3** sind noch zwei Projektionen von Parallelen gegeben. Sie sagen aus, daß über der horizontalen und vor der vertikalen Projektionsebene zwei Gerade sich befinden, welche cd und fg benannt sind, welche um den Abstand df voneinander entfernt und um die Strecke c'd" über der horizontalen Projektionsebene gelegen sind.

Fig. 4, Taf. VI.

Aufgabe. Die Gerade ab ist gegeben, sie läuft mit der zweiten Projektionsebene parallel, ist aber gegen die Horizontale geneigt. Ihr Grund= und Aufriß soll gesucht werden.

Lösung. Ist die Gerade ab parallel zur senkrechten Projektionsebene gelegt, so muß ihre erste Projektion (ihr Grundriß) eine Gerade ergeben, welche parallel zur Achse ist. Ferner muß die Projektion ihres Fußpunktes a' senkrecht unter a und die Projektion ihres oberen Endpunktes b' senkrecht unter b fallen; demnach ist die Gerade a'b' die erste Projektion der Gegebenen, während ihr Aufriß (ihre zweite Projektion) die Schräge a" b" ist. Die Strecken a'a⁰ und b'b⁰ geben den Abstand an, um welchen sich die Schräge ab vor der senkrechten Projektionsebene befindet.

Weil die Gegebene ab gegen die horizontale Projektionsebene geneigt, ist der Grundriß derselben a'b' wesentlich kürzer als der Aufriß a" b".

Auffälliger ist dieser Unterschied noch in der beigegebenen Aufgabe dieser Figur, denn jemehr sich die Schräge f"g" der Senkrechten nähert, desto kürzer wird ihre erste Projektion, bis sie sich endlich zum Punkt verkürzt, wenn die Gerade senkrecht steht.

Fig. 5, Taf. VI.

Aufgabe. Es ist wieder eine Gerade gegeben. Sie ist gegen die senkrechte Bildtafel geneigt und es sollen ihre beiden Projektionen gesucht werden.

Lösung. Ist die Gegebene gegen die senkrechte Bildertafel geneigt, so erscheint sie trotzdem in ihrem Aufrisse als Senkrechte a" b". Ich kann aber aus dieser zweiten Projektion die wahre Lage der Gegebenen ab noch nicht erkennen.

Um diese zu erfahren, muß ich eine dritte Ebene, eine Hilfsprojektionsebene hinzunehmen und zwar füge ich sie so ein, daß sie normal zur ersten und zweiten Projektionsebene steht. Wir bekommen jedoch vorläufig von dieser neuen Ebene weiter nichts zu sehen als ihre Vorderkante und deuten dieselbe dadurch an, daß wir an der Stelle, wo sie mit der senkrechten Ebene in Berührung tritt, eine feine Doppellinie zeichnen.

— 95 —

Die nebenstehende Abbildung welche die Aufgabe in perspektivischer Ansicht darstellt, wird das eben Gesagte erklären. Die Gegebene a b ist gegen die senkrechte Bildtafel 3, 4, 5, 6, geneigt und berührt diese mit ihrem oberen Endpunkte b. Die horizontale Bildtafel 1, 2, 3, 4, ist in die wagerechte Lage gebracht und wird in a von der Gegebenen mit ihrem Fußpunkte berührt. Endlich ist eine dritte Projektionsebene 1, 3, 7, 5, eingeführt und zwar der Deutlichkeit wegen hier links, wie die Doppellinien und die Ober- und Vorderkante der Hilfsebene angeben.

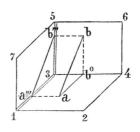

Ich kann nun in gleicher Weise auf diese dritte Ebene projizieren, wie ich es mit der ersten und zweiten Projektionsebene thun konnte. Nur ist zu beachten, daß meine Sehstrahlen nicht von vorn nach hinten (wie in der zweiten Projektion) auch nicht von oben nach unten (wie in der ersten Projektion), sondern von rechts nach links laufen, geradeso als ob ich meinen Standpunkt verändert und mich also nicht mehr direkt vor der Bildtafel, sondern rechts seitlich von ihr mich befände, so daß nun meine Gesichtsstrahlen normal auf die dritte Ebene fallen.

Projiziere ich nun in dieser seitlichen Stellung die gegebene Schräge a b auf diese eingeführte Ebene und klappe nach Vollendung meiner Zeichnung dieselbe um die Hilfsachse 5, 3 (Doppelstrich) so um, daß sie mit der senkrechten Bildtafel in eine Ebene fällt und gewissermaßen ihre Fortsetzung bildet, so erblicke ich nunmehr die vorhin angefertigte dritte Projektion als eine Schräge (a''' b''') neben der früheren zweiten Projektion a'' b''.

Wenden wir nunmehr unsere Aufmerksamkeit wieder der **Fig. 5, Taf. VI,** zu, so sehen wir das letztere eben ausgeführt, jedoch ist die Hilfsebene zur Rechten der Figur eingefügt worden, weshalb auch die dritte Projektion a''' b''' zur Rechten erscheint. Sie bildet gewissermaßen die Seitenansicht von a b.

Ferner sei bemerkt, daß die Gegebene a b weder die erste noch die zweite Projektionsebene mit ihren Endpunkten berührt, daß sie demnach frei im Raume schwebt, wie uns die dritte Projektion a''' b''' lehrt.

Will ich nun nach diesen beiden Projektionen die Wagerechte aufsuchen, so habe ich zu beachten, daß dieselbe in eine Gerade senkrecht unter a'' b'' fallen muß.

Wie weit aber der Fußpunkt a von der Achse absteht, ersehe ich aus der dritten Projektion a'''. Ich lote diese herunter auf die Achse und trage diese Entfernung durch einen Viertelkreis nach unten, um dasselbe auf die erste Projektionsebene überzuwinkeln, so erhalte ich a'. Auf demselben Wege ergibt sich endlich auch die Projektion b'.

Fig. 6, Taf. VI.

Aufgabe. Eine Gerade (ab) ist gegeben. Dieselbe ist sowohl gegen die horizontale als auch gegen die vertikale Projektionsebene geneigt, und es sollen ihre Projektionen gesucht werden.

Lösung. Angenommen, es sei a'' b'' die senkrechte Projektion von ab, so finde ich die dritte Projektion, wenn ich eine Hilfsebene wie in voriger Lösung gezeigt worden ist, einfüge und auf diese die Gegebene a b projiziere. Das Resultat dieser Verrichtung wird uns aber dann erst sichtbar, wenn wir die Hilfsebene um die neue Achse (Doppellinie), welche sie mit der senkrechten Projektionsebene bildet, umgelegt haben, daß sie mit der letzteren eine einzige Ebene bildet. Es ist also a′′′ b′′′ diese dritte Projektion (Seitenansicht) von a b.

Um die erste Projektion (die wagerechte) von a b zu finden, verfahren wir wieder, wie in voriger Aufgabe. Wir loten die Projektionen a′′′ und b′′′ auf die Grundlinie oder Achse, bringen diese Maße durch einen Viertelkreis auf die rechte Seitenkante der wagerechten Projektionsebene, um sie durch wagerechte Hilfslinien auf letztere überzuwinkeln. Habe ich dieses gethan, so habe ich die Strecken gefunden, in welchen die ersten Projektionen von a b liegen müssen und zwar stets senkrecht unter den gleichnamigen zweiten Projektionen: also b′ senkrecht unter b′′ auf der wagerechten Hilfslinie, die aus b′′′ gewonnen ist und a′ senkrecht unter a′′.

Verbinde ich nun a′ b′ durch eine Gerade, so ist dieselbe die gesuchte erste Projektion von der Gegebenen a b.

Fig. 7, Taf. VI.

Aufgabe. Die in einer Ebene liegende, gebogene Linie a b ist gegeben. Bekannt ist ihre zweite Projektion (Aufriß), sowie deren dritte (Seitenansicht) und es soll ihre erste Projektion (Grundriß) gesucht werden.

Lösung. Ich teile die gebogene Linie, oder vielmehr deren zweite Projektion eine Anzahl gleicher Teile (hier in 5) und numeriere dieselben der Reihe nach, wie es die Zeichnung angibt.

Die dritte Projektion der Gebogenen a′′′ b′′′ sagt mir, daß die Gegebene a b zugleich gegen die zweite Projektionsebene geneigt ist. Auf diese Projektion a′′′ b′′′ winkele ich mit Hilfe der Reißschiene alle jene Teilpunkte, in welche die zweite Projektion a′′ b′′ geteilt worden ist. Gleichzeitig versäume ich nicht, diese gewonnene Einteilung der Schrägen a′′′ b′′′ zu numerieren, jedoch so, daß die Ziffern der Seitenansicht genau den Ziffern der Vorderansicht entsprechen.

Will ich nun endlich die erste Projektion von a b anfertigen, so beginne ich wieder wie vordem damit, alle Teilpunkte der Seitenansicht herunter auf die Achse zu loten und durch Viertelkreise dieselben auf die erste (horizontale) Projektionsebene zu transportieren, um alle jene wagerechten Hilfslinien in diese Ebene ziehen zu können.

Lote ich nun aus einem jeden der Teilpunkte aus der zweiten Projektion hinunter auf die entsprechende, gleichbenannte Hilfslinie der wagerechten Projektionsebene, so entstehen durch die Kreuzung dieser beiden Linie alle die Punkte (Projektionen) die, wenn ich sie durch eine Kurvenlinie aus freier Hand verbinde, die Grundrißprojektion der Gebogenen a b erzeugt.

Dritter Abschnitt.

Projektion der Fläche.

Haben wir uns nun über die Projektion des Punktes und der Linien verständigt, so kann es nicht mehr schwer fallen die Darstellung der Flächen im Raume uns zu veranschaulichen, zumal hier nur die ebenen Flächen und diese auch nur in den einfachsten Verhältnissen in Betracht gezogen werden sollen.

Da ebene Flächen immer von geraden Linien begrenzt sind, so werden wir es gleichfalls wieder mit solchen zu thun haben, nur mit dem Unterschiede, daß hier mehrere Linien zugleich auftreten, welche zusammen eine Fläche begrenzen.

Fig. 8, Taf. VI.

Aufgabe. Die senkrechte Projektion a″b″c″d″ der Tafel a b c d, welche normal auf der ersten und parallel zur zweiten Projektionsebene steht, ist gegeben und es soll ihre wagerechte Projektion gesucht werden.

Lösung. Steht eine Fläche normal auf der wagerechten Projektionsebene und mein Auge befindet sich lotrecht darüber, so kann ich von dieser Fläche weiter nichts sehen, als deren Oberkante — also eine Linie. Projiziere ich diese Linie nun auf die erste Projektionsebene, so kann sie nirgends anders hinfallen als senkrecht unter die Fläche.

Dieses ist geschehen und das Ergebnis ist die Gerade c'd'. Weil diese aber nur die Oberkante, also nur eine Linie angibt, uns aber die Aufgabe gestellt war, nicht eine Linie sondern eine Fläche zu zeichnen, so müssen wir, weil trotz alledem weiter nichts als eine Linie zu sehen ist, dieser Linie eine solche Bezeichnung geben, daß wir daraus ersehen können, daß mit ihr die Projektion einer Fläche gemeint sei. Wir setzen daher unter die Bezeichnung c'd' als Oberkante noch die Bezeichnung a'b', um damit die Unterkante der gegebenen Fläche zu kennzeichnen.

Es deutet ferner die Entfernung der eben genannten Linie von der Achse den Abstand an, in welchem die gegebene Fläche sich von der senkrechten Projektionsebene befindet.

Fig. 9, Taf. VI.

Aufgabe. Die zweite Projektion der Fläche a b c d, welche parallel zur ersten Projektionsebene und normal auf der zweiten Projektionsebene steht, ist mit der Geraden a″b″c″d″ gegeben, es soll die erste Projektion hiervon gesucht werden.

Lösung. Weil die gegebene Fläche horizontal gerichtet ist, kann der Aufriß derselben auch nur eine Horizontale sein, also eine Gerade parallel zur Achse, daß diese horizontale Linie eine doppelte Benennung a″b″, c″d″ erhalten hat, läßt uns schon darauf schließen, daß wir es mit einer Fläche zu thun haben, und weil endlich die doppelte Benennung a″c″, b″d″ der beiden Endpunkte untereinander steht, so nötigt uns dieser Umstand daran zu denken, daß zwischen den beiden Buchstaben a'' und c'' eine Linie liegt, deren vorderer Endpunkt a'', ihr hinterer Endpunkt aber c'' heißt, und daß endlich diese Linie a''c'' normal auf der zweiten Projektionsebene steht, wie wir von der dritten Aufgabe, **Figur 3** dieser Tafel noch wissen. (Repetiere diese Aufgabe.)

Ebenso verhält es sich mit der Bezeichnung b''d'' auf der rechten Seite der Linie.

Es sind uns demnach mit der Projektion der Geraden a''b''c''d'' drei wesentliche Bestandteile der Fläche, die wir zu projizieren haben, gegeben, nämlich drei Begrenzungen derselben, die Vorderkante a''b'', die linke Seitenkante a''c'' und die rechte Seitenkante b''d''.

Um nun die Fläche selbst auf die horizontale Projektionsebene zu zeichnen, haben wir weiter nichts zu thun, als senkrecht unter a''b'' die Gerade a'b' in diese Projektionsebene zu zeichnen und haben somit die Vorderkante der gegebenen Fläche bildlich dargestellt.

Da wir aus der obigen Betrachtung auch die linke und die rechte Begrenzungslinie dieser Fläche als zwei Normale ac und bd kennen gelernt haben, so steht uns nichts im Wege, diese beiden Linien normal an die Vorderkante a'b' zu setzen und haben nun schon die verlangte Projektion der Fläche beinahe vollendet.

Weil uns nun aber nähere Bestimmungen über die Längen dieser Seitenkanten der Flächen nicht gegeben worden sind, so nehmen wir dieselben beliebig an, indem wir sie in c' und d' begrenzen und die Hinterkante jener Fläche durch die Linie c'd' aus ziehen. Es ist somit a'b'c'd' die erste Projektion der Fläche abcd, welche wir zu suchen hatten.

Fig. 10, Taf. VI.

Aufgabe. Die erste und die dritte Projektion der Fläche abcd ist uns gegeben und wir sollen die zweite suchen.

Lösung. Aus der ersten Projektion a'b'c'd', die mir von der Fläche abcd gegeben ist, vermag ich noch nicht zu erkennen, welche Lage dieselbe zur wagerechten Projektionsebene einnimmt; wohl vermag mich die dritte Projektion a'''c''' darüber zu belehren, denn ich sehe, daß die gegebene Fläche abcd gegen die beiden Projektionsebenen geneigt ist. Da aber die Linie a'''c''' eine doppelte Bezeichnung erhalten hat, nämlich c'''d''' und a'''b''', so muß ich schließen, daß diese Fläche zur dritten Projektionsebene, die wir bisher immer rechtwinkelig zu den beiden ersten Projektionsebenen eingeschoben haben, normal steht, also parallel zur Hauptachse. Es bezeichnet somit a'''b''' die Unterkante der gegebenen Fläche und c'''d''' die Oberkante derselben, beide parallel zur Achse.

Soll ich nun aus der ersten und dritten Projektion einer Fläche die zweite derselben suchen, so kann diese nirgend anders liegen als senkrecht über der ersten, also die linke Seite a''c'' über a'c' und die rechte Seite b''d'' über bd.

Ferner gibt mir die Bezeichnung a'''b''' der dritten Projektion (Seitenansicht) die Lage der Unterkante ab an, sowie c'''d''' die Lage der Oberkante. Ziehe ich nun aus beiden Endpunkten Parallele zur Achse, so müssen in diese die vorerwähnten Seiten der gegebenen Flächen fallen und zwar senkrecht über den Geraden a'b' und c'd'. Es ist somit die zweite Projektion der genannten Fläche in der Figur a"b"c"d" gefunden, welche ebenfalls ein Rechteck darstellt.

Anmerkung. Beide Rechtecke geben die wirkliche Größe der gegebenen Fläche abcd nicht an, sondern stellen dieselbe nur verkürzt dar; am meisten verkürzt ist die wagerechte Projektion a'b'c'd', jedoch geben beide die wirkliche Breite der Fläche an. Die wirkliche Höhe derselben ist allein aus der dritten Projektion a'''c''' ersichtlich.

Aufgabe A. Konstruiere aus den beiden Längen a'b' und a'''c''' ein Rechteck, um die wirkliche Größe der projizierten Fläche darzustellen.

Fig. 11, Taf. VI.

Aufgabe. Es ist die erste Projektion der Ebene abcd gegeben. Dieselbe steht normal auf der wagerechten Projektionsebene, bildet aber einen schiefen Winkel mit der zweiten. Es soll die zweite Projektion dieser Fläche gesucht werden.

Lösung. Wieder sehe ich aus der doppelten Bezeichnung der Schrägen a'b', daß ich es hier mit einer Ebene zu thun habe. Die Seitenkanten derselben stehen senkrecht über a' und b' und es heißt die linke Seitenkante dieser Figur ac, die rechte aber bd.

Ziehe also diese beiden Senkrechten, so sind damit die Seiten der Figur gegeben. Da über die Länge derselben keine Bestimmungen getroffen worden sind, so nehme ich diese beliebig an, indem ich die Linien a"b" und c"d" ziehe. Somit ist die Aufgabe gelöst.

Anmerkung. Weil die gegebene Fläche abcd mit der zweiten Projektionsebene einen schiefen Winkel bildet, läßt sich die wirkliche Breite aus dieser Projektion a"b"c"d" nicht ersehen; diese ist nur aus der ersten Projektion a'b' ersichtlich.

Aufgabe A. Konstruiere aus den Maße a'b' und a"c" ein Viereck als wirkliche Größe der Fläche abcd.

Fig. 12, Taf. VI.

Aufgabe. Eine Ebene abcd, welche normal auf der zweiten Projektionsebene steht, gegen die erste Projektionsebene aber um einen Winkel von 45° geneigt ist, soll im Aufriß gezeichnet werden.

Lösung. Die Grundrißzeichnung dieser Fläche ist a'b'c'd'. Aus ihr kann ich es nicht ersehen, daß die Ebene zur horizontalen Projektionsebene geneigt ist.

Da die Neigung der Ebene 45° beträgt, sonst aber auf der zweiten (senkrechten Projektionsebene) normal steht, so muß ihre senkrechte Projektion in eine Schräge von 45° fallen.

Ziehe ich diese Schräge und lote aus den Punkten c' und d' hinauf auf dieselbe, so wird die Breite der gegebenen schiefen Ebene bestimmt; sie ist = a'b' oder c'd'. Die Projektionen der beiden Seitenkanten dieser Ebene a'c' und b'd' ist in beiden Fällen nur ein Punkt mit der Bezeichnung a"c" und b"d". (Siehe **Fig. 3** dieser Tafel.)

Aufgabe A. Zeichne die wirkliche Größe dieser gegebenen Ebene abcd, indem du die darauf bezüglichen Maße (?) dazu benutzest.

Fig. 13, Taf. VI.

Aufgabe. Eine vierseitige Fläche ist so gestellt, daß sie zwar mit der Achse parallel läuft, gegen beide Projektionsebenen aber geneigt ist, und daß keine ihrer Seiten weder senkrecht noch wagerecht steht. Es soll die erste Projektion mit Hilfe der gegebenen zweiten und dritten gesucht werden.

Lösung. Die zweite Projektion, a″b″c″d″, der Aufriß der gegebenen Fläche deutet die schiefe Lage sämtlicher vier Seitenkanten an. Die dritte Projektion, die Seitenansicht, läßt die Neigung der gegebenen Fläche gegen die beiden Projektionsebenen erkennen. Mit Hilfe dieser beiden Angaben kann ich dies gesuchte Bild bald auffinden.

Auf die dritte Projektion a‴d‴ winkele ich mit der Reißschiene sämtliche vier Ecken der Figur aus dem Aufrisse derselben und benenne sie gleichlautend wie dort, so erhalte ich die vier Punkte a‴b‴c‴d‴. Aus einem jeden dieser Punkte ziehe ich Senkrechte bis zur Achse und transportiere die so erhaltenen Punkte durch vier Viertelkreise nach der rechten Seitenkante der wagerechten Projektionsebene, um abermals vier wagerechte Hilfslinien daran zu setzen.

Es werden nun aus den vier Punkten der Figur im Aufrisse senkrechte Hilfslinien nach den gleichlautenden wagerechten Hilfslinien im Grundrisse gezogen und endlich die Schnittpunkte der Gleichlautenden markiert. Verbinde ich schließlich dieselben durch gerade Linien, so erhalte ich die verlangte erste Projektion a′b′c′d′ von der gegebenen Fläche abcd.

Aufgabe A. Benutze die vorhandenen Maße und zeichne die gegebene Fläche abcd nach ihrer wirklichen Größe.

Fig. 14, Taf. VI.

Aufgabe 1. Das gleichschenkelige Dreieck abc ist gegeben, ferner die erste und dritte Projektion derselben. Es steht parallel zur zweiten und normal auf der ersten Projektionsebene und es soll aus diesen Angaben die zweite Projektion des Dreiecks gesucht werden.

Lösung. Aus **Fig. 19, Taf. I**, weiß ich, daß, wenn aus der Spitze c eine Normale auf die Basis gefällt wird, diese letztere halbiert wird.

Wende ich diesen Satz hier an, so muß in der Mitte von a′b′, also in c′ die Spitze des Dreiecks liegen. Weil das Dreieck senkrecht steht, bekomme ich von ihm in der ersten Projektion (Grundriß) weiter nichts als eine gerade Linie zu sehen, nämlich a′b′.

Auch die dritte Projektion (Seitenansicht) kann mir von dieser Figur weiter nichts als eine gerade, senkrecht stehende Linie zeigen, wie dieses bereits früher nachgewiesen worden ist. Doch gibt mir diese Senkrechte a‴b‴c‴ die Höhe des Dreiecks an.

Was nun folgt, ist leicht einzusehen.

Aus c′ ziehe ich eine Normale und schneide sie durch eine Wagerechte aus c‴, so erhalte ich die Lage der Spitze c″ des Dreiecks. Ferner ziehe ich eine Wagerechte aus a‴ und begrenze diese durch zwei normale Hilfslinien aus a′ und b′ und erhalte hierdurch die zweite Projektion der Basis a b. Verbinde ich endlich die drei so bestimmten Punkte a" c" b" durch Gerade, so ist die Aufgabe gelöst.

Das Dreieck a" b" c" gibt zugleich die natürliche Größe der Figur an. (Warum?)

Aufgabe 2. Dasselbe gleichschenkelige Dreieck a b c soll ebenfalls wieder parallel zur Achse jedoch gegen die senkrechte Projektionsebene geneigt sein. Die zweite und dritte Projektion ist bekannt und es soll aus diesen beiden Projektionen die erste gesucht werden.

Lösung. Die dritte Projektion a'" b'" c'" läßt nur eine Seitenkante von dem Dreieck sichtbar werden, weil dasselbe parallel mit der Achse steht. Die Vorderansicht (zweite Projektion) gibt zwar die wirkliche Breite der Figur, jedoch nicht die wirkliche Höhe an, weil das Dreieck geneigt ist, gegen die Bildtafel.

Um die Projektion der Basis auf der ersten Projektionsebene zu ermöglichen, ziehe ich aus den Punkten a" und b" senkrechte Hilfslinien und übertrage nach der bisherigen Weise die Entfernung des Punktes a'" von der Hilfsachse (Doppellinie) der dritten Projektionsebene mittels Viertelkreis, senkrechter und wagerechter Hilfslinien in die wagerechte Bildtafel über, so erhalte ich die erste Projektion a' b' als Basis des Dreiecks.

Die Projektion der Spitze c finde ich auf demselben Wege, indem ich aus c" eine Senkrechte, ebenso aus c'" ein solche ziehe und letzteres Maß auf der früheren Weise in die erste Projektionsebene bringe. Das Ergebnis ist c'.

Verbinde ich c' mit a' und b', so ist die gesuchte Projektion a' b' c' vollendet.

Dieselbe stellt das Dreieck in sehr verkürzter Höhe dar.

Aufgabe A. Fertige das gegebene Dreieck a b c nach den vorhandenen wirklichen Maßen in wirklicher Größe an.

Drei Projektionen des Kreises.

Fig. 15, Taf. VI.

1) Denke ich mir einen Kreis aus Papier ausgeschnitten und so gehalten, daß er parallel zur zweiten Projektionsebene steht, so erblicke ich ihn selbstverständlich als Kreis und die Projektion desselben — sein Aufriß — ist wiederum eine Kreislinie. (Siehe Fig. I'.)

2) Halte ich den ausgeschnittenen Kreis jedoch so, daß er parallel zur ersten Projektionsebene steht oder vielmehr liegt, so zeigt sein Aufriß weiter nichts als eine gerade Linie (siehe Fig. I', Linie 1, 5) ganz so wie ich in **Fig. 8** ein Viereck und in **Fig. 14** ein Dreieck als gerade Linie erscheinen sah.

3) Bringe ich endlich den Kreis in eine gegen irgend eine Projektionsebene geneigte Lage wie bei II oder III, so stellt sich weder eine Kreislinie noch eine Gerade meinem Blicke dar, dafür aber eine Ellipse. (Siehe Fig. II' und III'.)

Aufgabe. Es soll die Projektion desjenigen Kreises ermittelt werden, der die Position II einnimmt.

Lösung. Auf der senkrechten Projektion des Kreises I" nehme ich innerhalb der Kreislinie etwa 8 oder mehrere Punkte an und projiziere dieselben durch Lotung in die wagerechte Projektion I', worauf die Bezifferung der erhaltenen Punkte stattfindet.

Hierauf bringe ich die erste Projektion I' mit den markierten und bezifferten Punkten in die Position II und lote sämtliche 8 Punkte durch senkrechte Hilfslinien herunter unter die Grundlinie. Aus der Projektion I'' aber ziehe ich ebenfalls aus jedem der 8 Punkte Hilfslinien, jedoch wagerechte und markiere diejenigen Durchschnittspunkte, welche aus den gleichnamigen Punkten kommen.

Verbinde ich nun die so erhaltenen 8 neuen Durchschnittspunkte durch eine Kurvenlinie aus freier Hand, so erhalte ich die Ellipse, als welche der Kreis erscheint, wenn er sich in Position II befindet und von oben betrachtet wird.

Eine schmälere Ellipse erhalte ich, wenn ich die Kreisfläche nur bis zur Position III drehe, während jedoch die lange Achse der Ellipse noch dieselbe geblieben ist.

Die Konstruktion derselben finde ich auf demselben Wege wie die vorige und mag daher hier übergangen werden.

Hätte ich endlich die Kreisfläche I'' nur soweit gedreht, daß die Projektion I' die Position IV eingenommen hätte, so hätte ich sowohl im Grundrisse als auch Aufrisse nur eine gerade Linie erhalten. Sollte alsdann diese gerade Linie 1, 5 noch als Kreisfläche gelten, so kann dieses nicht anders ausgedrückt werden, als daß man ihr dieselbe Einteilung und Bezifferung, wie sie die Projektion I' aufweist und wie es bereits in Position II ausgeführt worden ist.

Vierter Abschnitt.

Projektion der Körper.

Nachdem wir nun in der Projektionslehre so weit vorgeschritten sind, daß wir vom Punkte ausgehend zur geraden Linie und von dieser zur Fläche übergegangen sind, wollen wir den eingeschlagenen Weg noch weiter ausdehnen, indem wir nunmehr zur Projektion der Körper übergehen.

Körper sind ja nach früheren Lehrsätzen Raumabschnitte, welche von Flächen umgrenzt sind. Wir werden also wieder die Projektion der Flächen auftreten sehen, wir werden es aber dabei immer mit mehr als einer Fläche zu thun haben.

Fig. 16, Taf. VI.

Unsere Aufgabe besteht jetzt darin, einen Würfel im Aufriß und Grundriß zu zeichnen und nehmen dabei an, daß er normal auf der ersten und parallel zur zweiten Bildtafel steht, obwohl von letzteren Dingen gar keine Andeutung gegeben worden ist.

Lösung. Ein Würfel ist, wie jedermann weiß, ein Körper, welcher von vier Quadraten als Seitenflächen und zwei solchen als Boden- und Deckfläche begrenzt wird. Er hat 12 Kanten aber nur 8 Ecken.

Weil, wie eben erinnert wurde, der Würfel nur von Quadraten begrenzt wird, so ist seine Projektion sehr leicht ausgeführt, denn ich mag diesen Körper von einer Seite betrachten; von welcher ich will, so zeigt sich mir stets wieder ein Quadrat, und zwar von gleicher Größe.

Will ich also den Grundriß vom Würfel zeichnen, so habe ich das Quadrat c d f g zu zeichnen. Im Aufrisse aber erhalte ich senkrecht über dem ersteren das Quadrat a b c d. Die Kante c d haben beide Quadrate gemeinschaftlich, weil sich beide in dieser berühren.

Fig. 17, Taf. VI.

Aufgabe. Eine quadratische Säule soll in ihren beiden Projektionen gezeichnet werden. Sie soll ebenfalls senkrecht auf der ersten und mit ihrer parallelen Vorder- und Hinterseite parallel zur zweiten Bildtafel stehen.

Lösung. Da die quadratische Säule ein solcher Körper ist, welcher von zwei Quadraten als Grund- und Deckfläche und von vier Rechtecken als Seitenflächen begrenzt wird, so kann er uns im Aufriß bei den gegebenen Bedingungen nur ein Rechteck zum Zeichnen anbieten; im Grundriß aber gleicht sie dem Würfel, denn wir bekommen daselbst nur ein Quadrat zu sehen.

Die Benennung beider genannter Figuren ist hier nur deshalb ausgeführt worden, um den Konstrukteur daran zu erinnern, daß beide Figuren wieder eine gemeinschaftliche Seite haben, nämlich c d, in welcher sie zusammenstoßen.

Fig. 18, Taf. VI.

Die vorige Aufgabe ist in der vorliegenden Figur noch einmal aufgenommen worden, jedoch dahin verändert, daß die quadratische Säule wohl noch normal auf der ersten Projektionsebene mit ihrer Vorder- und Hinterseite aber nicht mehr parallel zur zweiten Projektionsebene steht, sondern übereck, so daß ihre vier Seiten einen Winkel von 45° mit ihr bilden.

Durch diese Drehung der Säule übereck kommen uns im Aufrisse zwei Seiten derselben zu Gesicht, nämlich die beiden Rechtecke a″ b″ c″ d″ und b″ f″ d″ g″ mit der gemeinschaftlichen Längenkante b″ d″.

Im Grundrisse der Säule aber haben wir ein auf einer Ecke stehendes Quadrat zu verzeichnen, nämlich c′ d′ g′ h′, welches mit jenen beiden Rechtecken zwei Seiten gemeinschaftlich, hat c″ d″ und d″ g″.

Die doppelte Bezeichnung dieses Quadrates hat keinen andern Zweck, als uns darauf aufmerksam zu machen, daß unter dem eben genannten Quadrate noch ein zweites liegt, nämlich das Quadrat a b f h, welches die Bodenfläche der Säule bildet, ersteres aber die Deckfläche.

Die Punkte c′ a′, b′ d′, f′ g′ sind demnach die Grundrißprojektionen von den drei Seitenkanten des Körpers a c, b d, f g.

Fig. 19, Taf. VI.

Noch einmal soll uns die quadratische Säule aus **Fig. 17** dieser Tafel beschäftigen. Ihre Lage ist aber wieder eine andere als in voriger Aufgabe.

Dieselbe steht zwar wieder mit zwei Seitenflächen parallel zur vertikalen Bildtafel, allein sie hat eine seitliche Neigung nach rechts angenommen. Wie wird sie sich in ihren beiden Projektionen uns darstellen?

Lösung. Wir zeichnen zuerst ein Rechteck als Vorderfläche der Säule im Aufriß und nehmen diese, da über den Grad der Neigung der Säule uns keine Bestimmungen gegeben sind, dieselbe beliebig an. Es wird also die Vorderfläche des Körpers gebildet durch das Rechteck a″b″c″d″, während die dahinter liegende Seite g″,i″,f″,h″ heißt. Letztere wird von der ersteren vollständig verdeckt.

Wollen wir nun zur Zeichnung des Grundrisses von diesem Körper übergehen, so haben wir uns zu vergegenwärtigen, daß die Vorderfläche a″b″c″d″ im Grundrisse uns nur als gerade Linie erscheinen kann, und zwar parallel der Achse nach der eben gegebenen Bestimmung. Die Länge dieser Geraden erhalte ich, wenn ich von c″ und b″ aus senkrechte Hilfslinien ziehe bis sie diese in c′b′ schneiden.

Auf dieser Linie liegen aber noch zwei andere Punkte a′d′, welche weiter unten in Betracht gezogen werden sollen.

Daß die Hinterfläche dieses Körpers f″,g″,h″,i″ parallel zur Vorderfläche liegen muß, geht aus der Beschaffenheit des Körpers hervor, ich muß daher die Projektion derselben parallel zur Geraden c′b′ ziehen, aber wie weit von dieser entfernt?

Der Ausdruck **quadratische Säule** gibt uns Antwort auf diese Frage. Weil die Boden- und Deckflächen dieser Säule Quadrate sind, in einem Quadrate aber alle vier Seiten gleich sind, so muß die Hinterfläche von der vorderen um einen Abstand entfernt sein, der gleich ist irgend einer Seite eines Quadrates. Solcher Quadratseiten besitzen wir aber deren zwei, nämlich a″c″ und b″d″. Es muß daher die Gerade f′c′ um a″c″ von der Geraden c′b′ entfernt sein.

Führen wir dieses aus und ziehen die beiden kurzen Seiten c′f′ und b′i′, so ist die Grundrißzeichnung dieser Säule begrenzt.

Frage: Ist aber nun das Rechteck c′,b′,f′,i′ auch wirklich die obere Seitenfläche, welche wir im Grundriß von dieser Säule zu sehen bekommen?

Antwort: Nein! denn die obere Seitenfläche reicht nur von c′f′ bis d′h′, wie der Aufriß lehrt, wir haben also die Kante d′h′ senkrecht unter d″ zu ziehen, womit wir die obere Seitenfläche und obere Deckfläche (Quadrat) hinsichtlich ihrer scheinbaren Größen bestimmt haben.

Es tritt also hier der Fall ein, daß wir im Grundriß dieser Säule **zwei** Seiten des Körpers zu sehen bekommen. Die Seitenfläche ist demnach c′d′f′h′, die obere Deckfläche aber d′b′h′i′. Beide erscheinen wegen der Neigung verkürzt.

Die zwei entsprechenden anderen Seiten dieses Körpers, welche aber von diesen verdeckt werden, sind ebenfalls ersichtlich gemacht durch die punktierte Linie a′g′, welches diejenige Kante ist, auf welcher die Säule gegenwärtig ruht. Die Bodenfläche heißt also c′h′f′g′ während, die Seitenfläche durch die Buchstaben a′b′g′i′ bezeichnet ist.

Fig. 20, Taf. VI.

Aufgabe. Eine vierseitige Pyramide soll in ihren beiden Projektionen gezeichnet werden. Sie steht senkrecht auf der wagerechten und parallel zur senkrechten Bildtafel.

Die Pyramide ist bekanntlich so gestaltet, daß ihre Grundfläche von einem Drei-, Vier-, Fünfeck gebildet wird, ihre Seitenfläche aber von soviel gleichschenkligen Dreiecken, als die Grundfläche Ecken oder Seiten hat.

In der vorliegenden Aufgabe hat unsere Pyramide ein Quadrat zur Grundfläche und darum vier gleichschenkelige Dreiecke zu Seitenflächen.

Lösung. Zeichnen wir, da uns Angaben über die Maßverhältnisse der Seiten und Flächen nicht gemacht worden sind, zuerst ein gleichschenkeliges Dreieck (a"b"c") als Aufriß der Pyramide.

Weil die Grundfläche dieses Körpers ein Quadrat ist, haben wir auch ein solches im Grundrisse zu zeichnen, obschon die Grundfläche vom Körper verdeckt wird, das Quadrat, welches wir also zeichnen wollen, soll aber auch gar nicht die Projektion der Grundfläche sein, sondern nur die seiner vier Seiten. Wie immer so auch hier zeichnen wir das Quadrat senkrecht unter den Aufriß.

Was wir im Grundrisse nun noch zu zeichnen haben, das ist die Projektion der Spitze c". Da bei einer jeden regelmäßigen Pyramide, wie die im Rede stehende eine ist, die Spitze stets über der Mitte der Grundfläche sich befindet, so muß sie auch in der Zeichnung, wenn sie naturgetreu ausfallen soll, genau in die Mitte des Quadrats fallen. Die Mitte des Quadrats ist aber nach früherem (**Fig. 29, Taf.** I) immer da, wo die Diagonalen desselben sich schneiden, also bei c'.

Das Neue bei dieser Lösung ist, daß wir durch den Grundriß fast den ganzen Körper seiner Oberfläche nach haben sichtbar machen können, denn wir erblicken dort die vier gleichschenkeligen Dreiecke (freilich in verkürzter Höhe) a'b'c', b"c'f', f'c'd' und d'c'a'. Die Grundfläche haben wir aber ersichtlich gemacht durch ihre vier Seiten a', b', d', f'.

Aber auch mit Hilfe der Aufrißzeichnung sind wir im stande, sämtliche vier Dreiecke der Oberfläche des Körpers nennen zu können, nämlich: a"c"b", b"c"f", f"c"d" und endlich d"c"a".

Fig. 21, Taf. VI.

Die vorige Aufgabe kann uns noch weitere Belehrung bringen, wenn zum Exempel, wie jetzt geschehen, dieselbe Pyramide eine seitliche Neigung nach rechts erhalten hat unter Beibehaltung der parallelen Lage zur zweiten Bildtafel.

Lösung. Um zunächst den Aufriß zu zeichnen, muß man mit der Basis a"b" beginnen, welcher man die vorgeschriebene Neigung zu geben hat. Man muß sie hierauf halbieren und in dem Halbierungspunkte eine Normale errichten; nur so ist man im stande ein gleichschenkeliges Dreieck richtig zu zeichnen.

Im Grundrisse aber lotet man zuerst die Spitze c" nach c' und legt durch c' eine wagerechte Hilfslinie und hierauf von a" aus die Senkrechte a"a'. Auf dieser sticht man die halbe Basisbreite aus dem Aufrisse nach oben und unten ab, wodurch wir die Punkte a'd' erhalten. Diese letzteren werden mit c' verbunden, und so haben wir das Dreieck erhalten, welches aus dem Aufrisse direkt nicht zu ersehen ist, nämlich a'd'c'.

Legen wir an a' und d' wagerechte Linien und begrenzen sie durch Lotungen aus b" und f", so ergeben sich die beiden Seiten der Grundfläche, welche parallel zur zweiten Bildtafel stehen a'b', d'f'.

Werden endlich auch diese letzteren Endpunkte noch mit der Spitze c durch zwei Gerade verbunden, so ist die Grundrißzeichnung vollendet, welche uns von dem Körper drei Seiten der Oberfläche präsentiert und zwar die drei gleichschenkeligen Dreiecke a'b'c', a'd'c' und d'f'c', während die vierte vom Körper verdeckt bleibt. Doch auch diese ist zu erkennen, denn sie heißt b'f'c'.

Die Grundfläche a'b'd'f' erscheint hier wegen der Neigung des Körpers nicht als Quadrat, sondern als Rechteck.

Fig. 22, Taf. VI.

Aufgabe. Eine vierseitige regelmäßige Pyramide ist so gestellt, daß ihre Seiten mit der vertikalen Bildtafel schiefe Winkel von 45° bilden. Sie ist außerdem nach rechts geneigt und es sollen ihre beiden Projektionen gezeichnet werden.

Lösung. Wir beginnen mit dem Aufrisse der Pyramide.

Ist die Basis a"b" unter einem beliebigen Winkel geneigt und sodann halbiert worden, so zieht man die Normale d"c" und hierauf die Seitenkanten a"c" und b"c". Damit ist der Aufriß beendet, welcher uns ebenfalls zwei Seitenflächen der Pyramide zeigt, nämlich die Dreiecke a"d"c" und d"b"c", welches beide Projektionen gleichschenkeliger Dreiecke sind (obwohl sie als rechtwinkelige erscheinen).

Wie erhalten wir aber den Grundriß hiervon?

Die Spitze c" ist bald heruntergelotet und durch c' eine Wagerechte gezogen. Welche Anhaltepunkte aber haben wir für die Fortsetzung derselben?

Mit dem Herunterloten des Punktes a" nach a' kommen wir auch noch nicht weit, weil wir noch nicht wissen, wohin wir die Punkte d" und f" projizieren sollen.

Wir haben folgenden Weg einzuschlagen. Wir loten b" nach b' und schlagen das Maß a"b" (das ist das einzige Maß, welches wir von der Grundfläche in natürlicher Länge vor uns haben, nämlich die Diagonale des Quadrats; sie läuft parallel mit der Bildtafel, während die Seiten schräg laufen und deshalb verkürzt erscheinen), durch einen kleinen Kreisbogen auf die Grundlinie nach a⁰ und loten a⁰ nach a. Dasselbe thun wir mit der Strecke b"d" oder b"f" und ziehen die Hilfslinie fd.

An a legen wir nun zwei Schrägen von 45° bis zur letztgenannten Hilfslinie fd, so ergeben sich die Punkte d und f, ziehe ich auch die Schrägen unter gleichem Winkel fb' und db', so haben wir die Grundfläche a'db'f erhalten in der Gestalt, wenn sie nicht geneigt wäre, also in wirklicher Gestalt.

Von dieser wirklichen Gestalt der Grundfläche können wir nun endlich auf die verkürzte schließen, indem wir von a" und d"f" Lotrechte ziehen und nun die Punkte d'a'f' erhalten, welche durch zwei Gerade zu verbinden sind.

Werden schließlich die Punkte d'f' noch mit der Spitze c' verbunden, so ist auch der Grundriß dieser Pyramide vollendet.

In diesem Falle bietet der Grundriß nicht mehr Seiten des Körpers zur Besichtigung dar als auch der Aufriß. Wir sehen nur die beiden Dreiecke a'd'c' und a'f'c' als Projektionen zweier gleichschenkeliger Dreiecke. Die durch den Körper verdeckten Dreiecke heißen d'b'c' und f'b'c'. Die verdeckte Grundfläche endlich a'd'b'f'.

Fig. 23, Taf. VI.

Aufgabe 1. Eine senkrecht stehende, achtseitige Pyramide soll im Grund- und Aufriß gezeichnet werden.

Lösung. Zeichne die Grundfläche nach Anleitung der **Fig. 13, Taf. II**, und lote alle 8 Eckpunkte hinauf auf die Grundlinie oder Achse, um von einem jeden so erhaltenen Punkte nach der Spitze des Körpers gerade Linien zu ziehen.

Drei Punkte resp. vier Seiten werden vom Körper verdeckt.

Aufgabe 2. Löse dieselbe Aufgabe noch einmal, jedoch als Pyramidenstumpf, welcher durch den Schnitt r s entstanden ist.

Bevor wir von diesem wichtigen Abschnitte scheiden, sei als kurzes Resümee auf den Satz hingewiesen: Wenn Linien oder Flächen mit einer der beiden Bildtafeln einen schiefen Winkel bilden, so erscheinen sie in ihrer Projektion verkürzt, also nicht in wirklicher Größe.

Fünfter Abschnitt.

Projektion eines Körpers mit verschiedenen Schnittflächen.

Um die aus den vorigen Abschnitten gewonnene Kenntnis noch ein wenig zu erweitern und die Fertigkeit im Projizieren eines Körpers noch zu vervollständigen und zu befestigen, soll in diesem Abschnitte noch einmal uns dieses Thema beschäftigen. Wenn aber dem Körper, den wir projizieren sollen, verschiedene Schnittflächen gegeben worden sind, so daß er also nicht mehr in seiner glatten und ebenen Oberfläche, sondern mit unterbrochener Oberfläche erscheint, so soll dieses nur dazu dienen, unser Nachdenken anzuspornen und zu vertiefen.

Als eine Art Erleichterung im Projizieren soll es uns dabei dienen, daß wir nicht bald die eine bald die andere bald die dritte Projektion des Körpers als Aufgabe zu lösen haben, sondern daß wir stets in derselben Reihenfolge die einzelnen Ansichten des Körpers entstehen lassen wollen.

Wir beginnen also immer zuerst mit dem Aufrisse des Körpers (zweite Projektion), weil dieser uns die Gestaltung des Körpers am deutlichsten zeigt, und entwickeln sodann aus diesem die Grundrißansicht derselben. (**Fig. 1** und **2, 7** und **8, 13** und **14, 19** und **20, 25** und **26**.)

Die Lösungen dieser Aufgaben wird uns, nachdem wir den bisherigen Gang durchgemacht haben, kaum irgend welche nennenswerte Schwierigkeit bereiten. Wir wollen darum uns die Lösung der Aufgabe selbst erschweren, indem wir noch einmal den Aufriß des Körpers zeichnen, aber so, daß er rechts gehoben erscheint und hiernach den Grundriß anfertigen, welcher alsdann in den meisten Fällen einige Flächen des Körpers mehr angibt. (**Fig. 4, 10, 16, 22, 28, 34**.)

Endlich fangen wir an, auch diese Lösung noch zu vervollständigen und zu erschweren, indem wir der Grundrißzeichnung des Körpers eine gegen die Bildtafel geneigte Stellung geben (**Fig. 5, 11, 17, 23, 29, 35**), um endlich als Schluß der Lösung nach dieser schiefen Grundrißzeichnung die Aufrißzeichnung hiervon anzufertigen, welche alsdann den

Körper in der vollkommensten Gestalt darstellt. (**Fig. 6, 12, 18, 24, 30, 36.**)

Daß es bei dieser Beschäftigung an interessanten Erörterungen aber zuweilen auch an ernstlichem Nachdenken nicht fehlen wird, ist schon jetzt wohl ersichtlich und wollen wir deshalb frisch ans Werk gehen, um unser Wissen und Können noch weiter zu vervollständigen.

Fig. 1, Taf. VII.

Ein Körper von länglich viereckiger, prismatischer Gestalt ist hier im Aufrisse zu zeichnen; er besteht aber nicht aus einem sondern aus zwei Stücken, welche zu einem einzigen durch geeignete Bearbeitung vereinigt sind. Solche zwei Holzkörper nennt man zusammen einen Holzverband, jeden einzelnen aber ein Verbandstück.

In vorliegender Zeichnung ist der Holzverband in innigster Verbindung gedacht; wir sehen also äußerlich nur noch den Lauf der Fugen, unter welchen beide Verbandstücke aneinanderstoßen. Das Ganze bildet nur e i n e n Körper.

Wir zeichnen also diesen länglichen Körper im Aufrisse und deuten an dessen Vorderfläche den eigentümlichen, gebrochenen Lauf der Fugen an, a b c d, somit haben wir den geometrischen Aufriß, die Vorderansicht dieses Körpers beendet.

Der Grundriß hierzu gestaltet sich noch einfacher, indem wir von jener Fuge nur das kurze Stück a a' — die sogenannte „Hirnfuge" — zu sehen bekommen, weil wir jetzt den Körper nur von oben sehen.

Es sei hier aber gleich von vornherein darauf hingewiesen, daß in Beziehung auf die Bezeichnung der Flächen durch Buchstaben von der früheren Art und Weise der Einfachheit zu Liebe in diesem Abschnitte ganz abgesehen werden soll. Es werden also die Buchstaben im Aufrisse nicht mehr ", im Grundrisse nicht mehr ' und endlich in der Seitenansicht nicht mehr ''' erhalten, wie dieses in den vorigen Abschnitten streng durchgeführt wurde, sondern es sollen nur diejenigen Fugen, welche gleiche Richtungen haben, gleiche Buchstaben erhalten, aber zum Unterschiede von Grundriß oder Vorderansicht ' erhalten, wie hier bei a und a'.
Das a in der Grundrißzeichnung ist dasselbe wie in der Aufrißzeichnung. Die Fuge a a' ist also dieselbe wie die bei a im Aufriß. Hier in **Fig. 1** ist a die Projektion einer Linie, welche normal auf der zweiten Projektionsebene steht; die Projektion einer solchen Linie ist, wie bekannt im Aufrisse nur ein Punkt. (Siehe **Fig. 3, Taf. VI.**) Da wir alle auf dieser Tafel vorkommenden Körper mit quadratischem Querschnitte annehmen, behalten wir die Höhenmaße des Aufrisses f g als Breitenmaße des Grundrisses g h in allen Aufgaben bei.

Fig. 3, Taf. VII.

Wir gehen nun zur **Fig. 3** über, indem wir die in **Fig. 1** gewonnene Zeichnung noch einmal, aber so zeichnen, daß der Körper auf der rechten Seite gehoben erscheint. Der Winkel, unter welchem dieses geschehen soll, sei ein beliebiger. Das Zeichnen der

Fig. 4, Taf. VII,

bietet nicht viel Schwierigkeit, sie ist der **Fig.** 2 ziemlich ähnlich. Die Oberfläche g i h i erscheint verkürzt, dafür bekommen wir aber auch die Hirnseite des Körpers i k i' k' zu sehen.

Fig. 5, Taf. VII.

Diese Figur ist die getreue Wiedergabe der **Fig.** 2, jedoch unter einem ebenfalls beliebigen Winkel gegen die senkrechte Bildtafel gedreht. Alle Maße sind die früheren, welche man also aus **Fig.** 2 nur abzustechen und in **Fig.** 5 einzutragen hat. Auf Grund dieser Figur fertigen wir nun die letzte Ansicht dieses Körpers an, indem wir die Neigung desselben aus **Fig.** 3 beibehalten. Infolge der Drehung der Grundrißzeichnung gegen die senkrechte Bildtafel muß der Körper gemäß des Schlußsatzes aus dem vierten Abschnitte, verkürzt erscheinen; dafür bekommen wir nun drei seiner Flächen zu sehen.

Fig. 6, Taf. VII.

Um diese letzte Ansicht dieses Körpers zu zeichnen, lotet man alle Ecken und Punkte aus **Fig.** 5 nach oben über die Grundlinie und sodann alle Ecken und Punkte aus **Fig.** 3 nach rechts. Die Kreuzungen der gleichnamigen Hilfslinien werden nun markiert und die zusammengehörigen Kreuzungen durch gerade Linien verbunden.

Die Kante g i, **Fig.** 6, hat nunmehr nicht mehr dieselbe Schmiege wie in **Fig.** 3, sie erscheint steiler und kürzer; ebenso die Unterkante.

Durch Ueberwinkeln der Punkte a aus **Fig.** 3 und 5 erhalten wir den Punkt c, **Fig.** 6, als Anfang der Fuge. a b ist winkelrecht zu g i zu ziehen, weil dieses auch in **Fig.** 1 so geschehen ist; aus demselben Grunde läuft b c parallel zu g i und c d wieder winkelrecht zu f k. Daß endlich die kurzen Seitenkanten i i' und k k', sowie die Unterfuge d d' wagerecht zu ziehen sind, geschieht aus dem Grunde, weil die horizontale Richtung dieser Kanten aus **Fig.** 1 sich nicht verändert hat.

Fig. 7, Taf. VII.

Die sechs verschiedenen Darstellungen ein und desselben Körpers, die wir aus den **Fig.** 1 bis 6 dieser Tafel kennen gelernt haben, sollen in den sechs folgenden Figuren noch dadurch vervollständigt werden, daß hier nur ein einzelnes Verbandstück gezeichnet werden soll, während dort der vollständige Verband es war. Durch diese Veränderung sehen wir hier nicht nur den eigentümlichen Lauf der Fuge wie dort, sondern wir lernen nun auch die Flächen der Fugen — die Schnittflächen des Körpers kennen und bildlich darstellen. Die Lösung dieser Aufgabe ist demnach instruktiver als die vorige, verlangt daher auch größere Aufmerksamkeit.

Wir beginnen wieder mit der Anfertigung des Aufrisses und haben dabei zu beachten, daß der Hirnschnitt a b nicht winkelrecht wie bei **Fig.** 1, sondern schräg „unter sich" geführt werden soll; ebenso die Schnittfläche c d. Die längere Schnittfläche b c ist wie vordem parallel zu den langen Seitenkanten zu führen.

Fig. 8, Taf. VII.

Der Grundriß von **Fig. 7** macht zwei Flächen des Körpers ersichtlich, die Vollkante g a h a', sowie die lange Schnittfläche b c b' c'. Dieselbe ist aber nicht ganz zu sehen, weil das Stück b a b' a' durch den Vorsprung verdeckt wird.

Fig. 9, Taf. VII.

Den Aufriß aus **Fig. 7** benutzen wir hier wieder und geben ihm eine solche Stellung, daß der Körper an der rechten Seite gehoben erscheint. Alle Maße sind dieselben wie dort und es haben auch alle Kanten und Flächen dieselben Richtungen zu einander. Nach dieser Zeichnung fertigen wir

Fig. 10, Taf. VII,

den Grundriß an, indem wir alle Punkte aus **Fig. 9** herunter unter die Grundlinie loten und die Breitenmaße aus **Fig. 8** beibehalten.

Fig. 10 erscheint kürzer als **Fig. 8**, es sind aber die beiden Schnittflächen a b a' b' und c d c' d', welche dort verdeckt waren, sichtbar geworden. Wir verwenden nun diese Figur zur Darstellung der

Fig. 11, Taf. VII,

indem wir alle Maße hier beibehalten; wir geben der Zeichnung aber eine Drehung gegen die zweite Bildtafel, und zwar so, daß die vordere Hirnfläche sichtbar werden kann.

Fig. 12, Taf. VII.

Die letzte Ansicht dieses Körpers fertigen wir an aus der Benutzung der Maße **Fig. 9** und **11**, indem wir jene nach rechts überwinkeln, diese aber aus dem Grundriß in den Aufriß hinaufloten und die Durchschnittspunkte der gleichlautenden Linien markieren.

Wir beginnen mit der kurzen Kante g h und bestimmen sodann die Lage der entsprechenden Kante a a' aus **Fig. 9** und **11**. Damit sind zugleich die beiden Längenkanten g a und h a' nach Richtung und Länge bestimmt. Ziehen wir diese Linien, so ist die obere Vollfläche des Körpers g a h a' projiziert und zugleich die Richtung des ganzen Körpers angedeutet.

Die Richtung des schiefen Hirnschnittes a b ergibt sich ebenfalls aus **Fig. 9** und **11**. Sie ist nur in den zwei Kanten a' a und a b sichtbar, weil die beiden andern a' b' und b' b vom Körper selbst verdeckt werden, somit die ganze Schnittfläche.

Die Hirnschnittfläche c d wird ebenso wie die vorige gefunden und so ist die Ansicht in **Fig. 12** leicht zu vervollständigen.

Fig. 13, Taf. VII.

Das Verbandstück, welches in dieser Figur als Aufriß gegeben worden ist, ist ein Keilverband. Er besteht aus nur zwei schiefen Schnittflächen a b und b c, welche von der Vollkante ausgehend, sich in der Mitte der Hirnkante treffen. Die Darstellung dieses Körpers ist daher ziemlich einfach.

Fig. 14, Taf. VII.

Zur Darstellung dieses Grundrisses bedarf es keiner Anleitung weiter und mag dieselbe ohne eine solche ausgeführt werden.

Fig. 15, Taf. VII.

Der Aufriß in dieser Figur hat insofern eine Veränderung erfahren, als der Körper nicht nur gehoben (und zwar links) erscheint, sondern auch daß die scharfe Kante auf der linken Seite erscheint, der Körper also umgekehrt steht.

Es ist dieser Umstand wohl zu beachten, weil hierdurch die Bezeichnung sich ändert, obwohl die Flächen scheinbar dieselben bleiben.

Fig. 16, Taf. VII.

Diese Grundrißzeichnung erscheint infolgedessen umgekehrt wie in **Fig. 14,** dazu verkürzt. c b b' c' ist die obere, a b b' a' die untere schiefe Verbandfläche.

Anmerkung. Damit die beiden schiefen Verbandflächen gleiche Schräge erhalten oder mit anderen Worten, damit das Dreieck a b c in allen Figuren auch wirklich ein gleichschenkeliges wird, empfiehlt es sich entweder zuerst das Verbandstück vollkantig zu zeichnen und sodann die Hirnkante bei b zu halbieren (wie es die punktierten Hilfslinien in **Fig. 13** andeuten) oder die Basis a c zu halbieren und vom Halbierungspunkte aus eine Normale zu errichten (wie in **Fig. 15**).

Fig. 17, Taf. VII.

Fig. 16 ist nach **Fig. 17** transportiert worden unter Beibehaltung sämtlicher Maße; sie ist jedoch wieder aus ihrer parallelen Lage in eine gegen die Achse geneigte gebracht worden, wie in **Fig. 5** und **11.**

Fig. 18, Taf. VII.

Wie in den vorigen Aufgaben, so ist auch in dieser die letzte Projektion mit Hilfe der **Fig. 15** und **17** zu zeichnen. Da die Ausführung ganz die frühere ist, kann eine Anleitung hierzu füglich unterbleiben.

Fig. 19, Taf. VII.

Das zu **Fig. 13** zugehörige Verbandstück, die sogenannte Gabel, ist in **Fig. 19** zur Darstellung gekommen, und ist nur noch daran zu erinnern, daß das Dreieck stets gleichschenkelig zu zeichnen ist, die Spitze b also in der Mitte der Holzbreite zu liegen kommen muß.

Fig. 20, Taf. VII.

Der Grundriß dieses Körpers ist der einfachste von der Welt, er macht nur eine Fläche desselben ersichtlich.

Fig. 21, Taf. VII.

Der Aufriß aus **Fig. 19** ist hier wieder gegen die erste Projektionsebene geneigt worden und es erscheint daher der Grundriß hiervon

Fig. 22, Taf. VII,

in verkürzter Länge; auch läßt er außer der einzigen Oberfläche, wie in **Fig. 20**, noch den kleinen Teil a c a' c der schiefen Schnittfläche b c, **Fig. 21**, sehen.

Es werden nun diese Maße wieder dazu benutzt, um die

Fig. 23, Taf. VII,

zu zeichnen, doch so, daß der Körper nun auch zur zweiten Bildtafel geneigt erscheint, wie es bis immer geschehen ist. Aus **Fig. 21** und **23** entwickeln wir nun durch Ueberwinkeln und Heraufloten aller Punkte die sechste Darstellung dieses Körpers, wie es die

Fig. 24, Taf. VII,

versinnbildlicht. Der Körper befindet sich also in einer doppelten Neigung, in eine solche gegen die horizontale und in eine solche gegen die vertikale Bildtafel und wir vermögen somit die höchste Anzahl seiner Umgebungsflächen zugleich darzustellen.

Einige Aufmerksamkeit erfordert der keilförmige Einschnitt a b c in dieser Darstellung, damit er genau in die Mitte der Verbandholzbreite kommt.

Die untere, durch den Körper verdeckte, schräge Schnittfläche soll durch punktierte Linien angedeutet sein.

Fig. 25, Taf. VII.

Ein schon etwas komplizierterer Körper — das Zapfenstück einer Schlitzverbindung — soll jetzt durch sämtliche sechs Projektionen dargestellt werden.

Der Aufriß dieses Körpers ist, wie die Vorlage besagt, leicht hergestellt, obschon die Fuge eine fünfmal gebrochene Fläche darstellt, von welchen drei senkrecht und zwei horizontal liegen. Die letzteren sind länger als die ersteren. Einfacher als diese Zeichnung ist der Grundriß in

Fig. 26, Taf. VII,

doch darf man nicht übersehen, daß in demselben zweierlei Flächen des Körpers zur Darstellung kommen, nämlich die Vollkante des Körpers links von der Geraden a a' und die lange Schnittfläche b c b' c' rechts von dieser Geraden.

Fig. 27, Taf. VII.

Es ist wieder die Zeichnung aus **Fig. 25**, welche hier in schiefer Stellung als Aufriß gegeben worden ist. Die Neigung ist gegen die Grundrißebene gerichtet worden.

Zu empfehlen ist es auch hier, das Verbandstück zuerst vollkantig zu zeichnen, wie bei **Fig. 13** und **15** angeraten wurde, damit der Zapfen recht genau dargestellt werden kann. Die punktierten Linien in beiden Figuren wollen darauf hinweisen.

Nach **Fig. 27** fertigen wir in

Fig. 28, Taf. VII,

den Grundriß an und erhalten so die verkürzten Maße aller Schnittflächen. Es sind jetzt vier Flächen des Körpers ersichtlich gemacht worden. Wie nach dieser Figur die folgende Grundrißfigur

Fig. 29, Taf. VII,

mit einer Neigung gegen die vertikale Bildtafel ausgeführt wird, ist aus dem Vorangegangenen genugsam zu ersehen und kann ohne Anleitung erfolgen. Auch die

Fig. 30, Taf. VII,

das Ergebnis aus den **Fig.** 27 und 29, kann nunmehr ohne Angabe dieses Buches ausgeführt werden.

Fig. 31 bis 36, Taf. VII.

Als letztes Uebungsbeispiel aus der Projektionslehre ist das zu **Fig.** 25 hinzugehörige Verbandstück, „der Schlitz" gewählt worden.

Zwar enthält dieses „Schlitzstück" ganz dieselben Verbandsflächen wie jenes, allein es sind die Kehrseiten jenes Zapfenstückes und es wird nichtsdestoweniger ersprießlich für den jungen Konstrukteur sein, wenn er den Lauf dieser Flächen sich durch eine solche Darstellung verdeutlicht.

Ueberhaupt ist das eben das Vorzügliche bei diesen Darstellungen, wodurch der Zeichner am meisten lernt, denn er muß sich die Flucht einer jeden Verbandsfläche im Geiste deutlich vorstellen, wenn er im stande sein will, eine solche Zeichnung mit Verstand herzustellen und nicht etwa bloß die Vorlage zu kopieren. Thut er letzteres und bloß darum, weil er sich in die Sache nicht finden kann, so ist ihm kein besserer Rat zu erteilen als der, mit dem ersten Striche, den er kopiert hat, zu zeichnen aufzuhören, weil er durch Kopieren kein Haar breit lernt, wohl aber wieder mit der Projektionslehre von neuem zu beginnen, bis es ihm gelungen, den Sinn derselben zu verstehen. Mag es ihm auch hart ankommen, diesem Rate folge zu leisten, nutzlos wird es keinenfalls für ihn sein und die Freude darüber, doch ans Ziel gelangt zu sein, ist dann um so größer. Der Gewinn ist ein geistiger!

Fünftes Kapitel.
Ueber Perspektive.

Wer die Einleitung zum vorigen Kapitel recht mit Bedacht durchgelesen hat, dem wird wohl schon die Vermutung nahe gekommen sein, daß eine würdige aber auch recht nützliche und praktische Schwester jener etwas recht gelehrigen Lehrmeisterin, die wir Projektionslehre genannt haben, die Perspektive ist, denn es wurde dort gesagt, daß ein Körper auch eine solche Lage zu uns einnehmen kann, daß wir zwei oder auch drei Flächen seiner Oberfläche gleichzeitig wahrnehmen können, und daß, wenn eine solche Ansicht irgend eines Gegenstandes zu Papier gebracht wird, eine perspektivische Darstellung desselben entsteht.

Schon aus dem fünften Abschnitte der vorerwähnten Projektionslehre haben wir kennen gelernt, daß es auch dieser Darstellungskunst möglich wird, einen Körper so zu zeichnen, daß zwei, ja selbst drei Flächen desselben zu gleicher Zeit uns wahrnehmbar werden, nur mußte zugegeben werden, daß der Weg, welcher zur Erreichung dieses Zieles eingeschlagen werden mußte, ein etwas beschwerlicher und gelehriger war.

Nicht so umständlich ist der Weg, welchen die Perspektive zur Erreichung ihres Zieles einschlägt, denn sie zeigt uns, wie ein Gegenstand auf kürzeste und bündigste Art zur Darstellung kommen kann, wenigstens soll dieses von derjenigen Perspektive gesagt sein, welche in vorliegendem Kapitel uns unterrichten soll.

Zur Ehre der Perspektive soll es gesagt sein, daß sie von den beiden Schwestern die ältere ist, denn schon im Altertume fand dieselbe Beachtung und vielfache Anwendung, wenigstens lassen die Malereien der alten Griechen und Römer diesen Schluß zu. Nach wissenschaftlichen Sätzen und Regeln freilich, wie wir solche Dinge uns anzueignen heutzutage gewohnt sind, werden jene alten Künstler wohl nicht verfahren haben; dafür haben sie aber eine andere schätzenswerte Kunst besessen, die wohl unserer Zeit der Wissenschaft hier und da abgeht, nämlich die Gabe einer naturwüchsigen Beobachtung, denn durch nichts anderes als durch Beobachtung und Vergleichung der Naturgegenstände und ihrer Erscheinungen mit den Bildern ihres Schaffens haben sie das Richtige gefunden.

Aber schon das Mittelalter ging einen Schritt weiter, denn es hat gar manche wohlgelungene Versuche aufzuweisen, diesen Stoff auch wissenschaftlich zu behandeln, indem verschiedene Maler Italiens die Ergebnisse ihrer Studien niederschrieben, um sie ihrer Mit- und Nachwelt zur Benutzung und zu weiterem Ausbau anzuempfehlen.

Nach ihnen hat auch der deutsche Maler und Künstler Albrecht Dürer diese Wissenschaft gründlich studiert und das Ergebnis seines Forschens in vier Büchern: „von der menschlichen Proportion" niedergelegt.

Seit dieser Zeit mehrten sich diese Werke von Jahrzehnt zu Jahrzehnt, so daß gegenwärtig wohl kaum eine Kultursprache auf Erden zu finden ist, die durch ihre Litteratur nicht schon den Beweis geliefert hat, daß auch sie sich für den Weiterausbau dieser Darstellungskunst interessiert.

Alle jene Werke stützen die Beweise ihrer perspektivischen Darstellungsmethoden auf die Anwendung wissenschaftlicher, theoretischer Lehrsätze. Deshalb mußte es als ein Triumph der Wissenschaft gelten, als etwa inmitten unseres Jahrhunderts die uns allen bekannte Kunst der Photographie auftrat, und mit mathematischer Genauigkeit nachwies, daß es mit allen jenen Regeln und Lehrsätzen der Wissenschaft seine Richtigkeit habe!

Aber noch weiter ist das Streben nach weiterem Ausbau und möglichster Nutzbarmachung dieses Kunstzweiges gegangen. Denn nicht nur die sogenannten schönen Künste sollten Vorteil aus ihm ziehen, sondern auch das Gewerbe und ist es vor allem das Verdienst unserer Zeit gewesen, die Lehre der Perspektive derart zu gestalten, daß auch unsere Industrie Nutzen aus ihr ziehen kann, wie nun alsbald aus dem folgenden sich ergeben wird.

Es soll und muß aber vorausgeschickt werden, um falsche Vermutung oder auch Hoffnungen gleich von vornherein abzuschneiden, daß es sich in diesem Kapitel um eine wissenschaftliche Behandlung dieser Disziplin nicht handeln soll, sondern um eine praktische. Ebensowenig darf erwartet werden, daß eine ausführliche Besprechung dieses Stoffes hier vorliege.

Wie die Bienen nicht alles nur Mögliche aus den Blumen der Natur, sondern nur das ihnen Nützliche zusammentragen, so möchte auch dieses kleine Werk aus den Blüten der Wissenschaft dasjenige nur zusammentragen, was dem Gewerbe nützt.

Aus diesem Grunde ist der Begriff Perspektive auch nicht im engeren sondern im weiteren Sinne zu nehmen, denn wenn in der Zeichensprache unter diesem Ausdrucke gewöhnlich die Kunst verstanden wird, einen Gegenstand so zu zeichnen, wie er von einem gewissen Standpunkte aus dem Auge des Beobachters nach Größe und Gestalt erscheint, so will dieser Begriff hier nur so verstanden sein, daß es sich um die Methode handle, einen Gegenstand überhaupt so zu zeichnen, daß er körperlich erscheint.

Es wurde daher auch von der Behandlung der „Zentral-Perspektive" hier ganz abgesehen, weil das Gewerbe von dieser Art der Perspektive, welche einen Gegenstand so darstellt, daß sämtliche Linien seiner Seitenflächen nach einem gemeinschaftlichen Fluchtpunkte — oder auch Zentrum: daher ihr Name Zentral-Perspektive — gehen, wohl kaum jemals Nutzen gezogen hat.

Diejenige Art der Perspektive, welche vorzugsweise in den Dienst der Industrie treten kann, ist die Parallel-Perspektive, von welcher nun speziell die Rede sein soll.

Fig. 1, Taf. VIII.

Aufgabe. Es soll ein Würfel perspektivisch, also körperlich gezeichnet werden.

Lösung. Man zeichnet wie früher einen geometrischen Aufriß dieses Körpers, also nach vorausgegangener Belehrung ein Quadrat.

An drei Ecken dieser Figur setzt man schräge Linien gewöhnlich unter einem Winkel von 45° und gibt diesen Schrägen die halbe Länge einer Quadratsseite. Verbindet man die Endpunkte dieser Schrägen durch eine wagerechte und eine senkrechte Linie parallel zu den entsprechenden Quadratseiten, so ist die perspektivische Zeichnung des Würfels ausgeführt, der Würfel läßt drei seiner Oberflächen sehen und erscheint körperlich. (Vorderfläche, Seitenfläche und Deckfläche).

Es lassen sich aber nicht nur die sichtbaren, sondern auch die vom Körper verdeckten Würfelseiten ersichtlich machen, wenn man an die noch übrige vierte Ecke des Quadrates ebenfalls noch eine Schräge von 45° setzt, ihr die gleiche Länge der anderen gibt und nun ebenfalls den Endpunkt dieser Schrägen durch eine Senkrechte und Wagerechte parallel zu den Quadratseiten verbindet.

Daß diese Linien nicht sichtbare, sondern verdeckte Würfelseiten andeuten sollen, ist dadurch ausgesprochen, daß sie nicht ausgezogen sondern punktiert worden sind.

Aufgabe A. Verwandle die geometrische Seite dieses Würfels nach Anleitung der **Fig. 40, Taf. I**, in ein noch einmal so großes Quadrat und zeichne den Würfel alsdann perspektivisch. (Beachte die Seitenlängen.)

Aufgabe B. Verwandle dieses Quadrat nach **Fig. 39, Taf. I**, in ein noch einmal so kleines Quadrat und zeichne den Würfel perspektivisch, jedoch nach der linken Seite mit Angabe der verdeckten Seiten.

Fig. 2, Taf. VIII.

Aufgabe. Eine Kiste in Gestalt eines Würfels soll perspektivisch gezeichnet werden.

Lösung. Die Konstruktion ist die vorige. Zeichne also zuerst ein Quadrat als geometrische Vorderfläche und setze an drei Ecken dieser Figur die Schrägen von halber Länge einer Quadratsseite und verfahre weiter wie oben.

An diesem Beispiele läßt sich die Nützlichkeit einer solchen Darstellungsweise recht deutlich erkennen, denn es läßt sich an derselben nicht nur die Form der Kiste überhaupt ersehen, sondern es lassen sich im Falle daß ein Bedürfnis dazu vorliegt, die Längen-, Tiefen- und Höhenmaße derselben an den betreffenden Stellen einschreiben, ja noch mehr: es läßt sich die Art und Weise darstellen, wie die Kiste zusammengearbeitet, ob sie zusammengenagelt, zusammengezinkt worden ist, ob sie Zwergleisten erhalten hat oder durch Bandeisen wiederstandsfähiger gemacht wurde. Endlich ist sogar die Richtung der Holzjahre ersichtlich zu machen möglich. Das alles sind Momente, welche in besonderen Fällen von großer Bedeutung werden können und deren Notierungen an einer einzigen Zeichnung ganz besonders annehmlich werden kann.

Fig. 3, Taf. VIII.

Aufgabe A. Eine quadratische Säule soll perspektivisch gezeichnet werden.

Lösung. Man zeichnet wieder zuerst die geometrische Vorderansicht der Säule, welche hier aus einem Rechtecke besteht, und setzt unter dem bekannten Winkel von 45°, der überdies nur beliebig angenommen worden ist, die drei Schrägen an, welche ebenfalls die Hälfte einer Quadratseite erhalten haben und vollendet die Zeichnung durch Ziehen zweier Geraden, parallel zur senkrechten und wagerechten Säulenkante.

Sollte es wünschenswert erscheinen, auch an diesem Beispiele die verdeckten Seitenflächen der Säule ersichtlich zu machen, so kann auch dieses hier stattfinden.

Aufgabe B. Zeichne dieselbe Säule noch einmal, jedoch in horizontaler Lage perspektivisch.

Fig. 4, Taf. VIII.

Aufgabe A. Ein Aufbau aus drei Körpern, von denen einer eine quadratische Säule mit drei Quadratseitenlängen, die andern beiden aber Würfel sind, soll perspektivisch dargestellt werden.

Lösung. Auf einer Wagerechten stich das Maß einer Quadratseite dreimal ab und konstruiere daraus die geometrische Ansicht dreier Quadrate. Ueber diese hinweg lege die quadratische Säule, mit denselben Seitenkanten, ebenfalls in geometrischer Ansicht.

Ist diese Zeichnung vollendet, so setze alle in Betracht kommenden Schrägen an und begrenze sie nach der Tiefe zu durch zwei senkrechte Linien.

Aufgabe B. Zeichne nach Vollendung dieser Figur alle möglichen Seiten, welche vom Körper selbst verdeckt werden, durch punktierte Linien aus.

Fig. 5, Taf. VIII.

Aufgabe. Auf zwei Würfeln, welche um eine Quadratseitenlänge auseinanderstehen, ruht eine quadratische Säule von zwei Würfelseitenlängen. Dieser Aufbau soll ebenfalls in perspektivischer Weise gezeichnet werden.

Lösung. Trage wiederum auf einer Wagerechten die Länge einer Quadratseite dreimal auf und zeichne daraus drei Quadrate. Darauf wird die Oberkante der beiden äußeren Quadrate halbiert und in diesen Punkten je eine Normale errichtet von gleicher Länge als eine Quadratseite und schließlich die Endpunkte dieser Senkrechten durch eine Wagerechte verbunden.

Die Darstellung der perspektivischen Seiten geschieht ganz nach den früheren Angaben und ist daher nun schon bekannt.

Wie der Augenschein lehrt, macht dieses Beispiel eine größere Anzahl perspektivischer Seiten ersichtlich als voriges und ist deshalb für unsere Uebung in der Perspektive ganz besonders gut geeignet. Besonders ist bei den vier zusammenhängenden perspektivischen Seiten darauf zu achten, daß sämtliche vier Seiten in den Ecken und Kanten genau schließen. Auch muß die Ecke 1 genau mit der Ecke 2 in eine gerade Linie fallen, welche zur Grundlinie parallel ist.

Aufgabe A. Gib auch in diesem Beispiele die Lage der nicht sichtbaren Seiten sämtlicher Körper durch punktierte Linien an, um durch dieselben die Richtigkeit deiner Arbeit zu kontrollieren, denn ist die eine oder die andere Zeichnung nicht richtig, so werden die Ecken und Kanten zusammengehöriger Flächen nicht aufeinanderpassen.

Aufgabe B. Löse diese Aufgabe noch einmal, verändere aber die Aufstellung derartig, daß die beiden Würfel noch weiter nach außen gerückt erscheinen und zwar um soviel, daß die ruhende Säule nur auf $1/4$ der Würfelseite aufliegt.

Frage: Welche perspektivischen Seiten werden hierdurch eine Veränderung erfahren, und welche von diesen beiden die meiste?

Fig. 6, Taf. VIII.

Aufgabe. Eine horizontal liegende quadratische Säule ist in ihrer Mitte durch einen Würfel unterstützt und es sollen diese beiden Körper in ihrer gegenseitigen Lage perspektivisch dargestellt werden. Die Lösung dieser Aufgabe ist ganz dazu geeignet, als Prüfstein dafür zu gelten, ob das Bisherige auch verstanden worden ist, und soll die Anfertigung dieser Zeichnung seitens des Zeichners ohne Anleitung dieses Buches erfolgen. Inbegriffen ist das Sichtbarmachen der verdeckten Seiten.

Fig. 7, Taf. VIII.

Ein sehr hübsches Bild und einen wertvollen Uebungsstoff für Projektionslehre bietet die perspektivische Darstellung eines monumentalen Kreuzes nach **Fig. 7**. Die Lösung dieser Aufgabe beginnt wieder mit der Darstellung der geometrischen Ansicht des Kreuzes, und zwar sind für dasselbe folgende Längenverhältnisse maßgebend:

Der Längenbalken hat 5 Würfellängen, der Querbalken 3 Würfellängen und die beiden Stufen beiderseits je eine Würfellänge, welche letztere in ihrer Höhe und Breite halbiert worden ist.

Die halbe Länge einer Würfelkante ist als Tiefenmaß des Kreuzes angenommen worden.

Bei der Darstellung der perspektivischen Seiten dieser Figur ist darauf zu achten, daß die hintere Längenkante des Querbalkens, des Längenbalkens und auch der beiden Stufen genau in eine Flucht fallen.

Fig. 8, Taf. VIII.

Aufgabe. Ein sehr bekannter Stein, den wir alle schon gesehen haben, soll in vorgedachter Weise zur bildlichen Darstellung kommen.

Lösung. Die Darstellung dieses Steins würde vor der quadratischen Säule in **Fig. 3, Taf. VIII**, nichts Neues bieten, wenn nicht die Oberfläche derselben eine Rundung angenommen hätte; aber auch diese Neuerung bietet keine nennenswerte Schwierigkeit in ihrer Darstellung.

Hat man also den geometrischen Aufriß der Säule angefertigt, so zieht man in der Hälfte der Langseiten eine Wagerechte und teilt somit die Vorderfläche in zwei Quadrate (oder auch Rechtecke). Es werden nun in das obere Viereck die beiden Diagonalen gezogen und von dem Kreuzungspunkte derselben a aus der Bogen der Oberfläche beschrieben womit der Aufriß der Figur beendet ist.

Das Zeichnen der perspektivischen Seiten geschieht, indem man wie bisher die drei Schrägen ansetzt und durch Verbindung der Endpunkte derselben durch eine Senkrechte die rechte Seite vervollständigt.

Um die Hinterkante der Oberfläche zu begrenzen, legt man an den Mittelpunkt a ebenfalls eine Schräge unter demselben Winkel und von derselben Länge wie die vorigen. Wir erhalten somit den Endpunkt b als Mittelpunkt für den hinteren Kreisbogen der Oberfläche des Steines.

Aufgabe A. Zeichne diesen Gegenstand noch einmal, doch in der Weise vervollständigt, daß an die gebogene Oberfläche desselben zu beiden Seiten ein vorspringendes Plättchen tritt, um welches der Gegenstand demnach breiter wird.

Aufgabe B. Zeichne die perspektivischen, verdeckten Seiten hinzu.

Fig. 9, Taf. VIII.

Aufgabe. Ein Koffer, dessen Deckel eine kreisbogenförmige Wölbung erhalten hat, soll in perspektivischer Ansicht so gezeichnet werden, daß er dem Beschauer seine Stirnfläche zukehrt.

Lösung. Ziehe eine senkrechte Mittellinie, daran die Grundlinie und obere Wagerechte, welche die Höhe der Seite horizontal begrenzt. Die Höhe der so bestimmten Senkrechten teile nun in vier gleiche Teile, von welchen einer auf die Höhe der Deckelzarge kommt. Trage links und rechts auf der oberen wie auch unteren Wagerechten die halbe Breite der Stirnseiten auf und ziehe die schrägen Seiten des Koffers.

Aus dem Punkte a, der halben Höhe der Senkrechten beschreibe nun einen Kreisbogen für die Wölbung des Deckels, sowie unten den Vorsprung und die Brettstärke des Kofferbodens, so ist der geometrische Aufriß dieses Gerätes dargestellt.

Die Wiedergabe der perspektivischen Seiten läßt sich ganz in derselben Art ausführen, wie es bisher geschehen ist. An jede betreffende Ecke der Zeichnung werden Schrägen unter gleichem Winkel und von gleicher Länge angesetzt, ebenso auch an den Mittelpunkt a eine schräge Hilfslinie, so ergibt sich der Mittelpunkt b für die hintere Wölbungslinie des Deckels.

Auch in dieser Zeichnung könnten noch, wenn dieses notwendig würde, Andeutung aller Art z. B. der Holzverbindung, der einzelnen Bestandteile der gewölbten Kofferfläche und dergl. gemacht werden, um die Zeichnung so praktisch als möglich zu machen.

Fig. 10, Taf. VIII.

Aufgabe. Ein kreisförmiger Ring soll gezeichnet werden.

Lösung. Der Aufriß dieses Gegenstandes besteht nur aus zwei konzentrischen (siehe **Fig. 1, Taf. II**) Kreisen, welche von dem Mittelpunkte a aus beschrieben worden sind. Setze an den großen Kreis zwei Tangenten (siehe **Fig. 4 Taf. II**) von einer Länge, die der Stärke oder Tiefe dieses Ringes entspricht und eine ebenso lange, schräge Linie unter gleicher Richtung, wie jene an dem Mittelpunkt a, so ist der zweite Mittelpunkt b gefunden, welcher zur Darstellung der perspektivischen Flächen dieses Gegenstandes nötig ist.

Ziehe also von b aus den großen, äußeren und kleinen, inneren Kreisbogen, so ist die Perspektive dieses Ringes beendet.

Anmerkung. Die Radien zu letzteren sind ganz dieselben als die Radien des geometrischen Aufrisses.

Fig. 11, Taf. VIII.

Die Zweckmäßigkeit einer solchen perspektivischen Darstellungsweise wird uns nach dem Bisherigen gewiß schon einleuchtend geworden sein. Sie wird aber sicherlich noch besser hervortreten wenn wir zur perspektivischen Darstellung nunmehr solche Gegenstände wählen, welche uns außer ihrer äußeren Gestalt zugleich auch einen Einblick in ihre innere Beschaffenheit und Einrichtung gestatten, wie dieses uns die **Fig. 12** veranschaulicht.

Es ist zur Erreichung dieses Zwecks ebenfalls eine Kiste gewählt worden, von welcher der Deckel abgehoben worden ist, und es zeigt nun diese Zeichnung nicht nur drei Außenflächen als Vorder-, Seiten- und Oberfläche als auch zwei der Innenseiten und gibt somit ein so vollkommenes Bild von diesem Geräte, wie wir es besser nicht erhalten können.

Zeichne also den geometrischen Aufriß, in diesem Falle ein Rechteck, und vollende die perspektivische Ansicht nach den bisherigen Angaben.

Hierauf ziehe zu den vier Außenkanten der Oberfläche je eine Parallele unter gleichem Abstande nach der Innenseite sowie die Senkrechte, welche den Zusammenstoß der linken Seitenfläche mit der Hinterwand im Innern bildet, so ist die uns gestellte Aufgabe schon gelöst.

Handelt es sich nun noch darum, etwaige Notizen über die Art des Zusammenarbeitens des Gegenstandes in diese Figur einzutragen, so kann dieses in jeder gewünschten Weise erfolgen. Siehe die darauf bezüglichen Andeutungen der Zeichnung.

Beispielsweise sei hier auf einen Umstand hingedeutet, der leicht übersehen werden könnte. Es fehlt nämlich in dieser Zeichnung die Angabe des Bodens der Kiste. Aus dieser Unterlassung muß der Schluß gezogen werden, daß derselbe äußerlich nicht sichtbar sein soll, demnach „im Lichten" eingeschoben werden soll, was von wesentlichem Einflusse auf das ganze Zusammenarbeiten der Kiste ist.

Denn bei einer solchen „Einschiebung" des Bodens müssen die Zargen um die Stärke des Bodens höher gemacht werden; der Boden wird dafür um etwas mehr als eine Holzstärke an zwei Seiten kleiner; der

Boden wird ringsum abgefälzt und die Zargenteile erhalten unten in Bodenstärke eine Nut.

Letztere wieder ist nicht ohne Einfluß auf das Zinken, wenn dieses ordentlich und nicht etwa durch „Ausflicken" ein Uebelstand beseitigt werden soll.

Fig. 12, Taf. VIII.

Einen treffenden Beweis für die Nützlichkeit einer solchen perspektivischen Darstellung liefert auch dies vorliegende Beispiel.

Es ist ein Nähtischkasten zum Zeichnen ausgewählt worden, dessen innere Einrichtung bis auf das kleinste Detail vollständig klar erkennbar gemacht worden ist mit Hilfe der Perspektive.

Man sieht aus dieser Zeichnung, daß das Kastenvorderstück stärker ist als die Seiten und daß das Hinterstück vorschriftsmäßig schwächer ist als diese. Das Vorderstück ist „halbverdeckt", das Hinterstück durchgezinkt (siehe über das Zinken den einschlägigen Abschnitt des folgenden Kapitels).

Ferner ist die sogenannte „Einrichtung des Kastens" vollständig und treu eingezeichnet worden, daß kaum ein Wort der Erklärung zur Anfertigung einzuschreiben nötig wird, da man die mit Deckel versehenen Fächer deutlich von den offenen Fächern unterscheiden kann und sogar die beiden Fächer, welche Zwirnspulen enthalten, erkenntlich sind.

Aufgabe. Zeichne einen solchen Kasten und gib allen Seiten und Teilen dieses Kastens eine doppelte Längenausdehnung.

Fig. 13, Taf. VIII.

Ein Kindertischchen ist als ferneres Uebungsbeispiel im perspektivischen Zeichnen gewerblicher Gegenstände gegeben worden.

Aufgabe. Suche diese Aufgabe aus eigenem Nachdenken zu lösen.

Bis hierher ist die Lösung perspektivisch gezeichneter Aufgaben verhältnismäßig sehr leicht gewesen, weil sich dieselbe auf das Viereck sowie auf den senkrechtstehenden Kreisbogen gründete.

Die Sache wird aber etwas schwerer, sobald andere Figuren an Stelle des Vierecks treten oder wenn kreisförmige Gegenstände mit liegender Kreislinie zur Darstellung kommen sollen.

Versuchen wir es zunächst als Uebergang zu diesem Schwierigeren mit der perspektivischen Darstellung eines liegenden Achtecks, wie dieses die

Fig. 14, Taf. VIII,

verlangt.

Aufgabe. Das regelmäßige Achteck 1, 2, 3, 4, 5, 6, 7, 8, welches eine horizontale Lage angenommen hat, soll perspektivisch gezeichnet werden.

Lösung. Wir denken uns zunächst um das fragliche regelmäßige Achteck ein Quadrat beschrieben, dessen Vorderkante die Linie a b ist; wir setzen bei a und b in dem üblichen Winkel von 45° zwei Schrägen an, machen sie halb so lang als a b und verbinden die Endpunkte derselben durch eine Parallele zu a b, so haben wir das umschreibende Quadrat des Achtecks perspektivisch gezeichnet und es fällt uns nur noch die Aufgabe zu, in dieses hinein das regelmäßige Achteck zu zeichnen. Daß dieses aber ein regelmäßiges und nicht ein willkürliches ist, darin liegt die schwierigere Seite dieser Lösung, weil wir hierdurch an die Gesetzmäßigkeit dieser Figur gebunden sind, welche auch im perspektivischen Zeichnungen nicht beiseite gesetzt werden darf.

Um mit dem perspektivisch gezeichneten Quadrate a b c d weiter zu kommen, fertigen wir eine Art Grundrißzeichnung vom Achteck an, wenigstens doch eine Hälfte desselben. Die Figur a, f, g, h, i, b stellt ein solches halbes Achteck vor. (Ueber die Anfertigung eines Achtecks siehe **Fig. 13, Taf. II**, Seite 38.)

Halbiere hierauf die Linie a b in 1 und ziehe von 1 aus die Schrägen nach m und n als der Mitte von den Achtecksseiten f g und h i, so stellen diese Linien Stücke der Diagonalen dar, die in ein Quadrat beschrieben worden sind.

Lote hierauf die beiden Punkte m und n auf die Linie a b nach o und p und ziehe aus beiden Punkten Schrägen parallel zu den Seiten a c und b d. Ziehe ferner in das perspektivische Quadrat a b c d die beiden Diagonalen a d und b c, so werden diese in den Punkten m′ n′ und m″ n″ geschnitten und es stellen letztgenannte vier Punkte die perspektivischen Projektionen der Punkte m und n dar.

Lote nun auch noch die beiden Ecken g h nach a b und ziehe aus den Punkten 1 und 2 ebenfalls zwei Parallele zu a c oder b d nach den Punkten 5 und 6, so sind von dem zu zeichnenden Achteck vier Ecken (1, 2, 5 und 6) bestimmt worden und wir sind durch diese in den Stand gesetzt, die ganze Figur zu zeichnen.

Weil die Achtecksseite g f durch den Punkt m und die Achtecksseite h i durch den Punkt n geht, so müssen auch die noch zu zeichnenden vier Achtecksseiten der Perspektive durch die Projektionen der beiden letztgenannten Punkte also durch m′ n′ und m″ n″ gehen. Ziehen wir also von 1 durch m′, von 2 durch n′, von 5 durch n″ und endlich von 6 durch m″ schräge Linien bis an die Seiten des Quadrates a b c d, so ist das Achteck vollständig bestimmt und unsere Aufgabe demnach gelöst.

Fig. 15, Taf. VIII.

Das in **Fig. 14** gewonnene Resultat soll in dieser Figur sogleich eine praktische Verwendung finden, indem die perspektivische Ansicht einer achtseitigen Säule, die auf einer quadratischen Unterplatte ruht, angefertigt werden soll.

Lösung. Zeichne zuerst die quadratische Sockelplatte der Säule nach Anleitung der **Fig. 1** dieser Tafel und zeichne an die Kante derselben a b wieder die untere Hälfte eines regelmäßigen Achtecks als Grundriß, wie dieses in voriger Aufgabe verlangt wurde.

Zeichne mit Hilfe dieser Figur das perspektivische Achteck in derselben Weise und errichte in sämtlichen acht Ecken dieser Figur Normalen von gleicher Höhe. Werden alsdann alle Endpunkte dieser Senkrechten paarweise durch parallele Linien parallel zu den unteren Achtecksseiten verbunden, so ist die obere Schnittfläche der Säule gezeichnet und die Aufgabe gelöst.

— 123 —

Aufgabe A. Konstruiere noch einmal ein perspektivisches Achteck wie in **Fig. 14** dieser Tafel, errichte in b', dem Mittelpunkte der Figur, eine Senkrechte von der Länge a b und verbinde den oberen Endpunkt dieser Linie durch schräge Linien mit den Punkten 1 bis 8. Entferne hierauf alle die Seitenkanten derjenigen Seiten, welche von dem Körper verdeckt werden, damit die perspektivische Zeichnung dieser achtseitigen Pyramide recht deutlich hervortrete. Letztere Linien können auch punktiert oder gestrichelt werden.

Aufgabe B. Fertige die Zeichnung der **Fig. 15** noch einmal an und setze auf die obere Schnittfläche dieses Säulenstumpfes ebenfalls eine achtseitige Pyramide, indem du von dem Mittelpunkte l' aus ebenfalls eine Normale aber von beliebiger Höhe errichtest und deren oberen Endpunkt mit den acht Ecken jenes Säulenstumpfes durch schräge Linien verbindest.

Willst du dieses Bild noch vervollständigen und verschönern so ziehe zuvor auf der oberen Schnittfläche des Säulenstumpfes im Innern parallel Linien zu den Achteckseiten und ziehe die Schrägen nicht nach den äußeren sondern nach den inneren Ecken, damit ein vorspringendes Plättchen entsteht.

Fig. 16, Taf. VIII.

Aufgabe. Eine horizontal gerichtete Kreisfläche soll perspektivisch gezeichnet werden.

Lösung. Wie beim Achteck denke man sich auch hier um den Kreis ein Quadrat beschrieben und zeichne dieses in der verlangten Weise.

Ueber a b oder einer Parallelen zu ihr beschreibe einen Halbkreis als Grundrißfigur. Ziehe aus dem Mittelpunkte c eine senkrechte sowie zwei Schrägen unter 45°, wodurch die Kreislinie in vier gleiche Teile geteilt wird.

Lote hierauf die Punkte 1, 2, 3 auf a b und ziehe von diesen so erhaltenen Punkten aus schräge Linien parallel zu den schrägen Quadratseiten a c und b d und endlich in das Quadrat a b c d die beiden Diagonalen a d und b c, so werden jene Schrägen viermal geschnitten.

Wird nun endlich auch aus c', dem Mittelpunkte des Quadrates, eine Parallele zu a b und eine solche zu a c gezogen, so sind mit den Endpunkten dieser Linien acht Punkte erzielt worden, durch welche die perspektivisch zu zeichnende Kreislinie aus freier Hand gezeichnet werden kann.

Fig. 17, Taf. VIII.

Aufgabe. Eine kreisrunde Zarge eines Klavierstuhles soll perspektivisch gezeichnet werden.

Lösung. Wir lösen diese Aufgabe auch wieder, indem wir uns um den Kreis ein Quadrat beschrieben denken und zeichnen dieses Quadrat perspektivisch nieder.

Wir halbieren die Vorderkante dieser Figur und beschreiben aus diesem Mittelpunkte einen Halbkreis, ferner werden die beiden Schrägen unter 45° gezogen, durch welche der Halbkreis in Vierteilung gebracht wird. Es werden die Punkte 1 und 3 herunter auf die Wagerechte gelotet, aus diesen Punkten Parallele zu den schiefen Quadratseiten gezogen, im gleichen die beiden Diagonalen, wodurch sich die acht Punkte ergeben, durch welche der Kreis perspektivisch gezeichnet wird.

Um die innere Ellipse zu zeichnen, beschreibt man einen kleineren Halbkreis aus demselben Mittelpunkte, dessen Radius um soviel kürzer ist, als die Breite der Zarge beträgt. Die beiden Schrägen geben die Teilpunkte 1' 3' an, welche ebenso wie die vorigen zur Zeichnung des perspektivischen Kreises weiter benutzt werden.

Ist somit die Zeichnung der oberen Ringfläche aufgefunden worden, so hat man nur noch an den äußeren Punkten der Ellipse senkrechte Linien zu ziehen und parallel zur äußeren Kreislinie die Unterkante der Zarge zu zeichnen.

Auch hier ist die Seitenfläche der Zarge dazu benutzt worden, um Eintragungen über die Art der Holzverbindungen zu machen. Auch diese horizontalen Fugen stellen perspektivisch gezeichnete Kreisbogen dar.

Fig. 18, Taf. VIII.

Aufgabe. Ein kreisrundes konisches Zargenstück soll perspektivisch gezeichnet werden.

Lösung. Die Ausführung dieser Lösung ist nicht so einfach und leicht gefunden, als man vielleicht denkt, jedoch trägt ein schrittweises Vorgehen viel zur Erleichterung unserer Aufgabe bei.

Wir beginnen wieder zuerst mit dem Zeichnen der oberen Kreisfläche, indem wir wie bisher zuerst das Quadrat a b c d konstruieren, über der Vorderkante den Halbkreis beschreiben und mit Hilfe desselben die perspektivische Kreislinie aus freier Hand auszeichnen.

Um die untere, kleinere perspektivische Kreislinie zu zeichnen, macht sich die Konstruktion eines neuen, kleineren Quadrates notwendig. Beide Figuren müssen aber mit ihrem Mittelpunkte lotrecht übereinanderstehen. Deshalb fällt man aus dem Mittelpunkt m eine Senkrechte nach n = der Höhe der Zarge und konstruiert von n aus das kleinere Quadrat, dessen Seiten mit dem oberen überall parallel laufen müssen. Es wird nun ebenfalls über der Vorderkante dieses kleineren Quadrates ein Halbkreis geschlagen und nun wie bekannt weiter verfahren.

Weil aber von dieser Unterkante nur ein kleiner Teil sichtbar wird, kann man sich die Konstruktion insofern erleichtern, daß man nur den vorderen und rechtsseitigen Teil des perspektivischen Quadrates zeichnet, indem man aus n parallel zu a c oder b d eine halbe Seite des kleineren Qudrates zieht und dann, wie die Zeichnung angibt, weiter verfährt.

Fig. 19, Taf. VIII.

Aufgabe. Auf einer quadratischen Unterplatte ruht eine kreisrunde Säule mit einem mehrfach gegliederten Säulenfuße. Es soll hiervon die perspektivische Ansicht angefertigt werden.

Lösung. Zeichne die quadratische Unterplatte, suche hiervon durch das Ziehen der beiden Diagonalen den Mittelpunkt desselben und setze hierauf unter Weglassung des Säulenfußes den Schaft der Säule so auf, daß die Achse der Säule genau über dem Mittelpunkte der Platte steht.

Erst nachdem diese beiden Teile richtig gestellt sind, wird die Gliederung des Sockels in elliptischen Linien aufgetragen.

Fig. 20, Taf. VIII.

Aufgabe. Das Kapitäl einer quadratischen Säule mit einer Deckplatte soll perspektivisch gezeichnet werden.

Lösung. Zeichne die quadratische Platte, ziehe die Diagonalen; beschreibe um den so gefundenen Mittelpunkt des großen Quadrates ein kleineres, welches den Querschnitt des Säulenschaftes gleich ist und ziehe aus dessen Eckpunkten die senkrechten Seitenkanten des Schaftes.

In gleicher Weise zeichne das Quadrat des oberen Plättchens und das untere Stäbchen. Den Kehlstoß des Karnieses zeichne für diesesmal aus freier Hand ohne Konstruktion.

Anmerkung. Während alle bisherigen Beispiele den Gegenstand so darstellen, als wenn derselbe von oben gesehen würde, weicht diese Zeichnung von dieser Regel ab und stellt das Kapitäl als von unten gesehen hin.

Eine solche Darstellung hat in der Fachsprache den Namen „Froschperspektive" erhalten, während jene Art unter der Bezeichnung „Vogelperspektive" bekannt ist.

Fig. 21, Taf. VIII,

soll als Uebungsbeispiel gelten und mag vom Zeichner selbst vollendet werden.

Schlußbemerkung.

Sollte es nun noch am Ende dieses Lehrganges einer Rechtfertigung bedürfen, warum derselbe in diesem Werke seinen Platz gefunden hat, so kann es wohl keine andere und bessere geben als der Hinweis auf die große Zweckmäßigkeit dieser Darstellungsart, auf welche schon wiederholt konnte aufmerksam gemacht werden. Dieselbe besteht hauptsächlich darin, daß mehrere Seiten des Gegenstandes an einer Figur zur Darstellung kommen. Ein fernerer Gewinn ist der, daß der Konstrukteur dadurch befähigt wird perspektivisch gezeichnete Gegenstände leichter zu verstehen und schneller aufzufassen, sowie auch nach solchen Zeichnungen zu arbeiten.

Und wie er selber lernt, eine perspektivische Zeichnung besser zu verstehen, so wird er auch befähigter, seine eigenen Gedanken in gedachter Art und Weise darzustellen und andern sie verständlich zu machen; er hat somit eine höhere und bessere theoretisch-technische Berufsausbildung sich angeeignet und ist deshalb auch produktiver geworden.

Was nun aber die Behandlungsweise dieses Lehrstoffes anlangt, so möchte vielleicht der Vorwurf erhoben werden, daß dieselbe in allzu elementarer Form gegeben worden ist. Allein dieser Vorwurf dürfte wohl kaum als ein Tadel gelten können, weil bei Bearbeitung dieses Werkes andere Rücksichten Platz greifen mußten, als lediglich der Wissenschaft zuliebe abstrakte Lehrsätze zu dozieren.

Uebrigens dürfte eine Einbuße durch diese Behandlungsweise wohl kaum nachzuweisen sein, da ja die Perspektive hier nur den Zweck verfolgen soll, einen Gegenstand schnell nach seinen wesentlichen, äußerlichen Merkmalen fixieren zu können.

Freilich eine vollständige und erschöpfende Belehrung über diesen Gegenstand konnte hier mit diesem Wenigen nicht gegeben werden, wurde aber auch von vornherein nicht beabsichtigt.

Ueberdies gibt es Werke genug, welche diese Disziplin in wissenschaftlicher Weise erschöpfend behandeln und wem diese nur fürs praktische Bedürfnis berechnete Bearbeitung nicht befriedigt, dem soll aufs wärmste das Studium solcher Werke, wie z. B. die Zentral- und Parallelprojektion von Prof. Weishaupt, der methodische Leitfaden der Linearperspektive für höhere Lehranstalten von Dr. Frangenheim u. a. empfohlen sein.

Sechstes Kapitel.
Ueber die Holzverbindungen.

Erster Abschnitt.
Allgemeines.

Von allen Arbeiten, die am häufigsten vorkommen, die aber auch dem Tischler die größte Sorgfalt zur Pflicht machen, sind die Holzverbindungen die wichtigsten. Kein anderer Holzarbeiter hat soviel mit ihnen zu thun, als der Tischler, bei keinem anderen Gewerbe kommt aber auch soviel auf die Ausführung dieser Gattung der Tischlerarbeiten an als bei diesem.

Diese große Bedeutung, welche die Holzverbindungen haben, sind hervorgerufen durch eine Eigenschaft der Hölzer, welche dem Tischler stets die meisten Sorgen bereitet und die größte Aufmerksamkeit abnötigt, wenn er nicht alle oft angewendete Mühe über den Haufen geworfen sehen will.

Diese unliebsame Eigenschaft des Holzes ist das „Schwinden" — oder wie es der Tischler nennt — das Trocknen des Holzes.

Kein Holz, und wäre es das älteste, befindet sich in dieser Beziehung im Zustande der Ruhe, denn ist es auch wirklich vollständig ausgetrocknet, so fängt es wieder zu quellen an, um später dann von neuem wieder einzutrocknen. Es geht mit dem Holze ebenso wie in der Natur mit dem Leben überhaupt; das Leben der niedrigsten Tiergattungen ist nicht selten das zäheste. Auch das Holz — und wenn es hundert Jahre alt wird, es zeigt doch immer noch das Streben, sich auszudehnen und wieder zusammenzuziehen, sobald die Verhältnisse der täglichen Witterung ihm dazu Veranlassung geben, als wollte es auch nach dieser Zeit noch sein früheres Waldleben als Baum in unseren Forsten fortführen.

Welcher erfahrene Tischler hätte nicht schon reichliche Erfahrung nach dieser Richtung hin machen können! Ja es ist oft geradezu, als ob das Holz diese Eigenschaft dazu benutzen wollte, um sich für jenen vermeintlichen Waldfrevel zu rächen.

Der Tischler thut daher auch am besten, das Vermögen des Holzes, sich auszudehnen und wieder zurückzugehen, als eine feindliche Macht zu betrachten, um sich mit ihr bei Zeiten auseinander zu setzen.

Es ist eine alte Klugheitsregel im öffentlichen, bürgerlichen Leben daß, wenn man gegen eine stärkere Macht nichts ausrichten kann, man sich mit dieser lieber auf einen guten Fuß zu stellen sucht, um so wenigstens einigermaßen friedlich durchs Leben zu kommen.

So auch hier. Weil dem Tischler kein Mittel, auch keine Gewalt zu Gebote steht, das Holz eigentlich im richtigen Sinne des Wortes tot zu machen, so thut er am besten, er setzt sich mit diesem bösen Willen des Holzes auf einen guten Fuß, um mit ihm bei der Ausführung aller seiner Arbeiten übereinzukommen; denn thut er dieses nicht und gedenkt er den starken Willen des Holzes in Fesseln zu legen, so thut er dieses in allen Fällen zu seinem eigenen Schaden. Die bezwungen geglaubte Kraft des Holzes bäumt sich gegen diese Fesseln auf und verdirbt dem Tischler allen angewandten, oft noch so großen Fleiß und alle auf die Arbeit verwendete Mühe! Das Holz ist eben kein Eisen, welches man festnageln und festnieten kann, im Sinne der Tischlerarbeit genommen wenigstens nicht.

Da nun aber doch das Holz verbunden werden muß, um aus ihm einen Gegenstand und sei es oft der kleinste und simpelste, zu bereiten, so hat die Tischlerei auf Mittel und Wege sinnen müssen, die es ihr möglich machen, das Holz in geeigneter und zulässiger Weise aneinander zu binden, und darin besteht eben das beste Geschick eines guten Tischlers, wenn er von den vielen Arten der Holzverbindungen diejenigen auswählt, die am besten für den vorliegenden Fall sich eignen. Daß dieses immer leicht ist, wird niemand behaupten wollen, denn eines paßt nicht eben für alles und da die Arbeiten der Tischlerei so mannigfaltige sind, wie in keinem anderen Gewerbe, so ist es selbstverständlich nicht gleichgültig, ob eine Arbeit so oder so ausgeführt, ob diese oder jene Holzverbindung angewendet wird, es muß eben eine jede nach ihrer besonderen Eigentümlichkeit beurteilt und die zu ergreifenden Hilfsmittel danach ausgewählt werden.

Als allgemeine Hauptregeln, die bei der Bearbeitung der Hölzer, der harten wie der weichen, zur Anwendung kommen sollten und die der Tischler bei jeder Arbeit, und wäre es auch die kleinste beachten soll, sollen folgende genannt werden.

1) Das Holz, welches zur Verarbeitung kommen soll, soll die relativ größtmöglichsten Trockenheit besitzen. Es ist dieses eine Hauptregel, welche nicht streng genug beobachtet werden kann und gegen welche wohl am meisten gesündigt wird.

Freilich ist die Befolgung derselben auch keine Kleinigkeit und es hängen mit dieser noch andere Beziehungen zusammen. Denn der Holzhändler, der seine Ware am liebsten so schnell wie möglich umsetzt, achtet auf diese Hauptregel wohl sehr wenig. Der Tischler ist daher darauf angewiesen, einen größeren Holzvorrat sich zu schaffen, damit dasselbe Zeit gewinnt, gehörig austrocknen zu können, bevor es zur Verarbeitung kommt.

Als bester Bergungsort zum Austrocknen des Holzes ist und bleibt immer der Dachziegelboden des Hauses resp. der Tischlerwerkstatt. Zwar hat man in bezug auf das Austrocknen der Werkhölzer manche Neuerung und vermeintliche Verbßerung, wie z. B. Trocknen in geschlossenen Räumen unter Eintritt erhitzter Luft, durch Einwirkung von Dämpfen ꝛc. eingeführt, allein dieselben sind meist nur im großen ausführbar und verlangen bedeutende Kapitalanlagen. Sie sind aber auch nach der andern Seite hin von mannigfachen Uebelständen begleitet, die auf die Beschaffenheit des Holzes keinen günstigen Einfluß ausüben.

Solche Uebelstände des zu schnellen Trocknens sind das Rissigwerden des Holzes und das Windschiefwerden der Bretter. Gut Ding will eben Weile haben, das gilt vor allem beim Geschäft des Trocknens.

Das Austrocknen besteht nun aber nicht nur darin, daß dem nassen Holze Wärme zugeführt wird, sondern es muß auch auf Erneuerung dieser Luft Bedacht genommen werden. Denn wie das Wasser nur einen gewissen Prozentsatz von Salz, oder auch Zucker aufzulösen vermag, so daß jeder neue Zusatz davon unaufgelöst im Wasser liegen bleibt, so vermag auch die Luft nur einen gewissen Feuchtigkeitsgrad aufzunehmen und alle Zuführung von Wärme ist nutzlos, wenn dieser Sättigungszustand der Luft eingetreten ist. Es muß derselben demnach ein Abzug gestattet und der Zutritt trockener Luft befördert werden. Es wird daher das Trocknen des Holzes dadurch wesentlich begünstigt, wenn einzelne Ziegeln des Daches aufgestützt werden und ein beständiger Luftzug herbeigeführt wird.

Wie lange dieses Geschäft des Trocknens zu dauern hat, kann nach Tagen und Wochen ja Monaten nicht bestimmt werden. Im allgemeinen sieht man den Zustand des Holzes als genügend trocken an, wenn man ein größeres Stück Brett frei in der Hand hält und durch Beklopfen mit dem andern das Holz auf den Klang des Tones hin prüft, welchen das Holz von sich gibt. Ist der Ton noch kurz und dumpf oder erfolgt gar kein hörbares Erklingen des Holzes, so ist dasselbe noch nicht verarbeitungsfähig oder aber es liefert — wenn es doch verarbeitet wird — ein solches Stück Arbeit, welches der Gewissenhaftigkeit seines Verarbeiters ein schlechtes Zeugnis ausstellt, und dessen Ruf bedenklich schädigt.

Erst wenn der durch Beklopfen mittels eines Fingerknöchels hervorgerufene Ton hell ist und wenn dieser besonders recht lange anhält, dann kann man den Zustand des Holzes im bezug auf Trockenheit als genügend bezeichnen.

Ferner ist zu beachten, daß wenn irgend eine Holzverbindung hergestellt wird, man möglichst gleichalteriges Holz aneinander bringt. Denn wenn das eine Verbandstück älter, das andere jünger ist, so haben sie gewöhnlich auch einen verschiedenen Grad von Trockenheit angenommen. Wenn nun das jüngere Holz seinem Streben, weiter einzutrocknen, nachgeben will, so leistet ihm dagegen das ältere darin Widerstand und das jüngere Holz muß dann zerreißen.

Aus demselben Grunde ist es auch nicht zu empfehlen, hartes Holz an weiches zu binden, weil letzteres immer eine stärkere Neigung zur Veränderlichkeit zeigt als ersteres. Ist dieses aber nicht zu umgehen, so muß die sich für diesen Fall am besten eignende Holzverbindung gewählt werden.

2) Das Holz, welches zu einem Verbandstücke genommen wird, muß gesund und ganz sein, wenn es die beabsichtigte Verbindung aushalten soll.

Das Gesundsein bezieht sich auf den natürlichen Zustand der Holzfasern. Diejenigen Stellen im Holze, welche sich durch eine veränderte Farbe des Holzes bemerklich machen, deuten darauf hin, daß eine Veränderung mit den Fasern des Holzes stattgefunden hat. Man nennt dieses das Stockigwerden des Holzes, aus welchem dann das Faulen desselben sich entwickelt.

Das Stockigwerden des Holzes rührt gewöhnlich davon her, daß man beim Trocknen des Holzes nicht die nötige Vorsicht angewendet hat. Es erfolgt dieses stets, wenn feuchte oder noch ungenügend trockne Bretter so aufeinander geschichtet werden, daß sie mit ihren breiten Flächen fest aufeinanderliegen, so daß also der Luft kein Zutritt gewährt wurde. Um dieses Aufeinanderliegen zu vermeiden, müssen dünne Holzstäbchen zwischen je zwei Bretter gelegt werden und zwar so, daß an jedem Ende eins und ein solches in der Mitte der Brettlänge zu liegen kommt. Dieses Geschäft nennt der Tischler „das Aufstapeln des Holzes."

Werden solche stockige Stellen des Holzes in die Holzverbindung gebracht, so können diese nur eine kurze Zeit lang ihre Festigkeit behalten und der Wert der Arbeit wird trotz aller sonst aufgewendeten Mühe ganz gewaltig herabgedrückt.

Das Holz soll aber auch ganz sein und dieses bezieht sich auf die Vermeidung alles rissigen Holzes, wenn eine gute Holzverbindung hergestellt werden soll.

Da besonders die Kammenden der Bretter an diesem Uebel leiden, müssen dieselben gleich von vornherein abgeschnitten werden und in den Abfall kommen. Man darf dem Kammende des Brettes fast niemals trauen, denn sind die Risse nicht offenkundig, so sind sie doch vorhanden und so fein, daß sie nicht selten erst bei der Bearbeitung, ja oft dann erst zum Vorschein kommen, wenn der Zinken geschnitten werden soll. Daß solche rissige Verbände nicht ihre Schuldigkeit thun können, liegt auf der Hand.

Ebenso nachteilig wie das Stockig- und Rissigsein in Beziehung auf die Verarbeitung des Holzes ist, sind auch die unvermeidlichen Aeste des Holzes. Sind diese überhaupt schon in der Tischlerei ein Uebel zu nennen, so sind sie ein recht schlimmes Uebel zu nennen, wenn sie in die Hirnkante des Verbandstückes fallen und so mit der Verbindung direkt in Berührung kommen.

In solchen Fällen sollte es sich der Tischler doch niemals auf ein Stückchen Holz mehr oder weniger ankommen lassen und die Aeste, die an das Ende des Verbandstücks fallen, sollten zuerst weggeschnitten werden.

3) Ein dritter Hauptgesichtspunkt, der in der Tischlerei zur Geltung zu kommen hat, ist der, für den vorliegenden Fall stets die passendste Verbindung auszuwählen. Ueberhaupt sollte man ganz davon absehen, Langholz an Zwergholz fest miteinander binden zu wollen, wenigstens dann nicht, wenn das Zwergholz sehr breit und dabei dem Wechsel der Witterung sehr ausgesetzt ist. Wollte man in diesem Falle die Hölzer durch Zuhilfenahme des Leimens miteinander verbinden, so würde eine solche Verbindung von nur kurzer Dauer sein, denn ist die Bindekraft des Leimes größer als der Zusammenhalt des Holzes, so wird allerdings die Leiste oder das Langholz auf dem Zwergholze verbleiben, aber letzteres wird, weil es der äußeren Einwirkung der Witterung Folge geben

muß, entweder bauchig oder wellig, oder aber beim Zusammentrocknen seiner Länge nach zerspringen und rissig werden.

Ist aber die Bindekraft des Leimes geringer als der Zusammenhalt des Holzes, so wird das Langholz vom Zwergholz abgesprengt, die Hirn- oder Zwergleiste platzt ab und ist somit nicht selten die ganze Arbeit verdorben.

Zweiter Abschnitt.

Holzverbindungen, welche nur durch den Leim gehalten werden.

Von allen Holzverbindungen sind diejenigen die einfachsten, welche vorzugsweise und zum Teil nur allein durch den Leim zusammengehalten werden. Dieselben bestehen nur aus geraden Flächen und sind daher auch am schnellsten ausgeführt. Nichtsdestoweniger verlangen dieselben genaues Arbeiten. Vor allen Dingen müssen die Flächen, welche durch den Leim zusammengehalten werden sollen, vollkommen eben sein, sie dürfen daher weder rund noch hohl sein und die einzelnen Verbandstücke — auch Rippen genannt — müssen so aufeinander gelagert sein, daß niemals Hirnfuge über Hirnfuge zu liegen kommt.

Am besten kann man eine solche Lagerung der Rippen von dem Maurer lernen, der die Stirnfuge seines Ziegels nur abwechselnd übereinander legt. Keineswegs aber soll aus dieser Hindeutung eine Regel für den Tischler gefolgert werden, denn bei ihm hat die größtmöglichste Ausnutzung des Rohmaterials ein gewichtiges Wort mit zu reden. Er kann nicht immer die Rippen aus gleicher Länge haben und wenn er nicht allzuviel Holz in den Abfall werfen will, so muß er auch kürzere und längere Verbandstücke verwenden können.

Es genügt daher auch schon in vielen Fällen, daß eine Hirnfuge von der über sie zu legenden Langfuge um mindestens 10 cm bedeckt wird. Wo natürlich das Holz keinen Ausschlag gibt, ist natürlich immer diejenige Lagerung die beste, bei welcher die Hirnfuge in die Mitte der über oder unter ihr liegenden Rippe zu liegen kommt.

Solche Holzverbindungen werden am meisten bei geschweiften Möbeln z. B. bei Klavierstühlen, Nähtischen, Sophas, weniger im Baufach angewendet. Für letztere eignen sie sich deshalb am wenigsten, weil sie einesteils nicht gut der Witterung ausgesetzt werden können, anderseits aber auch oft zu viel Lichtenraum in Anspruch nehmen, weil eine aus Rippen verleimte Zarge immer wesentlicher stärker angelegt werden muß, um ihre Zerbrechlichkeit zu mindern.

Will man eine stärkere Zarge aus Rippen verleimen, so wähle man zu letzteren gewöhnliche 1½ bis 2zölliges oder 4 bis 5 und 6 cm starkes Holz aus, um nicht allzuviel Fugen machen zu müssen und zuviel Abfall zu erhalten, was die Arbeit nur unnötig verteuern würde.

Beim Aufreißen der Rippen muß darauf gesehen werden, daß eine jede Rippe möglichst viel Langholz in seiner Fläche enthält, weil Zwergholz leichter zerbricht.

Endlich muß eine solche aus Rippen verleimte Zarge ein Blindfurnier (aus geringem Holze) erhalten, wenn dieselbe zu einem Möbel verwendet, also auch poliert wird. Unterläßt man dieses, so ist es unvermeidlich, daß die Hirnfugen durchtrocknen und in der Politur sichtbar werden.

Fig. 1, Taf. IX.

Diese Figur will die Anordnung der Rippen zu einer zirkelrunden Zarge veranschaulichen. Sie bringt indessen, des Raumes wegen, nur die hintere Hälfte derselben zur Anschauung, was jedoch der Deutlichkeit der Anschauung keinen Eintrag thut, wie aus dem Beispiele selbst zu ersehen ist.

Es sind vier Schichten der Rippen übereinander gelagert und es können deren noch mehrere hinzugefügt werden. Sämtliche Rippen sind hier von gleicher Länge angenommen worden, was aber durchaus nicht als ein Gesetz aufgefaßt werden soll, sondern es ist dieses hierorts nur aus Schönheitsgründen so gezeichnet worden.

Weit wichtiger als diese Liebhaberei des Zeichners ist der Umstand zu nennen, daß sämtliche Hirnfugen nach dem Mittelpunkte c der Zargen weisen. Allein auch hierüber existiert kein Gesetz, denn es können, ja es müssen sich oft diese Hirnfugen den jeweiligen Umständen des Holzes, aus welchen die Rippen geschnitten worden sind, richten, indem oft ein fehlendes Stück der Rippe durch die sich anreihende Rippe ersetzt werden muß. Wollte man in einem solchen Falle eigensinnig auf die hier vorgeschriebene Richtung der Hirnfuge bestehen, so würde man sich selbst sehr bald zum Schaden arbeiten, denn man müßte entweder manche Rippe durch Wegschneiden guten Holzes verkürzen oder durch Ausflicken der fehlenden Stücken die Anzahl der Fugen vermehren, also mehr Zeit und auch mehr Leim als durchaus nötig ist, verwenden.

Fig. 2, Taf. IX.

Daß auf solchem Wege eine Zarge auch Ecken erhalten kann, will dieses Beispiel uns vorführen. Es ist ein rechter Winkel, der durch wechselseitiges Uebereinanderlegen gerader Rippen gebildet worden ist.

Wie hier dieser rechte Winkel, so kann auch jeder andere Winkel in dieser Weise hergestellt werden, wenn solches eben von Vorteil für den Zusammenbau der Zarge sein sollte, obwohl es schlechthin nicht Brauch ist.

An Festigkeit steht eine solche Verbindung der gewöhnlichen, durch Zinken ausgeführten, nichts nach.

Fig. 3, Taf. IX.

Diese Zeichnung will anschaulich machen, wie die Zarge zu behandeln ist, wenn sie aus der Rundung in die gerade Flucht übergeht. Die gebogene Rippe legt sich über das gerade Stück hinweg und wird dann wieder von einem langen geraden Stück überdeckt, an welches dann immer ein kurzes Stück stößt.

Schon aus der Zeichnung läßt sich ersehen, daß eine ziemlich große Fläche hierbei überdeckt wird und diese Verbindung hinreichende Sicherheit bietet.

Fig. 4, Taf. IX

bringt dieselbe Verbindung noch einmal. Die obere Rippenlage ist hinweggenommen gedacht, um so recht das Auswechseln der Rippen anschaulich zu machen. Das gerade Rippenstück geht hier durch, die gebogene Rippe setzt sich stumpf an. Die darunter liegende aber ist wieder wie die obere in **Fig. 3, Taf. IX**, angeordnet.

Solche Uebergänge aus der Rundung in die gerade Flucht finden bei Sophagestellen sehr häufige Anwendung.

Fig. 5, Taf. IX.

Eine halbkreisförmige Rippe ist hier aus einem Stücke ausgeschnitten. Die Enden derselben haben deshalb, wie dieses nicht anders zu vermeiden ist, sehr viel Zwergholz erhalten, welches durch die folgende Rippenschicht hinreichend durch Langholz gebunden werden muß, wenn die Verbindung haltbar genug werden soll.

Nur in kleinem Maßstabe kann eine solche halbkreisförmige Rippe aus einer Brett- oder Bohlenbreite aus dem Ganzen geschnitten werden. Für größere Zargen muß die Rundung des Bogens mindestens aus drei Teilen bestehen, um das kurze Zwergholz so viel als möglich zu vermeiden. Es kann nach **Fig. 1, Taf. IX**, die linke und rechte Hinterfuge wegbleiben. Die

Fig. 6, Taf. IX,

gibt das zweite Rippenstück hierzu; auch dieses ist aus einem Stücke geschnitten und muß als Gegenstück zu **Fig. 5** rechtwinkelig zu den Holzjahren genommen werden. Hierdurch hat aber die Rippe in der Mitte sehr viel Zwergholz erhalten, was niemals wünschenswert ist. Nur im kleineren Maßstabe und wenn eine möglichst große Anzahl von Rippenschichten angewendet werden können, ist eine solche Verbindung gestattet.

Fig. 7, Taf. IX.

Diese Figur gibt uns die geometrische Ansicht einer rechtwinkeligen Holzverbindung, sowie sie an jedem Bilderrahmen und feineren Rähmchen vorkommen. Ist das Rahmenholz sehr schwach und zart gehalten und traut man dem Leim das Festhalten dieser Verbindung nicht zu, so kann eine oder die andere von den vier folgenden Befestigungsmitteln angewendet werden, da das Anwenden von Drahtstiften bei jeder feineren Arbeit verpönt ist.

Fig. 8, Taf. IX.

Diese Figur ist eigentlich dieselbe wie die vorige, nur daß hier die geometrische Ansicht in eine perspektivische verwandelt worden ist. Das Rahmenholz ist noch vierkantig — also noch ohne Kehlstoß — die verdeckten Seiten sind durch punktierte Linien angedeutet, ebenso die Gehrungsfläche. Die Größe der Zeichnung ist die natürliche.

Fig. 9, Taf. IX.

Bei einer frei bleibenden Winkelverbindung, wie die vorliegende, kann, wenn die Rahmenhölzer keinen Kehlstoß oder Falz erhalten, dadurch eine

Befestigung gegeben werden, daß auf beiden Seiten Dreiecke von sehr schwachem Holze aufgeleimt werden. Natürlich müssen die Jahre so laufen wie die Hypotenuse des Dreiecks.

Fig. 10, Taf. IX.

In diesem Beispiele ist obige Verbindung noch einmal zur Anschauung gebracht worden, doch so, daß die Dreiecke in das Rahmenholz eingelassen worden, also mit diesem bündig sind.

Fig. 11, Taf. IX.

Bei dieser Winkelverbindung ist nur ein Dreieck angewendet worden. Dasselbe ist eingeschoben und gut eingeleimt worden, nachdem vorher mit einem Fuchsschwanz oder einer Schlitzsäge ein akkurater Einschnitt gemacht worden ist. Das Dreieck kann von Furnier sein.

Fig. 12, Taf. IX.

Daß auf diese eben beschriebene Weise auch Zargen für kleine Ripp- oder Schmuckkästchen können zusammengearbeitet, soll hier gezeigt werden.

Es sind hier drei Dreiecke eingeschoben worden und kann diese Zahl nach Belieben noch vermehrt werden.

Diese Holzverbindung gewährt eine hinreichende Festigkeit und mancherlei Vorteile, denn es fällt die Hirnkante weg und es kann ein Falz oder ein Kehlstoß an die Zarge angestoßen werden, ohne andere Hilfsmittel notwendig zu machen.

In allen diesen vier Beispielen wird als selbstverständlich angenommen, daß, bevor die Dreiecke eingeschnitten werden, der Winkel oder die Zarge auf Gehrung zusammengestoßen und stumpf zusammengeleimt wird. Erst nachdem der Leim vollständig ausgetrocknet ist, kann das Einschneiden und Einleimen der Dreiecke vorgenommen werden.

Fig. 13, Taf. IX.

Die Hirnleisten an Bettseiten werden ebenfalls sehr häufig durch keine andere Bindekraft als durch die des Leimes mit der Bettseite verbunden wozu die vorliegende Zeichnung das erklärende Bild gibt.

Die Bettseite wird an den Hirnkanten auf der linken Seite abgeschrägt und zwar so, daß etwa 5 mm Hirnkante noch stehen bleibt und ein Ansatz für die Hirnleiste gebildet wird.

Dem entsprechend ist die Hirnleiste abgeschrägt, sie wird aber um 8 bis 10 mm stärker als die Seite gemacht, um ihr mehr Widerstandsfähigkeit zu geben. Auf Grund früherer Forderungen können solche Hirnleistenverbindungen nur dann angewendet werden, wenn das Holz zu beiden Teilen gut ausgetrocknet ist; andernfalls kann diese Art der Befestigung der Hirnleisten keinen hinreichenden Halt bieten.

Fig. 14, Taf. IX.

Bei feineren Bettstellen findet man obige Art der Hirnleistenverbindung nach Angabe dieser Zeichnung etwas modifiziert. Um das Vorstehen der Hirnleiste, überhaupt eine Fuge auch auf der linken Seite der

Bettseite zu vermeiden, schneidet man in dieselbe auf der Hirnkante eine Gabel ein in Form eines Dreiecks, doch so, daß noch etwas Hirnholz stehen bleibt.

Die Hirnleisten werden dem entsprechend keilförmig zugearbeitet und eingepaßt, um sodann eingeleimt zu werden.

Es gewährt einen kleinen Vorteil, die Hirnleisten nicht aus vollem Holze zu fertigen, sondern je zwei und zwei gegeneinander zu schneiden, wozu freilich das Holz etwas breiter als die Hirnleisten werden sollen, zugerichtet werden muß, weil der Sägeschnitt ausfällt und noch Holz zum Einpassen der keilförmigen Hirnleisten übrig bleiben muß.

Fig. 14b, Taf. IX,

gibt die nötige Erklärung dazu, wie die Hirnleisten gegeneinander geschnitten werden sollen, und breiter zugerichtet werden müssen.

Noch ist daran zu erinnern, daß die Keile genau eingepaßt werden müssen, damit durch das Einleimen mittels Schraubknecht und Schraubzwingen die gerade Flucht der Bettseite weder eingedrückt noch ausgetrieben wird.

Ein nicht zu verachtendes Bindemittel kann man sich aber noch auf folgende Weise selbst bereiten.

Man mischt Sauermilch, oder auch Quark genannt, mit ein wenig gedämpftem Kalk und rührt dieses Gemisch gut durcheinander, wodurch sich der Quark auflöst und einen ziemlich konsistenzen Kitt liefert. Derselbe hält weiche Hölzer gut, Fichtenholz aber so fest zusammen, daß eine mit diesem Kitte geleimte Fuge unzertrennlich wird und beim gewaltsamen Oeffnen derselben große Splitter herausreißt. Weil er im Wasser nicht löslich ist, ist er für manche Fälle besser zu gebrauchen als der gekochte Leim.

Freilich darf dieser Kitt nicht zu dünn aufgetragen werden und muß von guter Konsistenz etwa wie Sirup sein. Frische Sauermilch und guter Kalk liefern immer einen guten Kitt.

Ein wesentlicher Vorteil dieses Leimes besteht noch darin, daß er kalt angerührt wird und darum den Tischler vollauf Zeit läßt, die zu leimenden Teile zusammenzubringen. Bei langen Fugen, wie z. B. bei den Fugen der Dielen, wird der gekochte Leim schon kalt, bevor er noch vollständig aufgetragen wird und hält alsdann schlechter als dieser Kitt, aus Sauermilch und Kalk zubereitet.

Für harte Hölzer, sowie für sehr harzige weiche leistet er indessen nicht so gute Dienste wie für Tannen- und Fichtenholz, auch beizt der Kalk das Eichen- und Mahagoniholz gern schwarz.

Um sich den Kalk für Bereitung dieses Bindemittels zu präparieren, verfährt man so:

Man kauft für 5 Pfennige beim Seifensieder ungelöschten Kalk und bespritzt ihn mit reinem Flußwasser. Nach und nach fängt der Kalkstein an sich zu erhitzen, er bläht sich auf, dampft und zerfällt zuletzt — wenn er nicht zu viel Wasser erhalten hat — zu feinem Kalkmehl. Wird er in diesem Zustande luftdicht verschlossen, so behält er lange Zeit seine Kraft, den Quark zu einem guten Kitt aufzulösen.

Fig. 15, Taf. IX.

Die am häufigsten vorkommende Holzverbindung aber ist die Fuge, mittels welcher zwei Langholzteile aneinander geleimt werden. Sie ist fast unvermeidlich, weil bei größeren Arbeiten nur selten die Breite der Bretter eine hinreichende ist.

Es ist aber auch die Fuge durchaus kein Fehler, zumal wenn sie gut ausgeführt wird. Ja im Gegenteil man verbessert oft wesentlich eine Arbeit, wenn man sehr große Breiten aus Zusammenfügung mehrere schmaler Teile herstellt, besonders wenn Kernbretter zur Verwendung gekommen sind. Letztere sollten immer der Länge nach aufgeschnitten werden, damit der Kern herausfällt; geschieht dieses nicht, so ist man vor einem Verwerfen des Holzes nicht sicher.

Ist eine Fuge gut gefügt und gut geleimt, dann hat sie eben solchen Halt als ganzes Holz und ist deshalb für die Dauerhaftigkeit des Möbels nicht nachteilig.

Fig. 16, Taf. IX.

Nicht selten werden bei solchen Fugen auch Tiebel eingebohrt, teils um die Festigkeit derselben noch zu erhöhen, teils aber auch um ein Verschieben derselben während des Leimens unmöglich zu machen.

Zu dem Ende werden beide Verbandstücke so zusammengelegt, daß rechte Seite an rechte oder linke Seite an linke liegt und Fuge an Fuge kommt. Hierauf werden die Tiebel abgeteilt und die Marken übergewinkelt, wie dieses die **Fig. 24** und **25** dieser Tafel verdeutlichen.

Nachdem beide Teile wieder auseinander genommen worden sind, werden mit dem Streichmaße die Mittelrisse gemacht und die Tiebel eingebohrt.

Fig. 17 und 18, Taf. IX.

Anstatt der runden Tiebel werden oft auch kantige angewendet, wie die vorliegenden Figuren es andeuten. Das Anreißen ist dem vorigen ähnlich, die Löcher aber müssen mit dem Zapfenstreichmaß angerissen und mit dem Lochbeutel ausgestemmt werden.

Fig. 19, Taf. IX.

Bei Langfugen werden oft auch die hier folgenden Verbindungen angewendet, wie z. B. bei Blanken und Dielen.

Das erste Beispiel dieser Art ist der Falz. Er wird bis auf die Mitte der Holzstärke ausgehobelt und auf beiden Teilen von gleicher Breite mit dem Streichmaß aufgerissen und zwar bei dem einen Teile auf der rechten, bei dem anderen auf der linken Seite.

Fig. 20, Taf. IX.

Der Spund, welcher hier zur Abbildung gekommen ist, entsteht, wenn der oben beschriebene Falz an beiden Seiten derselben Fuge angestoßen wird, natürlich dann nicht bis zur Mitte, sondern nur so tief, daß die stehenbleibende Feder mindestens $1/3$ der ganzen Holzstärke ausmacht.

Auf der anderen Seite erfordert dieser Spund eine Nut, welche mit dem Nuthobel eingestoßen wird und gleiche Maße mit der Feder haben muß.

Fig. 21, Taf. IX.

Die Feder verlangt zwei Nuten, je eine an jeder Fugenseite. Der Nuthobel wird stets nur an einer Seite, entweder von der linken oder der rechten Seite angeschlagen. Die Feder muß genau in die Nut passen und weder zu schwach noch zu stark sein. Auch darf sie nicht zu breit sein, damit beide Verbandstücke in der Fuge richtig dicht werden.

Fig. 22, Taf. IX.

In manchen Fällen, in welchen es weniger auf eine innige Verbindung der beiden Verbandstücke ankommt, werden an beide Kanten kleine Kehlstoße angestoßen, oder es wird eine Kehlleiste, welche die Fuge gleichseitig bedeckt, aufgenagelt, wie es diese Zeichnung andeutet.

Zum Schluß dieses Abschnittes sei noch folgendes bemerkt.

Die oben besprochenen Holzverbindungen sind, wie aus den Beschreibungen hervorgegangen ist, Holzverbindungen der einfachsten Art, sie bestehen entgegen den übrigen lediglich und allein aus geraden, ebenen Flächen. Die einzelnen Verbandstücke haben daher für sich selbst nicht den geringsten Zusammenhalt und werden nur allein durch den Leim miteinander verbunden.

Weil demnach der Leim das Beste bei diesem Holzverbindungen thut, so ist für den Tischler eine um so größere Pflicht seine Aufmerksamkeit auch auf dieses Hilfsmittel zu richten, denselben auf seine Bindekraft zu prüfen, und sodann nur den besten für seinen Gebrauch auszuwählen.

Wenn man jemals einen Beweis für das alte bekannte Sprichwort „das Beste ist immer zugleich auch das Billigste" sucht, so braucht man nur einen erfahrenen und gewissenhaften Tischler nach seinen Erfahrungen, die er beim Gebrauch des Leimes gemacht hat, zu fragen, er wird gewiß die Wahrheit dieses Sprichworts bestätigen.

Der beste Leim ist immer zugleich auch der billigste und es ist dieses Wort nicht nur im ideellen sondern auch im realen Sinne zu nehmen. Denn wenn die Bindekraft des Leimes den Erwartungen, die an ihn gestellt werden, nicht entspricht, wenn also die Verbandstücke oft bei den geringsten Veranlassungen sich lösen, so ist nicht selten der Wert der ganzen Arbeit vernichtet oder aber es kostet die Reparatur der gelösten Verbindung unverhältnismäßig viel Zeit und Geduld, wird aber unnötigerweise Zeit verloren, so wird die Arbeit selbst dadurch unnötigerweise verteuert, oder aber der Arbeiter verdient nicht das, was er hätte verdienen können.

Der beste Leim ist aber auch insofern der billigste, als er viel ergiebiger ist als der geringere. Es gehört mit zu den Erkennungszeichen eines guten Leimes, daß er beim Erwärmen „quillt", daß beim fast jedesmaligen Aufkochen kleinere oder größere Mengen Wassers hinzugesetzt werden müssen.

Eigentlich sollte der Leim niemals gekocht werden, auch beim erstmaligen Leimkochen nicht, denn dieses besorgt eben der Leimfabrikant. Durch vieles und immer wieder erneutes Kochen des Leimes, bei welchem es nur zu leicht geschieht, daß er entweder überläuft oder gar anbrennt, verliert der Leim nach und nach seine Bindekraft fast gänzlich, auch verliert er seine zähe Konsistenz im Zustande der Flüssigkeit, er wird wässerig, es bilden sich kleine Knötchen oder Klümpchen, es kommen die angebrannten, abgerissenen und dann wieder losgeweichten Borstenteilchen des Pinsels hinzu und der Leim ist zu weiter nichts mehr nütze, als daß man ihn wegwirft.

Ein solcher Abgang wird aber vermieden, wenn man den Leim nicht bis zum Kochen erwärmt, sondern nur bis zu einer mäßigen Siedehitze. Freilich ist dieser Glaube so tief bei den meisten Industriellen eingedrungen, daß es zu befürchten steht, diesen guten Rat umsonst erteilt zu haben. Der Verständige aber wird diesen Rat immerhin prüfen und dann gewiß den Vorteil genießen.

Ein untrüglicher Prüfstein für die Güte des Leimes ist folgender.

Man leimt zwei Holzstücke, welchen man die Leimflächen vorschriftsmäßig abgerichtet und abgezahnt hat, zusammen, läßt dieselben nach erfolgtem Leimen gehörig austrocknen und sucht die beiden Stücke nun gewaltsam wieder zu trennen.

Ist der Leim gut gewesen, dann wird die Fuge trotz der angewendeten Gewalt ganz bleiben und das Holz wird spalten, wenigstens werden, wenn die Fuge aufgehen sollte, Holzsplitter aus dem andern Holzteile mit herausgerissen.

Bei Leim von geringerer Gattung hat man dieses günstige Resultat nicht zu erwarten, denn eine solche Gewaltprobe wird immer so ausfallen, daß die Fuge aufgeht und ist es dann dieser Fuge immer anzusehen, daß das aufgetragene Bindemittel — der Leim — sich entweder gar nicht oder doch in unzureichender Weise mit den Holzfasern verbunden hat und hierin ist der Mangel eines geringen Leimes hauptsächlich zu suchen.

Es kann aber freilich auch oft ein guter und vorzüglicher Leim seine Schuldigkeit nicht thun, wenn das Geschäft des Leimens nicht sorgfältig, wie es sich gehört, besorgt worden ist. Es gelten für ein gutes Leimen folgende Regeln:

1. Der Leim darf weder zu dick noch zu dünn, sein denn ist er zu dickflüssig, so erkaltet er zu rasch und vermag dann nicht mehr mit dem Holze sich innig zu verbinden. Besonders übelwirkend wird diese zu große Konsistenz des Leimes, wenn sehr große Flächen mit Leim bedeckt werden müssen, oder wenn schwierige Fugen das „Leimaufgeben" erschweren und die Zeit ungewöhnlich verlängern. Ist aber der Leim zu dünn, dann dringt er zu leicht und zu schnell in die Poren des Holzes ein und bleibt keine Kraft mehr übrig, die Teile zusammenzuhalten.

Die beste und zweckmäßigste Konsistenz besitzt der Leim, wenn er die Flüssigkeit des Sirups besitzt und gleichmäßig vom Pinsel läuft.

Eine gewisse Norm über die beste Flüssigkeit läßt sich jedoch nicht feststellen, auch richtet sich dieselbe mit nach den Arten der Hölzer. Weiches Holz verlangt einen dünneren, hartes dagegen einen steiferen Leim. Das sogenannte „Aufreiben", unter dem man ein Leimen ohne Anwendung von Schraubzwingen versteht und beim Furnieren einer Tischplattkante mit Zwergholz angewendet wird, erfordert den steifsten Leim.

2. Der Leim muß den nötigen Wärmegrad besitzen bevor er aufgetragen wird. Das alte Sprich= und Spottwort „mit kaltem Leim und heißen Nägeln zu leimen" charakterisiert hinreichend, was man von solcher Arbeit zu halten hat, wenn diese Generalregel außer acht gelassen wird. Zwar mag für den Augenblick der Schein bestehen, daß der Leim auch in ziemlich erkaltetem Zustande noch zu binden vermöge, allein die geringste

Anwendung von Gewalt oder ein zufälliger Stoß wird den Arbeiter belehren, daß das vermeintliche Halten des Leimes nur ein ungenügendes war, weil die Vereinigung des Leimes mit dem Holze nur oberflächlich stattfinden konnte.

3. Ist es daher von großem Werte für die Haltbarkeit der Holzverbindung, daß auch das Blindholz oder die Verbandstücke, wie Rippen ꝛc. angewärmt werden. Durch dieses „Wärmen der Hölzer" wird dem zu schnellen Kaltwerden des Leimes Einhalt gethan; er wird selbst wieder flüssiger und bekommt Zeit, sich mit den Hölzern recht vereinigen zu können.

4. Die miteinander zu verbindenden Teile müssen gut aufeinander passen, dabei gilt als alte Regel, daß Langfugen etwas hohl zu fügen sind, jedoch nur soviel, als die Spannung der Langhölzer verträgt und als keine undichte Stellen in der Fuge entstehen.

Obwohl es ein ganzes Dutzend von Leimsorten geben mag, haben sich im Handel nur die allgemein gebräuchlicheren Sorten eingeführt. Solche sind z. B. der Mühlhäuser, Arnstädter, Kölner in zwei Sorten und Eschweger oder russischer.

Fast eine jede dieser Sorten, weicht hinsichtlich der Farbe mehr oder weniger von der andern ab, was aber in bezug auf die Güte des Stoffes von fast gar keiner Bedeutung ist.

Die besten Kennzeichen der Güte des Leimes sind die, daß die Leimtafeln beim Biegen nicht sofort zerspringen, sondern auf dem Bruche, bevor sie zerbrechen, eine weißliche hornartige Farbe annehmen.

Die Tafeln des Kölner, Eschweger und russischen Leims werden aber so stark geliefert, daß sie sich gar nicht biegen lassen und setzen selbst der Anwendung des Hammers soviel Widerstand entgegen, daß man dieselben zwecks des Kochens nicht zerkleinert, sondern sie 12 bis 24 Stunden vor dem Verbrauche in kaltes Wasser legt und aufweicht. Bei diesem Wasserbade nehmen die Leimtafeln soviel Wasser auf, daß man sie ohne ferneren Zusatz von Wasser nur zu erwärmen braucht, um einen guten, steifen Leim zu erhalten.

Der Eschweger oder auch russische Leim weicht mit seiner sehr hellen, weißlich-gelben Farbe von der gewöhnlichen Farbe anderer Leimsorten auffallend ab. Diese helle Farbe rührt her von einem beträchtlichen Zusatze von Kreide, welche diese Sorten zu den besten macht, die wir haben, denn die mit ihm geleimten Sachen widerstehen am längsten der Feuchtigkeit ohne sich zu lösen.

Nächst diesem ist der Kölner Leim der beste.

Dritter Abschnitt.

Die Hirnholzverbindungen.

Die Hirnholzverbindungen sind eigentlich die Schmerzenskinder in der Tischlerei, denn sie vermögen den Tischler oft in Verlegenheit zu setzen.

Soll Hirnholz durch eine sogenannte Hirnleiste gebunden werden, so kann dieses nicht anders geschehen, als daß das Hirnholz durch Langholz gebunden wird; dadurch werden aber zwei entgegengesetzt arbeitende Elemente wie zwei böse Nachbarn in die engste Berührung miteinander gebracht. Das Hirn- oder Zwergholz will sich mit möglichster Freiheit — wie wir bereits oben kennen lernten, bewegen, es will sich nach Gefallen ausdehnen — wenn es trocken war — um bei passender Gelegenheit wieder zurückzukehren oder es schlägt — wenn es von vornherein nicht völlig ausgetrocknet war, gleich anfangs den Weg nach innen ein und wird von Tag zu Tag geringer an Breite.

In dieser gewissermaßen Eigenbewegung des Holzes sucht ihm das Langholz, die Hirnleiste, auf Schritt und Tritt das Widerspiel zu halten, es sucht diese Beweglichkeit zu verhindern und zwar ein für allemal und so ist es klar, daß zu diesem bösen Streite zweier entgegengesetzter Parteien der Tischler manchmal böse Miene machen muß, bis es ihm endlich durch Klugheit gelungen ist, eine Art Versöhnung zwischen beiden herzustellen.

Diese Versöhnung gelingt ihm aber nur dann, wenn er beide Verbandstücke durch seine Pflege auf den möglichsten Stand der Trockenheit bringt oder wenn er eine solche Verbindung herstellt, welche einem jeden Teile eine gewisse Aktionsfreiheit gestattet.

Wir wollen zu dem Ende die verschiedenen Arten der Hirnholzverbindungen, welche die neue Tafel bringt, auf ihre Eigenart hin betrachten, um sie recht gründlich kennen zu lernen.

Fig. 1, Taf. X.

Das erste Beispiel dieser Tafel lernt uns eine Hirnholzverbindung der einfachsten Art kennen. Auf die Hirnkante ab des Werkstückes zur Rechten der Zeichnung soll eine Bindung durch Langholz gebracht werden, es soll demnach die Hirnleiste zur Linken der Zeichnung mit der Längskante cd an jene geleimt werden. Beide Kanten müssen deshalb vorher genau „im Winkel" gearbeitet und überhaupt beide Kanten nach obiger Regel in ihrer Mitte etwas hohl gefügt sein. Gutes Abzahnen und Wärmen beider Teile vor dem Verleimen trägt sehr viel zur besseren Haltbarkeit dieses Verbandes bei.

Da erfahrungsmäßig der Leim, wenn er auf Hirnholz aufgetragen wird, viel schneller, eigentlich zu schnell in das Hirnholz eindringt, als in das Langholz, thut man gut, die Hirnkante 3 bis 4 Stunden oder noch länger vorher mit einem recht dünnen Leimanstriche, der sogenannten „Leimtränke" zu versehen, um dieses allzugroße Verlangen des Hirnholzes nach Leim vorher schon zu sättigen. Nachdem dieser Leimanstrich ganz trocken geworden ist, wird er noch einmal abgezahnt und es kann nunmehr das Leimen erfolgen.

Wird die eben beschriebene Vorsicht angewendet, der Leim recht schwerflüssig zubereitet, beide Werkstücke vor dem Leimen gut angewärmt, und das Geschäft des Leimens selbst rasch und sorfältig besorgt, die Schraubzwingen oder Schraubknechte gut angezogen, so mag eine solche Hirnholzverbindung ein einigermaßen günstiges Resultat liefern, vorausgesetzt, daß beide Verbandstücke gut trocken sind. Ist dieses letztere aber nicht der Fall, so wird man an derselben nicht viel Freude erleben, indem, wenn das Holz zu arbeiten anfängt, die Hirnleiste infolge ihres geringen Haltes bald abplatzt.

Fig. 2, Taf. X.

Dem am Ende vorigen Beispieles erwähnten Uebelstande des Abspringens der Hirnleiste wird in etwas begegnet, wenn die Hirnholzverbindung so vervollständigt wird, wie es vorliegende Figur verdeutlicht. Die Hirnleiste hat eine Nut erhalten, das Hirnholz aber ist von beiden Seiten gleichmäßig abgefälzt worden, damit ein Spund entsteht, der genau in die Nut der Leiste paßt.

Beim Ausarbeiten dieser Verbindung ist darauf zu achten, daß die Nut nicht zu breit gewählt wird, sie darf in keinem Falle $1/3$ der Holzstärke überschreiten, weil alsdann die stehenbleibenden Teile neben der Nut zu schwach werden und sehr leicht von dem Spunde abgetrieben werden, wodurch die ganze Arbeit nutzlos wird, denn eine Hirnleiste, bei welcher die Nut abplatzt, hält noch schlechter als das in **Fig. 1** dieser Tafel angewendete Verfahren.

Da das Abbrechen des Spundes a viel weniger zu befürchten ist als das Abplatzen der Teile b und c, so thut man besser, diesen Teil noch schwächer als $1/3$ der Holzstärke anzunehmen; es werden dafür die Teile b und c dadurch stärker und die Verbindung somit widerstandsfähiger.

In der Sprache der Praxis hat eine solche Verbindung die Bezeichnung erhalten, „eine Hirnleiste auf Nut und Feder machen."

Fig. 3, Taf. X.

Das Verfahren, eine Hirnleiste auf Nut und Feder machen ist in diesem Beispiele dahin verändert worden, als sowohl in das Werkstück als auch in die Hirnleiste eine Nut gestoßen worden ist, die Feder somit für sich aus einem besonderen Stück gearbeitet ist, welche in beide Vertiefungen eingepaßt und eingeleimt wird. Einen besonderen Vorteil oder eine größere Haltbarkeit der Verbindung gewährt jedoch diese Art vor jener nicht, und soll daher auch nicht besonders empfohlen sein.

Fig. 4, Taf. X.

Das Abplatzen der Hirnleiste wird aber gänzlich beseitigt, wenn dem Werkstücke außer der Feder noch ein Zapfen gegeben wird, wie uns die Zeichnung dieser Figur belehrt. Der Zapfen ist dann in den meisten Fällen durchgehend d. h. das Zapfenloch ist in der Leiste durchgestemmt worden; es ist alsdann fast stets auf der linken Seite etwas breiter gestemmt worden als es der Zapfen verlangt, um letzteren beim Verleimen noch außerdem verkeilen zu können.

Will man aber das Hirnende des Zapfens gern ungesehen lassen, so legt man den Zapfen etwas kürzer an und stemmt das Loch nicht durch.

Diese Art der Hirnleistenbefestigung hat aber auch neben ihrer guten Seite, daß sie eine zuverlässige Verbindung herstellt, auch ihre schwache.

Durch das Einstemmen des Zapfenloches werden nämlich die Längsfasern der Leiste in der Mitte derselben zerstört und es erleidet hierdurch die Hirnleiste an ihrer Widerstandskraft eine nicht unbeträchtliche Einbuße, daher sieht man oft Hirnleisten, welche sich mit dem Werkstücke hohl oder rund gezogen haben.

Da aber die Aufgabe, welche der Hirnleiste gegeben worden ist, vorzugsweise darin besteht, die Holztafel vor dem Verwerfen zu schützen und zu widerstehen, so wird durch die Anwendung eines Zapfens die Hilfe der Hirnleiste stark in Frage gezogen.

Fig. 5, Taf. X.

Letztgenannter Fehler dieser Holzverbindung wird aber so ziemlich wieder aufgehoben, wenn man anstatt nur eines Zapfens, deren zwei anwendet, wie es hier gezeigt wird. Die Zapfenlöcher können dann in diesem Falle ziemlich nahe an das Ende der Hirnleiste gelegt werden — etwa 5 bis 10 cm je nach der Länge der Leiste — wodurch die Mitte der Leiste widerstandsfähig bleibt. Freilich bringt dieses Verfahren mancherlei Mehrarbeit mit sich, jedoch wird ein gewissenhafter Arbeiter, der seinen guten Ruf sich unter allen Umständen bewahren will, hiernach nicht viel fragen und die Mehrarbeit gern leisten.

Unstreitig wird Hirnholz am besten gebunden durch die Holzverbindung, welche uns die

Fig. 6, Taf. X,

vorführt, es ist der Grat. Es ist freilich die Anwendung desselben nur in beschränktem Maße möglich, wenn nämlich an die Hirnkante ein anderes Werkstück als Langholz tritt, dessen Holzfasern winkelrecht zu jener gerichtet sind. Ein solcher Fall ist in vorliegender Figur abgebildet. Der Grat kann demnach nicht bei einer Hirnleiste, die mit dem Verbandstücke auf beiden Seiten bündig ist, verwendet werden.

Der Grat besteht gewöhnlich aus zwei eigenartigen mittels des Gradhobels auf beiden Seiten des Zwergholzes eingehobelten schiefen Ebenen, welche gegeneinander gerichtet sind, so daß sie, wenn dieselben verlängert würden, mit der Hirnkante als Basis ein Dreieck bilden, dessen Spitze in der Mitte der Holzstärke des Werkstückes A sich befindet. Siehe Dreieck a b c.

Dieser eigenartigen Kehlung genau entsprechend ist im andern Verbandstücke B eine Rinne eingeschoben worden, deren beiden Seitenwände „unter sich" gehen. Letztere sind als Teilchen jener Dreiecksseiten zu betrachten. Die Basis derselben ist a' b'. Siehe Dreieck a' b' c'.

Man kann zweierlei Arten von Graten unterscheiden, nämlich
    1) den durchgeschobenen Grat und
    2) den abgesetzten Grat.

In dem vorliegenden Beispiele ist ein durchgeschobener Grat zur Abbildung gekommen, denn die Gratrinne geht von einer Breitenkante des Verbandholzes bis zur andern.

Dieser letztere Umstand erleichtert das Einstoßen der Gratnut nicht unwesentlich, denn dieselbe kann von beiden Seiten mit der Handsäge vorgeschnitten werden, so daß man nur noch nötig hat, ein wenig mit dem Schnitzer nachzuschneiden und das übrige Holz mit Hilfe des Grundhobels zu entfernen.

Als Regel für das Anhobeln eines Grates gilt, daß eine Seite desselben gleichtief angeschoben wird, während die andere nicht gleichtief ausgehobelt wird; es läuft daher die erste Seite parallel mit der Hirnholzkante, die zweite aber nicht und es ist daher das eine Ende des Grates schmäler (bei f) als das andere (bei g) Siehe Zeichnung C. Das schmale Ende des Grates führt in manchen Werkstätten den Namen „Spitze" des Grades.

Aus der Zeichnung C läßt sich deutlich ersehen, daß eine Seite und zwar hier die linke Seite des Grates g f mit der Hirnkante des Verbandholzes parallel läuft, streng genommen mit dieser zusammenfällt, während die rechte Seite wesentlich von dieser Richtung abweicht.

Fig. 7, Taf. X.

Der abgesetzte Grat, welcher in dieser Figur zur Darstellung gekommen ist, unterscheidet sich von der ersteren Art nur darin, daß an der Spitze desselben etwa 1 cm abgeschnitten — oder wie der technische Ausdruck dafür lautet: „abgesetzt" worden ist, wie es in Figur A am vorderen Ende zu sehen ist.

Infolge dieses Absetzens wird die Gratnut auch nicht durchgeführt, sondern es bleibt soviel wie am Grate „abgesetzt" wurde, oft auch 3 bis 5 mm mehr stehen. Siehe Figur B. Man wendet dieses Absetzen des Grates überall da an, wo man in der Voransicht des Stückes den unschönen Anblick dieser Holzverbindung zu verbergen oder zu verdecken wünscht. Dasselbe muß stets angewendet werden, wenn die Vorderkante eines solchen auf den Grat eingeschobenen Bodens eine Abrundung erhalten hat, wie es bei Küchenschränken, Regalen und dergleichen geschieht. Siehe Figur C.

Bei letzter Figur ist der Grat auf der rechten Seite gleichlaufend angeschoben worden, also an der oberen Seite des eingeschobenen Bodens. Es ist dieses keine Zufälligkeit sondern herrschender Brauch. Dieser Brauch wird zur Notwendigkeit, wenn auf einen solchen eingeschobenen Boden andere Teile des Möbels eingeschoben werden müssen oder wenn ein Schubkasten darauf laufen soll.

Fig. 8, Taf. X.

Eine in der Tischlerei sehr häufig vorkommende Holzverbindung ist die hier getreulich wiedergegebene Gratleiste, auch „Einschubleiste" genannt.

Sie wird ganz nach den eben entwickelten Regeln des Grates gearbeitet und hat den Zweck, eine größere und breitere Holzfläche vor dem Verwerfen zu schützen. Das vorliegende Beispiel stellt eine **durchgeschobene** Gratleiste dar; dieselbe kann aber ebensogut und ebenso oft als **abgesetzte** gearbeitet werden.

Um dieser Leiste das Eckige und Massige zu nehmen, werden ihr entweder die Lang- und Zwergkanten durch eine Fase abgeschrägt, oder es wird an den beiden Langkanten zur besseren Zierde ein Kehlstoß „angeschoben," die Zwergkanten aber „abgefast", wie hier geschehen ist.

Endlich ist noch einer Gratleiste zu gedenken, welche sich von der eben beschriebenen etwas unterscheidet.

Es können nämlich Fälle vorkommen, wo der vorstehende Teil der Einschubleiste im Wege ist und daher entfernt werden muß, wenn überhaupt diese Leiste ihre Anwendung stattfinden soll. In diesem Falle wird die Einschubleiste nur aus „halber Holzstärke" ausgearbeitet und der vorstehende Teil nach erfolgtem Einschieben gänzlich abgehobelt, so daß sie vollständig von der Oberfläche verschwindet. Freilich muß man alsdann mit in den Kauf nehmen, daß sie die Holzfläche nicht vollständig mehr vor dem Verziehen schützt, weil sie zu sehr geschwächt worden ist. Wir sehen diese Art der Einschubleiste angewendet bei der Kuchenschenne, einem Geräte, welches jedem Bäcker und jeder Hausfrau hinreichend bekannt sein wird.

Was nun die Vorzüge dieser Holzverbindung anlangt, so sind diese auf der Hand liegend, denn obschon das Hirnholz durch dieselbe vollständig gebunden ist, hat es doch seine gänzliche Freiheit keineswegs eingebüßt, es kann sich nach wie vor ausdehnen und wieder zusammenziehen ohne auch nur um Haaresbreite die vorgeschriebene gerade Linie zu verändern. Bei abgesetzten Einschubleisten kann man sogar die Vorsicht gebrauchen, dem Holze Gelegenheit zum Eintrocknen zu geben, indem man 2 bis 5 mm mehr absetzt oder weniger an der Gratnut stehen läßt als nötig ist.

Die nun folgenden Holzverbindungen dieser Tafel verfolgen einen andern Zweck und können eigentlich nicht mehr unter dem Namen Hirnholzverbindungen gelten, doch mag eine kurze Besprechung derselben hier folgen.

Fig. 9, Taf. X.

Dieses Beispiel gehört in die Gattung der Schlitze, welche bei Anfertigung von Rahmen oft zur Anwendung kommt. Durch die eigentümliche Abschrägung in Gestalt eines halben Grates und durch die Anwendung eines Keiles wurde dieser Verschluß gern zur Herstellung von Blindrahmen für Maler verwendet.

Durch Anziehen des Keiles wird nämlich der Rahmen nach allen vier Seiten auseinandergetrieben und somit die darauf gespannte Malerleinwand angespannt.

Fig. 10, Taf. X.

Der Zapfen mit Keil. Die Hirnkante des horizontalen Verbandstückes wird durch das Anziehen des Keiles mit dem vertikalen Verbandstücke sehr fest verbunden.

Fig. 11, Taf. X.

Eine Gehrung, welche stumpf zusammengearbeitet worden ist, ist dadurch befestigt worden, daß auf den Hirnkanten derselben zwei Dübel eingebohrt worden sind. Man hält die beiden Verbandstücke stumpf zusammen, gibt auf der Oberfläche eine Marke, wohin die Dübel kommen sollen und winkelt sodann auf jeder Hirnseite diese Marken über, um hierselbst in der Mitte der Holzstärke die Löcher für die Dübel einzubohren.

Fig. 12, Taf. X.

„Der Schwalbenschwanz" hat ganz die Form eines Grates nur in größerem Format. Seine Anwendung ist eine häufige.

Vierter Abschnitt.

Langholzverbindungen.

Den Hirnholzverbindungen gegenüber stehen die Langholzverbindungen. Sie dienen dazu, zwei Langhölzer entweder nach zwei verschiedenen oder nach ein und derselben Richtung miteinander zu vereinigen. Dieses kann auf sehr verschiedene Weisen geschehen, von denen hier nur die gebräuchlichsten beschrieben werden sollen.

Fig. 1, Taf. XI.

Zwei Langholzteile werden nach diesem Beispiele winkelrecht zu einander verbunden, so daß ein Kreuz entsteht. Solche Fußkreuze finden häufig Anwendung, um Sprungständern, Stellknechten, Christbäumen rc. eine aufrechte Stellung zu geben, zu welchem Zwecke die Enden der Kreuzholme eine passende Abschweifung erhalten.

Die Verbindung an sich wird hergestellt durch das sogenannte Auslarven der beiden Verbandstücke. Eine jede Larve erhält nach vorliegender Zeichnung die Breite des Verbandstückes als Länge und die Hälfte der Holzstärke zur Höhe. Es werden demnach in ein jedes Verbandstück zwei winkelrechte Schnitte senkrecht bis zur Mitte des Holzes eingeführt, welche soweit voneinander entfernt sind, als das andere Verbandstück breit ist; es ist dabei zu beachten, daß diese Schnitte bei dem einen Teile von oben, bei dem andern aber von unten geführt werden; auch schneidet man nicht direkt auf dem Risse, sondern so, daß derselbe auf der stehenbleibenden Holzseite noch sichtbar bleibt, damit also die Larve etwas kleiner wird als sie werden soll. Thut man dieses nicht, so geht die Verbindung, wie man zu sagen pflegt, „zu willig" und ist nicht selten alsdann verdorben.

Fig. 2, Taf. XI.

Die vorige Kreuzverbindung ist hier noch einmal, aber in einer vollständigeren Bearbeitung zum Abdruck gekommen.

Es sind nämlich die beiden Verbandstücke in der Larvengegend zu beiden Seiten um einen oder mehr Zentimeter abgesetzt worden; es muß deshalb auch die Larve genau soviel an jedem Ende kürzer werden, wie es die punktierten Hilfslinien besagen.

Die Verbesserung dieser Art besteht darin, daß die vier Verbandsfugen an den Seiten ganz durchgehen und somit einen bessern Anblick gewähren und daß das Fußkreuz gegen alle übereck gerichteten Verschiebungen gesichert ist.

Die Anfertigung dieser Verbindung bedingt freilich auch größere Vorsicht und ein wenig mehr Arbeit.

Fig. 3, Taf. XI.

Oft ist ein Stollen oder dergleichen Langholz nicht lang genug und muß deshalb ein Stück in der Länge angesetzt werden. Dieses kann auf recht einfache Weise so ausgeführt werden, wie es die vorliegende Zeichnung angibt.

Freilich muß die Anwendung von Leim oder dergleichen Bindemitteln hinzukommen, wenn diese Verbindung etwas nützen soll.

Bezüglich der Ausführung dieser Verbindung sei bemerkt, daß man sich auf beiden Verbandstücken zuerst die Länge anreißt, welche die Verbindung bekommen soll; sodann macht man auf der Hirnkante des einen Verbandstückes den Mittelriß c und schrägt hiernach die beiden Seiten bis zum Längenriß a und b ab, so erhält man den Keil acb.

Beim andern Verbandstücke schneidet man von den beiden Hirnkanten bei a' und b' schräg nach c' und erhält somit die Gabel.

Auch bei dieser Verbindung hat man wie überhaupt bei einer jeden nicht direkt auf den Riß zu schneiden, sondern auf derjenigen Seite „stehen zu lassen", wo das Holz stehen bleibt, also nicht herausfällt.

Der Vorzug dieser Holzverbindung besteht darin, daß beide Hölzer allmählich sich zuspitzen und dadurch eine plötzliche Schwächung des Holzes vermeiden. Wird diese Verbindung recht gut geleimt, was allerdings nicht immer leicht auszuführen ist, so hat dieselbe beinahe denselben Halt, als wenn das Stück aus dem Ganzen wäre; deshalb wird sie häufig auch bei schwachen und schmalen Verbandstücken gern und mit Vorteil angewandt.

Fig. 4, Taf. XI.

Häufig werden Langhölzer auch durch gegenseitiges Uebereinanderplatten miteinander verbunden, worüber die genannte Figur uns Belehrung bringt.

Das miteinander zu verbindende Ende eines jeden Verbandstücks erhält in der Mitte der Holzstärke einen Längenschnitt und wird bei a abgesetzt. Der Schnitt ab kann entweder winkelrecht oder wie hier auch schief gegen die Längenseite gerichtet werden.

Soll dieser Verband dem Wetter ausgesetzt werden und ist deshalb die Anwendung eines besonderen Bindemittels wie Leim oder Kitt nicht gut rätlich, so werden beide Teile durch einen Keil gegeneinander getrieben und somit die Stelle des Leimes ersetzt. Beide Plattenteile dieser Verbindung erhalten zu dem Ende eine flache, etwas breite Nut eingestoßen, deren gegenseitige Lage aber so anzuordnen ist, daß sie sich nicht vollständig decken, sondern die eine vor der andern nach der Richtung, wohin der Keil wirken soll, etwas vortritt.

Fig. 5, Taf. XI,

welche beide Teile in ihrer engsten Berührung miteinander darstellt, will die nötige Erklärung hierzu geben.

Hat eine solche Verbindung nur eine Zugkraft in der Richtung der Länge auszuhalten, so wird dieselbe stets zur Zufriedenheit funktionieren; hat sie aber einen Druck oder Stoß in normaler Richtung zu ihr zu widerstehen, so kann es geschehen, daß das Plattenteil bei b, **Fig. 5**, in der Richtung der Holzjahre abplatzt und den Verband beinahe nutzlos macht. Dieser Uebelstand ist bei der nach **Fig. 3** dieser Tafel ausgeführten Verbindung fast niemals zu befürchten.

Fig. 6, Taf. XI.

Wer die Langholzverbindung „französischer Keil" nur vom Hörensagen kennen gelernt hat, kann dieselbe hier aus dieser bildlichen Darstellung kennen lernen. Sie besteht im wesentlichen aus einer Abplattung mit einer spund= oder federförmigen Absetzung an beiden Enden.

Der Längsschnitt liegt in der Mitte der Holzstärke und die Feder am Kopfe beträgt $1/4$ derselben.

In allen Fällen bekommt diese Verbindung einen Keil, der hier als ein wesentlicher Bestandteil derselben anzusehen ist. Die Anordnung de Nut ist dieselbe wie in vorigem Beispiele angegeben worden ist.

Die Leistung dieses Verbandes ist dieselbe wie die des vorigen, nämlich einen Zug in der Längenrichtung auszuhalten; sie nimmt aber auch an den Schwächen jener in **Fig.** 4 und 5 beschriebenen Verbindung teil, trotz der abgesetzten Feder.

Fig. 7, Taf. XI,

gibt eine Abbildung dieses französischen Keils im Zustande der Vollendung.

Fig. 8, Taf. XI.

Dem letzterwähnten Uebelstande soviel als möglich zu begegnen, hat man die schräge Abplattung erfunden, welche uns hier abbildlich vorliegt.

Aehnlich wie in **Fig.** 3 beginnt auch hier die Abschwächung oder Abflachung allmählich und kann hierdurch von einem Abplatzen der einen Hälfte in der Richtung der Holzjahre nicht mehr die Rede sein. Daß die Enden der Platten nicht winkelrecht, sondern spitzwinkelig erfolgt ist, geschieht aus dem Grunde, um ein eigenwilliges Abheben der Verbandsflächen zu verhüten.

Der Keil erhält in diesem Falle keine Nuten, sondern es wird an dieser Stelle ein kleiner Zwergholzschnitt winkelrecht zur Längenkante ausgeführt und das übrige Langholz parallel zur Längenkante entfernt.

Fig. 9, Taf. XI,

will das eben Beschriebene durch Zeichnung veranschaulichen.

Fig. 10, Taf. XI.

Das Hakenplatt mit dem Keil ist ein dem französischen Keile ziemlich verwandte Holzverbindung; freilich ist die Schwächung noch vergrößert, denn es beträgt dieser Teil nur $3/8$ der ganzen Holzstärke und ist daher zum Abplatzen und Abbrechen sehr geneigt. Diese Verbindung verträgt daher auch nur einen Zug nach der Längenrichtung aber sehr wenig Druck in normaler Richtung.

Fig. 11, Taf. XI,

vervollständigt die Abbildung dieses Verbandes durch Darstellung desselben in der Vollendung.

Fünfter Abschnitt.

Das Platten und Schlitzen.

Das Platten, auch Anplatten genannt und das Schlitzen wird angewandt, wenn zwei Werkhölzer nach zwei verschiedenen Richtungen hin miteinander verbunden werden sollen; am häufigsten geschieht diese Verbindung im rechten Winkel, also beim Zusammenarbeiten irgend eines Rahmens.

Die einfachste dieser Holzverbindungen — freilich auch die loseste — ist das Platten, bei welchem ein jedes Verbandstück nur so ausgearbeitet wird, daß eins über das andere zu liegen kommt, wobei die Oberflächen derselben miteinander bündig bleiben.

Fig. 1, Taf. XII.

Wir haben hier ein Verband- oder Rahmenstück vor uns nach seiner ersten Bearbeitung; alle Längsseiten sind vollkommen abgerichtet, weder rund noch hohl, die breiten Flächen (a b c d und die darunterliegende) sind in bezug auf etwaiges Windschiefsein genau kontrolliert und die schmalen genau „in den Winkel gerichtet", endlich auch die Hirnkanten a b mit ihren Flächen in Winkel gehobelt.

Auf das Abrichten der breiten Flächen muß besonderer Fleiß verwendet werden, denn sind diese nur ein wenig windschief geblieben, so wird der ganze Rahmen ohne Zweifel auch windschief und dieses um so mehr, je größer der Rahmen ist.

Sind sämtliche vier oder mehr Rahmenhölzer in dieser Weise und Sorgfalt ausgearbeitet worden, so werden sie, nachdem sie „gezeichnet" worden sind, so zusammengelegt, daß ihre Hirnflächen eine Ebene bilden, wie dieses die

Fig. 2, Taf. XII,

uns vorführt. Auf dem obersten Rahmenstücke wird die Breitenmarke mit dem Spitzbohrer aufgerissen und zwar so weit vom Hirnende, als das Rahmenstück selbst breit ist, und sodann übergewinkelt, indem der Winkelhaken (rechts oben) scharf angeschlagen wird. Ist dieses geschehen, so werden sämtliche Rahmenstücke auf die „Hohekante" gelegt und der vorhin erhaltene „Breitenriß" auf die schmalen Kanten übergewinkelt, wie dieses der zweite Winkelhaken in der Zeichnung veranschaulicht. Ist auch diese Arbeit recht behutsam ausgeführt, ohne daß bei dem Umwenden sich irgend ein Rahmenholz verrückt hat, dann werden sie alle auseinander gelegt und jedes einzelne Rahmenstück nach dem erhaltenen Breitenrisse mit dem Winkelhaken „übergewinkelt".

Als letzte Vorbereitungsarbeit ist das Anreißen mit dem Streichmaße zu betrachten. Es wird mit ihm die Mitte der Rahmenholzstärke aufgesucht, insofern dasselbe so lange von beiden Seiten angeschlagen und probiert wird, bis endlich beide Risse ineinanderfallen und einen einzigen Riß bilden. Ist dieses endlich der Fall, dann wird mit demselben der

Stärkenriß der Platte angerissen und es ist dabei die Vorsicht nicht aus den Augen zu lassen, das Streichmaß stets von einer Seite des Rahmholzes aus — gewöhnlich von der rechten, gezeichneten Seite aus — anzuschlagen, damit etwaige Verschiedenheiten in den Holzstärken, obschon sie eigentlich nach der Bearbeitung nicht mehr vorkommen dürfen, dennoch aber hin und wieder vorkommen, nicht störend auf den Ausfall des Verbandes wirken können.

Diesen ganzen eben beschriebenen Vorgang nennt man das Zureißen oder auch Vorreißen und ist derjenige, welcher die meiste Sorgfalt und Aufmerksamkeit erfordert, denn das geringste „Versehen" bei diesem Geschäfte kann oft solche tief eingreifende Fehler erzeugen, daß nicht selten der ganze Rahmen weggeworfen werden muß.

Die folgende Arbeit ist das Schneiden (auch oft Schlitzen genannt) und Absetzen.

Es gilt auch hierbei wieder als Regel, den Riß auf der Holzseite stehen zu lassen; beim Absetzen aber hat selbst der geübte Arbeiter darauf mit der peinlichsten Sorgfalt zu achten, daß er nicht das falsche Stück absetzt, welches stehen bleiben soll; ein einziger falscher Schnitt in dieser Beziehung verdirbt ebenfalls die ganze vorausgegangene Arbeit.

Fig. 3, Taf. XII.

Ist das Geschäft des Schlitzens und Absetzens besorgt, dann haben die einzelnen Rahmenstücke das Aussehen, wie wir es in dieser Figur dargestellt finden und es sind nun, nachdem dieselben zusammengepaßt worden sind, die Hölzer soweit vorbereitet, daß sie zusammengeleimt werden können. Dieses kann nur unter Anwendung von Schraubzwingen geschehen.

Das Zusammenplatten eines Rahmens kann nur da angewendet werden, wo derselbe keine große Gewalt auszuhalten hat, weil die Rahmenhölzer nur durch eine einzige Verbandfläche zusammengebunden werden. Blindrahmen, welche nicht viel auszuhalten haben und gewöhnlich nur als Unterlage für Bilderrahmen, Thürverdoppelung und dergl. dienen, werden daher meistenteils durch diese Holzverbindung hergestellt.

Werden aber größere Anforderung beziehentlich der Haltbarkeit an einen Rahmen gestellt, dann genügt diese Verbindung nicht mehr und es muß eine andere an deren Stelle treten, das ist der „Schlitz", wie er in

Fig. 4, Taf. XII,

zur Abbildung gekommen ist.

Der Schlitz ist eigentlich nur aus der Verdoppelung des Zusammenplattens entstanden, indem man dem einen Rahmenholze anstatt einer Platte deren zwei gegeben hat.

Beide Teile dieser Verbindung führen einen besonderen Namen. Der eine Teil heißt „Schlitz" (der linke in der Figur), der andere aber Zapfen.

Das Ausarbeiten und zum großen Teil auch das Zureißen dieses Verbandes unterliegt denselben Regeln, wie wir sie bereits in vorigem Beispiele kennen gelernt haben. Das Zureißen erfährt insofern eine Erweiterung als mit dem Streichmaße nicht ein Riß (als Mittelriß), sondern zwei zu machen sind, so daß die ganze Holzstärke in drei Teile geteilt wird.

Wohl in den meisten Fällen werden diese drei Teile der Holzstärke gleich angenommen, so daß also der Schlitz deren zwei, der Zapfen aber nur einen erhält, wie dieses aus **Fig. 4** zu ersehen ist.

Hierdurch wird aber notwendigerweise eine Ungleichheit in der Haltbarkeit der beiden Teile hervorgerufen, denn es vermag der Schlitz eine größere Gewalt auszuhalten als der Zapfen. Die Richtigkeit dieses Schlusses zeigt eine jede Reparatur einer solchen Verbindung, denn hat eine solche einer größeren Gewalt unterliegen müssen, so ist es gewöhnlich der Zapfen, welcher abgebrochen ist, nicht aber der Schlitz, welcher nur in den seltensten Fällen unganz wird.

Man thut daher gut, die Widerstandsfähigkeit dieses Verbandes auf beide Verbandstücke gleichmäßig zu verteilen. Dieses geschieht indem man die ganze Holzstärke in vier gleiche Teile teilt und davon dem Zapfen zwei gibt (die mittleren) und auch dem Schlitze zwei (die äußeren) wie es aus

Fig. 5, Taf. XII,

zu ersehen ist. Offenbar kann das Abbrechen des Zapfens, (welcher hier nicht zur Darstellung gekommen ist) nun weniger vorkommen, weil er stärker ist.

Allein trotz alledem wendet man in der Praxis diese Vierteilung nicht gerne an, weil sich dabei ein anderer Fehler, der beinahe ebenso störend ist, einstellt. Es haben nämlich bei dieser Vierteilung die beiden Schlitzteile eine sehr starke Neigung, bei a und b in der Richtung der Holzfasern abzuplatzen und es ist diese Neigung oft so stark, daß sie schon während des Zusammenpassens des Schlitzes sich zeigt. Dadurch wird aber, wie leicht einzusehen ist, die Haltbarkeit dieser Verbindung bedeutend wieder herabgesetzt.

Das Beste, was der Tischler hierbei thun kann ist, wie auch sonst im Leben, die goldne Mittelstraße zu gehen. Er gibt also dem Zapfen ein wenig mehr als $1/3$ aber auch etwas weniger als $1/2$ der Holzstärke.

Eine ziemlich zweckentsprechende Verteilung gibt folgende. Man teilt die ganze Holzstärke in fünf gleiche Teile und gibt davon dem Zapfen zwei und jeder Schlitzhälfte die Hälfte von $3/5$, also $1 1/2$ solcher Fünftel.

Der geübte Arbeiter hat indessen gar nicht mehr nötig bei Anlage eines Schlitzverbandes nach dem Zirkel zu greifen, sondern weiß schon sozusagen instinktmäßig das Richtige zu treffen. Erfahrung macht eben auch klug.

Fig. 6, Taf. XII.

Wir sehen hier einen Schlitz abgebildet, bei welchem eine günstige Verteilung stattgefunden hat. Schon das Auge wird durch dieselbe mehr befriedigt als durch die Darstellung in **Fig. 5**, weil man sich sagen muß, daß in letzter Figur der Schlitz zweifelsohne zu schwach angelegt ist, trotzdem eine mathematisch richtige Verteilung vorausgegangen ist.

Fig. 7, Taf. XII.

Was in dieser Zeichnung veranschaulicht werden soll, ist eine Variation des Zusammenplattens aus **Fig. 3** dieser Tafel.

Es kommt nämlich häufig vor, daß an den Lichtenkanten der Rahmenhölzer irgend ein Kehlstoß oder auch bloß eine Fase angestoßen werden soll, diese Verschönerung macht aber eine Abänderung der Verbindungsflächen notwendig.

Die einfachste Abänderung ist die, daß man die Ober- oder Vorderfläche des Rahmens auf Gehrung zusammenstoßen läßt. Es wird daher der Zapfenteil der Platte auf Gehrung abgeschnitten, deshalb muß aber am zweiten Verbandstücke die Platte nicht rechtwinkelig wie in **Fig. 3**, sondern in einem Winkel von 45° also ebenfalls auf Gehrung abgesetzt werden. Es kann nun an die Innenkante der Rahmenhölzer jeder beliebige Kehlstoß angestoßen werden.

Prüft man freilich einen solchen Verband auf seine Haltbarkeit, so darf man keine sehr günstigen Resultate erwarten, denn die bereits von Beispiel 3 getadelte Schwäche hat sich in **Fig. 7** vergrößert, ja eigentlich verdoppelt. Daher ist diese Verbindung nur mit Vorsicht zu gebrauchen.

Eine Klugheitsregel ist es auch hier von zwei Uebeln immer das kleinste zu wählen: Entweder man sieht von der Zierde, welchen allerdings ein Gehrungsschnitt dem Rahmen gewährt, ganz ab und läßt das eine Rahmenholz „durchgehen" (und ändert dafür, wenn nun einmal doch der Kehlstoß oder die Fase beibehalten werden soll, das Absetzen des unteren Plattenteiles, wie es in **Fig. 9** geschehen,) oder man wählt die Verbindung, welche in

Fig. 8, Taf. XII,

gegeben worden ist.

Es ist dieses ein Schlitzverband ganz in der bei **Fig. 6** besprochenen Weise; es ist aber die obere Schlitzplatte des einen Teiles auf Gehrung abgeschnitten worden und man hat dieses abgeschnittene Stück dem Zapfen zur Ergänzung gegeben. Dieser Verband kann das Zusammensetzen auf Gehrung viel leichter vertragen ohne viel an seiner Festigkeit einzubüßen, als jener in **Fig. 7**.

Freilich erfordert das Stehenlassen am Zapfenteile (rechts oben in der Figur) sehr große Aufmerksamkeit, wenn nicht falsche Schnitte bemerkbar bleiben sollen, z. B. darf der Zapfen nur auf einer (der unteren) Seite herunter geschnitten werden, denn bei der oberen Seite darf der Schnitt bloß bis zur Ecke a gehen, was sehr häufig übersehen wird und die Sauberkeit des Verbandes wesentlich beeinträchtigt.

Fig. 9, Taf. XII.

Wird es verlangt, daß die Lichtenkante des Rahmens einen kleinen Kehlstoß oder selbst nur eine Fase angehobelt wird, so kann man die Schwächung, welche der Verband durch Zusammenstoßen auf Gehrung immerhin erfährt, dadurch vermeiden, daß man die Ausladung ab des Kehlstoßes oder wie hier der Fase vorher an den langen Rahmenteilen an der betreffenden Innenkante mit dem Streichmaße anreißt und sodann dasselbe Maß a b bei den Zapfenstücken so von dem Lichtenriß bei a' anträgt, als wollte man das Zapfenstück länger machen, also von a' nach b'. Dieses geschieht hier nur auf der Oberfläche des Rahmenholzes.

Man hat nun nur noch bei dem Absetzen darauf zu achten, daß man an der Vorderseite des Rahmenholzes niemals bei dem kürzeren, sondern stets bei dem längeren Risse die Säge ansetzt. Der Schnitt selbst wird dann schräg unter sich nach c und niemals winkelrecht geführt.

Diese Art des Absetzens findet sehr häufige Anwendung und versieht vollkommen den Dienst einer Gehrung, wie es in den **Fig.** 7 und 8 dieser Tafel beobachtet wurde. Freilich hat dieselbe niemals das schöne Aussehen wie dort, ist dafür aber haltbarer und dauerhafter. Bei kleineren Thüren z. B. an Küchenschränken und geringeren Möbeln, welche auf Rahmen und Füllung zusammengearbeitet worden sind, findet man dieselbe fast regelmäßig angewandt.

Fig 10, Taf. XII.

Zu der in vorigem Beispiele beschriebenen Abänderung des Absetzens ist in diesem noch eine zweite getreten, welche ebenso wichtig ist.

Die Thürfüllungen, von denen vorhin die Rede war, können auf zweifachem Wege eingesetzt werden, entweder sie werden eingelegt oder fest eingearbeitet.

Wird eine Thürfüllung eingelegt, so muß das Rahmenholz einen dem entsprechenden Falz erhalten und zwar stets auf der linken Seite des Rahmens, während die rechte Seite desselben an dieser Kante den Kehlstoß erhält.

Dieser Falz c d wird zuerst, wie es mit a b geschehen ist, mit dem Streichmaß auf der linken Seite vorgerissen, alsdann wird dasselbe Maß an den kurzen Rahmenstücken vom Lichtenriß c' aus nach außen getragen, so daß das Rahmenstück länger wird, also von c' nach d'. Das Absetzen bei d' erfolgt aber winkelrecht, während bei b' es unter sich geschieht; auch darf der Zapfen auf der linken Seite nur bis d' eingeschnitten werden.

Wird letzteres versehen und der Zapfen bei c' anstatt d' abgesetzt, so entsteht ein häßliches Loch auf der linken Seite des Rahmens, welches Schandfleck auch nach dem „Ausflicken" dem sachkundigen Auge nicht verborgen bleibt. Daher Vorsicht!

Fig. 11, Taf. XII.

Das, was in den **Fig.** 9 und 10 dieser Tafel nur auf einer Seite — auf der rechten — geschah, ist hier auf beiden Seiten geschehen, denn beide Lichtenkanten der Rahmenhölzer haben einen Kehlstoß erhalten.

In solchen Fällen wird das kurze Rahmenstück, welches gewöhnlich zugleich das Zapfenstück ist, um die Ausladung des Kehlstoßes a b auf beiden Seiten länger zugerissen (a' b') und schräg unter sich abgesetzt, so daß der einspringende Winkel bei c die ursprüngliche Länge des Verbandstückes angibt.

Die Schnittfläche b' c ist stets nur eine gerade ohne alle Rücksicht auf den Kehlstoß.

Fig. 12, Taf. XII.

Zur größeren Befestigung des Verbandes kann der Schlitz auch vervielfältigt werden, wie uns vorliegende Zeichnung belehrt. Ein solcher doppelter Schlitz verträgt schon die Einwirkung einer sehr großen Kraft. Wir finden daher diesen Verband häufig an der Vorderzange der Hobelbänke mit guter Bewährung angewendet.

Auch unsere Schraub- oder Leimzwingen bekommen diesen Verband.

Selbstverständlich kann eine weitere Vermehrung der Bindeflächen eintreten, um eine noch größere Widerstandskraft zu erzielen. Freilich hat eine solche Vervielfältigung auch ihre Grenze. Werden nämlich durch dieselbe die Zapfenstärken zu gering, so reduziert sich auch ihre Haltbarkeit und man erzielt von dem, was man erreichen wollte, das Gegenteil.

Fig. 13, Taf. XII.

Als letztes Beispiel einer Schlitzverbindung sei noch folgender Fall besprochen. In die Lichtenkanten des Rahmenholzes wird eine Nut gestoßen und es nimmt dieselbe ein Stück von der Breite eines Schlitzes hinweg (bei a), deshalb muß das Zapfenstück an derselben Stelle die Ergänzung dafür bei a' erhalten, welche genau so lang sein muß, als die Nut tief ist.

Anmerkung. Da es bei diesen Verbindungen wesentlich darauf ankommt, daß die Schlitz- und Zapfenflächen recht eben ausfallen, also keine Erhöhungen und keine Vertiefungen zeigen, so ist vor allem darauf Bedacht zu nehmen, daß die Säge sich in gutem Zustande befindet. Sie muß vor allen Dingen scharf sein und darf weder zu weit noch zu eng geschränkt sein, sie darf nicht laufen, welches gewöhnlich die Folge schlechten Schränkens oder schlechten Richtens ist.

Ein jeder akkurater Arbeiter benutzt die Säge, welche er in einen solchen guten Zustand versetzt und zu diesem Zwecke bestimmt hat, zu keiner niederen Arbeit und belegt sie mit dem Namen „Schlitzsäge"; auch wird sie von ihm mit einer besonderen Wertachtung behandelt.

Sechster Abschnitt.

Der Zapfen.

Eine ebenfalls häufige und mit vielen Abänderungen vorkommende Holzverbindung ist der Zapfen. Er kommt bald in quadratischer, bald in rechteckiger, bald in runder, bald in kantiger Gestalt vor und verlangt stets ein Zapfenloch, welches dieselben Dimensionen und Gestaltungen hat wie der Zapfen selbst.

Fig. 1, Taf. XIII.

Das erste Beispiel dieser Tafel führt uns einen Zapfen von quadratischem Querschnitt vor. Er wird zur Befestigung von gleichfalls quadratischen Stäben angewandt. Zu dem Ende wird er ringsum winkelrecht abgesetzt, wie es hier zu sehen ist.

Es ist dieses aber nicht unbedingt erforderlich, denn er kann ebensogut bloß auf zwei einander gegenüberliegenden Seiten abgesetzt werden, ohne etwas an der Güte seiner Konstruktion zu verlieren. Die letztere Art ist sogar die häufigste.

Zum Zwecke des Absetzens werden zuerst zwei gegenüberliegende Seiten des Stabes mit dem Streichmaße vorgerissen, geschnitten und abgesetzt, sodann werden auch die andern beiden noch übrigen Seiten vorgerissen, geschlitzt und abgesetzt.

Fig. 2, Taf. XIII.

Diese Zeichnung will uns mit einem Doppelzapfen bekannt machen. Bei diesem kann sogar das Absetzen des Zapfens in der Holzstärke unterbleiben, wenn es die Umstände gestatten. In vorliegendem Exempel ist dieses angenommen worden.

Dieser Doppelzapfen wird angewendet bei der Einarbeitung einer Laufleiste, eines Unterschiedes und in noch verschiedenen andern Fällen.

Fig. 3, Taf. XIII.

Aus dem quadratischen Zapfen **Fig. 1** dieser Tafel läßt sich mit leichter Mühe ein runder Zapfen herstellen, wie einen solchen die vorliegende Zeichnung bringt; ja es ist sogar der vorgeschriebene Weg zur Darstellung eines runden, ihn nach **Fig. 1** erst vorzuarbeiten. Die punktierten Linien deuten den eingeschlagenen Weg zur Herstellung dieser Holzverbindung an.

Das Zapfenloch ist in diesem Falle natürlich auch rund und kann mit Hilfe eines Zentrumbohrers regelrecht hergestellt werden. Die ganze Verbindung nimmt behufs ihrer Herstellung nur sehr wenig Zeit in Anspruch.

Fig. 4, Taf. XIII.

Hier stellt sich uns ein Zapfen von zweifacher Gestalt vor, nämlich ein runder Zapfen mit einem vierkantigen Ansatze am Grunde desselben.

Runde Zapfen haben insofern eine üble Gewohnheit an sich, daß sie, wenn sie eintrocknen, sich gern drehen. Diesem Uebel wird gesteuert, wenn man ihm einen solchen vierkantigen Ansatz gibt, der eigentlich um so leichter herzustellen ist, als er den Ueberrest der ursprünglichen Gestalt des Zapfens bildet.

Wird ein solcher Zapfen auf der Hirnfläche noch verkeilt, wie es das Bild verlangt, so ist gegen eine solche Verbindung keine Klage vorzubringen.

Diese Verkeilung des Zapfens kann sogar auch dann noch angewendet werden, wenn der Zapfen ein verdeckter ist, das Zapfenloch also nicht durchgeht. Man präpariert für diesen Fall den Zapfen nicht um ein Haar anders als sonst, sondern hat nur seine Länge sorgfältig zu untersuchen, damit er nicht zu lang ist, schneidet ihn 2 bis 5 mm kürzer als das Zapfenloch tief ist, damit der übrige Leim Platz hat sich anzusammeln, und gibt ihm einen Längenschnitt zur Aufnahme des Keils.

Beim Zusammensetzen der Verbindung setzt man den Keil ganz wenig in den Keilschnitt, genau so wie es in der Zeichnung wiedergegeben worden ist und führt das Ganze in das Zapfenloch ein, was zuletzt allerdings die Anwendung von Gewalt erheischt.

Fig. 5, Taf. XIII.

Der breite Zapfen, sowie ihn die **Fig.** 5 uns vorführt, kommt da in Anwendung, wenn in der Mitte eines Rahmenstücks ein sogenanntes Mittelstück befestigt werden soll. Seine Herrichtung unterliegt denselben Regeln, wie wir sie beim Schlitzen in **Fig.** 3 und so fort, **Taf. XII**, bereits kennen lernten.

Die Zapfenlöcher dieser Holzverbindungen werden ausnahmslos nur gestemmt und zwar das in vorliegender Figur (unten) nur von einer Seite, weil der Zapfen nicht „durchgehend" ist.

Das Zapfenloch bekommt genau dieselbe Länge als die Breite des Zapfens beträgt, nämlich a b, und wird ein weniges tiefer eingestemmt, als der Zapfen lang ist (c d).

Weil der Zapfen in dieser Gestalt sehr häufig in der Tischlerei vorkommt, hat man sich ein Werkzeug konstruiert, welches das Zureißen des Zapfens sowie des Zapfenloches wesentlich erleichtert, es ist das „Zapfenstreichmaß".

Dieses unterscheidet sich von dem gewöhnlichen Streichmaße dadurch, daß der Stab desselben anstatt nur einen Stift deren zwei hat, die soweit voneinander stehen, als der Zapfen stark werden soll. Mit diesem hat man nur einmal anzureißen nötig, während man mit dem gewöhnlichen Streichmaße zweimal dieses thun muß. Dieses geschieht jedoch stets nur von ein und derselben Seite des Rahmenholzes aus.

Eine jede einigermaßen gute Tischlerwerkstatt hat darauf zu sehen, daß ein solches Zapfenstreichmaß mit verschiedenen Zapfenstärken versehen sich vorfindet und daß zu einer jeden Zapfenstärke auch der dazu passende „Lochbeutel" vorhanden ist.

Fig. 6, Taf. XIII.

Dieser Zapfen ist ein durchgehender Zapfen und wird geradeso zubereitet, wie der vorige in **Fig.** 5 beschriebene.

Nur das Zapfenloch verlangt in Hinsicht seiner Anfertigung insofern eine kleine Abweichung von dem vorigen, als es von beiden Kanten des Rahmenholzes an- und vorgerissen werden muß. Auch wird es gewöhnlich auf der linken oder vielmehr äußeren Seitenkante etwas länger gestemmt als der Zapfen breit ist, damit Raum gewonnen wird, um Befestigungskeile eintreiben zu können.

Fig. 7, Taf. XIII.

Tritt ein solcher Zapfen an das Ende eines Rahmenholzes, so muß derselbe in seiner Breite etwas eingeschränkt werden; er wird deshalb abgesetzt. Hierdurch bleibt am Ende des Langholzes noch Holz stehen, a b, so daß der eindringende Zapfen von beiden Seiten noch begrenzt bleibt; geschieht dieses nicht, so ist die ganze Holzverbindung von sehr zweifelhafter Haltbarkeit.

Der Zapfen wird indessen nicht ganz bis auf den Grund abgesetzt, sondern man läßt etwa 5 mm Holz frei. Diesen kurzen Teil des Zapfens c d nennt man Feder und soll den Zweck verfolgen, das Rahmenholz des Zapfens an der äußeren Kante vor seitlicher Abweichung zu schützen.

Entsprechend der Zapfenfeder c d wird in das andere Verbandholz eine kleine Nut bei a b eingestemmt, jedoch niemals tiefer als nötig ist, damit das Zapfenloch nicht fahrlässigerweise in seiner Funktion geschädigt wird.

Beim Einpassen dieses Endzapfens hat man sehr vorsichtig zu handeln. Denn wird der Zapfen zu dick eingeführt, oder eine linkische Bewegung gemacht, so platzt das kurze Holz bei a b auf und der beste Halt des Zapfens ist somit dahin.

Fig. 8, Taf. XIII.

Diese Figur bringt den Endzapfen aus vorigem Beispiele noch einmal nur mit dem Unterschiede, daß er hier als durchgehender Zapfen behandelt worden ist.

Die Bearbeitung dieses Zapfens erfordert noch mehr Vorsicht als voriger, weil das Aufplatzen des Hirnholzes hier noch viel leichter geschieht als dort und oft der ganzen Breite nach stattfindet.

Ebenso vorsichtig muß das Verkeilen des Zapfens besorgt werden, weil mit ihm oft zuletzt noch verdorben wird, was Mühe und Bedacht bis dahin noch verhütet hatte.

Fig. 9, Taf. XIII.

Oft nimmt das mittlere Rahmenstück z. B. bei einer Thür eine solche Breite an, daß es nicht ratsam ist, auch dem Zapfen dieselbe Breite zu lassen, weil dadurch das Zapfenloch eine übergroße Länge erhalten würde, die dem Thürschenkel leicht zum Verderb gereichen könnte, wie wir dieses gelegentlich der Hirnleiste in **Fig. 4, Taf. X,** Seite 141 kennen lernten.

Ist dieser Uebelstand zu befürchten, so setzt man den Zapfen an beiden Seiten etwas ab, und läßt das abgesetzte Zapfenstück als Federn links und rechts vom Zapfen stehen, wie aus der Vorlage zu ersehen ist.

Die Federn sind auch in diesem Falle notwendig, um ein seitliches Wanken oder Abweichen des Rahmenholzes unmöglich zu machen, denn je breiter das Rahmenholz wird, desto eher weicht es von seiner vorgeschriebenen Richtung ab.

Fig. 10, Taf. XIII.

Wird endlich eine Rahmenstück gar zu breit, so daß auch ein beiderseitiges Absetzen des Zapfens nicht thunlich erscheint, so wendet man lieber einen Doppelzapfen an, bei welchem ebenfalls eine Feder zwischen den beiden Zapfen zu berücksichtigen bleibt.

Alles übrige ist aus der Zeichnung zu ersehen.

Fig. 11, Taf. XIII.

Bei Glasthüren ist es üblich, dem unteren Teile der Thür breiteres Rahmenholz zu geben, als dem oberen, weil es sehr plump aussehen würde, wenn das Rahmenholz gleiche Breite behält.

Bei den Querhölzern der Thür ist dieses viel leichter ausgeführt als bei den aufrecht gehenden Stücken, den sogenannten Schenkeln. Diese müssen „ausgeklinkt" werden und zwar soweit es möglich ist, parallel zur Außenkante.

Aus diesem Grunde hat der Schenkel in unserer Zeichnung (unten) rechts die Breite a b, links aber nur c d. Das Ausklinken ist von d aus parallel zu a c bis g geschehen und es entspricht dieser Punkt der Oberkante des mittleren Rahmenstücks (man denke sich die Zeichnung senkrecht).

Hierdurch entsteht die Schmiege fg, welche die ganze Breite des mittleren Rahmenholzes ausmacht. Natürlich muß sich genau dieselbe Schmiege wiederfinden an dem Rahmenholze, welches hier mit dem Schenkel in Berührung tritt.

Man gibt zu dem Ende dem Mittelstücke zunächst den Winkelriß f' h' und trägt bei h' das Maß hg auf von h' nach a' und verbindet schließlich f' mit g', so ergibt sich die Schmiege.

Die Zurichtung und Behandlung des Doppelzapfens und der Feder kann nunmehr nach der vorigen Weise erfolgen.

Fig. 12, Taf. XIII.

Es liegt hier wieder die Besprechung eines Endzapfens einer gestemmten Thür vor aber in etwas veränderter Gestalt.

Der Zapfen ist zwar von beiden Seiten abgesetzt worden, hat aber nur auf einer Seite — auf der linken — eine Feder erhalten; auf der rechten Seite ist das ganze Rahmenholz in Gehrung abgeschrägt worden.

Ebenso ist der Schenkel mit dem Zapfenloche behandelt worden, weil es sich hier darum handelt, an der Lichtenkante der Rahmenstücke einen Kehlstoß einzustoßen.

Wird dieses bezweckt, so muß zunächst an sämtlichen Lichtenkanten der Rahmenstücke die Breite der Ausladung des Kehlstoßes a b mit dem Streichmaße angerissen werden. Hierauf werden die Querhölzer, welche zugleich gewöhnlich die Zapfenteile sind, zugerissen, indem man an den Lichtenriß bei c das Maß a b nach außen anträgt, also von c nach d. Es wird nun die Breite des Zapfens fg bestimmt und gerissen und das Absetzen des Zapfens hiernach besorgt.

Auch die Schenkel müssen in diesem Falle abgesetzt werden, nämlich nach den Linien d' f' und f' i'.

Ist dieses geschehen, dann erst kann das Vorreißen des Zapfens und des Zapfenloches mit dem Zapfenstreichmaße geschehen und nach Beendigung dieser Arbeit das Schlitzen, Absetzen und Stemmen.

Das Einpassen dieser Verbandsteile hat weit mehr Schwierigkeiten als dieses bei den vorigen Holzverbindungen der Fall war und erfordert wohl manchmal eine gute Sachkenntnis, um die Ursache des Undichtseins aufzufinden daher, Geduld.

Fig. 13, Taf. XIII.

Dieselbe Prozedur, die oben mit dem Endzapfen geschah, hat auch hier bei einem Mittelzapfen stattgefunden, weshalb zwei Federn und zwei

Gehrungen angebracht werden mußten. Ferner sind die beiden Verbandstücke so abgebildet worden, wie sie in ihrer Vollendung kurz vor ihrem „Zusammenbauen" aussehen, mit Nut und Kehlstoß versehen.

Das Einpassen dieses Verbandes ist noch schwieriger als das des vorigen.

Siebenter Abschnitt.

Das Zinken.

Was das tägliche Brot unter den Nahrungsmitteln ist, das ist das Zinken unter den Holzverbindungen; keine andere wird so häufig angewendet als diese und es mögen vielleicht nur wenige vom Tischler gefertigte Gegenstände im Vergleiche zu den übrigen sich befinden, bei welchen nicht das Zinken in irgend einer Gestalt zur Anwendung käme. Das Zinken ist daher eine höchst wichtige Holzverbindung.

Das Zinken ist aber auch eine schwierige, in manchen Fällen eine recht komplizierte Holzverbindung, wie wir bald sehen werden und darum wohl der Mühe wert, daß wir uns einmal theoretisch mit demselben beschäftigen.

Daß eine solche theoretische Beschäftigung mit dieser Holzverbindung wie überhaupt mit irgend einer andern, nutzlos wäre, wer wollte das behaupten! Ist es nicht eine erwiesene Thatsache, daß gerade bei dieser Holzverbindung der Anfänger in diesem Gewerbe die meisten Verstöße gegen die Richtigkeit macht!? Und wie viel Verdruß rührt aus solchen Verstößen, oft bei beiden Teilen, bei dem Lehrenden wie auch bei dem Lernenden her! Es darf dieses auch gar nicht verwundern, denn oft ist mit einem einzigen Fehlschnitt, oder einem einzigen Schlage mit dem Klöppel der ganze Verband verdorben, die ganze darauf verwendete Zeit, Mühe und dazu das Material verloren.

Ist dem aber so, so bedarf es auch ferner keiner Beweisführung mehr, noch weniger einer Art Rechtfertigung, wenn in einem Werkchen, welches den Titel „die Schule des Tischlers" angenommen hat, einmal gründlich in die Theorie einer Sache und wäre es eine an sich unscheinbare Holzverbindung, eingedrungen wird.

Die Holzverbindung, die wir das „Zinken" nennen, besteht aus zwei sich ziemlich ähnelnden, jedoch wesentlich voneinander verschiedenen Teilen, aus dem „Zinken" im engeren Sinne des Wortes und aus dem sogenannten Schlosse. Nennen wir jenen den ersten, diesen den zweiten Teil dieser Verbindung.

Das Zinken überhaupt gründet sich auf eine der im Eingange geschilderten Eigenschaften des Dreiecks, durch welche diese Figur nicht nur in der exakten Wissenschaft, sondern auch im praktischen Leben, vorzüglich aber im Gewerbe eine so überaus hochwichtige Figur für uns wird. Kein Mensch würde im stande sein einen Zinkenverband herzustellen, wenn wir das Dreieck nicht hätten.

Betrachtet man den ersten Teil dieses Verbandes — den Zinken — genauer, so erkennt man sofort, daß aus demselben sich stets ein Dreieck formieren läßt, er mag in einer Form und Gestalt vorkommen, in welcher er will.

Natürlich ist deshalb das Dreieck auch bei der Bildung des zweiten Teiles — des Schlosses — beteiligt nur in umgekehrter Lage. Ergänzt man nämlich die schrägen Flächen eines Zinkens nach der oberen Kante derselben hin, so bildet sich stets (und muß sich bilden) ein Dreieck, mag dieses rechtwinkelig, gleichschenkelig oder ungleichseitig sein!

Dasselbe geschieht, wenn ich die schrägen Seiten des Schlosses von der Hirnkante derselben abwärts verlängere.

Der Amerikaner, der sonst so praktisch und findig ist, hat in seinem Streben nach Neuerungen und Verbesserungen geglaubt, sich der unscheinbaren Figur bei der Bildung der Zinken entraten zu können und wendet beim Zinken mit Vorliebe das Viereck resp. Rechteck an, indem er dem Zinken parallele Seitenflächen gibt, die er allerdings im schiefen Winkel stellt. Was ist die Folge davon oder richtiger gesagt, die Strafe hierfür? Antwort: Der amerikanische Zinken vermag sich nicht allein dauernd zusammenzuhalten, sondern muß erst durch ein anderes Bindemittel, durch den Leim — den wir bei unserem Verfahren nicht unbedingt nötig haben — oder dem aufgenagelten Kastenboden in seinem Verband vervollständigt werden, wenn er seine Aufgabe vollbringen soll.

Nicht so verhält es sich mit unserer alten deutschen Art der Zinkerei. Sie hält, wenn es sein muß, auch ohne Leim, bedarf auch des Bodens nicht, um zusammenhalten zu können und hat nicht soviel schräges, totes Holz in den Zinken aufzuweisen. (Siehe **Fig. 16, Taf. XIV.**)

Darum wollen wir auch fernerhin bei dieser alten, sich stets bewährten Art des Zinkens bleiben indem wir dem Schriftworte folgen:

„Prüfet alles und das Beste behaltet!"

Fig. 1, Taf. XIV.

Gewissermaßen als Einführung und Einleitung in diesen wichtigen Zweig der Tischlerei ist hier noch einmal der quadratische Zapfen aus **Fig. 1, Taf. XIII**, Seite 153 vorgeführt worden allerdings mit der kleinen Abweichung, daß derselbe vervielfältigt nebeneinander gestellt worden ist.

Das Zapfenstück (in der Zeichnung oben) hat eine solche Einteilung erhalten, daß nicht nur der Zapfen, sondern auch der herausgestemmte Teil der Zwischenraum zwischen je zwei Zapfen quadratisch ist. Es ist dieses nicht nötig, die Zapfen können auch weiter als ihre Stärke auseinander stehen, doch gewinnt es einen besseren Anblick, wenn die Einteilung so genommen wird, wie es in dieser Zeichnung geschehen ist.

Das Lochstück (der untere Teil der Zeichnung) hat natürlich dieselbe Einteilung erhalten müssen aber die gegenteilige Ausarbeitung; was dort Zapfen ist, ist hier Zapfenloch.

Werden die Zapfen das Zapfenstückes nach dem Zusammenbauen mit Leim oder Kitt versehen und verkeilt, so wird diese Holzverbindung eine Verbindung der festesten Art, denn es wird, wenn man sie wieder lösen wollte, viel eher das Verbandholz zerbrechen als die Verbindung auseinandergehen.

Fig. 2, Taf. XIV.

Mit diesem Beispiele lernen wir erst das eigentliche Zinken kennen; das Zinkenstück befindet sich in der Zeichnung oberhalb, das Schloßstück unterhalb von jenem.

Um das Zinkenstück recht ordnungsmäßig herzustellen, thut der Anfänger gut, sich mit Blei auf der Hirnkante desselben eine vorläufige Einteilung zu machen, damit sämtliche Zinken gleichweit voneinander zu stehen kommen, denn es gewährt einen recht unschönen Anblick und verrät sofort den Stümper oder gleichgültigen Arbeiter, wenn bei einem Zinkenverbande die Zinken ungleich stehen und demnach große und kleine Schlösser bilden.

Um diese Einteilung zu machen, beginnt man an beiden Enden mit den sogenannten „halben Zinken" a und b, teilt den noch übrigen Raum in soviel Teile, als man Zinken schneiden will (die beiden halben als einen mit gerechnet) also hier in drei, macht sich die Marken 1 und 2, und schneidet die Zinken so an, daß die Einteilungsmarke (1 und 2) genau in die Spitze des Zinkens fällt. Auch der geübte Zinker schneidet nun nicht gleich frisch darauf los, sondern gibt sich mit leisen Rückwärtsschnitten der Säge oder des Fuchsschwanzes sämtliche Schrägen der ganzen und halben Zinken an, bevor er zum eigentlichen Schneiden derselben übergeht.

Die beiden End- oder halben Zinken wollen besonders beachtet sein; sie dürfen nicht etwa ihrem Namen gemäß nur halb so stark als die vollen Zinken sein, sonst würden sie sehr leicht beim Zusammenarbeiten seitlich abplatzen, sondern werden nur um ein Weniges schmäler als die übrigen angelegt, erhalten aber nur eine Schräge, daher ihr Name: „halber Zinken".

Das Einschneiden der Zinken darf nicht anders als winkelrecht zur Hirnkante geschehen, so daß ein jeder Zinken oben dieselbe Breite erhält als unten, denn ist er unten stärker als oben, so treibt er beim Zusammenbauen die Schlösser auseinander; ist er aber unten schwächer als oben, so liefert er keine feste, sondern eine wackelige Verbindung, die, wie ein alter Witzkopf einmal gesagt hat, mit der Pudelmütze können zusammengeschlagen werden. Also hüte dich davor!

Ist das Schneiden sämtlicher Zinken erfolgt, dann geht es ans Ausstemmen und das ist diejenige Arbeit, bei welcher sich in früheren Zeiten, in welchen jene Ware noch mehr als jetzt gang und gäbe war, die erste und beste Hobel verdiente. Da heißt es aufgepaßt, denn es kann selbst einem sicheren Arbeiter einmal passieren, daß er das Falsche für das Richtige und umgekehrt ansieht, und somit den Zinken, den er nunmehr mit so vieler Mühe beinahe fertig hatte, mit einem kräftigen Hiebe wegstemmt und das Falsche stehen läßt. Am besten wird ein solches „Versehen" verhütet, wenn man sich beim Ausstemmen so vor die Verbandstücke stellt, daß man die Ober- und Hirnfläche des Verbandholzes mit einem Blicke übersehen kann; man sieht dann am Laufe der schrägen Schnitte viel leichter, welches ein Zinken ist und welches nicht.

Das Ausstemmen beginnt man gewöhnlich am besten mit der Innenseite und schneidet mit dem Handschnitzer den Stärkeriß kräftig vor, damit — nicht über denselben hinweggestemmt wird oder kleine Splitter einspringen — ein böser Fehler! Die Stärkerisse zu machen, ist die allererste Arbeit des Zinkens und erfolgt sofort, wenn alle Verbandstücke genau von Breiten, von Stärken und von Längen gemacht, also „ausgearbeitet" worden sind. Es geschieht mit dem Streichmaße.

Sind sämtliche Zinkenteile nach dieser Beschreibung fertig gemacht, dann geht es an die Bearbeitung der Schlösser. Die Zinkenteile werden nach dem üblichen Zeichen aufgesetzt und die Schlösser danach vorgerissen, wobei stets darauf zu achten ist, daß das Zinkenstück nirgends vor- oder zurück und genau hinter dem Stärkerisse steht. Sind alle Zinkenstücke in dieser Weise behandelt worden, dann erfolgt das Einschneiden der Schlösser und zuletzt das Ausstemmen, bei welchem ebenfalls wieder dieselbe Vorsicht und Aufmerksamkeit des Arbeiters herausgefordert wird, wie beim Ausstemmen der Zinken, denn der dort gerügte Fehler kann ebensogut und ebenso leicht auch hier geschehen, womit nicht selten das ganze Verbandstück geschändet, wenn nicht gar verdorben ist.

Beim Schneiden der Schlösser tritt eine alte, schon mehrmals genannte Regel wieder in Kraft, nämlich, daß der Riß nicht mit weggeschnitten werden darf, sondern am Schlosse stehen bleiben muß, weil sonst die Schlösser zu klein und der Verband zu willig oder gar wackelig werden würde und seinen Wert verlieren.

Die Endstücken a' b' werden nicht ausgestemmt, sondern mit der Säge winkelrecht ausgeschnitten, zu welchem Zwecke die Schloßstücke paarweise eingespannt werden.

Anmerkung. Eine genaue Anweisung über die Anlage der Zinken und das Vorreißen der Schlösser befindet sich bei der Besprechung der Holzverbindungen des Nähtischchens, **Fig. 6, Taf. XVI**, Seite 180.

Fig. 3, Taf. XIV.

Wird ein Kasten zusammengezinkt, so erfordert es oft das Schönheitsgefühl, daß die Oberkanten der Kastenseiten oder deren Innenkanten mit einem Kehlstoße versehen werden. Dieses macht eine Abänderung des oberen halben Zinkens notwendig. Man findet in solchen Fällen häufig den oberen halben Zinken a auf Gehrung abgeschnitten, und dafür das herausfallende Stück a' am Schlosse unter derselben Gehrungslinie stehen gelassen. Dadurch erzielt man allerdings eine Verfeinerung des Verbandes, allein das Mittel durch welches diese Verfeinerung erzielt worden ist, ist nicht zu loben. Denn der obere halbe Zinken, der oft recht viel auszuhalten hat, verliert dadurch den besten Teil seiner Haltbarkeit; wenn nun eine oder die andere Kastenseite Luft zum Verwerfen hat, so findet sie nicht genug Widerstand und löst sich bald aus dem Verbande los.

Weit exakter ist daher die Behandlung dieses halben Zinkens, wie sie die

Fig. 4, Taf. XIV,

uns zeigt. Es ist hier der betreffende halbe Zinken breiter als sonst angelegt, er ist sodann durch einen kleinen Längenschnitt halbiert worden und die obere Hälfte hiervon (in der Zeichnung die linke) zur Abschrägung auf Gehrung benutzt. Dem entsprechend ist das abfallende Stück a' beim Schlosse ebenfalls halbiert und die obere (linke) Hälfte als Ergänzung für die Gehrung stehen gelassen worden, die andere aber herausgestemmt.

Macht auch eine solche Behandlung des halben Zinkens etwas mehr Arbeit, so ist dieselbe doch sehr zu empfehlen, denn dieser Zinken behält seine ursprüngliche Haltbarkeit und den Gesetzen der Schönheit ist Rechnung getragen worden.

Fig. 5, Taf. XIV.

Gegenüber dem vorigen Beispiele ist in diesem mit dem unteren halben Zinken eine Veränderung vorgenommen, wenn auch aus einem ganz anderen Grunde.

Es kommt, wie bekannt, sehr häufig vor, daß ein Kasten mit einem Boden versehen werden soll, dessen Vorhandensein aber äußerlich nicht sichtbar sein soll. Der Boden muß dann eingefalzt werden. Dadurch wird aber der halbe Zinken in Mitleidenschaft gezogen, denn er verliert das Stück a b, welches mit weggefalzt wird.

Um nun keinen Flick zu erhalten, muß dieses ausgefallene Stück a b durch das andere Verbandstück ersetzt werden, also a' b' am Schlosse gelassen werden.

Fig. 6, Taf. XIV.

Auch bei dem geringsten Stück Möbel läßt man doch soviel Schönheitsrücksichten gelten, daß man bei einem Schubkasten das Vorderstück desselben nicht durchzinkt, sondern die Zinken verdeckt, so daß nichts Auffälliges das Vorhandensein eines solchen Schubkastens verrät. Das Vorderstück eines solchen Kastens wird deshalb abweichend von der bis jetzt beschriebenen Art des Zinkens behandelt, es wird „halbverdeckt" gezinkt.

Um ein Vorderstück halbverdeckt zu zinken, wird auf der rechten Seite desselben kein Stärkenriß gemacht, sondern nur auf der linken d' von c' aus. Dafür aber wird auf der Hirnkante des Vorderstücks der Längenriß a a von der linken Seite aus gemacht und mit demselben Streichmaße gleichzeitig auf den vorderen Hirnkanten der Schubkastenseiten der Längenriß b' von a' aus.

Die Anordnung der ganzen und halben Zinken ist nun ganz die frühere. Das Einschneiden der Zinken aber kann nicht in der früheren Weise geschehen, denn es dürfen dieselben auf der rechten Seite des Vorderstücks nicht sichtbar werden. Daher wird das Vorderstück schräg in die Hinterzange der Hobelbank eingespannt und die Zinkenschnitte nur bis zu den Rissen d' und a geführt.

Auch das Ausstemmen kann nur von der linken Seite des Vorderstücks aus geschehen.

Das Aufsetzen des Vorderstücks auf die Schubkastenseiten zwecks des Vorreißens der Zinken ist auch ein anderes als gewöhnlich und soll bei der Besprechung des Nähtisches Beachtung finden.

Bei der Veranlagung halbverdeckter Zinken kommt viel darauf an, wie stark man die Decke a f des Vorderstücks macht. Wird sie zu schwach angelegt, so wird dieselbe von den Schlössern gern herausgetrieben und thut dabei der Leim das seinige. Das Vorderstück wird daher an diesen Stellen wellig, welches sich zu einem nicht wieder zu beseitigenden Fehler gestaltet, wenn das Vorderstück furniert und schon poliert worden ist, bevor der Kasten zusammengebaut wurde.

Wird aber diese Decke a f zu dick angelegt, so werden die Zinken dadurch sehr verkürzt und können nicht ganz ihre Schuldigkeit thun.

Ein Viertel der Holzstärke des Vorderstücks dürfte im allgemeinen das Richtige treffen.

Fig. 7, Taf. XIV.

In die zwei Seiten eines Schubkastens sowie in das Vorderstück desselben wird gewöhnlich auch eine Nut gestoßen, auf welche bei der Anlage der Zinken Rücksicht genommen werden muß. Am liebsten legt man dieselbe dicht über den unteren halben Zinken des Vorderstücks, wie es die punktierten Linien der Zeichnung (rechts) andeuten. Kann man dieses thun, so erleidet die übrige Zinkerei weiter keine Aenderung hierdurch, weil alles in der alten Ordnung verbleibt.

Wird aber durch die eingeschobene Nut ein Zinken mit betroffen, so wie es in vorliegender Zeichnung angenommen worden ist, dann muß auch dafür gesorgt werden, daß Ersatz dafür geschieht.

Fig. 8, Taf. XIV.

Werden die Zinken wegen der Stärke des Verbandholzes außergewöhnlich lang, so gereicht es zur wesentlichen Verbesserung in der hier angegebenen Art und Weise vervollständigt zu werden. Die Anwendung derselben dürfte als allgemein bekannt vorausgesetzt werden.

Fig. 9, Taf. XIV.

Bisher haben wir immer angenommen, daß sämtliche Verbandshölzer beim Zinken winkelrechte Hirnkanten erhalten haben. Es treten aber verschiedene Fälle ein, wo die eine oder die andere, ja selbst auch solche wo beide oder sämtliche Zargen keine Winkelkante, sondern eine Schmiege an der Hirnkante haben. Durch eine solche Abweichung von der allgemeinen Regel wird die Anlage der Zinken wesentlich moderiert, wie wir aus **Fig.** 9 und 10 ersehen werden.

Die Zarge, welche in **Fig.** 9 zur Abbildung gekommen ist und die Schlösser erhalten hat, hat an ihrem linken Ende eine Schmiege erhalten; ganz dieselbe Schmiege erhalten infolgedessen auch die beiden Längskanten des Zinkenteiles (bei a und b). Wollte man nun die Zinken des letzteren so anschneiden, wie wir das bisher kennen gelernt haben, so würden sich dieselben so darstellen, wie es die Zeichnung dieser Figur angibt.

Eine solche Anlage ist aber nicht die richtige, denn es erhalten hierdurch sämtliche Schlösser an der Schmiege der Zarge soviel kurzes Holz, daß die Haltbarkeit derselben stark in Zweifel gezogen werden muß, wie wir sogleich nachweisen wollen.

Es ist eine allgemeine Regel, daß die Holzfasern parallel mit ihren Längenkanten laufen, also parallel a f. Bei einem jeden Schlosse werden aber diese Holzfasern zweimal durchschnitten, nämlich zu beiden Seiten des Schlosses und das ist immer das Beste, denn das Durchschneiden der Holzfasern wird hierdurch auf zwei Seiten gleichmäßig verteilt und der hervorgerufene Uebelstand ziemlich verringert. In vorliegendem Falle geschieht aber das Durchschneiden der Holzfasern nur an einer Seite, nämlich bei d und dieser Einschnitt greift so tief in das Mark des Holzes ein, daß ein jedes Schloß seinem größeren Rauminhalte nach kurzes, also Zwergholz, enthält. Ziehen wir von d aus eine Linie parallel zu a f, so entsteht das Dreieck a d c und dieses Dreieck enthält fast durchweg so kurzes Holz, welches für das Schloß sozusagen tot ist, denn es wird sofort wegspringen, sobald nur irgendwie ein energischer Druck gegen das Zinkenstück ausgeübt wird.

Wie es mit dem ersten Schlosse steht, so steht es auch mit allen übrigen. Denkt man sich sämtliche Dreiecke a d c weggeplatzt oder doch in großer Bereitwilligkeit dazu, so steht dem Zinkenteile nichts mehr im Wege, ganz eigenmächtig seine Wege zu gehen und einfach herauszufallen, denn die zweite Schiefe des Schlosses (g h) geht nicht unter sich sondern über sich und vermag nicht den Zinken festzuhalten.

Der ganze schwerwiegende Fehler ist dadurch entstanden, daß man die Zinken so geschnitten hatte, daß die Mittellinie eines jeden Zinkens normal auf der Seitenfläche a b stand. (Siehe die Mittellinie bei a, h, i, k.)

In einem solchen Falle darf aber die Mittellinie für die Zinken sich nicht nach dem Holze des Zinkenstücks, sondern des Schloßteiles richten und muß gleichartig mit den Holzfasern dieser Zarge laufen also wie es die

Fig. 10, Taf. XIV,

bei h und i darstellt. Wenn das geschieht, so ist der Durchschnitt der Holzjahre wieder auf beide Seiten der Schlösser gleichmäßig verteilt, und es bekommt ein jedes Schloß auf der linken Seite genau soviel kurzes Holz wie auf der rechten.

Der Anfänger im Zinken wird deshalb sich seine Aufgabe sehr erleichtern, wenn er sich für einen jeden schiefen Zinken eine Mittellinie auf das Hirnholz zeichnet und dieser Mittellinie die Schmiege a b r gibt.

Fig. 11, Taf. XIV.

Werden endlich bei einem Kasten alle vier Zargen schräg gestellt, so übt dieser Umstand einen derartigen Einfluß auf das Zinken ein, daß der Tischler nur ungern an das Zinken eines solchen Kastens mit schiefen Zargen geht, weil es ihm viel Zeit und Mühe kostet, bis er die Innen- und Außenkante des Verbandes vollkommen dicht erhält, denn bei einem jeden Zinkverbande, und wäre es der kleinste, gilt es als erste Bedingung, daß die Zinken- und Schloßfugen in- und auswendig vollkommen dicht sind.

Diesem letzteren Uebelstande ist durch eine kleine Kalkulation sicher abgeholfen.

Gesetzt wir hätten einen Kasten zu verzinken, bei welchem alle vier Zargen unter gleichem Winkel die Schmiege erhalten hätten, wie es die

Fig. 12, Taf. XIV,

darstellt, so gelangen wir auf folgendem Wege zum Ziele.

Wir geben einem jeden Zargenende die vorgeschriebene Schmiege der **Fig. 12**, reißen auch die Zargenstärke für die Zinken und Schlösser in der üblichen Weise vor und zwar zunächst auf beiden Seiten, wie wir es bisher immer gethan haben.

Hierauf untersuchen wir die Schmiege der Zarge, indem wir nach Angabe der gestrichelten Linien dieser Figur einen Quadranten mit der Höhe der Zarge beschreiben. Wir fassen nun das Bogenstück a b, um welches die Zarge von der winkelrechten Stellung abweicht in den Zirkel und ermitteln, was für einen Teil dieses Stück a b von dem Viertelkreise a c ausmacht. In vorliegendem Falle ist a b = $1/4$ von a c.

Haben wir diese Kenntnis gewonnen, so teilen wir die Holzstärke der Zarge g f, **Fig. 11, Taf. XIV**, ebenfalls in vier gleiche Teile und geben $1/4$ der Holzstärke auf der Innenseite der Zarge vom Lichtenrisse i i so an, daß die Lichtenweite kleiner wird, die Zinken aber an der Innenseite soviel länger. Das Dichtwerden der Fugen ist nun selbstverständlich.

Das ganz verdeckte Zinken.

In **Fig. 6** und **7** dieser Tafel haben wir bereits den halb verdeckten Zinken kennen gelernt, der beim Zusammenarbeiten des Schubkastens, bei Schrankseiten und noch anderen Arbeiten zur Anwendung kommt. Diese Art heißt halbverdeckt, weil der Zinken nur von einer Seite verdeckt wird.

Es liegt uns nun noch die Aufgabe ob, zu zeigen, wie das ganz verdeckte Zinken hergestellt wird. Zwar kommt diese Art der Verbindung nur selten zur Anwendung, es gebietet uns aber schon die Vollständigkeit dieses Werkes, auf dieselbe zurückzukommen, ganz unbekümmert darum, ob ein häufiger oder seltener Gebrauch davon gemacht wird. Und da dieses Zinken zugleich eine sehr instruktive Arbeit ist, die nur bei Anwendung von Fleiß, Genauigkeit und Akkuratesse gelingen kann, so sei der Besprechung desselben hier um so lieber ein Platz angewiesen.

Fig. 13, Taf. XIV.

Der Anfang des ganz verdeckten Zinkens ist derselbe als wie beim gemeinen Zinken. Die Kastenseiten werden wie dort ausgearbeitet.

Sowie aber das Zureißen beginnt, tritt schon die Abweichung von der gewöhnlichen Art ein. Auf den Hirnkanten a b c d, und a' b' c' d' werden zuerst von den Außenkanten a c aus die Stärken der Decke a f und a' f' angerissen und mit demselben Maße a f der Riß g, g' von b aus auf der Lichtenseite der Verbandhölzer. Ist dieses vollendet, so werden die Lichtenrisse bei h' h' mit der ganzen Holzstärke gemacht. Es ist also die Entfernung b h = a b, also gleich der Holzstärke. Somit ist das Arbeiten mit dem Streichmaße für diesen Verband beendet. Es folgt das Absetzen.

Fig. 14, Taf. XIV.

Diese Zeichnung gibt uns das Bild davon wie die Verbandstücke aussehen, wenn sie abgesetzt worden sind. Es ist nämlich ein kurzer, winkelrechter Schnitt bei f, f' in das Hirnholz geführt worden und ein anderer, etwas längerer bei g in das Zwergholz.

Das Ausschneiden dieser schmalen Streifen mit der Säge genügt jedoch nicht allein, sondern es muß dem Ausschnitt mit dem Simshobel nachgeholfen werden, daß der Ausschnitt haarscharf richtig wird. Man kann diese Arbeit nicht genau genug nehmen, weil eine jede und wäre es die geringste Abweichung vom Riß, die Verbindung undicht werden läßt.

Fig. 15, Taf. XIV.

Es folgt nun das Zinken. Dasselbe bietet nichts wesentlich Neues, wie es die Zeichnung uns lehrt. Nur die eine Unbequemlichkeit tritt ein, daß man die Zinken mit dem Fuchsschwanze nicht vollständig vorschneiden kann, weil die Decke im Wege ist. Der scharfe Stechbeutel muß diese Arbeit der Säge vervollständigen, welches zudem keine großen Schwierigkeiten bereitet.

Ist das Zinkenstück fertig gestellt, so wird es wie ein Kastenvorderstück auf das zweite Verbandstück aufgesetzt und die Schlösser können nun vorgerissen werden. Auch diese werden auf dem bekannten Wege so gut es gehen will mit dem Fuchsschwanze vorgeschnitten und ausgestemmt, bis endlich beide Teile das Bild zeigen, welches wir auf dem Papiere hier vor uns haben.

Fig. 16, Taf. XIV.

Als letzte Arbeit ist das Abfasen zu nennen. Die bisher kantig vorspringende Decke wird nämlich auf Gehrung abgeschrägt, indem man mit einem schmalen Simshobel die Ecke f, f' wegnimmt, bis die schiefe Fläche a i an beiden Kanten scharf auslaufend entstanden ist.

Nunmehr kann das Zusammenpassen der zusammengehörigen Teile beginnen, welches, wenn sämtliche Arbeiten genau ausgeführt worden sind, nicht viel Zeit und Mühe in Anspruch nimmt. Hauptbedingung ist, daß weder die äußere Gehrungsfuge noch die innere Zinkenfuge scharf undicht sind und nichts von dem Vorhandensein einer Zinkenverbindung verraten.

Fig. 17, Taf. XIV.

Diese Figur stellt eine Art des Zinkens dar, wie sie die Amerikaner anzuwenden belieben. Sie müssen dieses nur aus Liebe zu ihren Maschinen thun und um in schnellster Zeit eine Verbindung herzustellen, denn dauerhaft und empfehlenswert ist diese Art durchaus nicht, weshalb sie auch keiner Besprechung an dieser Stelle soll unterworfen werden. Sie wird nur allein durch den Leim und den aufgenagelten Boden in ihrer ursprünglichen Lage festgehalten.

Achter Abschnitt.

Bewegliche Holzverbindungen.

Die beweglichen Holzverbindungen unterscheiden sich von den bisherigen dadurch, daß sie zwei Bestandteile eines Gegenstandes ebenfalls miteinander in Verbindung setzen, doch so, daß sie ihre gegenseitige Lage zu einander durch Drehung verändern können, während dieses bei den vorigen nicht der Fall ist, indem dort die Verbindung eine dauernde und bleibende ist.

Die Veränderung der gegenseitigen Lage zweier Verbandstücke geschieht, wie eben bemerkt wurde, durch eine Drehung und diese kann nur bewerkstelligt werden, wenn ein fester Punkt gegeben ist.

Dieser feste Punkt, um den die Drehung erfolgen soll, kann aber bei einer derartigen Verbindung niemals beliebig angenommen werden, denn er hat seinen durch gewisse Gesetze und Regeln bestimmt angewiesenen Platz, wenn überhaupt eine solche bewegliche Holzverbindung eine korrekte sein soll.

Diesen bestimmten Platz des Drehpunktes für alle die verschiedenen bisher üblichen Verbindungen dieser Art aufzusuchen und zu fixieren, soll die Aufgabe bilden, deren Lösung diesem letzten Abschnitte des sechsten Kapitels anheimgegeben worden ist.

Wie gesagt, sollen alle die hier vorkommenden Bewegungen — Drehungen — um einen Punkt stattfinden. Um einen Punkt aber können millionenfache Drehungen stattfinden, von denen wir nur eine gewisse Anzahl für unsere Zwecke gebrauchen können. Es mußte deshalb die große Anzahl dieser Drehungen um einen Punkt reduziert werden. Sie werden reduziert, wenn wir diesen Drehpunkt durch Fortbewegung nach ein und derselben Richtung zu einer geraden Linie aus gestalten, wie wir das aus dem ersten Kapitel dieses Büchleins von der Geometrie her noch wissen. Diese Linie, um welche nun die Drehungen erfolgen, kann Drehungslinie oder kurz Drehungsachse genannt werden und kommt es nun uns besonders darauf an, dieser Achse den richtigen Platz und die gehörige Richtung zu geben.

Wollen wir aber im stande sein, diese Drehungsachse richtig placieren zu können, so muß, da eine Linie allein doch nicht befestigt werden kann, dieselbe solche Hilfsmittel erhalten, welche es uns möglich machen, sie befestigen zu können.

Weil diese Hilfs- oder Befestigungsmittel der Drehungsachse sich den jeweiligen Zwecken der Drehungsarten unterzuordnen haben, haben dieselben verschiedene Gestalt angenommen und so unsere verschiedenen Bewegungsmittel geschaffen, die wir mit dem Kollektivnamen „Bänder" bezeichnen.

Je nach der Verschiedenartigkeit der Befestigungsmittel reden wir von Scharnier-, Zapfen-, Scheren- und Fischbändern. Die Placierung und Befestigung dieser Bänder an die Verbandstücke bezeichnet der Tischler mit dem Ausdruck „das Anschlagen."

Die Bänder aller Arten sind fast ausschließlich aus Metall z. B
Eisen, Messing, Neusilber ꝛc. gefertigt, die Befestigung derselben geschieht
mittels Schrauben oder Stiften.

Fig. 1, Taf. XV.

Ein Bewegungsmittel der allereinfachsten Art ist die Schraube. Sie
wird angewendet bei der uns allen bekannten „Schmiege", deren Zeichnung
zum größten Teile in **Fig. 1** enthalten ist. So einfach auch dieses Bewegungsmittel ist, so muß doch auch Vorsicht bei dem Fixieren des Drehpunktes a angewendet werden. Dieser Drehpunkt — wie wir nun immer
sagen wollen — liegt genau in der Mitte der Schenkelbreite dieser
Schmiege und zugleich in dem Mittelpunkte des Halbkreises, mit welchem
die Gabel der Schmiege abgerundet ist. Befindet sich der Drehpunkt
a nicht vollständig im Mittelpunkte des Halbkreises, so wird die Zunge
der Schmiege beim Aufschlagen hier und da über die Schenkel der Gabel
hervortreten oder zurückstehen, was in einem jeden Falle unkorrekt ist.

In einer etwas andern Gestalt finden wir diese bewegliche Verbindung beim zusammenlegbaren Metermaße oder nach früherem noch jetzt
gebräuchlichen Ausdrucke „Zollstock" angewendet. An Stelle der Schraube
ist hier der Stift oder auch ein Niet getreten. Der Zirkel, die Schere
und noch manche andere Werkzeuge zeigen die Anwendung dieser Verbindung.

Fig. 2, Taf. XV.

In vorliegender Figur wird jedermann die Abbildung eines Scharnierbandes wieder erkennen. Es liegt im aufgeschlagenen Zustande vor
uns; ein jeder Flügel des Bandes hat zwei Schraubenlöcher, welche „aufgerieben" sein müssen, erhalten. Von der Drehungsachse aa sehen wir
nur den vorderen Endpunkt a, während der hintere verdeckt ist.

Von einem guten Scharnierbande verlangt man, daß die Fugen im
Scharniergelenke im aufgeschlossenen sowie im geschlossenen Zustande vollständig dicht sind und keine Lücken zeigen. Ueberhaupt werden die Scharnierbänder sowohl die eisernen als auch besonders die messingenen auf
zweierlei Art gefertigt. Es werden entweder die Flügel der Bänder
gegossen oder aus starkem Blech gebogen. Die letztere Art pflegt immer
am akkuratesten gearbeitet zu sein, doch will man ihnen hier und da nach-
sagen, daß sie weniger haltbar als die ersteren sind. Bei feineren Arbeiten sind sie jedenfalls die passendsten.

Fig. 3, Taf. XV,

bringt uns das Bild eines Scharnierbandes noch einmal aber geschlossen
und will uns somit mit einem zweiten Merkmale, an welchem man die Güte
eines Scharnierbandes erkennt, bekannt machen. Es dürfen nämlich die
Flügel des Bandes im geschlossenen Zustande nicht am Drehpunkte a auseinanderstehen, wie man das vielfältig und besonders bei gegossenen findet, sondern die Flügel müssen sich auf ihrer ganzen Breitenfläche vollständig berühren, wie es hier angegeben ist.

Auf letztere Eigenschaft hat man ein jedes Band sorgfältig zu prüfen,
weil sich hiernach das Aufschlagen des Bandes mit zu richten hat, wie
wir dieses bei Besprechung der **Fig. 5** sehen werden.

Fig. 4, Taf. XV.

Vorliegende Figur will das regelrechte Anschlagen des Scharnierbandes zur Anschauung bringen.

Die Verbandstücke A und B sollen so miteinander verbunden werden, daß die Drehungsachse genau in die Linie r s fällt. Es muß daher das Scharnierband so angeschlagen werden, daß der Drehpunkt des Bandes a genau in diese Linie r s fällt. Da aber der Drehpunkt eines Scharnierbandes ein Drahtstift von größerem oder kleinerem Durchmesser ist, so ist es notwendig von dem Querschnitte dieses Drehstiftes die Mitte zu nehmen und diese so anzubringen, daß sie in die Linie r s fällt. Es müssen daher die Bandflügel so tief in das Holz der Verbandstücke eingelassen werden, bis letztere Bedingung erfüllt ist.

Von der Erfüllung dieser Bedingung kann man sich überzeugen, wenn man beim Auf- und Zumachen des Verbandes die beiden Teile A und B sich in der Kante r s stets vollständig berühren sieht. Liegt die Mitte des Drehstiftes a nicht in der Linie r s, sondern höher, so wird beim Zumachen das Stück A gehoben, so daß die schmalen Flächen desselben sich nicht mehr wie sie sollen berühren, — die Fuge ist undicht geworden.

Liegt aber die Mitte von a tiefer als r s, so wird sich beim Zumachen ein Zwängen der Hölzer einstellen, welches in manchen Fällen so groß werden kann, daß das Scharnierband verbogen wird.

Endlich darf aber auch die Mitte von a nicht seitlich von r s also weder nach links oder rechts liegen, denn es kann alsdann beim Zumachen das Verbandstück A nicht senkrecht über B zu stehen kommen, sondern muß ebenfalls nach rechts oder links ausweichen. Beide Teile sind alsdann nicht mehr bündig und es ist ein Fehler so schlimm als der andere.

Fig. 5, Taf. XV.

Diese Zeichnung will uns darüber belehren, wie solche Bänder angeschlagen werden müssen, die keine korrekte Anfertigung erhalten haben.

Eigentlich sollte niemand solche liederlich angefertigten Bänder kaufen, am allerwenigsten wegen eines geringeren Preises nach ihnen greifen, weil dadurch das beste Präservativ gegen schlechte Arbeit geschaffen wird. Allein oft muß man sich doch damit begnügen, weil man die passende Größe sonst nicht haben kann, darum muß der Tischler auch mit solchem Fabrikat fertig werden können.

Wird nämlich das Band geschlossen, wie es uns die **Fig. 3** zeigte, und die Flügel des Bandes berühren sich alsdann nicht, so müssen dieselben tiefer in das Holz eingelassen werden als sie selbst stark sind und zwar um soviel tiefer als die Hälfte des Abstandes des einen Flügels vom andern besteht; wir sehen daher hier links und hinten einen feinen Rand, um welchen das Holz vor dem Scharnierbande vorsteht. Anhalt für solche Fälle gibt aber immer wieder die Mitte des Drehstiftes a.

Aber doch auch eine Schönheitsregel will diese Zeichnung mit zum Ausdruck bringen. Bei **Fig. 4** dieser Tafel nehmen die Flügel des Scharnierbandes die ganze Breite der Holzstärke ein, sie gehen also von einer Längenkante bis zur andern — sie „gehen durch". Das soll man aber möglichst zu vermeiden suchen und die Bänder so auswählen, daß die Längenkante ihres Flügel nicht bis zur Innenkante des Verbandstückes reicht, daß also zwischen dieser Längenkante und der Lichtenkante noch ein schmaler Holzstreifen stehen bleibt.

Dieses ist in **Fig. 5** geschehen. Das Scharnierband ist also schmäler als die Holzdicke des Verbandstückes und so muß es auch sein, wenn die Arbeit mustergültig sein soll. Nur bei sehr schwachen Holzstärken soll man es sich gestatten, die Bänder durchgehen zu lassen, weil in diesem Falle die Haltbarkeit ein Wort mit zu reden hat.

Ferner kann es als eine kleine Schönheitsregel gelten, den Schnitten der Schraubenköpfe soviel als möglich ein und dieselbe Richtung zu geben.

Fig. 6, Taf. XV.

Bei Schmuck- und Arbeitskästchen und dergl. sieht man es gern, wenn der aufgehende Deckel nicht eine halbe Drehung macht, wie dieses in den beiden vorhergehenden Beispielen der Fall ist, sondern nur eine Vierteldrehung wie in vorliegendem.

Der technische Ausdruck hierfür lautet, der Deckel „bleibt stehen".

Eine solche Steheinrichtung läßt sich erreichen, wenn man dem Deckel ringsum einen kleinen Vorsprung vor den Zargen des Kästchens gibt. Der hintere Vorsprung des Deckels bildet nun einen Anschlag und läßt ihn nur bis zur senkrechten Stellung aufgehen.

Nicht immer aber läßt sich eine solche Steheinrichtung wie sie vorige Nummer brachte, anwenden, besonders dann nicht, wenn der Deckel selbst noch eine schmale Zarge erhält, wie dieses allgemein Brauch ist; in diesem Falle bilden die schmalen Zargen des Deckels die Fortsetzung der Zargen des Unterteiles des Kästchens und kann also hier von einem Vorsprunge des Deckels keine Rede sein, wenigstens nicht so ohne weiteres, denn es müßte alsdann auch an dem Unterteile des Kästchens ein solcher Vorsprung sich vorfinden und zwar ein noch größeres, damit der Symmetrie Rechnung getragen wird.

Wenn aber einem solchen Kästchen mit glattem Deckel doch eine Steheinrichtung gegeben werden soll, so müssen für dieses besonders angefertigte Scharnierbänder genommen werden, das sind die sogenannten Stehbänder, wie sie die

Fig. 7, Taf. XV,

zur Ansicht bringt. Dieselben haben an den Flügeln an der Gelenkseite einen vorspringenden Ansatz, der dem Bande nur eine Vierteldrehung erlaubt.

Solche Stehbänder werden nach denselben Regeln wie die gewöhnlichen Scharnierbänder angeschlagen.

Fig. 8, Taf. XV.

Das oben erwähnte Stehband ist hier so abgebildet worden, wie es aussieht, wenn es zusammengeklappt ist. Es treten hier die beiden Ansätze oben und unten deutlich hervor.

Fig. 9, Taf. XV.

Eine Steheinrichtung kann auch auf folgendem Wege erreicht werden.

An den Hinterseiten, welche zum Anbringen der Scharniere bestimmt worden sind, stößt man, bevor die Bänder eingelassen werden, eine kleine Gehrung an, unten sowohl wie oben am Deckel. Die Seitenkanten werden dadurch etwas schmäler.

Nun schlägt man die Scharnierbänder, welche alsdann keine Stehbänder, sondern gewöhnliche Scharnierbänder sind, so an, daß der Mittelpunkt des Drehstiftes genau in die Lichtenkante der angestoßenen Gehrung fällt, wie es auch die Zeichnung darstellt. (Das Kästchen ist hier zugeklappt gezeichnet.)

Bei einer solchen Einrichtung bedarf es keiner Anwendung von Stehbändern, sondern nur gewöhnlicher Scharnierbänder und es werden dieselben von dem einspringenden Winkel ziemlich verborgen gehalten, welches als eine Annehmlichkeit bei dieser Einrichtung betrachtet werden kann.

Durch das Anstoßen der kleinen Gehrungsfase wird allerdings die Oberkante der Zargen etwas schmäler als die übrigen Oberkanten, doch wird hierdurch die Haltbarkeit dieses Verbandes nicht im mindesten gestört. Will man aber durchaus gleichbreite Oberkanten der Zargen haben, so kann man die Hinterzargen um soviel stärker machen, als jene Gehrungsfase ausmacht, und die Gleichheit ist wieder hergestellt.

Fig. 10, Taf. XV.

Das Anschlagen der Scharnierbänder hat jedoch auch noch nach anderen Gesichtspunkten sich zu richten, wovon jetzt ein Beispiel ausgewählt werden soll.

Bekanntlich haben die Oberkästchen der Nähtischchen eine sogenannte „Einrichtung". Zu dieser gehört, daß außer mehreren Fächern, teils mit und ohne Deckeln auch ein solches Fach vorhanden sei, daß das Deckelchen desselben auf seiner linken Seite ein Nähkissen enthalte und daß dieses Deckelchen aufgeklappt werden könne, um das Nähkissen für die Zwecke des Nähens in Bereitschaft zu stellen.

Diesen Zweck mittels einfacher Scharnierbänder zu erreichen bedingt eine wesentliche Abweichung von den Regeln unseres Anschlageverfahrens, wie wir es bisher beobachteten.

Das Deckelchen des Nähfaches muß so tief gelegt werden, daß das Knöpfchen desselben, zum Anfassen bestimmt, den Schubkasten des Nähtischchens nicht am Auf- oder Zugehen hindert; das Deckelchen muß daher mindestens 1 cm tiefer als die Oberkante der Kastenseiten liegen.

Soll nun ein solches Deckelchen zum Aufklappen eingerichtet werden, so kann der obenerwähnte Drehstift nicht in die Linie r s fallen, sondern dieser muß höher liegen, denn das Deckelchen hat während und durch das Aufklappen 1 cm hoch zu steigen, um der Bestimmung seines Zweckes nachzukommen; auch hat es nicht eine Viertel-, auch keine Halbe- sondern eine Dreivierteldrehung zu machen.

Um dieses durch die Anwendung gewöhnlicher Bänder zu vollbringen, teilt man jenen Tiefstand, dem wir zu 1 cm angenommen haben, in zwei gleiche Teile, macht auf einen 5 mm — und schlägt nun die Scharnier=

bänder so an, daß der Drehpunkt a 5 mm unter der Oberkante des Vorderstückes v v zu ruhen kommt. Beträgt die Tiefenlage mehr oder weniger als 1 cm, so verändert sich natürlich auch das Maß für die Anbringung des Drehpunktes a, dieselbe richtet sich je nach der Höhe der Knöpfe, die man anwenden will.

Aber noch eine zweite Aenderung tritt hier auf.

Bisher haben wir gelernt, daß ein jeder Flügel für sich so tief in das Verbandholz eingelassen werden soll, das die Mitte des Drehpunktes a genau in die Achse r s fällt. Hier aber ist es anders; es werden nämlich beide Flügelstärken des Scharnierbandes in den Deckel eingelassen, dafür aber der eine an das Vorderstück nur platt angeschraubt, damit die Hinterkante des Vorderstückes nicht durch eine Lücke, welche durch das Scharnierband nicht ausgefüllt werden kann, gestört wird.

Die Zeichnung deutet auch auf diese zweite Abweichung hin.

Das vordere Scharnierband ist so dargestellt, als wenn es noch nicht vollständig angeschraubt worden und nur am Vorderstück des Kastens befestigt worden wäre. Wir sehen daher an dem obenliegenden Deckel, wie tief das Band bei ihm eingelassen worden ist, nämlich so tief wie die beiden Flügel stark sind.

Bei dem hinteren Bande sehen wir dieses an beiden Teilen fertig angeschraubt und in seiner Funktion. Der festgeschraubte Flügel sitzt aber so tief im Holze, daß der zweite noch über ihm darin Platz hat.

Fig. 11, Taf. XV.

An Schreibkommode oder auch Schreibsekretären findet man nicht selten die Einrichtung, daß das Vorderstück des oberen Schubkastens heruntergeklappt werden kann, so daß es eine Verlängerung des Schubkastenbodens bildet, welche als Schreibfläche dient. Dieselbe ist zu diesem Zwecke meistenteils mit Tuch oder Leder überzogen, und dasselbe erstreckt sich auch noch über die Innenfläche des Kastenvorderstücks.

Weil nun das Tuch oder Leder in dem Gelenke nicht durchschnitten werden darf, so muß der Drehpunkt des Vorderstücks in die Oberfläche des Kastenbodens fallen und dieses kann nur durch eine besondere Konstruktion der Bänder erreicht werden.

Fig. 12, Taf. XV.

Wir haben in dieser Figur die geometrische Ansicht eines solchen Bandes vor uns; und zwar zusammengelegt. Ein solches Band hat die Bezeichnung Scherenband erhalten, wegen seiner beiden langen Flügel.

Fig. 13, Taf. XV,

bringt dieselbe Ansicht noch einmal, aber so, daß es sich aufgeklappt zeigt. Die Längenkanten der beiden Flügel bilden nun eine gerade Linie und es fällt der Drehpunkt a mit seiner Mitte genau in die Oberkante der Flügel, oft sogar noch etwas höher.

Beim Anschlagen solcher Scherenbänder hat man nun darauf zu achten, daß die Mitte des Drehpunktes a genau in die Achse r s fällt. Es ist aber auch noch folgendes zu beachten.

Ist das Vorderstück in seine ursprüngliche Lage gestellt, so darf seine Unterkante nicht bis zur Achse r s gehen, welche die Oberfläche des Schubkastenbodens repräsentiert, sondern es muß über diese hinweggehen, damit die Bodenstärke bedeckt wird. Deshalb muß die Unterkante des Kastenvorderstückes durch eine Hohlkehle ausgeschweift werden, wie es die gestrichelten Linien bei s angeben. Die Vorderkante des Kastenbodens erhält dieselbe Auskehlung jedoch umgekehrt, also einen Viertelstab, wie es die Zeichnung in gleichen Linien bei r veranschaulicht. Die Hohlkehle des Vorderstücks bewegt sich nun beim Aufklappen um den Viertelstab. Hierdurch wird es möglich die schmale Vorderkante des Bodens zu verdecken, ohne daß die Bewegung des Kastenvorderstücks hierdurch beeinträchtigt wird.

Fig. 14, Taf. XV.

Diese Figur stellt die rechte Hälfte eines Küchen-Speiseschrankes dar. Die Thür ist aufgeschlagen und gestattet einen Einblick in die innere Einrichtung. Es kann uns indessen hier nur die Thür interressieren, insofern jetzt erörtert werden soll, wie dieselbe angeschlagen wird, und welche Gesichtspunkte dabei in Betracht kommen.

Schrankthüren werden in der Regel durch sogenannte Zapfenbänder angeschlagen, doch ist dieses nicht ausschließlich so, da in vielen Fällen, wie z. B. beim Küchenschrank an die Stelle der Zapfenbänder andere treten, deren in folgender Zeichnung gedacht werden soll.

Fig. 15, Taf. XV.

Das ebengenannte Zapfenband ist hier bildlich dargestellt worden. Es wird ausschließlich aus Eisen angefertigt und besteht aus zwei Teilen, von welchen der eine den Zapfen enthält (links in der Zeichnung), der andere das Zapfenloch (rechts). Zapfen und Zapfenloch befinden sich in dem stärkeren Teile des Flügels, während in dem schwächeren sich die Löcher zur Aufnahme der Schrauben oder Nägel befinden mit denen die Bänder befestigt werden sollen. Das Befestigen mittels Schrauben ist dem mittels der Nägel immer vorzuziehen; es müssen alsdann die Schraubenlöcher aufgerieben sein, damit die Schraubenköpfe nicht vor der Oberfläche des Bandes vorstehen. Um ein etwaiges Vorstehen der Schrauben- oder Nägelköpfe für die Bewegung der Thür unschädlich zu machen, hat man das Ende der Flügel stärker gemacht. Dieses Absetzen der Stärke hat aber außerdem noch den Zweck, die Reibung der Bänder zu vermindern, dem Zapfen einen festeren Halt zu geben, und das Zapfenloch vor einem zu frühzeitigen Abnutzen zu bewahren.

Um nun das Anschlagen der Thür selbst zu erörtern, nehmen wir die Grundrißzeichnung

Fig. 16, Taf. XV,

zu Hilfe. b c ist die Vorderkante der Schrankseite. a b eine aufgeleimte Lisene, deren Breite sehr verschieden sein kann. a c demnach die ganze Breite der Lisene. Mit dieser bündig ist die Bodenkante oder auch die obere Lisene da und es stellt demnach die Linie dc die Vorderfläche des Schrankes dar.

Die Thür springt um den Vorsprung df hinter diese Vorderfläche zurück und die Lisene muß deshalb an ihrer Stärkenkante so breit abgesalzt werden, daß bei a der Vorsprung df noch übrig bleibt. Dicht dahinter legt sich die Thür im geschlossenen Zustande, wie dieses durch die gestrichelten Linien angedeutet wird. Die Stärke der Thür ist gh. (Vergleiche hiermit die Zeichnung der **Fig. 14, Taf. XV.**)

Endlich ist noch die Anschlageleiste hi zu nennen, welche sowohl an dem Boden als auch an der oberen Lisene und an der linken befestigt wird, damit die Thür nicht tiefer in den Schrank eingeführt werden kann, als es gut ist.

Haben wir uns nun mit den einzelnen Bestandteilen dieser Verbindung bekannt gemacht, so können wir nun zu den Regeln selbst übergehen, die bei dem Anschlagen einer Thür beobachtet werden müssen, wenn dasselbe gut ausfallen soll.

Ist die Thür geschlossen, so liegt ihre Vorderfläche g um den Vorsprung df hinter der Linie dc. Ist sie geöffnet, so darf ihre Vorderfläche g^0 nicht mit der Lisenenkante a in Berührung kommen, sondern muß von dieser um etwa 3 bis 5 mm entfernt bleiben, damit auf der Politur der Thür keine blinden Streifen hervorgerufen werden.

Will man nun die richtige Stelle für den Drehungspunkt auffinden, so reißt man sich auf dem Boden des Schrankes, der schon fertig gezinkt und die Lisene eingelassen sein muß, den Vorsprung df und von f aus die Stärke der Thür gh auf mit Hilfe des Streichmaßes oder auch des Stellmaßes (also parallel mit der Vorderkante dc).

Ist dieses geschehen, so rechnet man von der Lisenenkante a aus den Zwischenraum nach links zurück, um welchen die Thür, wenn sie geöffnet ist, von der Lisene entfernt bleiben soll, und den wir oben zu 3 bis 5 oder auch noch mehr Millimeter angenommen haben. Man ziehe nun die Linie $g^0 g^2$ winkelrecht zu dc und trage abermals nach links die Thürstärke gh ab und ziehe ebenfalls eine Normale zu dc durch h^0. Hierdurch erhalten wir das Quadrat 1, 2, 3 4. Ziehen wir endlich in dieses die beiden Diagonalen 1, 4 und 2, 3, so schneiden sich diese und geben somit mit ihrem Schnittpunkte die richtige Lage des Drehungspunktes a an.

Ist der Drehungspunkt a erst gefunden, so ist die Lage des Zapfenbandes sehr bald bestimmt. Denn man braucht ja nur das Zapfenlochstück des Bandes loszumachen und dasselbe so auf den Boden parallel zu dc zu legen, daß der Punkt a mitten in das Zapfenloch des Bandes fällt; man hält dasselbe mit der linken Hand fest und reißt mit der rechten mittels Spitzbohrer das Band an seinen Umgrenzungsflächen vor. Nach diesen Rissen wird das Band eingelassen, so tief, daß die Oberfläche des starken Teiles mit der Holzfläche gleichhoch steht.

Um nun noch die Lage für das Thürband zu ermitteln, so setzt man die Thür, welche schon vor dem Anschlagen vollständig eingepaßt sein muß, in den Schrank und reißt an dieser oben und unten eine kleine Marke an, wieviel sie von der Lisene bei a bedeckt wird oder wie weit sie hinter diese Kante tritt.

Hat man diese Lichtenrisse gemacht, so nimmt man die Thür wieder heraus, winkelt den Punkt a auf die Vorderkante nach l, mißt die Entfernung al und trägt dieselbe auf der Ober- und Unterkante der Thür von jenen Marken nach links ab und winkelt die gefundene Stelle über. Sucht man nun noch mit dem Streichmaße die Mitte von der Thürstärke g h auf, so ist die Lage des Drehungspunktes a für den Thürkörper ebenfalls gefunden.

Legt man nun endlich das Lochstück des Zapfenbandes so auf die Thürober- oder Unterkante, daß man durch das Loch den Punkt a (und zwar in der Mitte desselben) sieht, so kann man das Band danach vorreißen und nach diesen Rissen einlassen.

Bevor jedoch die Schrankthür eingesetzt werden kann, muß die Anschlagleiste h i erst noch abgesetzt werden. Zu dem Ende winkelt man die hintere Thürkante h⁰ über nach m und setzt bei m die Anschlagleiste ab. Dieselbe soll nun nicht nur das tiefere Eindringen der Thür verhindern, sondern auch durch den Anschlag bei m das zu weite Aufmachen der Thür unmöglich machen und dadurch die Glanzseite der Thür vor Beschädigung schützen. Es ist daher mit dem Absetzen derselben genau zu nehmen.

Hat der fragliche Schrank Einlegböden oder eingeschobene Böden erhalten, wie dieses die **Fig. 14, Taf. XV**, angibt, so läßt man auch diese an der eben besprochenen Aufgabe der Anschlagleisten mit Teil nehmen, indem man sie genau in derselben Länge absetzt wie jene, also bei m.

Anmerkung. Es ist Usus geworden, daß man an der Thür stets das Zapfenstück des Bandes befestigt und den Lochflügel an dem Boden und der oberen Lisene; obschon ein zwingender Grund hierfür nicht vorliegt.

Fig. 17, Taf. XV.

Eine andere Art des Thüranschlagens ist die, bei welcher man nicht das Zapfenband, sondern das Fischband verwendet. Diese Art ist etwas weniger kompliziert als vorige, kann aber nur bei Küchenmöbeln Verwendung finden. Die Thür muß alsdann überfälzt sein, wie aus **Fig. 20** zu ersehen ist.

Fig. 17 bringt die Abbildung eines Oberteils voneinem Fischbande, wozu die

Fig. 18, Taf. XV,

das passende Unterteil liefert. Beide Flügel zusammen bilden ein linkes Fischband, zu welchem die

Fig. 19, Taf. XV,

die Grundrißzeichnung bringt.

Anfängern wird es stets viele Mühe machen das linke Fischband von dem rechten zu unterscheiden. Dieser Unterschied würde ganz übrig sein, wenn beide Flügel des Bandes gleiche Breite hätten. Dieses ist aber nicht der Fall, weil die Zapfenflügel, welche stets in den Körper des Schrankes befestigt werden schmäler, sind als die andern. Denn erstere dürfen nur den Raum einer Brettstärke ausfüllen, während die hohlen Bandflügel in der Breite des Thürrahmenstückes stecken.

So hat man sich auch die Sache beim Aussuchen der Bänder in der Handlung vorzustellen, zu welcher die **Fig. 19** die Anschauung gibt.

Soll eine Thür auf Fischbänder angeschlagen werden, so paßt man sie in den Schrank ein, indem man die Thür ringsum mit einem Falze versieht. Ist die Thür in Beziehung auf Länge und Breite sowie auch auf gleichmäßigen Aufschlag (nicht windschiefen) genau eingepaßt, so reißt man auf der Lisene, in welche das Band eingelassen werden soll, den Vorsprung des Falzes an, indem man den Riß a b macht. Ferner macht man auf der Lisene sowohl als auch an der Thür die Marke a in gleicher Höhe und zwar nicht nur oben für das obere, sondern auch unten für das untere Fischband, stets aber gleichweit von dem Ende c des Rahmenstückes.

Hierauf wird die Thür wieder herausgenommen und in die Lisene der Flügel des Bandes **Fig. 18** scharf am Risse a b nach außen eingestemmt, in der Thür aber der Flügel der **Fig. 17**, und zwar diesen oberhalb, jenen unterhalb der Marke a.

Fig. 20, Taf. XV,

bringt das eben Beschriebene zur Darstellung und zwar des Raumes wegen nur an dem linken oberen Bande der linken Thür eines Küchenschrank-Aufsatzes.

Der Deutlichkeit zu Liebe ist jedoch die Thür nicht so gezeichnet worden, daß sie ihre natürliche Lage dicht auf den Lisenen einnimmt, sondern so, als wenn sie ein wenig herausgenommen worden wäre.

Das Befestigen solcher Fischbänder geschieht von den schmalen Holzkanten der Lisene sowie der Thür aus. Zu diesem Zwecke haben die Flügel des Fischbandes je zwei Löcher erhalten, durch welche starke Drahtstifte getrieben werden. Die Vorsicht gebietet es letztere Stifte nicht zu stark zu nehmen damit sie auch durchgehen und sie in beiden Verbandstücken mit dem Spitzbohrer gut vorzubohren, bevor man sie einschlägt.

Fig. 21, Taf. XV.

Die Klappe eines Sekretärs verlangt zum Anschlagen derselben ein ganz besonders dazu konstruiertes Band. Dasselbe ist eigentlich ein Zapfenband, nur etwas modifiziert, wie aus der

Fig. 22, Taf. XV,

zu ersehen ist.

Was bei dem Schranke die Anschlagleiste h i, **Fig. 14** und **16**, verrichtet, das übernimmt bei dem Sekretär die Unterkante b des Eingerichtes; und was dort die Lisene a b c versieht, das thut hier der Kämpfer unterhalb der Sekretärklappe und oberhalb des oberen Schubkastens. Die Oberkante c des Kämpfers darf demnach nicht mit der Politur der Sekretärklappe in Berührung kommen.

Um nun den Drehpunkt a zu ermitteln, winkelt man auf der Lichtenseite der Lisene des Sekretärs den Punkt b über, trägt von diesem abwärts die Stärke der Sekretärklappe ab und bestimmt in einiger Entfernung davon die Oberkante des Kämpfers c.

Hierauf reißt man ebenfalls auf der Innenseite der Lisene die Vorderkante der Klappe an und hierauf die Hinterkante. Dadurch entsteht wieder ein Quadrat, wie wir es in **Fig. 16** dieser Tafel gesehen haben. Die Diagonalen desselben ergeben die Lage des Drehpunktes a.

Da diese Klappe den Dienst einer Schreibfläche versieht, muß sie gegen jeden stärkeren Druck gesichert werden. Es erhalten daher die Sekretärbänder angebogene Winkel, welche sich nach erfolgtem Aufklappen an die Hinterkante der Lisenen legen. Nicht selten sind an diese zugleich Gewichte angebracht, welche als Gegengewicht der Klappe wirken sollen und dieselbe auch dann noch in ihrer senkrechten Stellung erhalten, wenn sie nicht geschlossen ist. Siehe **Fig. 22**.

Fig. 23, Taf. XV.

Es handelt sich nun noch um die Auffindung des Drehpunktes für die Tischplatte eines Spieltisches.

Ist die Zarge des Tisches 1, 2, 3, 4 gegeben, so halbiert man die Langseiten des Tisches und teilt das Rechteck und eine Halbierungslinie in zwei Quadrate. Zieht man in eins dieser Quadrate die Diagonalen und teilt die eine Hälfte derselben in zwei gleiche Teile, wie es in vorliegender Figur geschehen ist, so ist der Drehpunkt gefunden. Die Brücke, welche diesen Drehpunkt zu tragen hat, kann nun hiernach eingesetzt werden.

Siebentes Kapitel.
Die Holzverbindungen in ihren Anwendungen.

Haben wir nun in dem Bisherigen die einzelnen Arten der Holzverbindungen kennen gelernt, so liegt uns nun noch die Aufgabe vor, die einzelnen Fälle, bei welchen diese Holzverbindungen ihre Anwendung finden, einer mehr oder weniger eingehenden Besprechung zu unterwerfen, um ihre Zweckmäßigkeit zu prüfen. Gelegenheit hierzu soll uns die **Taf. XVI** bringen.

1. Die Holzverbindungen des Nähtischchens.

Das Nähtischchen besteht aus zwei Hauptteilen, aus dem eigentlichen Nähtischkörper und dem Säulenfuße.

Beschäftigen wir uns zunächst mit dem oberen Hauptteile dieses kleinen Möbels, mit dem Körper des Nähtischchens, gemeinhin auch Korps genannt.

Fig. 1, Taf. XVI.

Diese Zeichnung bringt uns die Zarge zu einem Nähtischchen in ihrer rohen Bearbeitung zur Anschauung. Dieselbe hat ein Rechteck zur Grundform, an dessen schmalen Seiten eine zirkelförmige Ausbiegung zur Vergrößerung des Körpers angeschweift worden ist; zu beiden Seiten dieser Schweifung sind die Anfänge der kurzen Rechteckseiten noch sichtbar, weil die Rundung nicht die ganze Breite der schmalen Seiten ausfüllt.

Eine solche Zarge wird, wie es auch in der Zeichnung ausgesprochen ist, aus Rippen verleimt, so weit sie aus gebogenen Linien besteht. Die Hinterzarge ist geradlinig und kann daher auch aus Brett oder Bohle hergestellt werden. Sie wird an ihren beiden Enden an die schon vorher vollständig fertig gestellten, geschweiften Zargenteile stumpf angeleimt und mittels Holzschrauben gut verschraubt. Letztere müssen aber „versenkt" und die Schraubenlöcher mit Langholz wieder ausgeflickt werden, damit die Schraubenköpfe nicht durchtrocknen und durch das Furnier sichtbar werden.

Um das Durchtrocknen der Rippen zu vermeiden, müssen dieselben zuerst blind furniert werden, bevor das eigentliche Furnier aufgerieben werden kann. Das Furnieren kann quer oder aufrecht erfolgen. (Siehe **Fig. 1, Taf. IX,** Seite 132.)

Fig. 2, Taf. XVI,

liefert die Ansicht des Deckels oder der Nähtischplatte zu jener geschweiften Zarge. Sie hat zwei Hirnleisten erhalten.

Fig. 3, Taf. XVI.

Wir lernen in dieser Figur eine andere Nähtischzarge kennen, welche aus geraden Zargenseiten besteht, hinten zusammengezinkt und an den Ecken mit sogenannten gebrochenen Ecken versehen worden ist. Letztere erhalten gewöhnlich eine geschweifte und gefräßte Lisene, welche aufgeleimt wird.

Der Laufboden a ist durch einen Schlitz mit der Zarge verbunden worden, die Laufleisten b sitzen in einer Nut, welche in die kurzen Zargenseiten eingeschoben worden ist. Der Boden ist aufgeleimt.

Fig. 4, Taf. XVI,

bringt wieder die Nähtischplatte zu dieser Zarge zur Ansicht und zwar in ihrer Lichtengröße. Als zweite Holzverbindung tritt uns beim Nähtische das Zinken auf und zwar in zweierlei Art, nämlich als gewöhnliches Durchzinken und als halbverdecktes Zinken bei den Kästchen des Nähtisches. Sind die Vorderstücke und die Seiten der Kästchen eingepaßt worden, so beginnt das Anreißen der Holzstärken und nach diesem das Vorschneiden der Zinken.

Weil dieses Vorschneiden der Zinken so wichtig und für den Anfänger so schwierig ist, daß es ihn oftmals irre führt, so sei hier noch einmal speziell davon die Rede.

Fig. 5, Taf. XVI.

Wir sehen hier den Teil einer Hobelbank abgebildet, welchen der Tischler die Hinterzange genannt hat. In dieser ist eingespannt das Hinterstück eines Kastens, damit auf seiner Hirnkante die Zinken eingeschnitten werden sollen. Wir sehen bereits dieselben schon vollständig vorgeschnitten vor uns.

Um nun die Zinken jederzeit richtig vorzuschneiden, spanne man die zu zinkende Kastenseite stets so in die Hinterzange der Hobelbank ein, daß man die Lichtenseite (inwendige Seite) vor sich hat. Alsdann schneidet man die Zinken so, daß die Spitze derselben (die Spitze des Dreiecks. Siehe **Fig. 2, Taf. XIV,** Seite 160) jenseits der Kastenseite zu liegen kommt, man hat daher stets die breite oder stumpfe Fläche a b des Zinkens vor Augen. Betrachte diese demnach als Grundlinie des Dreiecks und setze die Säge oder den Fuchsschwanz so auf, daß die Spitze c dieser Figur dir gegenüber jenseits der Kastenseite zu liegen kommt, wie es durch **Fig. 5** dieser Tafel angedeutet worden ist. Auch für die beiden halben Zinken zu beiden Seiten gilt dieses Gesetz; die Dreiecke sind hier aber rechtwinkelige, die Grundlinien aber dem Arbeiter ebenfalls zugekehrt.

Eine nicht minder verfängliche Arbeit, wie das Vorschneiden der Zinken, ist auch das Aufsetzen der gezinkten Kastenseiten zum Zwecke des Vorreißens der Schlösser. Es will die

Fig. 6, Taf. XVI,

durch ihre Zeichnung der Veranschaulichung dieser Arbeit zu Hilfe kommen.

Damit keine Irrungen weder beim Vorschneiden der Zinken noch beim Aufsetzen der gezinkten Seiten vorkommen, müssen vor allen Dingen sämtliche vier Kastenseiten richtig vorgezeichnet sein. Dieses Vorzeichnen besteht aus vier verschiedenen Zeichen, nämlich aus der Spitze des Zeichens (siehe **Fig. 6** C), aus dem stumpfen Zeichen (**Fig. 6** A) und aus den beiden Speichen für die linke und rechte Seite, von welchen in der **Fig. 6** B nur das rechte zur Anschauung gekommen ist. Es werden stets zusammen gezeichnet das Hinterstück C mit dem Vorderstücke A und die beiden Seiten B ebenfalls zusammen, so daß das Vorzeichnen eigentlich nur durch zwei verschiedene Zeichen ausgeführt wird. Setzt man diese vier Vorzeichen in geeigneter Weise zusammen, so entsteht eine Figur, deren Wichtigkeit für unser Gewerbe schon wiederholt in diesem Buche hervorgehoben wurde, nämlich ein Dreieck.

Wie wichtig dieses Vorzeichnen oder auch kurz nur „Zeichnen" genannt, beim Zinken eines Kastens oder einer Kiste ist, sehen wir schon aus der **Fig. 5** dieser Tafel, indem es dem Arbeiter die Lichten- oder inwendige Seite des Kastens angibt; ebenso beim Vorderstücke A, **Fig. 6**.

Sollen nun die Schlösser angerissen werden, so legt man die beiden Seiten des Kastens so auf die Hobelbank, daß die Innenseite (Figur B, Zeichen |/) oben liegt. Diesem entsprechend setzt man nun zuerst das Vorderstück A auf mit dem Zeichen > nach derselben Richtung folgend und reißt mit einem scharfen Spitzbohrer die halbverdeckten Schlösser vor, indem man die Spitze desselben genau an den schiefen Flächen der Zinken hingleiten läßt unter steter Berührung der darunterliegenden Seite C.

Ist das Vorderstück fertig angerissen, dann wird das Hinterstück mit dem Zeichen > ebenfalls in derselben Richtung aufgesetzt und die Zinken in der eben beschriebenen Art und Weise vorgerissen.

Es gereicht zur wesentlichen Erleichterung, wenn man beide Seiten B mit dem Zeichen nach einer Richtung weisend nebeneinander legt; man kann dann das Vorderstück A nacheinander fertig vorreißen, ebenso auch das Hinterstück C und ist nicht genötigt, ein jedes dieser Stücke zweimal in die Hand zu nehmen.

In Beziehung auf die einzelnen Stärken der vier Kastenseiten teilt uns diese Figur noch mit, daß dreierlei Stärken vorherrschen. Das Vorderstück A ist die stärkste Kastenseite, wegen der Verdeckung der Zinken. Sodann folgen die beiden Seiten B, welche etwas schwächer sind. Das Hinterstück C endlich ist noch schwächer als die Seiten. Da trotzdem an den Seiten auch für das Hinterstück die Zinkenstärke des Vorderstücks angerissen wird, so tritt dasselbe an der Hirnkante der Seite etwas zurück.

Auch in Beziehung der Breite weicht das Hinterstück von den übrigen Seiten des Kastens ab, denn es ist schmäler als diese und zwar um soviel, als die Nut für den Kastenboden beträgt.

Diese Nut, für die Aufnahme des Kastenbodens bestimmt, ist hier dicht hinter den halben Zinken eingeschoben worden, welches den Vorteil gewährt, daß dieselbe vom Schloß der Seite verdeckt wird. Die kleinen Querschnitte in A und B wollen dieselbe verdeutlichen.

Der Säulenfuß dieses Nähtischchens besteht aus drei Bestandteilen, aus der Säule, der Brücke und den drei Füßen.

Fig. 7, Taf. XVI.

Das was diese Figur vorstellen soll, ist die Brücke als oberstes Stück des Säulenfußes. Dieselbe muß sehr sorgfältig behandelt werden und muß mindestens 4 cm stark sein. An beiden Hirnflächen wird sie gewöhnlich abgeschrägt, damit dieselben nicht sichtbar hervortreten. In ihrer Mitte sind zwei länglich viereckige Löcher parallel zu einander eingestemmt, welche zur Aufnahme des Doppelzapfens der Säule dienen.

Fig. 8, Taf. XVI.

Mit dieser Zeichnung ist uns das obere Drittel der Säule gegeben, welche den Doppelzapfen enthält. Die punktierten Linien deuten schon darauf hin, daß derselbe genau dieselben Maße erhalten muß, als die Löcher der Brücke aufweisen.

Ein Doppelzapfen wird für die Befestigung der Brücke deshalb gewählt, damit durch etwaiges Eintrocknen des einen oder anderen Teiles die Brücke nicht beweglich wird. Außerdem wird ein jeder Zapfen zweimal verkeilt, winkelrecht zu dem Langholze der Brücke.

Gut ist es, der Säule unter dem Zapfen zuerst ein gerades Glied zu geben, bevor die Gliederung der Säule beginnt, damit der Zapfen nicht zu kurzes Holz bekommt.

Fig. 9, Taf. XVI.

In dieser Figur wird uns das untere Drittel der Säule dargestellt. Der gerade Teil derselben heißt der Sockel und dient zur Befestigung der eigentlichen Füße des Nähtisches. In vorliegender Zeichnung sind deren drei angenommen, die in den meisten Fällen ausreichen, größere Exemplare erhalten aber deren vier.

Wie die drei Füße drei verschiedene Schweifungen aufweisen, so auch drei verschiedene Befestigungsarten derselben in dem Sockel der Säule.

Der Fuß A hat auf seiner Stirnfläche drei Zapfen — Dübel — eingebohrt erhalten, durch welchen sie in die drei Löcher des Sockels eingeleimt werden.

Dem Fuße B ist an der Stirnfläche zu beiden Seiten ein Grat angestoßen worden, mit welchem er in die Gratnut des Sockels eingeschoben wird. Der kleine Querschnitt im Sockel der Säule deutet diese Gratnut an.

Der Fuß C endlich hat einen Zapfen erhalten und der Sockel der Säule ein entsprechend gestemmtes Zapfenloch. Der Zapfen ist oben und unten abgesetzt worden.

Was nun die Haltbarkeit dieser drei verschiedenen Befestigungsmittel der Füße anbetrifft, so ist die erste und letzte Art als die beste zu bezeichnen, welche auch bei großen runden und ovalen Tischen angewendet wird. Dagegen ist die Befestigung durch einen Grat nur bei kleinen Exemplaren zu empfehlen, weil die Gratnut des Sockels oft nicht genug der Einwirkung äußerer Gewalt widersteht, indem die Gratseiten gern absplittern.

Bevor wir die Betrachtung der Holzverbindungen des Nähtischchens schließen, haben wir noch eine Art zu besprechen, die für diesen Fall stets in Anwendung gebracht wird.

Fig. 10, Taf. XVI.

Wir haben es hier mit einer Grundrißzeichnung zu thun, welche uns die Einrichtung eines Nähtischkästchens zeigt, das sogenannte Eingerichte.

Dasselbe besteht meistenteils aus zwei oder mehreren dünnen Brettchen, welche teils parallel mit dem Vorderstücke des Kastens, teils parallel mit den Seiten des Kastens laufen, also sich einander kreuzen, um verschiedene Fächer zu bilden.

Diese Unterschiede werden in den Stellen, wo sie mit den Seiten des Kastens in Berührung treten, mit einem einseitigen oder auch zweiseitigen Grate befestigt oder auch wohl bloß stumpf in die Seite des Kastens eingelassen.

In den Stellen aber, wo sich die Unterschiede kreuzen, wendet man das in

Fig. 11, Taf. XVI,

angedeutete Verfahren an. Der quer laufende Unterschied A wird von der Unterkante an bis zur Hälfte seiner Breite eingelarvt und diese Larve wird so breit eingeschnitten als der Unterschied B stark ist. Dasselbe geschieht mit dem Unterschiede B, jedoch von der Oberkante nach unten, ebenfalls bis zur Mitte der Breite. Es entsteht somit eine Holzverbindung, welche der in **Fig. 1, Taf. XI**, Seite 145 ziemlich ähnlich ist und welche man kurz das Einlarven nennt.

Müssen aber diese Unterschiede A, B, C, recht breit gemacht werden, und sind die kurzen Unterschiede von nur geringer Länge, so werden die Unterschiede, welche von ihrer Oberkante aus eingelarvt worden sind, sehr beweglich und brechen wohl auch vielfach ab, da sie ohnehin in ihrer Stärke zierlich sein müssen.

Um das Abbrechen zu verhüten, kann man in die obere Hälfte des Unterschiedes A den Unterschied C ein wenig einlassen. Wird an diese eingelassene Stellen beim Zusammenbauen des Kastens ein wenig Leim gegeben, so ist die Zerbrechlichkeit dieser Verbindung bis auf ein Geringes reduziert.

Dieses Einlarven kann aber nur dann angewendet werden, wenn die Unterschiede nicht gleiche Breite haben, oder wenn dieses doch der Fall ist, alsdann oben nicht abgerundet sind. Sind die Unterschiede gleichhoch (oder — was dasselbe ist gleichbreit) und sind sie wie es die Zierlichkeit des Gegenstandes verlangt, oben abgerundet, so können sie nicht eingelarvt, sondern müssen auf Gehrung zusammengestoßen werden, wie es die

Fig. 12, Taf. XVI,

veranschaulicht, und wie es in **Fig.** 10 schon angenommen worden ist.

Fig. 13, Taf. XVI.

Ein jeder querlaufende und durchgehende Unterschied wird dann aus zwei oder mehreren Teilen angefertigt und die sich kreuzenden Enden von beiden Seiten auf Gehrung abgeschrägt, wie es uns diese Grundrißzeichnung vorführt. Eine solche Verbindung hat jedenfalls das feinere Ansehen vor jenem Einlarven für sich.

2. Die Holzverbindungen des Stuhles.

a. Der gerade Rahmenstuhl.

Fig. 1, Taf. XVII.

Die einzelnen Teile eines solchen gewöhnlichen Stuhles sind: Der Vorderfuß A, der Hinterfuß B, die Vorderzarge C, die Seitenzarge D, die Hinterzarge E, das Kopfstück F und die Spannschwinge G, welche sämtlich durch Verzapfung miteinander verbunden sind.

Ferner der Sitzrahmen H und zwar das vordere Rahmenstück H', die Seitenteile H" und das hintere Rahmenstück H''', ebenfalls sämtlich durch Verzapfung miteinander verbunden.

Weil in den vier Füßen des Stuhles sich stets zwei Zapfen der Zargen begegnen, können dieselben nur eine geringe Länge haben, sie müssen deshalb desto genauer gearbeitet sein, wenn sie einen dauerhaften Stuhl schaffen sollen.

Die Zargenzapfen, welche in den Vorderfuß A gehen, müssen außerdem nach oben abgesetzt werden. Um nun das Zapfenloch durch die Zapfenfeder nicht noch in seiner Tiefe zu verringern, so setzt man gern die Feder schräg ab, wie es Figur D und C andeutet, die Nut des Zapfenlochs beeinträchtigt alsdann nicht mehr das Zapfenloch an seiner Tiefe. (Siehe Fig. A.)

Die Zapfen der Hinterzarge E, sowie der hintere Zapfen der Seitenzargen D behalten aber die ganze Breite der Zarge zu ihrer Breite, um die größtmöglichste Dauerhaftigkeit zu erzielen, welche bei einem Stuhle eine wesentliche Eigenschaft ausmacht.

Die Zapfen der Spannschwinge G werden gewöhnlich nur von vorne abgesetzt.

Wenn das Kopfstück E durch Zapfen mit den Rückstücken (Hinterfüßen) des Stuhles so befestigt wird, wie es hier in der Zeichnung wiedergegeben worden ist, so nennt man dasselbe ein aufgestemmtes Kopfstück und es wird alsdann der Zapfen von drei Seiten abgesetzt.

Fig. 2, Taf. XVII.

Wie nun noch der Sitzrahmen H zusammengearbeitet wird, ist aus der Zeichnung hinlänglich zu ersehen und bedarf deshalb keiner Erläuterung.

b. Der fluchtrechte Stuhl.

Fig. 3, Taf. XVII.

Fluchtrecht nennt man einen Stuhl, wenn sein Vorderfuß, Seitenschwinge und Hinterfuß wie aus einem Stücke gearbeitet erscheinen und die vordere Kante derselben in einer Flucht fortläuft. Dieselbe ist alsdann gewöhnlich flach abgerundet.

Die Verbindungen dieses Stuhles sind, wenn auch mit vorigem ähnlich, doch auch wesentlich von jenem verschieden.

Eine wesentliche Abweichung zeigt diese Stuhlgattung darin, daß die drei genannten Teile, nämlich Vorderfuß A, Seitenzarge C und Hinterfuß B von gleicher Stärke gearbeitet sein müssen, auch sind dieselben wesentlich anders geschweift. Die Verbindung dieser drei Stücke ist jedoch dieselbe wie in **Fig. 1**, nur mit der kleinen Abweichung, daß der Vorderzapfen der Seitenschwinge von oben und unten, also von vier Seiten abgesetzt ist.

Die Spannschwinge D hat ganz dieselbe Behandlung erfahren, wie die der **Fig. 1**. Sie ist geschweift. Ueberhaupt tritt bei einem fluchtrechten Stuhle die gerade Linie fast ganz in den Hintergrund und tritt nur an dem Sitzrahmen in sehr beschränktem Maße wieder auf.

Das Kopfstück E, welches von allen vier Seiten abgeschweift wird, erhält zu seiner Befestigung auf seinen Hirnflächen drei Dübel eingebohrt, welche genau in die drei Zapfenlöcher des Lehnstücks einzupassen sind. Sie dürfen weder zu dick noch zu dünn, noch so lang sein; der letztere Fehler würde ein Undichtwerden des Kopfstücks zur Folge haben, während die beiden ersten auf die Dauerhaftigkeit des Verbandes einen bösen Einfluß ausüben, denn sind die Dübel zu dünn, dann verlieren sie bald ihren Halt, sind sie aber zu dick, dann sprengen sie leicht das Holz, welches sie festhalten soll, auseinander und so ist die Haltbarkeit auch größtenteils verloren.

Fig. 4, Taf. XVII.

Der Sitz eines fluchtrechten Stuhles ist ebenfalls wesentlich von dem eines geraden oder Rahmenstuhles in Beziehung seiner äußeren Gestalt verschieden.

Das Vorderstück S' desselben ist vorn abwärts gekrümmt und muß daher aus einem vollen Stück Holz ausgearbeitet werden, wenn man nicht durch Aufleimen einer Leiste seine Arbeit verunzieren will, wie es leider vielfach geschieht.

Die Seitenteile S'' haben eine geschweifte Oberfläche und sind viel schmäler als die Seitenteile eines Sitzrahmens, vorn erhält es einen Zapfen, hinten ein Zapfenloch.

Das Hinterstück S''' ist ebenfalls seiner Form nach abweichend von dem Hinterstücke eines geraden Sitzrahmens.

Das Zusammenbauen eines fluchtrechten Stuhles geschieht derart, daß zuerst die drei Seitenteile A B C zusammengeleimt werden, ebenso die Teile des Sitzrahmens S'S''S'''. (**Fig. 4.**) Es werden nun in den Sitzrahmen seitlich Dübel eingebohrt, durch welche derselbe mit den Stuhlseiten A B C verbunden wird.

Um das Einbohren dieser Dübel recht korrekt besorgen zu können, fertigt man sich eine Schablone nach der Schweifung des Sitzrahmens an, in welche man sich die Lage der Dübel durch Stiche angibt. Diese Schablone legt man nun abwechselnd an die Seite des Sitzes und sticht mit dem Spitzbohrer die Löcher für die Dübel an; ebenso legt man diese Schablone an die Stuhlseiten A B C abwechselnd an, um hier dasselbe zu thun.

Auch für das Einbohren des Kopfstückes E wendet man dieses Verfahren an, indem man sich ebenfalls eine kleine Schablone anfertigt, welche genau so wie die Hirnfläche des Kopfstückes gestaltet ist. In diese sticht man die drei Löcher für die Dübel vor und man kann nun in kürzester Frist die Löcher für das Kopfstück andeuten und einbohren.

Fig. 5, Taf. XVII.

Nach diesem Beispiele ist indessen das Einbohren des Kopfstückes hinfällig geworden, indem dasselbe einen vierkantigen Zapfen erhalten hat, welcher nach drei Seiten (oft auch nur nach zwei) abgesetzt worden ist.

Daß ein solches Verfahren dauerhafter als das Einbohren sei, kann man nicht sagen, weil durch das Einstemmen des Zapfenloches in das Rückstück R dieses an dieser Stelle nicht unerheblich geschwächt wird, so daß der Schnörkel mit dem Zapfenloche eine starke Neigung erhält, abzuspringen.

Auch das Einpassen eines solchen Kopfstückes K macht mehr Arbeit als jenes.

c. Der geschweifte Stuhl.
Fig. 6, Taf. XVII.

Bei einem geschweiften Stuhle sind alle geraden Linien, man könnte sagen, ängstlich vermieden worden, denn ein jeder Bestandteil dieses Möbels ist geschweift. Vor allem ist es die Lehne, welche in ihrer Gestalt und in Beziehung auf ihre Zusammensetzung auffallend von ihren beiden Vorgängerinnen abweicht.

Das Rückstück A der Lehne ist nach allen vier Seiten hin geschweift, ebenso das Kopfstück B, welches sehr schmal geworden ist, sowie die Spannschwinge C.

Das Hinterstück D allein ist nur nach zwei Seiten geschweift.

In Beziehung auf das Zusammenarbeiten der Lehne stimmen zwar die Teile C und D mit den entsprechenden Teilen G und E aus **Fig. 1** dieser Tafel insofern überein, als sie auch mittels Zapfen mit dem Rückstück verbunden werden. Das Kopfstück aber weicht ab, denn es ist nur durch einen Dübel mit dem Rückstücke verbunden. Daß dieser eine Dübel hinreichenden Halt gibt, erklärt sich daraus, daß derselbe schräg gegen den Längenschnitt des Kopfstückes gerichtet ist, auch verhindern die schrägen Hirnflächen ein etwaiges Drehen.

Der Vorderstuhl, zu welchem folgende drei Stücke gehören: Vorderfuß F, Vorderzarge G und Seitenzarge H, hat viel Aehnlichkeit mit dem Vorderstuhl aus **Fig. 1**.

Der Vorderfuß F ist ebenfalls von allen vier Seiten abgeschweift, es führt eine solche Fußart den Namen Bockfuß.

Die Vorderzarge G ist an ihrer Unterkante in Form eines Doppelkarnieses abgeschweift.

Die Seitenzarge H endlich hat einen einfachen Karnies erhalten.

Hierdurch ist zugleich die Grundform für die

Fig. 7, Taf. XVII,

als dem Sitzrahmen des Stuhles, gegeben, welcher in derselben Art und Weise wie in **Fig.** 4 dieser Tafel zusammengearbeitet wird.

Fig. 8, Taf. XVII.

Zuweilen findet man bei solchen geschweiften Stühlen das Rückstück A übereck gestellt. In **Fig.** 8 ist das Rückstück eines Klavierstuhles in der gedachten Art und Weise gezeichnet worden. Durch diese Verdrehung des Rückstücks erleidet aber das Einstemmen der Zapfenlöcher eine Aenderung. Dieselben müssen nämlich übereck eingestemmt werden, und es hat sich demnach auch das Absetzen des Zapfens der Hinterzarge D sowie das der Seitenzarge H hiernach zu richten. Dauerhafter jedoch wird diese Verbindung hierdurch nicht, zumal der Zapfen der Seitenzarge meist kurzes Holz erhält, weshalb ein solcher Zapfen sehr leicht abbricht.

3. Die Holzverbindungen des Tisches.
Fig. 1, Taf. XVIII.

Wollen wir den Tisch in seine Hauptbestandteile zerlegen, so haben wir zu nennen: Das Tischgestell und die Tischplatte. Dazu kommt noch bei einigen der Tischkasten. So einfach der Tisch auch äußerlich erscheinen mag, so sind zu seiner Herstellung dessenungeachtet drei der wichtigsten Holzverbindungen nötig nämlich der Grat, der Zapfen und das Zinken.

Wer einen Tisch anfertigen will, der muß vor allem die einzelnen Bestandteile desselben kennen und die Bezeichnung dafür wissen. Wir haben in dieser Beziehung zu nennen:

Den linken und den rechten Vorderfuß, von welchen in der Zeichnung nur der linke (A) zu sehen ist,
den linken und den rechten Hinterfuß, (in der Zeichnung der linke; B,)
die beiden Seiten oder die linke und die rechte Zarge (die linke Zarge C),
die Vorderzarge, welche gewöhnlich zu einem Schubkasten-Vorderstück verwendet wird und
die Hinterzarge D. Dazu kommen noch
der Laufboden E,
die beiden Laufleisten F, und endlich
die beiden Streichleisten G.

Wie die drei Teile A, B und C zusammengearbeitet werden, dürfte nunmehr schon bekannt sein, denn es geschieht durch den Zapfen, der hier in seiner gewöhnlichen Form angewendet wird und bei der Verbindung der beiden Stücke B und D dargestellt worden ist.

Der Laufboden E wird durch einen Doppelzapfen mit den Vorderfüßen A verbunden.

Die Laufleiste F steckt hinten in der Zarge D und vorn im Laufboden E auf Nut und Feder.

Die Streichleiste G ist auf die Laufleiste E aufgeleimt.

Laufboden, Laufleisten und Streichleisten sind lediglich um des Schubkastens willen da, sie fallen daher weg, wenn der Tisch keinen Schubkasten erhält. Es wird alsdann die Vorderzarge in ganz derselben Weise wie die Hinterzarge verzapft.

Laufboden E und Laufboden F haben allein den Zweck, den Schubkasten zu tragen. Es ist daher anzuraten, bei solchen Tischen, bei welchen der Tischkasten fleißig benutzt wird, also z. B. Speise- oder Küchentischen, diese Leisten von hartem Holze zu machen, denn durch die tägliche Reibung, welche gewöhnlich noch dadurch vermehrt wird, daß schwere Gegenstände, wie Brot 2c. in dem Kasten aufbewahrt werden, werden diese Leisten dergestalt strapeziert, daß oft tiefe Rinnen in sie hinein gelaufen werden, die notwendigerweise den Gang des Kastens erschweren und unsicher machen.

Nicht so große Gewalt haben die Streichleisten auszuhalten, denn sie haben den Kasten nur zu leiten und ihm die Richtung zu geben. Aber gerade deshalb müssen sie um so sorgfältiger gearbeitet und eingepaßt werden, denn nur zu oft liegt der schlechte Gang eines Tischkastens allein an dem mangelhaften Zustande der Streichleiste.

Soll ein Schubkasten leicht und sicher gehen, so ist unumgänglich notwendig, daß der Lichtenraum für denselben, also der Raum zwischen den Vorderfüßen, genau derselbe ist als hinten zwischen den Streichleisten G, G. Man glaube nicht, daß dieser Forderung schon dadurch nachgekommen werde, daß man die beiden Streichleisten G von gleicher Breite macht, wenigstens ist dieses durchaus nicht zuverlässig genug; durch das Messen mit dem Lineal oder mit zwei einzelnen Stäben muß man sich von der Richtigkeit der beiden Entfernungen überzeugen.

Das wichtigste Stück Arbeit ist nun die Befestigung der Tischplatte auf dem Tischgestelle.

Es existieren hierfür drei Arten, welche sämtlich hier zur Anschauung gebracht worden sind.

Das beste Befestigungsmittel für eine Tischplatte ist und bleibt der Grat, wie in **Fig. 1**. Um denselben anzuwenden, muß aber schon beim Zuschneiden der einzelnen Tischteile hierauf Bedacht genommen werden, denn es müssen nicht nur die beiden Seitenzargen C um so viel breiter geschnitten werden als der Grat beträgt, sondern auch die Stollen, das sind die Tischfüße, müssen um Grateshöhe länger werden, als wenn eine der beiden folgenden Tischplattbefestigungsmittel angewendet werden.

Bevor die drei Teile A B C fest zusammengebaut sind, muß an den Seiten C der Grat angestoßen werden und zwar an der Innenseite von C parallel, an der Außenseite von C verjüngt (siehe **Fig. 6, Taf. X**, Seite 142). Sind diese drei Teile fest verbunden, dann werden die Stollen auf der oberen Hirnseite nach diesem Grade abgesetzt und der Grat auf der Hirnkante der Stollen verlängert. Hierauf wird das Tischgestelle fertig zusammengebaut, d. h. es werden der Laufboden E und die Hinterzarge D mit jenen Seitenteilen verbunden, und das ganze Tischgestelle, nachdem es in den Winkel gerichtet worden ist, auf die linke Seite der Tischplatte gestürzt und die Gratnut hiernach vorgerissen.

Diese Gratnut wird an der Vorderkante der Tischplatte nicht durchgestoßen. Sind so beide Gratnuten eingestoßen, so kann das Tischgestelle eingeschoben werden.

Es ist wahr, daß diese Art der Tischplattenbefestigung etwas umständlicher ist als die anderen, schon deshalb, weil bei der Herrichtung derselben mit großer Genauigkeit gearbeitet werden muß. Es ist aber auch wahr, daß diese Art nicht nur die knappste und sauberste, sondern auch die haltbarste, beste ist, und sollte doch kein Tischler, der einen guten, haltbaren Tisch liefern will, sich vor dieser Arbeit scheuen.

Wie wir von früherher wissen, gestattet der Grat das Ausdehnen und Zusammengehen des Holzes ganz vollständig und da Tischplatten immer eine ziemlich große Breite haben, so ist die Veränderlichkeit des Holzes in seiner Breite oft keine geringe. Dieses alles aber vermag auch nicht das geringste Uebel hervorzurufen. Die Tischplatte bleibt wie sie ist.

Fig. 2, Taf. XVIII.

Eine zweite Art, die Tischplatte zu befestigen, ist die, dieselbe durch aufgeleimte Klötzchen, welche Knaggen genannt werden, auf dem Tischgestelle festzuhalten.

Die Oberkante des Tischgestelles bleibt bei dieser Befestigungsart oben glatt, die Seitenzargen aber erhalten oben an ihrer Lichtenseite eine Nut, in welche die Federn der Knaggen eingreifen. Drei solcher Knaggen sind hier gezeichnet worden, es werden aber deren 5 bis 6 je nach der Größe des Tisches an jeder Seite angebracht.

Auf diese Weise ist der Tischplatte allerdings auch die Freiheit gestattet, trocknen und quellen zu können, allein es sitzt eine solche Platte lange nicht so fest als eine auf den Grat aufgeschobene Tischplatte, denn die Knaggen springen leicht ab, da sie bloß „aufgedrückt" werden können, auch können sie nicht groß gemacht werden, wenn der Tisch einen Tischkasten erhalten soll, weil sie alsdann hindern. Da außerdem diese Knaggen nur bis an die innere Kante der Stollen angesetzt werden können, bleibt ein ziemlich breiter Raum der Tischplatte übrig, welcher nicht festgehalten wird und der der Platte noch Gelegenheit genug bietet, sich verziehen zu können.

Es kann als eine Verbesserung des Tisches betrachtet werden, wenn man den Kasten des Tisches verborgen halten kann. Deshalb läßt man den Laufboden E nicht bis an die Vorderkante des Tischfußes gehen, sondern rückt denselben um die Stärke des Kastenvorderstücks zurück. Das Vorderstück geht nunmehr vor dem Laufboden E vorüber und bekommt dadurch dasselbe Aussehen wie eine andere Zarge.

Fig. 3, Taf. XVIII.

Diese kleine Zeichnung gibt die Abbildung einer vorhinbeschriebenen Knagge, mit welcher die Tischplatte auf dem Tischgestelle festgehalten wird.

Die obere hier sichtbare Fläche wird gut abgezahnt, gewärmt und mit starkem, guten Leime auf die Unterseite der Tischplatte geleimt, nachdem dieselbe so auf das Tischgestell aufgelegt worden ist, daß dieselbe ringsum gleichmäßig vor den Tischzargen vorspringt.

Fig. 4, Taf. XVIII.

Die dritte Art, eine Tischplatte zu befestigen, ist die folgende.

An beiden Zwergkanten der Tischplatte wird eine ziemlich breite Gratleiste eingeschoben, so daß das Tischgestell genau zwischen dieselben paßt. Die Gratleiste wird aber nicht wie bisher auf die breite, sondern auf die hohe Kante genommen und so eingeschoben. Diese erhält nun nach den Enden hin zwei Löcher. Es wird nun die Tischplatte auf das Tischgestell gerichtet, damit sie überall gleichen Vorsprung erhält, die Löcher werden nun auch in die Tischzargen eingebohrt und zuletzt die Platte mittels vier hölzerner Nägel oder Dübel befestigt.

Wegen des Einschiebens der beiden Gratleisten an den Hirnenden der Platte, muß dieselbe an diesen beiden Seiten einen viel breiteren Vorsprung als an den Langseiten erhalten, damit nicht nur die Gratleiste an sich Platz bekommt, sondern damit das kurze Holz zwischen der Gratnut und Hirnkante der Platte nicht allzukurz werde und allzuleicht abspringe. Hierdurch erhält aber der Tisch ein unschönes Aussehen, so daß man dieses Verfahren nur bei den allergewöhnlichsten Tischen anwendet. Dieselben erhalten auch meistenteils keinen Tischkasten und ist somit die Zubereitung eines Tisches in der eben beschriebenen Weise die denkbar einfachste und billigste. Gewöhnlich wird bei diesen Tischsorten die Arbeit des Zusammenbauens noch dadurch vereinfacht, daß die Zapfen der Zargen gleichmäßig abgesetzt und nur von einer Seite geschlitzt werden.

Tische dieser Gattung findet man gewöhnlich in den Wirtshäusern und ist dieses auch nur der einzige Ort, wo solche Ware hingehört, denn auch die einfachst möblierte Wohnstube ist für eine solche Tischart doch noch zu gut.

Zu diesen drei Arten von Befestigungen der Tischplatten könnte nun noch eine vierte gesellt werden, nämlich die, die Tischplatte auf das Tischgestelle stumpf aufzuleimen. Sie ist aber nur unter der größten Vorsicht anzuwenden, weil, wenn die Platte nicht ganz gut ausgetrocknet ist, dieselbe gewöhnlich wieder abplatzt.

Fig. 5, Taf. XVIII.

Wenn ein geschweifter Tisch sogenannte Bockfüße (siehe **Figur 6, Taf. XVII**, Seite 185) erhalten soll, so empfiehlt es sich, daß Zapfenloch nicht bis zur Unterkante der Zarge auszustemmen, sondern den Zapfen seiner Breite nach auch von unten abzusetzen. Denn durch die Abschweifung, welche an der Innenseite des Fußes unter der Zarge oft scharf einsetzt, entsteht daselbst kurzes Holz, welches leicht vom Zapfen abgesprengt wird.

Fig. 6, Taf. XVIII.

An einem linken Vorderfuße ist hier die Einrichtung eines Doppelzapfens gezeigt worden, durch welchen ein Schubkastenlaufboden mit einem Tischfuße verbunden wird.

Der Laufboden ist hier um die Stärke des Vorderstückes zurückgesetzt worden. Der hintere (in der Zeichnung aber vordere) Zapfen wird daher in den Stollen nur eingeklinkt. Das Hirnende desselben bekommt aber eine Feder, mit welcher er in eine kleine Nut der Seitenzarge eingreift, um ihn jede Beweglichkeit zu nehmen.

Die kleine Nut im Laufboden dient zur Aufnahme der Laufleiste.

Außerdem zeigt der Stollen an seiner Hirnseite den Grat aus **Fig. 1**, (siehe diese).

Fig. 7, Taf. XVIII.

Wird ein Schubkasten so eingerichtet, daß der Laufboden vorn sichtbar wird, so bekommt das Vorderstück desselben die Gestalt, wie sie uns in dieser Figur vorgeführt wird. Es ist die gewöhnliche; Vorderstück und Kastenseiten erhalten dieselbe Breite.

Fig. 8, Taf. XVIII.

Wird ein Schubkasten aber so eingerichtet, daß der Laufboden E verdeckt und das Vorderstück vor ihm vorübergeht, so muß es natürlich um soviel breiter werden, als die Stärke des Laufbodens beträgt, wie es in dieser Figur zu sehen ist.

In diesem Falle dürfen auch die Zinken nicht bis zur Unterkante des Vorderstückes reichen, worauf beim Vorschneiden der Zinken Bedacht zu nehmen ist.

In **Fig.** 7 sowohl als auch **Fig.** 8 wird die eingeschobene Nut für den Kastenboden durch das erste (unterste) Schloß verdeckt.

Fig. 9, Taf. XVIII.

Die Seite eines Tischkastens hat die in **Fig. 9** angezeigte Beschaffenheit. Während an der vorderen Hirnkante derselben beide halbe Zinken mit dem Fuchsschwanz abgesetzt werden, kann dieses an der hinteren nur mit einem und zwar dem oberen geschehen. Der untere halbe Zinken muß ausgestemmt werden, damit unter demselben noch ein Stück Holz mit der Nut an der Kastenseite verbleibt. Letzteres wird von Anfängern im Zinken fast regelmäßig übersehen und der Kasten dadurch geschändet. Darum vorgesehen!

Fig. 10, Taf. XVIII.

Das Hinterstück eines Schubkastens ist gewöhnlich die schmälste Kastenseite. Sie verliert nicht nur nach unten zu an Breite wegen der eingeschobenen Nut für den Schubkastenboden, sondern läßt sie auch an ihrer oberen Kante etwas schmäler sein, damit die Seiten etwas vor ihm vorstehen, was die Gangart des Kastens erleichtert.

Ueberhaupt ist es für die Gangart des Kastens förderlich, wenn man die Kastenseiten etwa um 2 cm schmäler zuschneidet und dafür eine Leiste von hartem Holze aufleimt. Dieselben laufen sich alsdann nicht so schnell ab und der Kasten bleibt länger als sonst intakt.

Fig. 11, Taf. XVIII.

So wie diese Zeichnung angibt, muß der hintere Verband eines Schubkastens aussehen, wenn er korrekt sein soll. Das Hinterstück springt an drei Seiten vor der Schubkastenseite zurück und zwar aus folgenden Gründen:

Das Hinterstück springt an der Unterkante zurück, weil der Schubkastenboden eingeschoben und an dieser Kante vorübergeführt werden muß.

Es springt an der Oberkante zurück, damit es beim Auf- und Zuschieben des Kastens nicht dicht unter der Tischplatte hinstreicht und unnützerweise die Gangart desselben erschwert. Es springt endlich in der Stärke vor den Hirnkanten der Seiten zurück, damit man durch Abhobeln der Hirnkanten den Vorsprung des Kastens am Vorderstücke regulieren kann.

Fig. 12, Taf. XVIII.

Es ist in dieser Figur der vordere Verband eines Tischkastens in seiner Korrektheit gezeichnet worden und zwar ausschließlich deshalb, um hervorzuheben, daß es eine Hauptsache ist, die Nut für den Schubkastenboden richtig einzuschieben, damit sie in der Seite wie im Vorderstücke die gleiche, richtige Lage erhält und nicht etwa hier oder da höher oder tiefer steht, wie es häufig vorkommt.

Anmerkung. Ueber das Einpassen des Kastens siehe die Holzverbindung der Kommode.

4. Holzverbindungen der Kommode.

So wichtig und unentbehrlich wie der Tisch und der Stuhl ist auch die Kommode. Wer möchte sie entbehren? Ist sie dem Begüterten ein bequemer Bergungsort für verschiedene Effekten, so ist sie für den weniger Bemittelten wohl stets das Lieblingsstück und der Stolz in der häuslichen Einrichtung der bürgerlichen Familie und wird daher kaum ein zweites Stück Möbel so wert gehalten als eben die Kommode.

Der Grund für diese Erscheinung ist in der Einrichtung zu suchen, welche die Kommode erhalten hat und die immer die gleiche ist, mag auch die äußere Gestaltung derselben noch so verschieden sein. Diese Einrichtung ist die bekannte Anordnung mehrerer Kasten, deren gewöhnlich drei sich vorfinden. Durch sie wird es uns möglich, in einem verhältnismäßig kleinen Raum viele und vielerlei Arten von Dingen zu bergen. Und weil nun der Zugang zu diesen inneren Räumen und zu den darin verborgenen Sachen ein leichter und bequemer ist, so hat dieser Umstand dazu beigetragen, diesem Stück Möbel den entsprechenden Namen zu geben, denn der Ausdruck Kommode heißt nach einer fremdländischen Sprache (der französischen) bequem und ist somit ausgesprochen, daß dieses Möbel ein Bequemlichkeitsschrank sei.

Die Kommode versieht aber nicht nur die speziellen Dienste eines Schrankes allein, sondern neben diesen auch den Dienst eines Tisches, indem ihre Höhe, ohne Rücksicht auf ihre Breite und Tiefe, stets eine so geringe ist, daß sie der Höhe eines Tisches gleichkommt. Der Kommode wird daher auch noch die Aufgabe gestellt, allerlei kleinere Gegenstände des häuslichen Gebrauchs zu tragen und Aufstellungsort für allerlei Nippgegenstände zu sein.

Nur die Schreibkommode macht hiervon eine Ausnahme, weil sie zu den drei üblichen Schubkasten noch einen vierten hinzusetzt, welcher eine besondere, von jenen Kasten gänzlich abweichende Einrichtung erhält. Dieser vierte Kasten ist nämlich so eingerichtet, daß das Vorderstück desselben aufgeklappt und in die horizontale Lage gebracht werden kann, so daß sie nunmehr mit dem Boden des Schubkastens eine bequeme Schreibfläche darbietet. Die Nützlichkeit der Kommode wird demnach durch eine solche Einrichtung noch wesentlich erweitert, indem sie nun auch noch den Dienst eines Schreibsekretärs versieht.

Eine solche Schreibkommode ist äußerlich daran erkenntlich, daß sie höher als die gewöhnlichen Kommoden ist und daß sie nicht drei sondern vier Schubkasten enthält. Selbstverständlich kann es nur der obere Schubkasten sein, welcher die ebenbeschriebene Schreibeinrichtung erhält. Derselbe ist gewöhnlich erheblich flacher, als die drei unter ihm liegenden Kommodenkasten, um die Höhe des Möbels nicht allzusehr von der üblichen abweichen zu lassen.

Die Höhe einer Schreibkommode kann aber schlechterdings nicht auf die Höhe einer gewöhnlichen Kommode reduziert werden, weil die Bodenhöhe des obersten Kastens, also des Schreibkastens, die Schreibhöhe sein muß. Diese ist aber gemeinhin auf 75 bis 76 cm normiert worden.

Was nun die Einrichtung dieses Schreibkastens selbst anbetrifft, so kann diese eine sehr verschiedene sein.

In **Fig. 11, Taf. XV**, Seite 172, ist demselben eine solche Einrichtung gegeben worden, daß die Höhe der Schubkastenseiten nur halb so hoch als das Schubkastenvorderstück ist, die Seiten müssen deshalb über sich noch einen Streichboden erhalten, damit der Kasten nicht beim Aufziehen und beim Schreiben herunterkippt. Der Raum zwischen dem Streichboden und der Kommodenplatte dient alsdann noch als willkommener Aufbewahrungsort für größere Schreibsachen, Zeichnungen und dergl. Diese Einrichtung wird häufig zur Bedingung gemacht.

Die Schubkastenseiten können aber auch sehr wohl die gleiche Höhe mit dem Schubkastenvorderstück erhalten. Auch in diesem Falle kann dem Schreibkasten durch Einschieben eines oder mehrerer Querböden und durch Einschieben mehrerer senkrechter Unterschiede eine Einrichtung gegeben werden, die für die Zwecke des Schreibens ganz besonders günstig sind. In **Fig. 11, Taf. XV**, sehen wir eine solche Einrichtung durch Einschieben eines Quer- oder Langbodens und vier senkrechter Unterschiede abgebildet, trotzdem die Seiten des Kastens nur halb so hoch als das Schubkastenvorderstück sind.

Der unterste Schubkastenboden und die innere Seite des Kastenvorderstücks sind alsdann in den meisten Fällen mit Tuch oder auch mit Leder überzogen, welches ringsum an den vier Seiten von einem furnierten und polierten Friese eingeschlossen ist. Weder das Tuch noch auch das Leder darf zwischen Boden und Vorderstück eine Fuge erhalten, sondern muß aus einem ganzen Stück bestehen und dieser Umstand erheischt bei Aufsuchung des Drehpunktes die Vorsicht anzuwenden, deren bei Besprechung dieser **Fig. 11, Taf. XV**, gedacht worden ist.

Der „Schnäpper", welcher das Vorderstück momentan in der senkrechten Richtung zu halten und mit der Schubkastenseite zu verbinden hat, wird aus Eisen gefertigt und besteht aus einem winkelrecht gebogenen

Stück Bandeisen und einer Feder, die an dem einen Ende an das Bandeisen festgenietet ist, an dem andern Ende aber hakenförmig aus demselben hervorragt und in ein auf das Vorderstück festgeschraubtes Schließblech eingreift. Durch einen Druck auf diese Feder wird der Verschluß geöffnet.

Es bedarf nur eines einzigen Schnäppers dieser Art, denn zwei würden vom Uebel sein.

Fig. 1, Taf. XIX.

Ganz abgesehen von der Verschiedenartigkeit der äußeren Gestaltung und Ausschmückungen der Kommode beschäftigt uns die vorliegende Zeichnung mit der inneren Einrichtung derselben, also mit der Art und Weise wie eine Kommode zusammengearbeitet wird. Die Art des Zusammenarbeitens ist im großen und ganzen bei allen Kommoden so ziemlich dieselbe oder läuft doch immer auf dieselben Hauptgesichtspunkte hinaus, welche bei einer jeden Kommode zur Geltung kommen müssen.

Die **Fig. 1** stellt eine Kommode in dem noch rohen Zustande dar und ist so eingerichtet, daß eine jede Art der Holzverbindung, welche hier zur Anwendung kommt, deutlich zu erkennen ist.

Die rechte Seite der Kommode ist hinweggedacht worden und es treten somit alle die verschiedenen Holzverbände zu Tage, welche die Kommodenseiten mit der Rückwand und der Platte zusammenhalten, gleichzeitig werden hierdurch die Holzverbindungen der Schubkasten sichtbar.

Von den drei Kommodenkasten ist der obere zur Hälfte herausgezogen, der mittelste ganz entfernt und nur der unterste in seiner vorschriftsmäßigen Lage gezeichnet worden, und sind wir hierdurch in den Stand gesetzt worden, die Verbindungen der Laufböden mit den Laufleisten und der Rückwand deutlich darstellen zu können.

Fig. 1 A.

Nur bei ganz ordinärer Ware mag es statthaft sein, die Kommodenplatte aus einer Brettstärke herzustellen, in allen anderen Fällen muß dieselbe stärker gemacht werden. Es muß deshalb unter die eigentliche Kommodenplatte eine Verdoppelung geleimt werden, wenn sie nicht aus stärkerem Holze angefertigt wird. Diese Verdoppelung aber muß in allen Teilen dieselbe Richtung der Holzfasern bekommen als die eigentliche Platte, damit beide Teile, nachdem sie zusammengeleimt sind, als ein einziges Stück Holz angesehen werden kann, welches nach Belieben trocknen oder quellen kann. Die Figur A bringt einen solchen Verdoppelungsrahmen zur Anschauung; er besteht aus zwei langen Rahmenstücken und aus zwei kurzen, welche aus Zwerghölz hergestellt worden sind. Alle vier Rahmenstücke sind stumpf zusammengeleimt.

Es gibt kein besseres Verbindungsmittel um eine Kommodenplatte mit ihrem Untergestelle zu verbinden als der Grat, darum ist diese Art der Holzverbindung hier in Anwendung gekommen, wie es die Figur wenigstens auf ihrer linken Seite vollkommen darstellt. Die Vorzüge, welche diese Gratverbindung vor einer jeden anderen voraus hat, sind dieselben, wie sie bei Gelegenheit der Holzverbindungen des Tisches, **Fig. 1, Taf. XVIII**, Seite 186 zur Sprache gebracht worden sind, und mögen dieselben dort eingesehen werden.

Fig. 1 B

Das Untergestell einer Kommode, oder wie der technische Ausdruck lautet; der Korps einer Kommode besteht nach Angabe dieser Zeichnung aus den zwei Kommodenseiten und der Rückwand. Die zwei ersteren werden durch die Laufböden, dem eigentlichen Boden und der Kommodenplatte zusammengehalten. Als fernerer, dritter Hauptbestandteil sind die Lisenen zu betrachten, welche an die inneren Seiten a der Kommodenseiten angeleimt werden und in gleicher Breite unter und über die Schubkasten hinweglaufen müssen. Dieselben sind mit a b bezeichnet worden. Die untere Lisene bedeckt zugleich vollständig die Vorderkante des Bodens, wie es bei ordinären Kommoden fast immer der Fall ist.

Bei besseren Kommoden erhalten die Lisenen einen Kehlstoß und werden deshalb auch in den Ecken auf Gehrung zusammengeköpft (siehe links unten), während dies bei glatten Lisenen wegfällt (links oben).

Fig. 1 D.

Die Rückwand einer Kommode erfordert mehr Fleiß in ihrer Zusammenarbeitung als vielleicht im allgemeinen angenommen, leider auch ausgeführt wird; ist sie doch das einzige Mittel, welches wir haben, um die Kommode vor seitlichen Verschiebungen, seitlichen, übereck gerichtetem Druck, welcher das Möbel aus dem Winkel richtet, hinreichend schützen zu können. Wegen dieser wichtigen Funktion, welche dieser Teil der Kommode überkommen hat, ist es von großer Wichtigkeit, daß die Rückwand in jeder Beziehung exakt gearbeitet wird, und daß sie von gutem, ausgetrockneten und gesundem Holze hergestellt wird. Wenigstens darf dasselbe nicht von solchen Fehlern behaftet sein, welche die Stabilität derselben, sowie die Festigkeit ihrer Holzverbindung in Zweifel zieht.

Die Rückwand besteht aus zwei Hauptteilen, nämlich aus den Rückwandsbeistößen und der Füllung. Die Rückwandsbeistöße, welche in Seitenbeistöße (a, a) und Querbeistöße (b) zerfallen, werden entweder zusammengeschlitzt und gut miteinander verleimt oder auf Zapfen zusammen gestemmt und verleimt, wie es die Zeichnung bei a rechts sehen läßt. Letztere Art ist wegen ihrer größeren Haltbarkeit der ersteren vorzuziehen.

Dieser Rückwandsrahmen ist aber für sich allein noch nicht im stande, die Kommode im Winkel zu halten und gegen seitlichen Druck unempfindlich zu machen, weil er immer noch, wenn auch nur in sehr geringem Maße, eine kleine Beweglichkeit zuläßt. Diese Bewegung gänzlich unmöglich zu machen, hat die Füllung zu besorgen.

Die Rückwandsfüllung wird allgemein unbeschadet ihrer wichtigen Funktion aus schwachem, sogenannten halben Holze angefertigt, weil es nicht die Stärke des Holzes an sich ist, die dieser Füllung Widerstandskraft gibt, sondern vielmehr die Unverschiebbarkeit der Holzfasern, also die Länge und Breite des Holzes. Freilich darf das Holz desselben nicht unganz (windrissig) sein und durch allzugroßes Eintrocknen seine Dimensionen verändern. Daher wählt man die Richtung der Holzjahre so, daß die größte Längenausdehnung der Füllung Langholz und die geringe

Zwergholz ist, wodurch man das mögliche Schwinden der Füllung auf das geringste Maß reduzieren kann.

Wird die Füllung größer als es ratsam ist, wie dieses bei mittleren Kommoden fast ausschließlich der Fall ist, so gibt man den Rückwandsrahmen noch einen aufrechten Beistoß, den sogenannten mittleren Beistoß c, wodurch die Füllung in zwei Teile geteilt wird. Diese werden nun erheblich kleiner und sind deshalb weniger dem Trocknen als auch dem Aufquellen ausgesetzt, also konstanter.

Um diese Füllungen gehörig in den Beistößen festzuhalten, werden in den inneren schmalen Kanten der Beistöße Nuten eingeschoben und die Füllungen an ihren Seiten= und Oberkanten so schwach abgefast, daß sie gut aber nicht so leicht in die Nuten passen. In unserer Zeichnung ist letzterer nicht gedacht worden.

Fig. 1 E.

Die Kommodenkasten, welche uns die **Fig. 1 E** zur Anschauung bringt, werden ganz in derselben Weise zusammengearbeitet, wie der Kasten eines Tisches (**Fig. 7** bis **12**, **Taf. XVIII**, Seite 190) oder eines Nähtisches (**Fig. 5** und **6, Taf. XVI**, Seite 179). Es kann daher die Besprechung desselben hier übergangen werden.

Fig. 1 F.

Wir sehen hier einen Laufboden der Kommode gezeichnet. Bei drei Kasten sind deren zwei erforderlich. Sie sind auf den Grat eingeschoben, wie es sich aus der Zeichnung (rechts) ergibt. Weil die Lisene a b hier gleichfalls ihren Platz hat, muß dieselbe aus dem Laufboden E herausgeklinkt werden, daher der Ausschnitt a'b', welcher genau mit der Breite der Lisenen a b übereinstimmen muß. In der Praxis wird aber der Ausschnitt a'b' gewöhnlich um 1 bis 2 mm kleiner gemacht und später beim Zusammenbauen der Kommode berichtigt; damit die Vorderkante des Laufbodens recht dicht sich an die Lisene schmiegt. (Siehe Zeichnung F links.) Letztere wird entweder flach abgerundet oder erhält einen passenden Kehlstoß.

Fig. 1 G.

In dieser Figur lernen wir die Gestalt und die Anordnung zweier (rechter) Laufleisten kennen. Dieselben sind ebenfalls auf den Grat eingeschoben und bilden die Fortsetzung des Grates, der an beiden Hirnenden der Laufböden F angehobelt worden ist. Die hierzu passende Gratnut befindet sich in den beiden Kommodenseiten. Beim Anstoßen des Grates thut man gut, den Grat an der oberen Fläche der Laufleiste G parallel an der untern aber verjüngt anzustoßen und zwar so, daß das schwächere Ende des Grates — die Spitze — nach vorn zu liegen kommt.

Diese Laufleisten müssen so breit zugerichtet werden, daß sie die Tiefe des Grates, die Breite der Lisene a b, die Stärke der Schubkastenseiten und noch einen kleinen Vorsprung enthält.

Wie nun noch die Laufleiste G mit ihren Hirnenden an den Laufboden E und den Rückwandsbeistoß a befestigt wird, darüber gibt die **Fig. 2** dieser Tafel hinreichenden Aufschluß und soll hier auf diese Zeichnung verwiesen werden.

Fig. 1 H.

Als unterster Laufboden ist der Boden der Kommode selbst anzusehen, er vertritt zugleich die beiden Laufleisten G. Es ist von diesem aber in unserer Zeichnung (H) nur die Vorderkante und die rechte Hinterkante desselben mit einem schmalen Streifen zu sehen.

Der Boden ist in vorliegendem Falle angezinkt worden und es ist diese Art vor allem andern als die korrekteste und passendste zu bezeichnen. Erhält die Kommode über den Füßen keine Sockelplatte, wie hier angenommen worden ist, so muß der Boden halbverdeckt gezinkt werden; alsdann erhalten die Kommodenseiten die Zinken, der Boden aber die Schlösser und es darf hierbei die Decke nicht zu schwach angenommen, damit keine Wellen auf der Außenseite der Kommodenseiten sichtbar werden.

Wird aber über die Bodenkante hinweg eine Sockelplatte aufgeleimt, so kann auch der Boden durchgezinkt werden, welches vor jenem Halbverdecktzinken bei weitem vorzuziehen ist, indem es dem ganzen Körper der Kommode einen viel größeren Halt gibt. Wird aber der Boden durchgezinkt, dann ist es am besten, dem Boden die Zinken zu geben und die Seiten mit den Schlössern zu versehen, weil alsdann der Boden viel weniger leicht dem Drucke der Last des Kastens nach unten nachgeben kann, als dieses der Fall ist, wenn die in der Zeichnung angenommene Art in Anwendung kommt.

Solche Rücksichten auf die Richtung eines möglichen Druckes müssen immer genommen werden, und hiernach hat sich die Veranlagung der Zinken stets zu richten.

Fig. 2, Taf. XIX.

Laufboden, Laufleisten und Rückwandsbeistoß sind so wichtige Bestandteile einer Kommode, daß es wohl geboten erscheint, dieselben noch einmal und zwar speziell in Beziehung ihrer gegenseitigen Verbindung zu behandeln, wozu die vorliegende Figur Gelegenheit geben will. Sämtliche drei Bestandteile sind aus der Kommode herausgenommen gedacht, ihre Verbände sind auseinandergezogen und so gezeichnet worden, damit die Anschauung eine klare Kenntnis derselben bewirken soll.

Der Laufboden F, zeigt hier an seinen beiden Hirnenden den Grat, mit welchem er in die Kommodenseiten eingreift, sowie die Ausklinkung für die Lisenen, die an den Lichtenseiten der Kommodenseiten festgeleimt werden. Die Ausklinkung ist hier eine ganze oder vollständige, denn sie geht so tief, daß die Lisene mit ihrer vollen Stärke in dieselbe paßt, so daß die Vorderfläche der Lisene mit der Vorderkante des Laufbodens bindig, d. h. gleich wird.

In **Fig.** 1E dieser Tafel ist diese Ausklinkung nur halb so tief erfolgt, so daß auch an den Lisenen eine Ausklinkung zu machen ist und zwar so breit, als der Laufboden stark ist. Letztere Art ist die bessere, weil durch diese doppelte Ausklinkung, die sich bei dieser Kommode viermal wiederholt (an jedem Laufboden zweimal) die Widerstandskraft gegen eine seitliche Verschiebung der Kommode bedeutend erhöht wird.

An den beiden Enden der hinteren Längskante des Laufbodens (links und rechts) treten die beiden Laufleisten G' mit diesem in Berührung. Damit diese recht innig wird und damit die Laufleisten durch die Schwere des Kommodenkastens nicht nach unten ausweichen können, was den Gang des Kastens sehr unsicher machen müßte, werden an der Hinterkante des Laufbodens F' kleine Nuten eingestemmt, welche zur Aufnahme der beiden Laufleisten G' dienen sollen.

Die Laufleisten G' erhalten deshalb an ihren vorderen Hirnkanten eine solche Abfalzung, daß eine kurze Feder entsteht, welche genau in die vorhin erwähnte Nute des Laufbodens passen muß. Aus der rechten Hälfte der Zeichnung sind die Details dieser Verbindung zu ersehen, während die linke Hälfte den Verband im Zusammenhang zeigt. Erst wenn die Teile F' und G' vollständig zusammenpassen, wird abwechselnd die linke und rechte Laufleiste mit dem Laufboden zusammengesteckt, an der Ober- und Unterfläche abgerichtet und alsdann der Grat an G' und F' angehobelt, ohne daß beide Teile vorher wieder voneinander getrennt werden. Nur so ist es möglich, den Grat für beide Teile gleichmäßig herzustellen.

Die Verbindung der Laufleisten G' mit den Rückwandsbeistößen a' kann auf zweifachem Wege erzielt werden und kann es nur bei ganz und gar liederlich gearbeiteten Möbeln vorkommen, daß die Verbindung eben genannter Teile ganz umgangen wird.

Da erfahrungsmäßig die Kommodenkasten häufig recht schwer durch Einpackung von Wäsche belastet werden, werden auch die Laufleisten gleichschwer belastet und zeigen daher das Streben nach unten auszuweichen. Die Nut und Feder, deren oben soeben gedacht wurde, ist oft zu schwach, diesem Drucke nachhaltig und auf die Dauer zu widerstehen, deshalb muß den Laufleisten noch eine zweite Stütze gegeben werden, nämlich in dem Rückwandsbeistoße a'.

Man schneidet daher an die hintere Hirnkante der Laufleisten G' einen vierkantigen Zapfen an und stemmt an der betreffenden Stelle in den Rückwandsbeistoß a' ein gut passendes Loch und zwar so, daß der Zapfen stets an der inneren Kante der Laufleiste G sitzt, also unmittelbar unter der Kastenseite. Ein Ausweichen der Laufleiste ist nun nicht mehr möglich und wird somit auch das Abplatzen der Nut in F' verhütet, was sehr häufig der Fall ist.

Eine zweite Art, die Laufleisten an der Rückwand zu befestigen, ist die, welche bei x angegeben worden ist. Es ist hier nämlich die ganze Breite der Laufleiste in den Rückwandsbeistoß eingelarvt worden, so daß die Leiste G' nun vollkommen sicher in dieser Larve ruht. Die Leiste selbst erhält alsdann nur eine stumpfe, winkelrechte Hirnkante.

Weil dieses Einlarven der Laufleisten niemals durch die ganze Holzstärke der Rückwandsbeistöße geschieht, sondern nur bis zur Hälfte desselben oder ein wenig darüber, so bleibt auf der Rückseite der Kommode die Art dieser Holzverbindung dem Auge des Beschauers vollständig verborgen und diese Annehmlichkeit dürfte der Bevorzugung dieser letzteren Art wohl das Wort reden, zumal dieselbe nicht mehr Mühe als die erstere verursacht. Unschönheiten, die nicht unumgänglich notwendig sind, soll man immer auch an nebensächlichen Stellen wie die Rückwand einer Kommode eine ist, vermeiden.

Noch ist hier ein praktischer Wink zu geben. Wie aus den bisherigen Erörterungen hervorgegangen ist, besteht die Hauptaufgabe des Tischlers darin, dem Holze das größte Maß von Freiheit zu erhalten, damit es im stande ist, sich ausdehnen und zusammenziehen zu können, ohne auch nur die kleinsten Uebelstände hierdurch hervorzurufen. Darin besteht eigentlich die ganze Kunst der Tischlerei.

Diese Freiheit ist der Kommode, wenn sie in der bisher beschriebenen Weise zusammengebaut worden ist, auch wirklich bewahrt geblieben; allein ein einziger Umstand könnte dieselbe fast vollständig wieder über den Haufen werfen und das sind die Laufleisten!

Werden z. B. die vier Laufleisten G' so genau von Längen gemacht, daß sie mit ihrer hinteren Hirnkante vollständig dicht an die Rückwandsbeistöße a' reichen, so ist den Kommodenseiten die Gelegenheit, zusammentrocknen zu können, vollständig abgeschnitten. Da aber die Kraft des Holzes, wie bereits weiter oben gesagt worden ist, durch solche Hindernisse sich niemals in Fesseln legen läßt, sondern lieber das Holz selbst zersprengt oder andere wichtige Bestandteile abtreibt, wie beispielsweise hier die Lisenen (vorn) oder doch die Rückwand, so wird durch diesen Umstand das gute Halten der Kommode oder wie die Sprache der Technik sagt: das Stehen der Kommode sehr stark beeinträchtigt und so könnte es kommen, daß durch eine kleine Unachtsamkeit auch der gewissenhafteste und sorgfältigste Arbeiter um sein gutes Renommee gebracht wird.

Aus diesem Grunde werden daher sämtliche Laufleisten G' etwa um 3 bis 5 mm kürzer geschnitten, als ihre Lichtenlänge eigentlich beträgt. Den Zwischenraum, der hierdurch entsteht, legt man natürlich nach hinten, weil sonst die Laufleiste vorn sich aus der Nut des Laufbodens entfernen könnte, da letztere höchstens 5 bis 6 mm tief gestemmt werden kann; es ist sogar gut, wenn diese Nut und Feder durch den Leim dauernd verbunden wird. Man hat daher nur noch die Vorsicht anzuwenden, daß man durch das Kürzerschneiden der Laufleisten die Länge derselben nicht dergestalt verkürzt, daß die Leiste aus ihrem hinteren Verbande sich loslöst. Der hintere Verband darf folglich auch niemals durch die Hinzuziehung des Leimes befestigt werden, weil derselbe ein beweglicher bleiben muß.

Fig. 3, Taf. XIX.

Die Schubkastenvorderstücke werden häufig durch das Auflegen von einer Verdoppelung verziert, so daß eine Füllung entsteht. Bei solchen Verdoppelungen muß wieder die Vorsicht obwalten, daß durch dieselbe das Vorderstück des Kastens nicht gebunden wird; es muß daher die Verdoppelung dieselbe Holzrichtung erhalten als das Blindholz des Vorderstückes, auch darf kein Langholz auf Zwergholz zu liegen kommen. Deshalb stellt man die Rahmen einer solchen Verdoppelung nur aus Langholz her, und das ist es, woran diese vorliegende Figur wieder erinnern wollte.

Schlußbemerkung.

Aus dem Bisherigen geht wohl zur Genüge hervor, daß die Kommode in Beziehung auf die Art ihres Zusammenbaues ein recht kompliziertes und instruktives Stück Möbel ist, ein Stück Arbeit, welches vom Beginn bis zur Vollendung fortwährend die Aufmerksamkeit des Verfertigers in Anspruch nimmt. Es kommen bei Anfertigung derselben nicht nur die wichtigsten Holzverbindungen, welche die Tischlerei kennt, zur Anwendung, sondern es muß auch vielfach sorgfältig erwogen werden, welche von den praktischsten zugleich die besten sind. Aus dem Grunde wurde die Kommode von jeher gern als Probierstein des Könnens nicht nur von angehenden Gesellen, sondern auch von jungen Meistern gewählt, an welcher sie ihre Tüchtigkeit in der Leistung zum Ausdruck bringen konnten.

Als sicherster Prüfstein für die Güte und Exaktheit der Arbeit gilt vor allem andern der Gang der Kommodenkasten! Ein jeder Kasten muß sich am Schlüssel leicht und gleichmäßig Auf- und Zuschieben lassen, das Vorderstück muß haarscharf dicht im Kommodenkörper sitzen. Ganz besonders gutgehende Kasten geben beim Zuschieben einen pfeifenden Ton von sich, lassen sich auch an einer Seite gleichmäßig zuschieben, und veranlassen beim Zuschieben die übrigen Kasten zum Aufspringen.

Verschiedene Meister haben es sogar soweit getrieben, daß sie den obersten Kasten zu unterst und umgekehrt oder den mittleren in dieser Weise verwechselten und alle Kasten in dieser Verwechselung ihre stetige und gleichmäßige Gangart behielten. Auch verkehrt wurden die Kasten eingesteckt, bald das Vorderstück nach hinten oder den Boden nach oben und doch behielten dieselben ihre leichte und regelmäßige Gangart bei!

Wer eine solche Leistung erreicht, das ist im vollsten Sinne des Wortes ein Meister der Kunst und an ihm wird zur Wahrheit das Sprichwort: „Das Werk lobt seinen Meister!"

Ist denn aber etwa eine derartige Leistung nur das Privilegium einiger weniger vielleicht besonders bevorzugter Arbeiter? Ei beileibe nicht! Denn ein jeder kann dieses Ziel der Vollendung seiner beruflichen Ausbildung erreichen, wenn er nur ernstlich will, wenn er nicht müde wird, täglich und stündlich seine ganze Kraft daran zu setzen auch die kleinste, oft unscheinbarste Arbeit in der korrektesten und vollkommensten Weise herzustellen und so von Stufe zu Stufe in seinem Können höher zu steigen.

Immerhin liegt bei aller Sorgfalt des Ausarbeitens zur Gewinnung eines so außergewöhnlichen Resultates ein kleines Geheimnis vor und dieses ein wenig zu lüften, wollte dieses vorliegende Schlußwort anstreben.

Wer einen solchen musterhaften Gang der Kommodenschubkasten, wie er soeben beschrieben wurde, erreichen will, der hat nicht nur auf die penibelste Genauigkeit in der Ausarbeitung aller Werkstücke seine Aufmerksamkeit zu richten, sondern auch auf das Zureißen derselben, insbesondere auf das Zureißen und Einteilen der Kasten in der Vorderfront der Kommode. Die Kasten müssen sämtlich gleiche Höhe und gleiche Breite haben.

Um den drei Kasten gleiche Breite zu geben, müssen die beiden Laufböden mit dem Boden der Kommode zusammengenommen werden, damit der Lichtenriß bei a und b gemacht werden kann. Alsdann wird der oberste Laufboden auf die Kommodenplatte, oder wenn ein Verdoppelungsrahmen (**Fig. 1A**) vorhanden ist, auf diesen gelegt, um ebenfalls den Lichtenriß bei a" zu machen, nach diesem letzteren werden die Gratnuten eingeschnitten und ausgegrundet.

Um die Kasten von gleicher Höhe zu machen, so daß dieselben verwechselt werden können, baut man den Kommodenkörper zusammen und paßt das Vorderstück des mittelsten Kasten haarscharf ein. Hierauf nimmt man das Vorderstück wieder heraus und setzt es in die Oeffnung des obersten Schubkastens. Ist das Zusammenreißen des Kommodenkörpers genau genommen worden, so wird dieses Vorderstück auch hier seiner Länge nach haarscharf passen. Man hat es aber nun nach vollständig in der Hand, die Höhe des obersten Kastens nach diesem Vorderstück Nr. 2 zu regulieren, indem man die oberste Lisene a b, welche unter der Kommodenplatte resp. unter dem Rahmen zu liegen kommt, nun so einpaßt, daß sie dicht auf das Vorderstück aufliegt. Nach dieser obersten Lisene müssen nun die beiden Kippleisten, welche den Raum zwischen Kommodenplatte und Kasten ausfüllen und letzteren beim Aufziehen vor dem Herunterkippen schützen sollen, ausgearbeitet d. h. von Stärken gemacht werden. Wollte man aus Ersparnis anstatt zwei solcher Kippleisten nur eine machen und diese in die Mitte des Kastens placieren, so darf man nicht glauben, daß dieses für den Gang des Kastens gleichgültig sei, denn der Kasten geht ohne Zweifel besser, wenn er unter zwei Kippleisten läuft, und diese unmittelbar über den Schubkastenseiten sitzen.

Endlich nimmt man das Vorderstück des mittelsten Kastens auch hier wieder heraus und setzt es in den untersten Schubkastenraum ein. Es wird nun auch die unterste Lisene a b auf H so eingepaßt, daß dieselbe dicht unter dem Vorderstück Nr. 2 zu sitzen kommt. Gewöhnlich steht nun die Oberkante der untersten Lisene vor der Oberfläche des Bodens der Kommode etwas vor, und es wird nun dieser Zwischenraum durch kleine Laufleisten, welche man auflegt, ausgefüllt. Werden nun endlich nach diesem Maßnahmen die beiden übrigen Vorderstücke (das unterste und oberste) eingepaßt, so müssen sie ebensogut und scharf in den mittleren Schubkastenraum einpassen. Ist dieses aber der Fall, dann müssen auch die vollständig fertig gestellten Schubkasten selbst, wenn alle ihre einzelnen Teile sorgfältig behandelt worden sind, in einen jeden beliebigen Kastenraum passen.

Ein wichtiges Geschäft ist ferner das Einpassen der Schubkasten. Es gerät dieses am besten, wenn zunächst die Schubkasten ohne Boden in den für einen jeden bestimmten Raum einzeln eingepaßt werden. Man achte hierbei auf die Wirkung eines jeden Hobelstoßes und nehme hierzu ausschließlich die Rauhbank in Gebrauch, weil nur diese allein eine gerade Fläche ermöglicht. Die Schubkastenseiten müssen dabei aber stets beim Abhobeln vollkommen aufliegen, damit sie nicht rund oder hohl werden. Ist die Gangbarkeit der Kasten einigermaßen zufriedenstellend, so wird in einen jeden Kasten der Boden eingeschoben. Man gibt demselben zuerst eine fluchtrechte Vorderkante und richtet die Hirnkanten desselben mit dem Winkelmaße genau in den Winkel. Sind diese Hirnkanten richtig in den Winkel gestoßen, so muß der Schubkastenboden an seiner Vorderkante genau dieselbe Länge erhalten haben als an seiner Hinterkante, wovon man sich stets überzeugen muß bevor man ihn in die Kastenseiten einschiebt. Ist der Boden, welcher meist von halbem Holze gefertigt wird, stärker als die Nut, so muß er zuvor abgefast werden.

Nach dem Einschieben des Bodens hat das Einpassen der Kasten in den Kommodenkörper noch einmal zu erfolgen, wobei es sich herausstellen wird, daß hier und da noch nachgeholfen werden muß.

Ist diese Korrektur vollendet, dann folgt das letzte Geschäft des Einpassens und das ist ein sehr wichtiges, nämlich das Einpassen der Streichleisten.

Man sollte glauben, daß, wenn der Kommodenkörper in allen seinen einzelnen Teilen genau in Winkel gearbeitet und auch genau in den Winkel gerichtet, wenn auch der Schubkastenboden genau winkelrecht gearbeitet worden ist, daß man alsdann die Streichleisten nur brauche genau von Breiten zu machen, um dem Kasten die richtige Führung zu geben. Dieses ist aber nicht so, denn es kommen trotz alledem leicht kleine Verschiebungen vor, deren Beseitigung man nicht in seiner Gewalt hat. Deshalb legt man erst eine, beispielsweise die linke Streichleiste hinein, schiebt den Kasten ein und prüft, ob diese eine Leiste den Kasten so richtet, daß das Vorderstück parallel mit dem Laufboden läuft. Ist dieses nicht der Fall, so hilft man an dieser Streichleiste so lange nach, bis diese Bedingung erfüllt ist. Dasselbe Geschäft wiederholt sich nun mit der rechten Streichleiste, wobei man sich keine Mühe verdrießen lassen darf. Hat man es mit dem Einpassen dieser Streichleisten genau — ich möchte sagen — peinlich genommen, so werden endlich beide Leisten eingelegt und das Endresultat seiner Mühe wird die freudige Wahrnehmung sein, daß man oben genanntes Ziel erreicht hat.

5. Die Holzverbindungen des Ausziehtisches.

Als ein echtes und dabei recht praktisches Familienausstattungsstück ist auch der Ausziehtisch zu nennen. Für beschränkte Räumlichkeiten, welche einer größeren Familie zum Obdach dienen müssen, ist er vermöge seiner Veränderlichkeit in Beziehung auf Größe geradezu unentbehrlich. Für den gewöhnlichen Gebrauch, bei welchem nur die Größe eines gewöhnlichen Tisches gewünscht wird, leistet der Ausziehtisch alle Dienste, die von ihm verlangt werden; kommt es aber darauf an, schnell eine möglichst große Tischfläche herzustellen, so kann durch das Ausziehen seiner „Auszüge" im Nu eine Tischplatte erzeugt werden, welche beinahe noch einmal so lang als vorher ist. Es ist daher der Ausziehtisch wohl ein Gegenstand, der einer Besprechung hierorts wert ist, und wollen wir aus diesem Grunde uns die Einrichtung eines solchen sowie seiner speziell bei ihm vorkommenden Holzverbindungen einmal näher ansehen.

Die Hauptbestandteile eines Ausziehtisches sind folgende:

1. das Tischgestell,
2. die Tischplatte,
3. die beiden Auszüge,
4. die Brücke,
5. die Auszugleisten.

1. Das Tischgestell D.

Das Tischgestell eines Ausziehtisches unterscheidet sich von dem eines gewöhnlichen Tisches nur durch ein weniges. Es hat dasselbe vier, meist vierkantige Füße und vier feste Zargen. Die kurzen Tischzargen haben in der Nähe der Stollen zwei winkelrechte Einklinkungen, in welchen die Auszugleisten laufen sollen. Auch ist der Tischkasten, wenn ein solcher vorhanden ist, gewöhnlich auf einer schmalen Tischseite eingeschnitten und daher kleiner als sonst.

2. Die Tischplatte A.

Die Tischplatte eines Ausziehtisches wird gewöhnlich aus hartem Holze hergestellt. Sie wird niemals aus dem Ganzen gemacht, sondern auf Rahmen zusammengestemmt. Der Rahmen hat meistens ein kurzes Querrahmenstück noch erhalten, in welchem unterwärts die beiden Dübel a, b eingestemmt werden. Größere Tischplatten erhalten auch noch ein langes Rahmenmittelstück, so daß die Platte aus einem viereckigen Rahmen mit einem Kreuze und aus vier Füllungen besteht.

Fig. 4A, Taf. XIX.

Die Tischplatte, welche in vorliegender Figur gezeichnet worden ist, hat nur ein kurzes Rahmenquerstück aufzuweisen, weshalb nur zwei Füllungen entstehen. Letztere werden gewöhnlich von etwas schwächerem Holze ausgeführt, was jedoch keine Bedingung ist. Bei besseren Tischen werden die vier Rahmenstücke wenigstens oberhalb auf Gehrung zusammengestoßen; als Holzverbindung wird dann meist der Schlitz angewendet und zwar in der Gestalt, wie ihn **Fig. 8, Taf. XII**, Seite 151 darstellt. Die Füllungen werden selbstverständlich auf Nut und Feder gearbeitet.

Die beiden Dübel a und b, welche in das Rahmenmittelstück mit einem kurzen Doppelzapfen eingestemmt werden, haben den Zweck, die Tischplatte in ihrer ursprünglichen Lage festzuhalten. Die Platte selbst wird nur durch ihre eigene Schwere auf dem Tischgestelle festgehalten und die beiden Dübel a und b gestatten, daß sie sich heben und senken kann. Letztere müssen deshalb genau winkelrecht in der Tischplatte sitzen.

3. Die Auszüge.

Es braucht wohl kaum darauf aufmerksam gemacht zu werden, daß die beiden Auszüge B von demselben Holze angefertigt werden müssen, als die Hauptplatte besteht. Ferner müssen sie so stark und so breit wie die Hauptplatte sein. Was die Länge der Auszüge betrifft, so richtet sich diese gleichfalls nach der Länge der Tischplatte. Zieht man von der ganzen Länge der Tischplatte die Breite der Brücke ab und halbiert diesen Rest, so erhält man die Länge für einen Auszug. Die Wahl der Holzverbindung dieser beiden Tischteile hängt von der der Hauptplatte ab und ebenso hat die sonstige Ausschmückung derselben sich streng nach der Ausschmückung der Tischplatte zu richten. Deshalb bestehen die beiden Auszüge unseres vorliegenden Beispieles nur aus einem Rahmen und einer Füllung. Der Rahmen ist ebenfalls auf Gehrung zusammengestoßen

Noch einfachere Exemplare ersparen auch die Gehrung und lassen die Rahmenhölzer stumpf zusammenstoßen, wie dies bei jedem schlichten Schlitze der Fall ist. (Siehe **Fig. 4, Taf. XII**, Seite 149.)

Unterhalb der Auszüge werden an einem jeden zwei Auszugleisten befestigt, welche ihnen die Führung und den nötigen Halt geben sollen. Von ihnen soll weiter unten die Rede sein.

4. Die Brücke.

Die Brücke C ist ein wichtiger Bestandteil eines Ausziehtisches, obwohl der Anschein nicht für diese Behauptung zu sprechen scheint. Ist es auch nicht unbedingt nötig, daß sie von hartem Holze angefertigt wird, so muß doch stets ganz trockenes und gesundes Holz dazu verwendet werden. Sie bekommt die Stärke der Tischplatte und etwa 12 bis 15 cm Breite. Dieselbe noch breiter anzulegen, ist nicht ratsam, weil dieses Uebermaß keinen Zweck hat und dazu die Länge der beiden Auszüge noch mehr beeinträchtigt. Die beiden Zapfenlöcher müssen so angeordnet und ausgearbeitet sein, daß die Dübel und folglich auch die ganze Tischplatte sich leicht auf und nieder bewegen läßt. Die Brücke wird auf die schmalen Kanten der langen Tischzargen in deren Mitte aufgeleimt und danach noch durch Holzschrauben gegen etwaiges Abspringen verwahrt.

5. Die Auszugsleisten.

Ein jeder Ausziehtisch hat vier Auszugsleisten. Sie werden meistenteils aus hartem Holze angefertigt, denn sie dürfen nicht allzustark sein und sollen sich doch nicht biegen oder federn.

Die Auszugsleisten werden zuerst auf die Auszüge geleimt und demnach mittels Holzschrauben noch fester mit ihnen verbunden, weil, wenn die Füllungen der Auszüge schwächer als das Rahmenholz sind, nur sehr wenig Bindefläche für sie vorhanden ist. Außerdem haben dieselben großen Widerstand zu leisten, und das sind Gründe genug, sie auf das Sorgfältigste zu befestigen.

Die Anordnung der beiden Auszugsleisten ist in dieser Zeichnung so erfolgt, daß beide Auszüge miteinander verwechselt werden können, so daß der linke Auszug rechts und der rechte Auszug links genommen werden kann. Wird diese Eigenschaft gemeinhin auch nicht verlangt, so wird sie doch gefordert, wenn die Anfertigung eines Ausziehtisches als ein „Prüfungsstück" gelten soll. Man legt zu dem Ende die eine Larve für die Auszugsleiste an das Ende der kurzen Zarge D' so, daß die Leiste am Stollen vorüberstreicht. Die andere Larve aber legt man soweit vom Ende der Zarge, daß eine Leiste zwischen Stollen und Larve noch vollkommen Platz hat. Genau so wird nun auch die zweite kurze Zarge D" eingelart.

Da in **Fig.** 7 dieser Tafel eine genaue Anleitung über die Ausarbeitung dieser Auszugsleisten gegeben werden soll, mögen die bisherigen Angaben genügen.

Fig. 5, Taf. XIX.

Ausziehtische von besserer Qualität müssen auch eine bessere Ausstattung des Tisches erhalten, obwohl an der inneren Einrichtung desselben nichts geändert oder verbessert werden kann, weil diese eben auf feststehenden Prinzipien beruht.

Hat z. B. ein solcher Tisch anstatt der vierkantigen Füße gedrehte erhalten, so fordert es die Ordnung, daß auch die Tischplatte runde Ecken erhält wie es die Grundrißzeichnung **Fig. 5** ausspricht. Läßt man nun diese runden Ecken etwas einspringen, so wird es dadurch möglich, die Hirnkante der Brücke, welche gerade keinen schönen Anblick gewährt, ganz zu verdecken, was wir an der Hand dieser Figur sogleich nachweisen wollen.

Denken wir uns einmal die Hauptplatte abgehoben und entfernt, den linken Auszug aber ausgezogen, so bietet sich uns ein Anblick dar, wie ihn die **Fig. 5** darstellt.

Würden die Auszüge an ihrer Innenkante winkelrecht gearbeitet, wie dieses bei den Auszügen des vorigen Beispieles angenommen worden ist (**Fig. 4, Taf. XIX**), so würde zwischen den letzteren und der Hauptplatte eine Lücke entstehen, die sehr störend sein würde. Um diese Lücke in Wegfall zu bringen, gibt man den Rahmenstücken der Auszüge bei a dieselbe Schweifung wie an den Ecken und auch in derselben Richtung. Beide Auszüge berühren sich, wenn sie eingeschoben worden sind, in dem Punkte b und es entsteht zwischen ihnen ein Raum, welcher groß genug ist, die Brücke hier unterzubringen. Man hat nur noch nötig, der letzteren an ihren Hirnkanten die passende Schweifung zu geben, nämlich einen Halbkreis.

Macht auch eine solche Abänderung einwenig Mühe, so ist sie doch eine wesentliche Verbesserung und trägt ungemein viel zur Verschönerung des Tisches bei, darum soll sie angelegentlichst empfohlen sein.

Auch die Tischplatte selbst hat eine Verschönerung, indem sie ein Kreuz und infolgedessen vier Füllungen erhalten hat. Wie die Zeichnung angibt, sind die Holzjahre der Füllungen so gelegt worden, daß sie mit dem Rahmenholze einen schiefen Winkel bilden.

Das Rahmenholz ist auf Gehrung zusammengestoßen und deshalb mußte auch das Rahmenmittelstück der Auszüge an beiden Enden zwei Gehrungen erhalten.

Die eben erwähnte Einrichtung, daß beide Auszüge miteinander verwechselt werden können, ist auch in diesem Beispiele beibehalten worden und kann hier die gegenseitige Lage der Auszugsleisten mit ziemlicher Deutlichkeit ersehen werden.

Die Anordnung der Zapfen ab ist hier so getroffen worden, daß dieselben an der Innenseite der Auszugleisten vorübergehen, wodurch sie einander ziemlich nahe kommen. Ist dieses letztere auch gerade kein großer Fehler, so ist es doch besser, wenn die Zapfen so angebracht werden, daß sie sich zwischen der Außenseite der Leisten und den langen Tischzargen befinden. Die Zapfen rücken alsdann weiter auseinander und vermögen besser die Tischplatte zu dirigieren. (Siehe die punktierten Linien, welche die Zapfenlöcher andeuten wollen.)

Auf die Beschaffenheit der Zapfenlöcher kommt sehr viel an und ist es ihnen in den meisten Fällen allein zuzuschreiben, wenn Unregelmäßigkeiten in der Lage der Tischplatte vorkommen oder wenn sich dieselbe zwängt und deshalb das Ausziehen der Auszüge erschwert.

Sollen solche Fehler nicht entstehen, so muß vor allem dafür gesorgt werden, daß die Langseiten der Zapfenlöcher parallel zu den Langseiten der Zargen stehen und es dürfen die Zapfen weder zu dick noch zu schwach sein. Weil aber die beiden Auszüge nicht gleichzeitig sondern meist einer nach dem anderen ausgezogen werden, so wird auch die Tischplatte nicht auf beiden Seiten zugleich, sondern immer nur einseitig gehoben. Die Zapfen a und b werden daher auch fast niemals senkrecht gehoben, sondern in der Richtung eines einarmigen Hebels also in der Richtung einer kurzen Kreislinie. Darauf ist beim Anfertigen der beiden Zapfenlöcher Rücksicht zu nehmen, indem man dieselben an der untern Seite der Brücke etwas breiter macht, während sie an der oberen Fläche der Brücke genau dieselbe Breite erhalten als die Zapfen. Wird diesem Rate Folge gegeben, so wird man jeglichem Zwängen aus dem Wege gehen und die Auszüge werden sich leicht aus- und einziehen lassen.

Fig. 6, Taf. XIX.

Die **Fig. 6** liefert zu der **Fig. 5** den passenden Aufriß.

Die Hauptplatte, welche wir uns in voriger Figur hinweggenommen dachten, ist hier in ihrer angewiesenen Stelle verblieben; der linke Auszug ist ausgezogen worden und es bilden die Oberflächen der beiden Platten eine gerade Linie. Der rechte Auszug liegt noch unter der Hauptplatte.

Gleichzeitig ersehen wir aus dieser Zeichnung die Funktion der Auszugsleisten.

Infolge ihrer eigentümlichen Konstruktion ersehen wir die Lage des linken Auszugs nicht allein in horizontaler, sondern auch in vertikaler Richtung verändert. Denn so lange derselbe nicht herausgezogen wird, liegt er unmittelbar auf der Oberkante des Tischgestelles, wie wir es an dem rechten Auszuge deutlich sehen. Wird er aber herausgezogen, so steigt er allmählich höher und zwar um so viel als die Stärke der Tischplatte (also auch seine eigene) beträgt.

Aus dieser Kalkulation ergibt sich denn auch ganz von selbst die eigenartige Konstruktion dieser Auszugsleisten, die wir in folgender Figur durch Zeichnung uns veranschaulichen wollen.

Fig. 7, Taf. XIX.

Wir zeichnen zunächst ein Rechteck und nehmen hierzu als Länge die äußere Länge des Tischgestelles, als Höhe aber etwa die doppelte Stärke der Tischplatte. Wir halbieren hierauf die Seite a b oder c d in f und fassen die einfache Stärke der Tischplatte in den Zirkel. Diese tragen wir auf der kurzen Seite a c von unten nach oben, also von a nach g, auf der Seite b d aber von oben nach unten, also von d nach h ab. Verbinden wir nun g und f sowie h und f' durch gerade Linien, so ist die Grundform für die Auszugsleisten gegeben.

Es ist nun in einem Ende derselben ein Haken zu formieren, welcher als Griff zu dienen hat und vor der kurzen Zarge hervorragen muß.

Damit nun der Auszug nicht allzuweit herausgezogen werden kann, wird ein Anschlagszapfen in die Unterkante der Auszugsleiste eingestemmt. Die Stelle, wo dieser sitzen muß wird am besten durch Vorreißen gefunden, wenn das Ausziehen stattgefunden hat. (Siehe bei f.)

6. Die Holzverbindungen des Schrankes*).

Der Schrank ist insofern ein praktisches Möbel, als er eine vorteilhafte Ausnutzung des Zimmerraumes gestattet. In Hinsicht seiner Bodenfläche nimmt er nicht mehr Raum in Anspruch als eine Kommode und kann überall stehen, wo eine Kommode Platz findet. Dabei ist er aber bedeutend höher als diese und nutzt demnach den Raum, welchen die Wand darbietet, besser aus als sie. Wohl in den meisten Fällen wird dem Schranke in seinem unteren Teile ein, oft auch zwei Schubkasten beigegeben, während in dem oberen Teile im Innern des Schrankes ein Unterschied in horizontaler Richtung eingeschoben wird. Hierdurch wird der innere Raum des Schrankes noch vorteilhafter ausgenutzt und sozusagen mit ihm ein kleiner Teil einer Kommode verbunden.

Trotz dieser guten Eigenschaften genießt der Schrank nicht die allgemeine Beliebtheit im Publikum als wir dieses von der Kommode behaupten durften. Er wird daher auch nur in geringerer Ausstattung ausgeführt; die meisten Schränke werden aus einheimischem Holze gefertigt, gebeizt und lackiert, während man nur in sehr seltenen Fällen zur Politur greift, um seine Außenseiten zu verfeinern. Schränke, welche furniert und poliert worden sind, gehören zu den Seltenheiten, weil ihm niemand ein bescheidenes Plätzchen in seinem Wohnzimmer gönnen will. Dagegen muß es sich der Schrank schon gefallen lassen, in eine Ecke einer Kammer oder eines Vorsaales 2c. gestellt zu werden, weil man eben dieselbe zu nichts besserem zu benutzen zu können vermeint.

Die Bearbeitung eines Schrankes ist eine ziemlich einfache, wenn auch nicht durchweg konstante, denn es treten in der Art und Weise des Zusammenbauens doch auch wesentliche Verschiedenheiten auf. Je nach der Art der innern Einrichtung richtet sich auch die Benutzung des Schrankes und bezeichnet ihn deshalb als einen Kleiderschrank, Wäscheschrank, Speiseschrank und dergl. Wird ihm aber eine feinere Bearbeitung zu teil, so daß er einen Platz im Wohnzimmer angewiesen bekommt, so belegt man ihn mit dem feinern Ausdruck Spinde z. B. Bücherspinde, Silberspinde u. s. w.

In Beziehung auf die äußere Einrichtung unterscheidet man einthürige und zweithürige Schränke, ferner auch feste Schränke und zerlegbare. Letztere werden gewöhnlich in größeren Dimensionen ausgeführt, weil man infolge der Zerlegbarkeit nicht mehr zu fürchten hat, daß enge Treppen ihren Transport erschweren oder wohl ganz verhindern, wie es wohl hier und da vorkommen mag.

In diesem eben genannten Umstande mag wohl die Voreingenommenheit gegen den Schrank zumeist beruhen.

---

*) In südlichen Ländern wird der Schrank gewöhnlich mit dem Ausdruck „Schrein" bezeichnet und der Verfertiger sowie das ganze Gewerbe daher Schreiner genannt, während die nördlichen Länder diesem Gewerbe den Tisch zum Paten gegeben haben und ihn lieber Tischler nennen.

Fig. 1, Taf. XX.

Wir haben hier einen Kleiderschrank der gewöhnlichsten Art vor uns, es ist aber nur die linke Hälfte von demselben gezeichnet worden aus Gründen, die leicht einzusehen sind.

Die linke Seite, welche des Raumes wegen in ihrer Länge verkürzt zur Darstellung gekommen ist, zeigt oben und unten Zinken. Die obere Hirnkante ist durchgezinkt, die untere aber halbverdeckt, um daselbst eine kleine Sockelplatte zu ersparen. An der oberen Hirnkante sind deshalb ganze Zinken angewandt, weil auch der simpelste Schrank oben durch ein Gesims abgeschlossen werden muß, welches die Zinkerei verdeckt. Wird aber das Gesims so angebracht, daß über demselben noch 4 bis 5 cm von den Seiten sichtbar bleiben, was bei besseren Schränken, welche durch ein geschweiftes Gesims verziert werden, meistenteils geschieht, so müssen auch oben halbverdeckte Zinken angewandt werden, was eigentlich selbstverständlich ist.

Wird aber der Schrank unten durch das Aufleimen einer Sockelplatte verziert, welches sehr wenig Arbeit und nicht viel Holz in Anspruch nimmt, dem Schranke aber eine wesentliche Verschönerung verleiht, so kann der Schrankboden D ebenfalls durchgezinkt werden. Für diesen Fall wird es allgemein vorgezogen, die Zinken nicht an die Seiten, sondern an den Boden zu bringen.

Denn wohl niemals werden die Seiten eines Schrankes einen Druck auszuhalten haben, der sie seitwärts abzwängen möchte, wohl aber hat der Boden des Schrankes ziemlich oft einen Druck nach unten auszuhalten. Befinden sich nun die Zinken an den Schrankseiten, so kann der Boden diesem Drucke nach unten viel weniger widerstehen als wenn das Umgekehrte der Fall ist; er wird sich deshalb viel leichter aus dem Zinkenverbande lösen.

Nicht gilt dieses vom Deckel C und deshalb sind die Zinken an der Seite an ihrem richtigen Platze.

Die Vorderfront des Schrankes wird abgesehen von der Thür aus vier Beistößen gebildet. A ist der linke und F der obere Beistoß. Beide sind durch einen eingestemmten Zapfen mit Feder verbunden, wie es der Anschein lehrt. (Siehe **Fig. 7** und **8**, **Taf. XIII**, Seite 155 und 156.)

An dem unteren Ende des Beistoßes A ist ein solcher Zapfenverband nicht angedeutet worden, es ist daher der Vermutung Raum gegeben, daß der Kleiderschrank unten einen Kasten erhalten soll. Der untere Beistoß wird alsdann zum Vorderstück des Kastens verwendet und steht also stumpf zwischen den beiden Seitenbeistößen A.

Die Beistöße werden in der Regel auf die Schrankseiten nicht an dieselben geleimt, weil in letzterem Falle die Fuge nach vorn also „in das Gesicht" fallen würde, was schlechterdings vermieden werden muß. Was aber die Breite der Beistöße anbetrifft, so werden sie gewöhnlich breiter angelegt, wenn der Schrank nur eine Thür erhalten soll, dagegen aber wohl nur halb so breit, wenn es ein zweithüriger werden soll. Der obere und untere Beistoß nimmt an dieser Veränderung der Breite indessen weniger Anteil, denn werden diese schmäler, so müssen die Thüren höher werden; hohe Thüren sind aber dem Verziehen mehr ausgesetzt als weniger hohe und ist es daher von Vorteil, die horizontalen Beistöße breiter zu machen.

Ferner gilt als Regel, daß unterhalb des Kranzgesimses noch ein der ganzen Höhe des Schrankes entsprechender Raum übrig bleibt, bevor die Thür resp. Thüren beginnen.

Die Rückwand des Schrankes ist in ganz derselben Weise herzustellen wie wir dieses bei der Kommode kennen lernten. Sie besteht aus einem Rahmen und aus einer Füllung.

Der Rückwandsrahmen besteht jedoch nur aus drei Teilen, aus den beiden Beistößen B und dem oberen Rückwandsbeistoß G. Sie werden zusammengeschlitzt; besser ist es aber, dieselben zusammenzustemmen, weil hierdurch die Festigkeit des Schrankes und die Widerstandskraft desselben gegen seitlichen Druck wesentlich erhöht wird. Die Beistöße B werden breiter angelegt, wenn die Rückwand nur eine Füllung erhält, dagegen schmäler, wenn zwei Füllungen angewendet werden. In diesem Falle muß der Rückwandsrahmen noch einen mittleren Beistoß erhalten.

Die Füllung wird wie gewöhnlich aus halbem Holze angefertigt und an den Seiten abgefast.

Soll der Schrank einen Schubkasten erhalten, so muß über demselben ein Boden oder Unterschied angebracht werden, unter welchem der Kasten laufen kann. Wir sehen diesen Boden in der Figur E dargestellt. Es gereicht zum Vorteil, wenn ein solcher Boden, wie hier angenommen worden ist, auf den Grat eingeschoben wird und nicht etwa auf eine Leiste nur eingelegt, denn ein solcher Gratverband gibt dem Schranke eine weit höhere Festigkeit als ein bloßes Einlegen des Bodens, welches jeder Bindekraft ledig ist.

Die Lichtenlänge des Bodens E ist ganz dieselbe wie die Lichten=
länge des Bodens D oder Deckels C.

Einigermaßen Vorsicht erfordert das Ausklinken des Bodens E. Dasselbe hat auf vier Seiten zu geschehen, nämlich vorn links und rechts für die vorderen Beistöße A und hinten links und rechts für die Rück=
wandsbeistöße B.

Die vorderen Beistöße A werden nach ihrer ganzen Holzstärke ab ausgeklinkt, also a'b' die hinteren Beistöße aber nur bis zur vorderen Kante der Nut, also etwa $\frac{1}{3}$ der Holzstärke derselben. Vorsicht verlangt auch das Absetzen in der Breite. Wird zuviel ausgeklinkt, so entstehen Undichten zwischen den Beistößen und dem Boden, welche sehr störend ins Auge fallen. Eigensinnige Arbeiter machen deshalb, um solche Feh=
ler zu verhüten, in den Boden bevor der Schrank zusammengebaut wird, nur den Längenschnitt bei b' und setzen das Stück bei a' erst dann ab, wenn der Schrank schon zusammengebaut ist; man kann sich alsdann durch das Auflegen des betreffenden Beistoßes die richtige Breite des auszu=
klinkenden Stückes vorreißen.

Dasselbe gilt auch vom Schrankboden D.

Die Schrankthür, welche in unserer Zeichnung gänzlich fehlt, besteht gewöhnlich nur aus einem Rahmen und aus einer Füllung.

Der Thürrahmen wird entweder zusammengeschlitzt **Fig. 9, Taf. XII**, Seite 151, oder zusammengestemmt. An den Lichtenkanten bekommen alle vier Rahmenstücke eine Nut oder auch einen Falz und nach vorn eine Fase oder einen kleinen Kehlstoß, worauf beim Absetzen des Zapfens zu achten ist, wenn nicht Fehler entstehen sollen.

Die Füllung wird meist aus schwachem Holze angefertigt und an den vier Seiten abgefast. Bessere Füllungen werden mit der Plattbank abgeplattet und damit ein besseres Aussehen erzielt. Wird eine Füllung beim Zusammenbauen des Thürrahmens gleich mit hineingesetzt, so nennt man sie eine eingesteckte Füllung; wird sie aber erst nachträglich eingesetzt, nachdem der Rahmen schon fertig ist, so ist sie eine eingelegte.

Bei Schränken gewöhnlicher Art wird die Schrankthür ausnahmslos überfälzt. Sie muß deshalb ringsum etwa 5 bis 6 mm größer gemacht werden, als das Thürloch verlangt.

Das übrige Holz wird alsdann bis auf $1/3$ der Rahmenholzstärke nach hinten abgefalzt und damit ringsum der Thür einen Anschlag gegeben; nach vorn wird der Thürrahmen abgerundet oder abgekehlt.

Das Anschlagen einer solchen Thür kann lediglich nur durch Fischbänder erfolgen, über welche bei den **Fig. 17 bis 20, Taf. XV**, Seite 175 und 176 das Nötige gesagt worden ist.

Als Schloß wird fast stets das unschöne Kastenschloß gewählt.

Fig. 2, Taf. XX.

Soll ein Schrank größere Raumverhältnisse erhalten, so ist es am besten, ihn so einzurichten, daß er auseinander genommen werden kann. Ein solcher Schrank besteht alsdann aus folgenden fünf Hauptteilen:

1. Unterteil,
2. Oberteil oder Kranz,
2. den beiden Seiten,
4. der Thür und
5. der Rückwand.

Sämtliche genannten Teile bilden für sich ein Ganzes und machen in ihrer Zusammensetzung den Schrank aus.

1. Der Unterteil.

Der Unterteil A oder auch Fußteil, Fußstück genannt, besteht aus einer zusammengezinkten Zarge, in deren Vorderfront sich gewöhnlich der Schubkasten befindet. Die Hinterzarge b ist mit den Seitenzargen halb verdeckt, die Vorderzarge aber ganz verdeckt, also auf Gehrung gezinkt. Auf der oberen Kante ist eine Nut eingehobelt, in welcher die Seiten und die Rückwand mit einer Feder einsetzen.

Der Boden c dieses Teiles, welcher gewöhnlich eingefalzt oder auf Nut und Feder gearbeitet wird, dient zugleich als Laufboden für den Schubkasten, die Streichleisten a werden nur mittels Stiften aufgeheftet.

Die Decke von diesem Schrankteile macht etwas mehr Mühe. Die kurzen Seitenzargen müssen oben eine starke Leiste erhalten, durch welche der Kloben, welcher zur Befestigung der Schrankseiten dient, hindurchgehen muß, um unterseits durch einen Keil angezogen zu werden. Auch vorn wird eine starke und ziemlich breite Leiste eingearbeitet, unter welcher der Schubkasten sitzt. Zwischen diesen drei Leisten und der Hinterzarge b hat sich die eigentliche Decke auf Nut und Feder einzufügen.

Bei sehr großen Schränken ist es ratsam, den Schubkasten in seiner Länge durch einen Unterschied zu teilen und aus ihm zwei gesonderte

Kästen zu machen, weil sehr lange oder eigentlich breite Schubkasten keinen guten Gang erhalten.

2. Der Oberteil.

Der Oberteil B oder Kranz des Schrankes ist einfacherer Natur, weil er keinen Schubkasten erhält. Er besteht ebenfalls aus vier Zargen, von denen die Vorderzarge durchgehend ist und nicht unterbrochen wie im Unterteile.

Die Verbände sind dieselben wie in vorigem, denn die Vorderzarge wird ganz verdeckt, die Hinterzarge nur halbverdeckt gezinkt. Hinter- und Seitenzarge erhalten ebenfalls eine Nut, die Vorderzarge nur eine kurze an beiden Enden. Letztere aber muß durch Anleimen einer Leiste eine Verstärkung bekommen, damit die Schrankthüren einen Anschlag erhalten. Auch die Seitenzargen haben hier eine angeleimte Leiste erhalten, welche hier aber den Zweck hat, den Verband des Kranzes mit den Schrank= seiten herzustellen, wie weiter unten ausführlicher erklärt wird.

Die eigentliche Decke des Schrankes sitzt ringsum in einem Falze oder, wenn er aus schwachem Holze angefertigt worden ist, in einer Nut.

3. Die Seiten des Schrankes.

Die Seitenteile eines solchen Schrankes bestehen aus den eigentlichen Schrankseiten und den beiden Beistößen (vorderer Beistoß und Rückwands= beistoß), welche an diese fest geleimt worden sind. Sie erhalten an der oberen wie auch an der unteren Hirnkante eine fortlaufende Feder, mit welcher sie sich in die entsprechenden Nuten des Kranzes und des Unter= teiles setzen, damit sie nach keiner Seite hin ausweichen können.

Um der Zerbrechlichkeit dieser Schrankseiten im losen Zustande zu steuern, müssen auf der inneren Fläche derselben oben und unten Lang= holzleisten angebracht werden und werden diese zugleich dazu benutzt, den Verband der Seiten mit Ober= und Untersatz herzustellen. In unserer Zeichnung sind zwei Arten eines solchen Verbandes veranschaulicht worden.

An dem untern Ende der Schrankseiten sehen wir eine ziemlich starke Leiste angeleimt, welche in ihrer Mitte ein viereckiges Loch erhalten hat, durch welches ein eigenartiger Kloben (**Fig. 6, Taf. XX**) eingeführt wird. Der Kloben, welcher oben einen abgesetzten Kopf und unten einen Keil durch den Hals erhalten hat, dient dazu, beide Teile durch Anziehen des Keiles fest aneinander zu ziehen.

An dem oberen Ende der Schrankseite sehen wir eine schwächere, etwa 5 bis 8 mm starke Leiste befestigt. Sie ist hinten schmäler als vorn und ihre Unterkante ist unter sich gehobelt, sie wird nur aus hartem Holze genommen. Eine ebensolche Leiste sehen wir im Kranze befestigt. Wird nun über beide Leisten hinweg, nachdem Schrankseite und Kranz ihre vor= geschriebene Lage eingenommen haben, eine sogenannte Knagge in Gestalt der **Fig. 5, Taf. XX**, geschoben, so wird hierdurch eine tadellos feste Vereinigung dieser beiden Hauptteile des Schrankes hergestellt.

4. Die Thüren.

Ein Schrank, welcher zum Auseinandernehmen gearbeitet wird, er= hält immer zwei Thüren. Ihre Rahmen werden zusammengeschlitzt oder gestemmt, wie wir es bei dem einthürigen Schranke auch schon vorfanden. Weil es aber zwei Thüren sind, muß die rechte Thür eine Anschlagleiste erhalten, damit die Fuge zwischen ihnen verdeckt wird. Will man das Eindringen des Staubes in das Innere des Schrankes möglichst erschweren, so kann man auch der linken Thür eine Schlagleiste geben; natürlich wird diese letztere auf der Innenseite der Thür, jene erstere aber auf der Außenseite derselben befestigt und entweder flach abgerundet oder abgekehlt.

Das Anschlagen dieser Thüren geschieht mittels Zapfenband, wie es gelegentlich der **Fig. 14, 15, 16, Taf. XV**, Seite 173, beschrieben worden ist.

5. Die Rückwand.

Die Rückwand eines zusammenlegbaren Schrankes besteht immer aus drei Teilen, aus zwei Rückwandsfüllungen und aus einem mittleren Rückwandsbeistoße. Sie sitzen ringsum in Nuten; der Rückwandsbeistoß erhält an seinen Hirnkanten deshalb eine kleine Feder und an den Langkanten eine Nut.

Die Teile 4 und 5 sind in unserer Figur nicht mit gezeichnet worden.

Fig. 3, Taf. XX.

Die Amerikaner haben für auseinandernehmbare Schränke noch eine andere Art des Zusammenarbeitens und diese will uns die **Fig. 3** dieser Tafel jetzt kennen lehren.

Der Kranz A hat ziemlich noch dieselbe Beschaffenheit als in der vorausgegangenen Figur. Die vier Zargen werden ebenfalls zusammengezinkt, auch sitzt der Deckel entweder in einem Falze oder wie hier angegeben worden ist, in einer Nut. Die kurzen Seiten des Kranzes haben aber an den Kanten, mit welchen sie an die Schrankseiten treten, eine ziemlich starke Leiste angeleimt erhalten. In dieser Leiste sitzen zwei Dübel 1, 2, und in ihrer Mitte ist ein größeres Loch a eingebohrt worden, welches zur Aufnahme einer eisernen Kopfschraube dienen soll. Die Hinterzarge bekommt eine Nut für den mittleren Rückwandsbeistoß sowie für die beiden Rückwandsfüllungen. Figur C ist der mittlere Rückwandsbeistoß, welcher sich mit einer kleinen Feder an den beiden Hirnkanten in die eben erwähnte Nut setzt.

Das, worin diese Art der Schrankverbindung von der deutschen Art abweicht, tritt uns in der Figur B, welche die obere Hälfte der linken Schrankseite darstellt, entgegen.

Es wird nämlich aus dem vorderen Beistoße b, dem Rückwandsbeistoße d und aus den kurzen Leisten c, c ein Rahmen zusammengezinkt und auf der Außenseite desselben die Schrankseite selbst aufgeleimt. Eine solche Seite steht sehr gut und biegt sich nicht so leicht; freilich muß man sich darüber vergewissern, ob das Holz eine genügende Trockenheit besitzt, um es derartig binden zu können. Auch schwächeres Holz läßt sich hier mit Vorteil verwenden, doch muß der Rahmen aus reichlich starkem Holze hergestellt werden.

14*

Die oberen und unteren Rahmenhölzer c erhalten ebenfalls drei Löcher eingebohrt, die kleineren 1', 2', welche zur Aufnahme der beiden Dübel dienen und das größere a', durch welches die eiserne Schraube geführt wird. Unterhalb dieses Rahmenholzes wird die Schraubenmutter entweder eingestemmt oder in ein Stück Holz eingelarvt, welches alsdann hier untergeleimt wird. Das Einsetzen und Anziehen dieser Schrauben erfolgt erst dann, wenn der ganze Schrank fertig zusammengestellt und die Thüren eingesetzt worden sind.

Die Thüren zu diesem Schranke unterliegen ganz derselben Bauart als die vorigen.

In **Fig. 3B** sehen wir nur noch die Andeutung einer sehr zweckmäßigen Einrichtung für solche leicht transportable Schränke: es ist die Zahnleiste mit zwei Streben.

Soll nämlich der Schrank ausschließlich zur Aufbewahrung von Wäsche dienen, so muß derselbe durch horizontale Unterschiede in mehere Fächer eingeteilt werden. Da ein fester Verband durch Grateinschiebung der Unterschiede hier nicht ausführbar, besonders aber auch nicht notwendig ist, so greift man zur Zahnleiste. Eine jede Seite bekommt deren zwei und soviel Streben, als der Schrank Einlageböden erhalten soll. Eine solche Einrichtung gewährt den schätzenswerten Vorteil, daß man sich die einzelnen Fächer ganz nach seinem Belieben groß oder klein herstellen kann.

Fig. 4, Taf. XX.

Es sind hier die Details eines Untersatzes von einem zerlegbaren Schranke noch einmal gezeichnet worden lediglich zu dem Zwecke, die Verbindungen der einzelnen, zugehörigen Teile zur Anschauung zu bringen.

Das kurze Stück der Vorderzarge, welches noch keine Zinken erhalten hat, soll hier durchgezinkt werden und die Zinken sollen schließlich durch eine aufgeleimte Platte, welche zugleich den Vorsprung des Untersatzes vor dem Beistoße der Schrankseite ausmacht, verdeckt werden. Immerhin bleiben die Zinken an der Seite doch sichtbar und verunzieren die Arbeit. Ferner sehen wir an Stelle des Bodens (wie in **Figur 2A**) hier nur eine Leiste eingearbeitet. Es soll demnach dieser Boden ganz und gar erspart werden.

Ob ein solches Verfahren wirklich eine Ersparnis ist, bleibt mehr als fraglich, denn es müssen dem Schubkasten dafür Laufleisten untergelegt werden, deren Bearbeitung und Befestigung gewiß soviel Zeit in Anspruch nimmt, als das ersparte Holz des Bodens ausmacht. Als ein bleibender Nachteil, der gewiß fortwährend von dem Abnehmer getadelt werden wird, bleibt stehen, daß der Staub seinen bequemen Einzug in das Innere des Kastens nehmen kann. Solche Ersparnisse sind schlechterdings keine Ersparnisse und können obendrein noch empfindliche Einbußen im Gefolge haben. Denn wenn der Abnehmer oder Kunde die Wahrnehmung machen muß, daß seine Sachen, die er, um sie vor Staub zu schützen in Verschluß bringt, doch nicht diesen Schutz darin finden, so muß notwendigerweise das Renommee des Verfertigers darunter leiden. Selbst bei Kommoden ist eine solche tadelnswerte Ersparnis anzutreffen, ein Zeichen davon, wie leicht man es mit seinem guten Rufe in dieser

Beziehung oft nimmt. Spare wo du kannst, aber nur nicht am unrechten Orte! Das laß auch hier dir gesagt sein.

Fig. 5, Taf. XX.

Wir sehen hier eine Knagge abgebildet, welche dazu dient, zwei verschiedene Teile eines Schrankes zusammenzuhalten, der Raum, welcher hier gratförmig ausgeklinkt ist, wird von zwei Leisten ausgefüllt, von denen die eine an dem oberen die andere am unteren Schrankteile befestigt worden ist. Knagge und Leisten werden bei jeder soliden Arbeit von hartem Holze, am besten von Eiche hergestellt. Die Knagge darf nicht zu schwach sein, damit sie sich beim Antreiben durch den Hammer nicht biegt.

Fig. 6, Taf. XX.

Diese Figur bringt das Bild eines Klobens. Der Kopf desselben ist hier an drei Seiten abgesetzt worden, es trägt dieses Verfahren viel dazu bei, das Abspringen der vorstehenden Teile des Kopfes zu verhüten, welches nur allzuhäufig der Fall ist, wenn das Absetzen nur auf zwei Seiten geschieht. Der Hals des Klobens darf aber nicht durch das Absetzen zu schwach werden, weil das Loch für den Keil hier durchgestemmt werden muß. Es kann sich daher sehr leicht ereignen, daß beim Anziehen des Keiles der Hals am Loche aufspringt. Auch darf das Holz unterhalb des Keiles nicht zu kurz abgeschnitten werden, welches ebenfalls das Aufplatzen begünstigt.

Fig. 7, Taf. XX.

Wir lernen hier die Beschaffenheit einer eisernen Schraube kennen, welche zum Zusammenziehen und Festhalten der zusammengehörigen Schrankteile dient. Dem Schraubenkopfe wird am besten eine Blechscheibe untergelegt, damit derselbe sich nicht in das Holz eindrückt und nach und nach den Verband lockert. Um diese Schraube ohne Schlüssel anziehen zu können ist in den Kopf derselben ein durchgehendes Loch eingebohrt worden. Die länglich viereckige Schraubenmutter am unteren Ende derselben wird in das Holz der Verbandsleiste befestigt, in der Weise wie es oben beschrieben worden ist.

7. Die Holzverbindungen der Thür.

So verschiedenartig auch sonst die Thüren sein mögen, so sind sie doch in Beziehung auf die Art ihrer Zusammenfügung ziemlich gleich oder ähnlich. Ueberhaupt kann die Thür nur auf zweierlei Weise zusammengearbeitet werden; entweder sie wird zusammengeschlitzt oder zusammengestemmt. Kleinere Thüren wie z. B. Küchenschrankthüren, Thüren an Bücherspinden, Spiegelspinden 2c. werden in der Regel nur zusammengeschlitzt, weil dieser Verband nicht nur ausreichende, sondern oft noch größere Festigkeit bietet als ein gestemmter Zapfen. Das Rahmenholz zu solchen Thüren kann oft nur eine geringe Breite und deshalb auch nur eine verhältnismäßig geringe Stärke erhalten. Wollte man bei einem so schmalen Rahmenholze dennoch einen eingestemmten Zapfen anbringen, so würde dieser so schmal werden, daß er sehr leicht abbrechen könnte; anderseits aber kann das Holz, welches hinter dem Zapfenloche stehen bleiben muß, nur so schmal angelegt werden, daß es häufig noch während der Bearbeitung und während des Einpassens ausspringen wird. Ein solcher Verband hält dann weit weniger gut als ein geschlitzter Rahmen; der Schlitz ist bei dem schmalsten Rahmen noch verwendbar.

Größere Thüren aber und besonders solche, welche dem Einflusse des Wetters ausgesetzt sind, werden nur zusammengestemmt, und müßte es als eine grenzenlose Fahrlässigkeit bezeichnet werden, wenn dieser Regel entgegengehandelt würde. Deshalb werden sämtliche Thüren an einem Hause nur auf diese letztere Art zusammengearbeitet.

Das Gesetz der Ebenmäßigkeit und Schönheit verlangt es, daß die Breite des Rahmenholzes zur ganzen Thür in einem günstigen Verhältnisse steht und es ist nach dieser Richtung hin besonders die Breite der Thür maßgebend geworden. Man nimmt als Breite für die aufrechtstehenden, langen Thürschenkel gewöhnlich ein Fünftel oder Sechstel der ganzen Thürbreite an. Macht man die Schenkel breiter, so erhält die Thür ein etwas plumpes Aussehen; macht man sie aber schmäler, so werden sie zum Verräter, denn es ist ihnen anzusehen, daß der Verfertiger mit dem Holze hat kargen wollen.

Nur bei Bücher- und Silberspinden erleidet diese Regel eine Ausnahme, weil das Rahmenholz solcher Thüren sehr viel schmäler angelegt wird, aus den Grunde, den Einblick in das Innere dieser Schränke durch breite Thürschenkel nicht zu beeinträchtigen.

Daß zu den Schenkeln einer Thür nur schlichtgewachsenes, gesundes und nicht zu ästiges Holz von genügender Trockenheit genommen werden darf, ist eine alte Regel, die sich eigentlich von selbst versteht, dennoch aber vielfach leichtfertigerweise außer acht gelassen wird, daher schreiben sich auch alle die häßlichen Fehler als z. B. undichte Fugen in den Verbindungen, nachgetrocknete Füllungen, oder windschief gewordene Thüren, welche keinen ordnungsmäßigen Verschluß mit dem Thürfutter bilden u. dergl. m.

Fig. 1, Taf. XXI.

Wir haben in dieser Figur den einfachsten Thürverband vor uns. Der Thürrahmen ist zusammengeschlitzt, an der vorderen Seite ist eine Fase angestoßen worden, während die hintere Kante winkelrecht geblieben ist. Hiernach richtet sich das Absetzen des Zapfenstückes. Es ist Usus geworden, immer dem aufrechtstehenden Thürschenkel den Schlitz und dem quer- oder horizontallaufenden Schenkel den Zapfen zu geben, damit die senkrechten Linien des Schenkels bis an das Ende desselben reichen.

Die Füllung, von welcher wir nur die untere, linke Ecke zu sehen bekommen, ist durch Abplatten mit der Plattbank an ihren Kanten so schwach gehobelt worden, daß die letzteren gut, d. h. nicht zu lose und nicht zu steif in die eingeschobene Nut der Schenkel passen. Die Nut darf niemals stärker als $1/3$ der Rahmenholzstärke werden, viel eher kann sie schwächer als $1/3$ oder $1/4$ der Rahmenholzstärke sein. An ihrer Hinterfläche ist sie glatt geblieben, sie ist demnach nur von einer Seite abgeplattet worden, wie es im allgemeinen bei Schrankthüren üblich ist.

Fig. 2, Taf. XXI.

Auch hier haben wir es noch mit einer Schrankthür zu thun, doch aber mit einer etwas besseren Bearbeitung. Dieselbe hat ein querlaufendes Mittelstück erhalten, welches man dann gern einführt, wenn man fürchtet, daß die Füllung ohne eine solche Unterbrechung im Verhältnis zu ihrer Breite zu hoch wird. Dieses Mittelstück ist eingestemmt, während die übrigen Verbände nur geschlitzt worden sind. Allem Anscheine nach soll diesem Thürrahmen anstatt der sonst üblichen Fase ein breiterer Kehlstoß, z. B. ein Karnies oder ein Karnies mit einer Hohlkehle angekehlt werden, deshalb ist das mittlere Rahmenstück um die Breite des Kehlstoßes auf Gehrung ausgeklinkt worden. Das Mittelstück mußte deshalb an der vorderen Seite um soviel als der Kehlstoß beträgt, länger abgesetzt werden. Auch auf die Breite des Zapfens hat dieser anzustoßende Kehlstoß Einfluß ausgeübt, denn er mußte auf jeder Seite eine Kehlstoßbreite verlieren. (Siehe **Fig. 12** und **13, Taf. XIII**, Seite 157.)

Dem Kehlstoße zuliebe ist ferner der Thürrahmen an den vier Ecken auf Gehrung abgesetzt worden.

Was nun die Füllungen anbetrifft, so sehen wir an dem Bruchstücke einer solchen, welches uns die Zeichnung vorführt, daß die Plattbank außer der breiten Platte noch eine zweite kleinere Platte angehobelt hat, welches viel zur Zierde der Füllung beiträgt. Auch diese ist an ihrer Hinterfläche glatt geblieben.

Fig. 3, Taf. XXI.

Offenbar will uns diese Figur die Teile einer Stubenthür und deren Bearbeitung vorführen. Weil eine solche Thür auf beiden Seiten besehen werden kann, so muß sie auch auf beiden Seiten gleichmäßig bearbeitet werden; vor allen Dingen müssen die Schenkel derselben auf beiden Seiten abgekehlt werden. Dieser Umstand macht es notwendig, daß alle Ausklinkungen durch die ganze Schenkelstärke gehen müssen. **Figur 12** und **13, Taf. XIII**).

Stubenthüren werden gewöhnlich so angelegt, daß man ihnen oben und unten eine schmale Füllung in horizontaler Richtung gibt. Der dazwischen liegende mittlere Raum der Thür wird durch ein senkrecht stehendes mittleres Rahmenstück in zwei gleiche Teile geteilt, so daß also die ganze Thür vier Füllungen erhält. Eine solche Einteilung hat auch das vorliegende Beispiel erhalten, wie aus dem dargestellten Viertel dieser Thür mit Deutlichkeit hervorgeht.

Die mittleren Füllungen, welche gewöhnlich ein längliches Rechteck darstellen und aufrecht stehen, werden außer dem üblichen Abplatten durch die Plattbank auch noch dadurch verziert, daß man in der Mitte derselben eine kreisförmige Füllung ausplattet, welches eine wesentliche Verschönerung der ganzen Thür ausmacht. Schon das Bruchstück, welches unsere Zeichnung von einer solchen Füllung bringt, wird uns von der Wahrheit dieser Behauptung überzeugen. Auch die Füllungen werden auf beiden Seiten gleichmäßig behandelt, also auf beiden Flächen abgeplattet. Nicht so unbedingt ist das Ausplatten der kreisrunden Füllungen nötig, indem die linke Seite einer Stubenthür immer einer Kammer oder einem weniger wichtigen Zimmer zugewendet wird, so daß dieselbe eine einfachere Bearbeitung auf dieser Seite gestattet.

Aufmerksamkeit und Vorsicht verlangt das Zureißen und Ausarbeiten der mittleren Schenkelstücke, weil sich bei diesen sehr leicht undichte Fugen bemerklich machen. Es ist deshalb der gute Rat nicht von der Hand zu weisen, die mittleren Schenkelstücke immer um mehrere Millimeter länger anzureißen, als das Maß eigentlich verlangt, damit man im Falle der Not stets noch Holz zum Nachhelfen übrig hat, wenn die Gehrungsfuge eines Zapfens etwa nicht passen will; auch rechnet man immer darauf, daß die äußeren langen Schenkel sich um 2 bis 3 mm rund biegen sollen, wenn die Thür zusammengebaut wird. Letzteres muß unbedingt beabsichtigt werden, wenn die Zapfen der mittleren kurzen Schenkel nicht durchgestemmt sind.

Was nun die Breite der mittleren Thürschenkel anlangt, so macht man sie gewöhnlich etwas schmäler als die langen Schenkel, wodurch die Thür zierlicher wird. Das untere Schenkelstück aber macht hiervon eine Ausnahme, denn man macht dieses gern um $1/8$ der Schenkelbreite breiter als die senkrechten.

Fig. 4, Taf. XXI.

Wir haben hier zwei Schenkelstücke von einer Hausthür vor uns und zwar ist der aufrechte Schenkel das Schenkelstück des aufgehenden Flügels einer Doppelthür.

Um bei einer solchen Doppelthür (zweiflügeligen Thür) das Thürschloß besser unterzubringen, gibt man der Thür zwei Schlagleisten parallel nebeneinander und kann dadurch den Schenkel, an welchem das Schloß befestigt werden soll, um 8 bis 10 cm breiter anlegen. Die punktierte Linie des aufrechtstehenden Schenkels will dieses andeuten.

Auch das untere Schenkelstück wird bei Hausthüren gewöhnlich um 10 bis 15 cm breiter gemacht. Um die Gleichmäßigkeit der Schenkelbreite wieder herzustellen, setzt man auf diesen Schenkel eine durchgehende Sockelplatte auf. Da der untere Teil einer Hausthür vom Einflusse des Wetters mehr als der obere zu leiden hat und überhaupt auch mehr Gewalt aushalten muß, so kommt ihm eine solche Verbreiterung des Schenkels und dadurch gleichzeitig gebotene Verbreiterung des Zapfens der Haltbarkeit der Thür sehr zu statten.

Fig. 5, Taf. XXI.

Ist eine Hausthür der Sonnenhitze sehr ausgesetzt, so empfiehlt es sich, an ihr größere Flächen aus einem Stücke möglichst zu vermeiden oder doch zu verringern, damit das Eintrocknen und Undichtwerden von Fugen auf ein möglichst geringes Maß zurückgeführt wird.

Aus diesem Grunde läßt man die Füllung nicht direkt in die Schenkel greifen, sondern gibt ihnen erst eine Umrahmung; die Füllung wird dadurch um die Rahmenholzbreite schmäler. Ein solcher Füllungsrahmen muß dann aus Schönheitsrücksichten auf Gehrung zusammengefügt werden und greift auf Nut und Feder in die Schenkel der Thür ein. An den Schenkeln rückt zugleich die Nut näher an die hintere Seite der Thür und wird es dadurch möglich, dem anzustoßenden Kehlstoße eine recht kräftige Ausladung zu geben, wodurch der Ausdruck ein schöner wird. Aus demselben Grunde wird die Füllung nur von einer Seite abgekehlt, wie vorliegende Figur besagt.

8. Die Holzverbindung des Fensters.

Daß die verschiedenen Holzverbindungsarten nicht starren Formen unterliegen, sondern daß sie sich den jeweiligen Zwecken, denen sie dienen, unterordnen und danach moderieren müssen, sehen wir auch schließlich an den Holzverbindungen des Fensters.

Schon das ist eine Eigenart der Holzverbindungen dieses Gegenstandes, daß sie niemals zusammengeleimt werden; dafür werden sie aber verbohrt und es beruht demnach die Festigkeit und Unveränderlichkeit eines solchen Verbandes allein auf die innige Berührung der winkelrecht abgesetzten Kanten mit den Kanten des anderen Verbandsstückes, nicht aber auf die innige Berührung der Verbandsflächen selbst.

Schon hieraus geht hervor, daß bei einem Fenster das dichte Zusammenpassen zweier Verbandsstücke eine Hauptsache ist, wenn der Verband ein verlaßbarer sein soll.

Fig. 1, Taf. XXII.

Die erste Figur dieser Tafel führt uns die wesentlichsten Bestandteile eines Fensterrahmens vor. A ist das obere, B das mittlere, C das untere und endlich D das aufrechte Rahmenstück in verkürzter Gestalt mit den entsprechenden Holzverbindungen.

Weil beim Fenster es vor allen Dingen darauf ankommt, das Eindringen des Regens in das Zimmer abzuhalten, so muß die Anlage und Ausarbeitung hierauf Rücksicht nehmen und ist die Gliederung so anlegen, daß der Regen überall gezwungen wird, abzutropfen, bevor er die Nähe eines Verbandes erreicht.

Betrachten wir daraufhin die **Fig.** 1 einmal genauer.

Die uns zugewendete Seite des Fensterrahmens ist die Zimmerseite, die abgewendete aber die Wetterseite. Es muß also, wenn der Regen an der Außenseite des Rahmens herunterrinnt, derselbe bei der scharfen Kante a abtropfen; höchstens kann er, wenn er sich von a wagerecht weiter ziehen sollte, bis b gelangen, von wo er an der Außenseite des Fensterflügels — welcher an dieser Stelle noch nicht zu sehen ist — weiter nach unten geführt wird. Ebenso verhält es sich mit dem Quermittelstück (Quermittler) B und dem untern Rahmenstück C. Um das Regenwasser noch weiter nach außen zu befördern, ist der Quermittler B stärker als die übrigen Rahmenhölzer gemacht worden. Die übrige Holzstärke ist in passender Weise abgekehlt worden und es greift dieser Teil wie ein Schlitz auf das senkrechte Rahmenstück D über. Die feinen Linien geben die ursprüngliche Form des Vierecks an.

Fig. 2, Taf. XXII.

Wir sehen hier den Fensterrahmen im Zustande der Vollendung. Alle Verbände sind dicht zusammengetrieben und verbohrt worden. Das aufrechte Schenkelstück D hat ebenfalls eine Auskehlung erhalten, die sogenannte S Linie, wie es der Querschnitt in dieser Figur angibt. Sie dient ebenfalls dazu, dem Regenwasser das Eindringen zwischen die Fugen zu verwehren. Neuerdings wird an Stelle der S Linie ein einfacher Falz gewählt.

Fig. 3, Taf. XXII.

Noch einmal wird uns in dieser Figur der aufrechte Schenkel D vorgeführt, jedoch nur in seiner oberen Hälfte, um uns zu zeigen, wie nach ihm die Länge eines Fensterflügels zugerissen wird.

Die Lichtenhöhe für diesen Flügel gibt die Strecke a b an. Da aber an dem mittleren Rahmenstück B an der Zimmerseite der Falz d f **Fig. 1**, angekehlt worden ist, so wird der Fensterflügel an dieser Stelle um dieses Maß d f länger. Dasselbe muß nun bei b **Fig. 3** nach unten also nach c getragen werden. Außerdem muß der Flügel noch bei g (**Fig. 1**) einen Ueberschlag erhalten und muß daher noch ein solcher in Gestalt von c d (**Fig. 3**) bei c angetragen werden. Denselben Ueberschlag muß der Fensterflügel oben bei a erhalten und haben wir somit mit der Länge h d (**Fig. 3**) die ganze Höhe für den Fensterflügel gefunden.

Fig. 4, Taf. XXII.

Das eben erörterte Verfahren ist in dieser Figur zur Anwendung gekommen und zeigt uns diese noch die Abfälzung und Auskehlung sämtlicher Flügelteile A B C. Das Abfalzen ist hier ein reicheres als im Fensterrahmen, weil hier außer dem Kehlstoß noch der Falz für das Glas hinzukommt. Alle diese Veränderungen der ursprünglichen geraden Winkelkante des Rahmenholzes haben Einfluß auf das Absetzen der Zapfenteile und dürfen nicht übersehen werden.

Kehlstöße, wie hier die flache Hohlkehle, oder andere werden jedoch beim Absetzen der Zapfen nur als Fase behandelt und das Dichtwerden der Fuge durch Wegstechen der besonders hervorragenden Kanten herbeigeführt. Der Zapfen wird daher nur schräg abgesetzt.

Fig. 5, Taf. XXII.

Diese Figur will so verstanden sein: A ist ein Teil des linken (aufrechten) Rahmenstücks des Fensterrahmens, B ist ein Teil des wagerechten mittleren Rahmenstücks (der Quermittler), C und D sind Teile des oberen linken Fensterflügels; sie will zeigen, wie sämtliche Teile nach ihrer Zusammensetzung und Abfälzung ineinandergreifen. Da in dieser Zeichnung die Außenseite des Fensters uns zugekehrt ist, so haben wir obige Bezeichnung recht zu beachten und uns den Sinn klar zu machen.

Daß uns hier die Außenseite des Fensters zugekehrt erscheint, ist deshalb geschehen, damit die gegenseitige Ueberdeckung der Fugen der einzelnen Fensterteile deutlich sichtbar gemacht werden konnte. Der Quermittler B (vergleiche B aus **Fig. 2** dieser Tafel) hat eine größere Stärke erhalten als die übrigen Rahmenteile, um das abtropfende Regenwasser von dem Fenster so fern als möglich abzuhalten; infolgedessen greift er mit der übrigen Stärke über den Schenkel A hinweg; zu dem Zapfen tritt daher noch ein halber Schlitz.

Gleichen Zweck verfolgt das untere Fensterflügel-Rahmenstück D und hat deshalb ebenfalls stärkeres Holz erhalten als die übrigen Rahmenteile des Fensterflügels. Wäre dieses nicht geschehen und hätte also D nur die Stärke a b erhalten, so müßte offenbar bei a das aufschlagende Regenwasser in die Fugen dringen und somit in das Innere des Zimmers gelangen. Haben aber die beiden Teile B und D die in der Zeichnung angegebene Kehlung erhalten, so wird diesem Uebelstande entgegen getreten. Wichtig ist hierbei die Wasserfase B, je abschüssiger dieselbe ist, desto wirkungsvoller ist sie, je flacher sie aber ist, desto mehr hat das Wasser Zeit und Gelegenheit sich bei a aufzuhalten um allmählich doch in die Fugen bei a einzudringen.

Die Glasnut, welche bei c in D eingehobelt worden ist, wird in allen drei übrigen Flügel-Rahmenstücken in einen Glasfalz verwandelt.

Deutlicher als in **Fig. 2** sieht man allhier die S linie in A eingekehlt und die Art und Weise, wie das aufrechte Flügelrahmenstück C in dieselbe hineinschmiegt.

Ganz in derselben Weise, wie der obere Flügel wird auch der untere abgefalzt; es hat also auch das untere Rahmenstück des unteren Flügels ganz dieselbe Form wie die Figur D.

Fig. 6, Taf. XXII.

Um die richtige Breite eines Fensterflügels zu erfahren, haben wir folgenden Weg einzuschlagen.

Angenommen die Länge f g sei die Lichtenlänge eines unteren oder oberen, oder mittleren Rahmenstücks des Fensters, so haben wir von dieser Länge zuerst die Mitte zu suchen, das ist a. Nehmen wir uns nun vor, die Breite des linken Flügels suchen zu wolle, so haben wir von a aus nach rechts die Hälfte des Falzes auszutragen, welcher zwischen beiden Flügeln anzubringen ist. Wir bekommen hierdurch die Länge f b. Weil aber beide Flügel eine aufrechtstehende Schlagleiste i bekommen müssen und diese mit dem aufrechten mittleren Flügelrahmenstück aus dem Ganzen gearbeitet sein muß, wenn die Arbeit eine gute genannt werden soll, so muß zu dieser Länge f b noch der Ueberschlag dieser Schlagleiste hinzugerechnet werden, derselbe beträgt b c.

Endlich muß der Fensterflügel auch an seiner linken Seite, also bei A einen Ueberschlag erhalten und muß derselbe bei f nach links aufgetragen werden. Nun erst ist die wirkliche äußere Breite des Flügels gefunden, dieselbe ist die Strecke h c'.

Es ist selbstredend, daß die Schlagleiste i immer in der Mitte eines Fensters stehen soll. Weil nun der linke Fensterflügel ebenso wie der rechte (aufgehende) ausgekehlt und abgefälzt wird, so ist auch der linke Flügel ebenso breit zu machen wie der rechte und also das Maß h c' gleichrichtig für den rechten.

Fig. 7, Taf. XXII.

Diese soeben in **Fig. 6** entwickelten Breitenmaße für die Fensterflügel sind in dieser Figur einem solchen Fensterflügel zu Grunde gelegt und derselbe in seinem oberen Teile gezeichnet worden.

Die Länge h c' ist als äußere Breite beibehalten. Das mittlere aufrechte Rahmenholz wird nach den stark ausgezogenen Linien ausgefälzt und abgekehlt.

9. Diverse Lang- und Querholzverbindungen.

Als Uebungsstoff in der perspektivischen Darstellung von Körpern mit verschiedenen Schnittflächen und gleichzeitig als Ergänzung zu den früheren sind in den beiden folgenden Tafeln noch einige Holzverbindungen zur Anschauung gebracht worden. Da der Holzarbeiter derartige Verbindung öfters anwenden muß, wird die Kenntnis derselben nicht nutzlos sein.

Fig. 1, Taf. XXIII.

Rücken zwei Verbandhölzer mit ihren Hirnflächen so aneinander, daß dieselben eine vollkommene Ebene bilden, so sagt man, sie stoßen stumpf aneinander und dieser Verband heißt der stumpfe Stoß. Erklärlicherweise müssen solche Verbandstücke stets eine Unterlage erhalten, weil sie selbst sich nicht zu halten vermögen.

Fig. 2, Taf. XXIII.

Werden die Hirnflächen eines solchen stumpfen Stoßes nicht winkelrecht sondern schiefwinkelig geschnitten, so entsteht der schiefe Stoß. Auch diesem muß eine Stütze gegeben werden.

Fig. 3, Taf. XXIII.

War die Unterstützung bei **Fig. 1** und **2** so anzubringen, daß beide Verbandhölzer an derselben teilnahmen, so ist dieses in vorliegendem Falle nicht mehr nötig, weil das rechte von dem linken hinreichend getragen wird. Werden zwei Hölzer in dieser Weise miteinander verbunden so sagt man, sie sind überplattet worden. Um einer solchen Verbindung noch mehr Haltbarkeit zu geben, wird sie entweder mit hölzernen Nägeln quer durchbohrt oder mit Holzschrauben verschraubt.

Fig. 4, Taf. XXIII.

Bei dieser Ueberplattung sind die Hirnkanten schräg abgesetzt, um ein Ausweichen des Verbandes in senkrechter Richtung zu erschweren.

Fig. 5, Taf. XXIII.

Der Haken, auch Hakenplatt, entsteht, wenn die Verbandhölzer wie in dieser Zeichnung angegeben ist, ausgearbeitet werden. Ein solcher Verband hält ohne Schrauben oder Nägel selbstthätig jede Zugkraft in horizontaler Richtung aus. Weniger kräftig wirkt sie gegen einen Druck von oben oder unten, weil die Holzstärke bis auf $^3/_8$ derselben geschwächt wird und daher große Neigung zeigt, an dieser Stelle abzubrechen.

Fig. 6, Taf. XXIII.

Der vorige Verband hat in dieser Figur schräge Hirnschnitte erhalten ohne dadurch besondere Vorzüge vor jenem zu erlangen.

Fig. 7, Taf. XXIII.

Der Verband aus voriger Figur ist hier dahin verbessert worden, daß man ihm in der kleinen Mittelfuge einen Keil a gegeben hat. Durch das Eintreiben des Keiles werden die gegenseitigen Hirnflächen so fest an= ja ineinander getrieben, daß ein Auseinandernehmen derselben unmöglich wird, wenn man nicht den Keil lösen kann.

Fig. 8, Taf. XXIII.

Will man das Abbrechen der abgeplatteten Holzteile vermeiden, so kann man dieses thun indem man das schräge Platt anwendet. Dasselbe muß aber länger als das vorhergehende angelegt werden. Reichen zu jenem 2 oder 3 Holzstärken hin, so muß dieser Verband wenigstens 4 mal so lang gemacht werden, als die Hölzer stark sind.

Werden die schmalen Hirnkanten bei a und b schräg unter sich, also spitzwinkelig zu a b geschnitten, so wird das Verschieben dieser Verbindung nach oben oder unten sicher verhütet.

Der Keil c hat dieselbe Wirkung wie der in voriger Figur.

Fig. 9, Taf. XXIII.

Die Holzverbindung aus voriger Figur kehrt hier wieder; es sind aber die Hirnkanten mit zwei Schrägen versehen worden. Dadurch ist dieser Verband ein so vollkommener geworden, daß weder ein Verschieben nach oben oder unten noch auch ein solches nach den Seiten hin möglich ist.

Fig. 10, Taf. XXIII.

Diese Verbindung ist der bekannte Schlitz als Langholzverbindung angewendet. Es gelten für diesen ganz dieselben Bestimmungen, wie sie bereits früher schon bekannt gegeben sind.

Fig. 11, Taf. XXIII.

Der französische Keil dürfte gleichfalls von früher her noch bekannt sein.

Fig. 12, Taf. XXIII.

Der sogenannte Schwalbenschwanz wird auch als Langholzverbindung angewendet. Weil aber derselbe in diesem Falle nur sehr schmal angelegt werden kann und deshalb die Grundlinie a b sehr kurz wird, so muß durch die Brüstung c d eine Unterlage geschaffen werden, um das Abbrechen des Schwalbenschwanzes zu verhüten.

Fig. 13, Taf. XXIII.

Diese Verschrägung bildet wohl eine sehr leicht herzustellen Holzverbindung, allein sie büßt bedeutend dadurch an ihrem Werte ein, daß der Einschnitt, welcher bis auf $1/3$ der Holzstärke geführt wird, die Haltbarkeit desselben ungemein schwächt.

Fig. 14, Taf. XXIII.

Der stumpfe Stoß mit dem eingesetzten Stücke a b hat nur in denjenigen Fällen einen Sinn, wenn es wegen der Kürze des Verbandholzes unmöglich ist, eine Ueberplattung anzuwenden und dieselben doch verbraucht werden müssen. Das eingesetzte Stück a b muß aber mindestens eine vierfache Länge der Holzstärke erhalten. Durch die schrägen Flächen bei a und b wird ein Abheben des Verbandes erschwert.

Fig. 15, Taf. XXIII.

Das eingesetzte Hakenstück a b versieht den Zweck des eingesetzten Stückes in voriger Figur in etwas vollkommener Weise.

Fig. 16, Taf. XXIII.

Weit bessere Dienste leistet ein eingesetztes Hakenstück, wenn es mit zwei Keilen versehen wird, wie dieses hier durch die Zeichnung verdeutlicht wird. Die schrägen Hirnkanten desselben machen ein Ausweichen nach oben oder unten unmöglich.

Die Länge dieses eingesetzten Hakenstückes beträgt mindestens das Vierfache der Holzstärke.

Fig. 17, Taf. XXIII.

Wie beim Zinken ein Verbergen des Verbandes angewendet werden kann, so kann auch bei Langholzverbindungen eine solche angebracht werden, wenn dieses besonders geboten erscheinen sollte. Es erhält alsdann das eine Verbandholz eine Wange, welche das volle Holz etwa $1/8$ oder noch schwächer stehen läßt und die aus dem andern Verbandholze in derselben Stärke ausgeklinkt wird.

Die Zeichnung wird das eben Beschriebene klar machen.

Die Querholzverbindungen, welche auf der vorletzten Tafel dieses Atlanten gegeben worden sind, sind dem Zimmerhandwerke allbekannte Verbindungen, weil kein Haus ohne dieselben hergestellt werden kann. Aber auch im Tischlerhandwerke finden dergleichen Verbindungen vielfache Verwendung, so daß es uns zu einer Pflicht gemacht wird durch Zeichnen derselben die allgemeine Kenntnis dieser Dinge zu vermitteln.

Fig. 1, Taf. XXIV.

Als Ueberleitung zu diesen Querholzverbindungen ist der Kreuzverband gewählt worden, den wir schon von Taf. XI kennen.

Sollte es sich bei einem solchen Verbande herausstellen, daß das eine oder andere Verbandholz eine größere Gewalt auszuhalten hat, so zieht man es vor, dasselbe nicht bis auf die Mitte der Holzstärke auszuklinken wie hier angenommen wurde, sondern ihm mehr Holz zu lassen und dieses Mehr dem andern Verbandstücke zu nehmen, welches weniger auszuhalten hat.

Fig. 2, Taf. XXIV.

Der vorige Kreuzverband ist nach **Fig. 2** dadurch gegen seitliche Verschiebung gesichert worden, daß ein jedes Verbandstück von drei Seiten ausgeklinkt worden ist.

Fig. 3, Taf. XXIV.

Das Einlassen oder Ueberplatten eines Querholzes bei kleineren Rahmen findet so statt, daß ein jedes Verbandstück bis auf die Mitte — doch aber niemals von ein und derselben Seite — eingeschnitten und ausgestemmt wird, wie aus dieser Zeichnung zu ersehen ist.

Fig. 4, Taf. XXIV.

Hat ein solches eingelassene Querrahmenstück einen Zug nach der Länge hin auszuhalten, so versieht man es mit einem Haken, welcher gewöhnlich die halbe Länge der Holzstärke erhält. Ist zu befürchten, daß der Haken zu kurz und das stehenbleibende kurze Holz abgesprengt wird, so kann man ihm auch etwa $2/3$ der Holzstärke zur Länge geben.

In Beziehung auf die Tiefe des Einschnitts gilt die Regel, welche in **Fig. 5** der vorigen Tafel erwähnt wurde, daß nämlich der Hals $3/8$, der Kopf des Hakens aber $5/8$ der Holzstärke bekommt.

Fig. 5, Taf. XXIV.

Das Uebereinanderplatten zweier Rahmenhölzer, am Ende derselben, welches hier zur Darstellung gekommen ist, soll nur zur Ueberleitung zum folgenden Beispiele dienen.

Fig. 6, Taf. XXIV.

Soll eine derartige Ecküberplattung so eingerichtet werden, daß das Ausweichen eines Verbandholzes nach außen verhindert werden soll, so wendet man den in **Fig. 4** dieser Tafel schon besprochenen Haken an, gibt aber dem Kopfe des Hakens eine keilförmige Gestalt, wie es hier ersichtlich ist.

Fig. 7, Taf. XXIV.

Statt des ebengedachten Hakens kann auch — und oft mit Nutzen — der Schwalbenschwanz angewendet werden. Derselbe kann *einseitig* sein, so wie ihn diese Figur darstellt oder er kann nach

Fig. 8, Taf. XXIV,

zweiseitig sein, wenn er von links und rechts eingeschnitten und abgeschrägt ist. Er kann aber auch noch

Fig. 9, Taf. XXIV,

zweiseitig mit Ansatz sein, wenn man befürchtet, daß die kurze Grundlinie derselben das Abbrechen begünstige.

Fig 10, Taf. XXIV.

Der Schwalbenschwanz kann nicht nur bei winkelrechtem Zusammenstoß zweier Verbandshölzer, sondern auch bei schiefwinkeligem in Anwendung kommen, wie wir dieses aus dieser Figur ersehen. Er ist hier einseitig ausgeführt, er kann aber auch ebensogut als zweiseitiger Schwalbenschwanz behandelt werden.

Fig. 11, Taf. XXIV.

Diese Figur zeigt die Anwendung des Schwalbenschwanzes beim Hausbau in der ergiebigsten Ausnutzung desselben.

Fig. 12, Taf. XXIV.

Es ist hier der Haken in gleicher Weise zur Verwendung gekommen.

Fig. 13, Taf. XXIV.

Diese Zeichnung stellt eine Zapfenverbindung dar, wie sie der Zimmermann herstellt, wenn auf das schrägstehende, eingezapfte Verbandholz ein größerer Druck ausgeübt wird. Um das Einpressen des Zapfens in das Holz des andern Verbandstückes abzuhalten, setzt er den Zapfen nicht parallel zur Längenkante des Zapfenlochstückes ab, sondern schräg, wie es hier angedeutet ist. Er nennt dieses eine Versatzung geben.

Fig. 14, Taf. XXIV.

Soll das freiwillige Herausziehen eines Zapfens verhütet werden, so gibt man ihm die Gestalt eines einseitigen Schwalbenschwanzes, stemmt die betreffende Lochseite schräg unter sich und treibt durch einen Keil den Zapfen, nachdem er eingesetzt worden ist, in die schräge Seite des Zapfenlochs. Ein solcher Zapfen hält sehr fest.

Fig. 15, Taf. XXIV.

Diese Zeichnung gibt das Bild von einem Winkelzapfen, der beim Hausbau an den Eckpfosten reichliche Verwendung findet.

Achtes Kapitel.
Von dem Werkholze und dessen Eigenschaften.

Erster Abschnitt.
Von dem Bau des Holzes im allgemeinen.

An jedem Baume lassen sich die drei Hauptteile unterscheiden: Wurzel, Stamm und Krone. Für den Tischler wie überhaupt für den Holzarbeiter kommt der Stamm eines Baumes in erster Linie in Betracht; die Wurzel hat nur von edleren Hölzern und speziell nur für den Möbeltischler einen Wert, während die Krone eines Baumes für die genannten Gewerbe fast wertlos ist.

An einem jeden Stamme lassen sich ebenso wie an einem jeden Aste oder Zweige ebenfalls drei Hauptteile unterscheiden. Diese sind die Rinde, das eigentliche Holz und das Mark.

Die Rinde, als die äußere Umhüllung des Stammes, besteht aus der Oberhaut, dem Fleische und dem Baste und hat die Aufgabe erhalten, den Stamm oder besser das Holz des Baumes vor der direkten und oft schädlichen Einwirkung der Witterung zu schützen. Aeltere Bäume haben eine stärkere und dunklere, jüngere Bäume aber eine hellere und schwächere Rinde. Die Rinde mancher Bäume liefert dem Gerber die unentbehrliche Lohe. Der Bast, welcher die innerste Schicht der Rinde ausmacht, ist ein maschen- und netzförmiges Gewebe von Saftgefäßen. Er ist biegsam und bei manchen Gewächsen, wie z. B. bei den indischen Gräsern, so zähe, daß er dem Gärtner äußerst wichtiges Bindemittel liefert.

Beim Holze des Stammes unterscheiden wir jüngeres und älteres. Das jüngere Holz liegt unmittelbar unter dem Baste, das ältere im Innern des Stammes, also in der Nähe des Markes. Das jüngere Holz ist nicht so dicht und fest als das ältere, es ist safthaltiger als dieses und mit Hinzurechnung des Bastes der eigentliche Lebensspender des Baumes. Darum sehen wir oft uralte Eichen- oder auch Weidenstämme noch alle Frühjahre sich mit frischem Grün bedecken, obschon sie innerlich dem Untergange schon verfallen sind und der Stamm nur noch aus Rinde und jungem Holz besteht.

Allein hierin liegt nicht der Wert für den Tischler. Er mag dieses junge Holz, welches er Splint nennt, und durch seine hellere Farbe sich von dem festen, ausgewachsenen Holze unterscheidet, nicht gern haben, weil es infolge seiner Unreife nicht den Anforderungen entspricht, welche ein jeder Holzarbeiter an ein gutes Material stellen muß. Der Splint ist aber nicht gleichmäßig stark um den Stamm gelagert, denn nach der Wetterseite zu ist er dünner als nach der entgegengesetzten.

Das ältere, feste und ausgewachsene Holz, welches unter dem Splinte liegt, heißt Kernholz.

Das Kernholz besteht gleichwohl noch aus einem Zellengewebe; die Zellenwände sind aber infolge der Jahre verdickt (verholzt) und vermögen nicht mehr den ernährenden Saft so gut durch das Gewebe zu leiten, als dieses bei dem Splinte der Fall ist.

Dieser ernährende und fortwährend neue Zellen und Fasern bildende Saft des Baumes enthält Stärke, Gummi und Oele und Wasser. Im Sommer sind die Säfte dünnflüssiger als im Winter.

Zweiter Abschnitt.

Eigenschaften des Holzes.

Je dichter das Zellengewebe ist, desto fester ist auch das Holz. Ist das Zellengewebe gleichmäßig gelagert, so läßt sich das Holz gut spalten; dagegen besitzt das Holz nur geringe Spaltbarkeit, wenn die Holzfasern unregelmäßige Belagerung aufweist. In Beziehung auf ihre geringere oder größere Spaltbarkeit unterscheiden sich manche Holzarten ganz wesentlich voneinander. Zu den leichtspaltigen Hölzern gehören: Tanne, Fichte, Lärche, Kiefer und Espe. Zu den schwerspaltigen aber Ahorn, Birnbaum, Birke, Pappel und Ulme. Zwischen ihnen liegen Eiche, Erle, Buche, Esche und Weide.

Die Festigkeit des Holzes ist stets eine relative d. h. ein und dieselbe Holzart besitzt nicht immer ein und denselben Grad der Festigkeit. Diese richtet sich vorzüglich mit nach der Art des Wachstums, und es kommen daher die Boden-, die Witterungsverhältnisse des Klimas und vor allem auch das Alter dabei mit in Betracht. Leichter und lockerer Boden begünstigt wohl einen schnellen Wuchs des Holzes, erzeugt aber dafür auch ein schwammigeres, lockeres Holz. Steiniger, magerer Boden, besonders die nördlichen Abhänge der Gebirge liefern ein brauchbareres, festes und markiges Holz. In ähnlicher Weise wirkt auch das Alter des Holzes, denn älteres ist immer fester als jüngeres.

Eine recht üble Eigenschaft des Holzes ist das Schwinden oder Eintrocknen desselben, weil dieses nicht nur von äußerst nachteiligen Folgen schon während des Trocknens begleitet ist, sondern auch niemals zu einem völligen Stillstande gebracht werden kann.

Wie ein Schwamm, wenn er voll Wasser gesogen ist, ein größeres Volumen einnimmt als im Zustande der Trockenheit, so sind auch alle saftigen, noch frischen Hölzer umfangreicher als die ausgetrockneten. Ueberhaupt sind alle Hölzer im Frühjahr und Sommer am saftreichsten und in dieser Jahreszeit am wenigsten geeignet für die Zwecke der Tischlerei gefällt zu werden (siehe davon weiter unten), weil die durch den Prozeß des Trocknens bedingte Verminderung des Volumens eine zu große ist.

Könnten sämtliche Holzteile des Stammes gleichmäßig diesem Prozesse des Trocknens Folge leisten, so würden kaum nennenswerte Nachteile sich dabei herausstellen. Da aber die äußeren Holzteile des Stammes naturgemäß schneller trocknen als die innern, so muß das äußere Volumen auch schneller ein kleineres werden als das innere und darum entstehen die so üblen Risse des Holzes, welche von der Außenfläche des Stammes bis tief in das Innere ja oft bis in das Mark desselben eindringen. Bretter, aus solchen Stämmen geschnitten, bereiten dem Tischler manchen Verdruß.

Um solches Reißen des Stammes zu verhüten oder doch zu vermindern, ist es vorteilhaft, dem Stamme anfangs noch die Rinde zu lassen. Hierdurch wird das allzurasche Trocknen der äußeren Holzringe aufgehalten und die inneren Holzringe bekommen Zeit, nachzufolgen. Freilich wird das Geschäft des Trocknens dadurch etwas in die Länge gezogen doch aber stets zum Vorteil der Sache, denn auch hier gilt das alte bekannte Wort: Gut Ding will Weile haben! Geradezu verkehrt würde es demnach sein, wollte man einen solchen, zum Trocknen bestimmten Holzstamm der direkten Sonnenhitze preisgeben, weil alsdann auch die Rinde nicht im stande ist, das Reißen des Stammes zu verhüten.

Wird einem Stamm das Mark röhrenförmig ausgebohrt, so hat man kein Reißen mehr zu befürchten, weil nun die innern Holzringe gleichzeitig mit den äußeren trocknen und sich zusammenziehen können. Vorteilhaft für einen Stamm ist es, wenn seine beiden Stirnflächen mit Papier beklebt, oder besser noch mit einer Kruste aus Lehm versehen werden.

Eine andere üble Folge des zu frühzeitigen Fällens ist die, daß sich die Bretter eines solchen noch saftigen Stammes jederzeit werfen. Dabei kann man beobachten, daß die rechte, oder Rindenseite sich immer einwärts zieht. Ueberhaupt findet das Verwerfen der geschnittenen Hölzer immer in der Weise statt, daß die Seite, welche am meisten getrocknet ist, stets hohl, die feuchtere Seite also rund wird.

Ist ein Baumstamm während seines Wachstums vom Winde häufig gedreht worden, so werfen sich die aus solchen Stämmen geschnittenen Bretter nicht nur hohl sondern auch windschief, so daß das eine Ende einer Brettkante (Saumes) höher steht als das andere. Das Kennzeichen für solche, halbverdorbene Stämme liegt offen zu Tage, es läuft nämlich die Borke solcher Stämme nicht in Linien, welche parallel zu den Seiten des Stammes, sondern spiralförmig zu diesen gerichtet sind. Solche Bretter oder Bohlen, welche sich windschief gezogen haben, sollte man niemals zu Thüren, Rahmen, Schubkasten und dergl. verwenden, weil sie ihre üble Angewohnheit niemals ganz aufgeben.

Dritter Abschnitt.

Fällzeit des Holzes.

Aus dem Obigen dürfte es klar geworden sein, daß die Güte und Beschaffenheit des Nutzholzes wesentlich mit bedingt wird durch die Wahl der Schlagzeit des Holzes.

Wie die Erfahrung uns alljährlich lehrt, beginnt schon in der zweiten Hälfte des Januars das allmähliche Erweichen des Pflanzensaftes, es beginnt sich im Verborgenen zu regen, die Lebensthätigkeit des Baumes erwacht. Im Februar und März hat diese neu erwachte Lebensthätigkeit der Natur schon so weit Fortschritte gemacht, daß sie auch äußerlich in Erscheinung tritt. Die Knospe, welche während des Winters schlief, fängt an ihr inneres Leben durch eine glänzende Schale, durch eine leuchtende Farbe zu bekunden und wir sagen: Der Saft steigt!

Noch einige Wochen und der Baum, die ganze Natur hat ihren vollen Frühjahrsschmuck vor unsern staunenden Augen entfaltet! Aber jetzt beginnt es im Innern des Baumes zu treiben. Die alte Rinde wird zu eng, neue Holzringe setzen sich an, der Stamm nimmt an Stärke zu.

Doch was der Ruf des Lenzes weckte und was die wärmende Frühlingssonne da drinnen wob (das Zellengewebe) das konnte erst der Sommer zur vollen Entwickelung bringen und der Herbst zur Reife. Die Säfte, anfangs wässerig, verdicken sich allmählich und werden zu Stärke, Gummi zersetzt, welches die Zellen des Stammes füllen; wie die ganze Natur so bereitet sich nun schließlich auch jeder einzelne Stamm des Baumes zur Ruhe des Winters vor!

Dies ist die beste Zeit des Fällens. Denn wird jetzt der Stamm von seiner Wurzel getrennt, so verdichten sich die noch klebrigen Säfte immer mehr und bilden gleichzeitig ein Schutzen gegen die Einwirkung der äußeren Atmosphäre. Wenn im Monat Dezember oder Anfang Januar das Nutzholz gefällt wird, so enthält dasselbe die wenigste Quantität wässeriger Bestandteile, es trocknet leichter und schneller und gewinnt von Haus aus mehr Festigkeit, als wenn der Schlag des Holzes zu einer früheren Zeit stattgefunden hat.

Vergleicht man die Konsistenz eines zur rechten Zeit gefällten Holzes mit der eines im Sommer also in voller Saftzeit gefällten, so findet man regelmäßig, daß letzteres Holz lockerer, poröser ist, daß es nicht sich so glatt arbeiten läßt als jenes; auch seine Dauerhaftigkeit ist eine weit geringere, wie sich aus folgender Erwägung ganz von selbst ergibt.

Durch die plötzliche und gewaltsame Unterbrechung des Saftzuflusses und die hiermit aufgehobene Verarbeitung des Saftes zu Holzzellen, Blättern, Blüten und Früchten, gerät der Saft in Gärung, welche sich nur zu leicht dem Zellengewebe, dem Faserstoffe rc. mitteilt. Es entstehen alsdann im Holze faulige Flocken, welche fast gar keinen Zusammenhang der Holzfasern mehr erkennen lassen. Solche faulige Flecken, welche Stockflecken genannt werden, haben je nach der Holzart eine verschiedene

Färbung. Beim Tannenholz sind sie grau und bläulichgrau, beim Fichten- und Lärchenholz rötlichbraun, beim Eichenholz graubräunlich und beim Buchenholz gelb. Findet man solche Stellen im Holze vor, so thut man am besten, wenn man sie ausschneidet, denn sie taugen weder in der Bautischlerei etwas, weil sie begierig Wasser einsaugen, um sodann in vollständige Fäulnis überzugehen, noch weniger sind sie in der Möbeltischlerei zu gestatten, weil sie sich niemals vollständig glatt arbeiten lassen, keine Politur annehmen und wegen ihrer abnormen Färbung stören.

Ein zweiter, ebenso großer Uebelstand, der durch zu frühzeitiges Fällen des Holzes hervorgerufen wird, ist der, daß dasselbe weit mehr dem Wurmfraße ausgesetzt ist als gesundes, weil die krankhaften Stellen den Wurmfraß ungemein begünstigen.

Nicht alle Hölzer unterliegen gleichmäßig dem Zerstörungstriebe des Holzwurmes. Am meisten hat das Holz der Erle, der Weißbuche und der Birke von der Gefräßigkeit dieses Tieres zu leiden; am wenigsten wird das Holz der Eiche, der Nadelhölzer, Ulme, Espe und Linde davon befallen, zwischen beiden liegt das Buchenholz, das Ahornholz und die Esche

Der Splint eines jeden Holzes ist dem Wurmfraße mehr ausgesetzt als das gesunde Kernholz.

Um diese übeln auf die Vergänglichkeit des Holzes zielenden Eigenschaften einigermaßen zu paralysieren, hat man es versucht, durch die Einwirkung chemischer Mittel den Saft im Holze so zu verändern, daß er seine Neigung zur Gärung aufgeben soll. Solche Versuche sind denn auch zum großen Teil mit recht günstigen Resultaten belohnt worden; allein alle diese Präparationen des Holzes sind oft so umständlich, oder mit so großen kostspieligen Anlagen verknüpft, daß die Anwendung derselben im Kleingewerbe soviel wie keine Aufnahme gefunden hat und muß eine allgemeinere Einführung derselben einer späteren Zeit vorbehalten bleiben. Das Verfahren, Hölzer derartig zu präparieren ist folgendes:

Es werden Metallsalze wie Kupfervitriol, Zinkchlorid, holzsaures Eisen, essigsaures Bleioxyd in Wasser aufgelöst. Die Lösung wird bis zur Siedehitze erwärmt und das zu präparierende Holz damit getränkt, indem es längere Zeit in dieser Flüssigkeit zu liegen kommt. Ein anderes Verfahren besteht darin, das Holz in luftdicht verschlossene, eiserne Behälter einzuschließen und durch die Einwirkung heißer Dämpfe das Holz auszulaugen; doch sollen die Erfolge den Erwartungen nicht immer entsprochen haben, besonders dann nicht, wenn das betreffende Holz nach dem heißen Bade sofort den Einwirkungen der atmosphärischen Luft ausgesetzt wurde, wodurch starkes Reißen und Werfen des Holzes sich einstellte. Allmähliches Abkühlen dieser Hölzer in einem geschlossenen, etwas erwärmten Ofen sollen ein besseres Resultat dieses Verfahrens erzielt haben.

Ein einfacheres und wirksameres Mittel zur Konservierung des Holzes bietet dagegen die Anwendung des Kreosots. Wird ein Werkholz mit einer Kreosotlösung imprägniert, so bekommt beispielsweise das Eichenholz eine solche Widerstandsfähigkeit gegen Fäulnis, daß es jahrelang in der Erde liegen kann ohne Spuren von Zerstörungen zu erhalten. Besonders im Eisenbahnbau hat man dieses Verfahren mit Vorteil angewendet.

Endlich hat man Versuche gemacht, das Holz in fließendes Wasser zu legen und dadurch die zersetzenden Bestandteile des Pflanzensaftes auszulauchen, gewissermaßen auszuwaschen. Solche Versuche erfordern aber immer eine Zeit von mindestens mehreren Monaten, wenn sie ein einigermaßen befriedigendes Resultat bringen sollen und werden darum wohl kaum vom Tischler in Anwendung gebracht.

Einen wesentlichen Schutz gegen die schädliche Einwirkung der Feuchtigkeit von außen her leisten wasserdichte Anstriche, z. B. von Firnis, Teer, Wasserglas. Selbstverständlich kann ein solcher Anstrich erst dann als Schutzmittel dienen, wenn alle eigene Feuchtigkeit des Holzes daraus entfernt ist. Im umgekehrten Falle würde der vermeintliche Schutzmantel ein Deckmantel der Verderbnis sein und das Holz früher als sonst der Fäulnis ausliefern.

Das beste, einfachste und naturgemäßeste Verfahren, Werkhölzer zu konservieren ist und bleibt daher für den Tischler immer das allmähliche Austrocknen derselben an der Luft, in Räumen, welche gegen grelle Hitze geschützt sind. Es verlangt ein solches Verfahren die wenigsten Unkosten, weil einem jeden wohl ein solcher Raum zur Verfügung steht. Und will er sich recht wirksam vor Uebeln schützen, die ihm oft die mühsamste und sauberste Arbeit verdirbt, so lasse er es sich angelegen sein, einen größeren Holzvorrat nach und nach sich anzusammeln. Nicht ist dazu immer ein größeres Kapital erforderlich, wie Viele wohl meinen mögen, Fleiß und Sparsamkeit und kluger Sinn thun es auch, wenn nicht noch besser!

Ein solcher größerer Vorrat von Werkhölzern, Brettern, Bohlen ꝛc. bringt dem Tischler oft große Vorteile und hilft ihm am sichersten einen guten Ruf zu begründen. Denn er kann dadurch das Holz sich besser nach dem Bedarf aussuchen und braucht oft nicht soviel in den Abfall zu schneiden. Und weil er die Jahrgänge seiner Hölzer kennt, kann er mit Bestimmtheit auf die Haltbarkeit und Trockenheit derselben rechnen, anderseits aber müssen durch die jahrelange Ablagerung im Holz verborgen gewesene Fehler offenbar werden und können vor der Verarbeitung ausgeschnitten werden. Sie können die Arbeit nicht mehr verderben.

Kommt zu diesen Vorteilen noch hinzu eine tüchtige theoretisch-technische Ausbildung, wie sie vorliegendes Werkchen vermitteln will, so ist der Tischler mit Hilfsmitteln ausgerüstet, welche ihm zweifelsohne sicher und gut durchs Leben führen werden.

Vierter Abschnitt.

Beschreibung der Nutzhölzer.

Nicht etwa um in diesem Abschnitte die erste Bekanntschaft der verschiedenen Nutzhölzer vermitteln, sondern um die wesentlichen Eigenschaften derselben im allgemeinen zu charakterisieren, mögen hier kurze Beschreibungen der gebräuchlichsten Holzarten folgen:

Will man eine allgemeine Gruppierung sämtlicher Nutzhölzer vornehmen, so erhalten wir die zwei Arten: Nadelhölzer und Laubhölzer, von denen die ersteren vorwiegend in der Bautischlerei ihre Verwendung finden, die letzteren aber mehr den Möbeltischler beschäftigen. Zu ihnen gehören die edelsten und teuersten Hölzer des In- und Auslandes.

A. Die Nadelhölzer.

Die Tanne, die Fichte, die Kiefer und die Lärche, diese immergrünen Töchter des Waldes, sie sind nicht nur in den Monaten ihres Wachsens und Treibens gern gesehene Produkte unseres Bodens, sondern liefern auch nach demselben so mancherlei nützliche Dinge, daß sie alle uns nur um so wertvoller erscheinen müssen. Aus den flüchtigen Oelen und Harzen, das sie alle in reichlichem Maße enthalten, wird Terpentin, Terpentinöl, Kolophonium, Pech und Teer bereitet, ihre Nadeln liefern außer anderen ökonomischen Hilfsmitteln noch die Waldwolle; ihr wertvollstes Material ist aber das Holz derselben, welches durch ihre tausendfältigen Verwendungen Millionen von Menschen beschäftigt und deren Lebensunterhalt erwerben hilft.

1. Die Tanne.

Die viel besungene, ernste Tanne verdient mit Recht zuerst genannt zu werden, denn sie ist der höchste und stattlichste Baum Deutschlands. Ein Riese an Jahren erreicht sie wohl ein Alter von 400 Jahren und darüber. Mag sie auch dann nur noch als Greisin gelten, ihre volle Jugendfrische und Jugendkraft behält sie doch 150 bis 200 Jahre. Schon von ihrem 80. Lebensjahre an tritt sie in den Zustand der Reife und liefert alsdann ein schönes, feines weißes Holz, welches sich zu den meisten Tischlerarbeiten gut verwenden läßt. Es nimmt eine glatte Fläche an. Die Tanne wird 50 bis 60 m hoch und liebt guten, doch nicht zu fetten Waldboden.

Wegen ihres geringeren Harzgehaltes mag sie wohl weniger gut der Feuchtigkeit als andere Nadelhölzer widerstehen, allein dieser kleine Mangel wird durch andere guten Seiten dieses Holzes reichlich ersetzt. Vor allem bindet auf ihm der Leim besser als auf fettigeren Hölzern, das Holz spaltet sich wegen der regelmäßigen Lagerung seiner Fasern sehr leicht und wird daher zu Zwecken des Instrumentenbaues vielfach verwendet, besonders auch, weil es durch seine Ressonanz dem Tone des Instrumentes einen vollen und weichen Klang verleiht.

Unser Thüringerwald ist eine Heimstätte der Tanne, weniger reichlich aber in oft desto kräftigeren Exemplaren kommt sie im Harzgebirge vor. Sonst ist sie nur vereinzelt in unsern Wäldern zu finden. Das spezifisches Gewicht ihres Holzes beträgt 0,42, das absolute 14 kg.

Aeußerlich ist die Weißtanne an ihren Nadeln leicht zu erkennen. Sie stehen zu beiden Seiten der Zweige und eine jede Nadel hat eine breite Fläche, unterseits zwei weiße Streifen. Die Rinde derselben ist weißlichgrau.

2. Die Fichte.

Diese Schwester der Tanne liebt einen steinigeren und mageren Boden als jene und gedeiht auch in rauheren, der Sonne noch zugänglichen Boden. Sie wird zuweilen auch Rottanne genannt, wächst sehr langsam, liefert dafür aber auch ein festeres Holz. Dasselbe ist nicht so weiß wie das vorige und spielt in das Rötliche hinüber, woran besonders die Jahresringe des Holzes teilnehmen.

Einen Uebelstand dieses Holzes bilden oft die vielen Harzgallen, welche sich innerhalb desselben befinden und feinere Arbeiten dadurch verunzieren. Werden sie aber gut gereinigt und durch Langholz ausgefüllt, so treten sie wenigstens nicht mehr so störend auf.

Als unangenehme Zugabe kann die Fichte ihre Aeste ansehen, welche oft so fest sind, daß selbst ein gutes Hobeleisen vor ihnen nicht immer Stand hält. Ein vorsichtiges Anfeuchten derselben mit Wasser, bevor das Holz zur Bearbeitung kommt, hilft diesen Uebelstand wesentlich herabmindern. Gegen den Ast sollte man nie hobeln. Bei abwechselnden Witterungsverhältnissen und feuchten Orten unterliegt das Holz der Fichte.

Das Holz der Fichte setzt auffallenderweise der Arbeit der Säge größern Widerstand entgegen als die übrigen und mag diese Eigenheit des Holzes in der größeren Weichheit des Faserstoffes liegen, welcher zwischen den einzelnen Jahresringen lagert. Querschnitte gelingen daher auch immer besser als Längenschnitte, weil die Säge dabei oft klemmt.

Wir erkennen die Fichte unter anderen Nadelhölzern daran, daß ihre Nadeln nicht wie bei der Tanne seitlich, sondern rund um den Zweig stehen. Die Nadeln selbst sind kürzer und rund. Die Rinde der Fichte ist rötlich gefärbt.

Die Fichte erreicht nicht ganz die Höhe der Tanne, sie ist aber ebenfalls mit ihrem 80. Jahre vollkommen ausgewachsen und bringt es zu einer Stärke von $1\frac{1}{2}$ m und darüber.

Das spezifische Gewicht beträgt 0,40 bis 0,48; das absolute aber 12 bis 16 kg.

3. Die Kiefer.

Die Kiefer oder auch Föhre genannt, bringt es nicht zu der Höhe wie ihre beiden Vorgänger die Tanne und die Fichte, denn sie erreicht nur eine Höhe zwischen 20 bis 30 m und bringt es nur selten zu einer Stärke über 1 m.

Ihre Rinde ist braungrau bis rötlich und mit Längsfurchen versehen, welche durch vielfache Querrisse unterbrochen werden. An diesen Querrissen blättert sich die Rinde dieses Baumes gern ab. Je jünger die Rinde ist, desto heller gefärbt ist sie und so sehen wir dieselbe in den oberen Regionen ins Grüngelbe oder Olivengrüne übergehen.

Die Nadeln der Kiefer stehen nur zu zweien zusammen, welche aus einer Blattscheide kommen, sie ist demnach sehr leicht von andern Bäumen ihres Geschlechtes zu unterscheiden.

Das Holz dieses Baumes ist gröber als das der Fichte und Tanne und in der Jugend gelblichweiß gefärbt, später rostgelb, besonders in der

Nähe des Kernes. Sonst ist das Holz fest, langfaserig und darum leicht spaltbar, auch ist es harziger als das Fichtenholz und hält deshalb in Feuchtigkeit länger aus als anderes.

Jüngeres Holz, besonders wenn es einem üppigen Boden entstammt, ist ziemlich vergänglich, denn es vermag kaum ein paar Jahrzehnte der Witterung zu widerstehen. Altes ausgewachsenes Holz aber und besonders dasjenige von langsamem und strengem Wuchse ist mit seinem reichen Harzgehalte in bezug auf seine Dauerhaftigkeit fast dem Eichenholze gleich zu achten und hält selbst unter Wasser aus.

Der hohe Harzgehalt dieses Holzes, der in dem eben Gesagten einen großen Vorzug in bezug auf seine Widerstandskraft gegen Fäulnis ausmacht, wird jedoch sehr leicht zu einem Uebelstande, wenn dasselbe zur Anfertigung von Gegenständen unsers gewöhnlichen Gebrauchs verwendet wird. Der Ueberschuß des Harzes schwitzt besonders gern in der Nähe der Ofenwärme, sowie durch den Handgebrauch aus und versieht den Gegenstand mit einem klebrigen Ueberzuge. Anstriche von Leim- oder Firnisfarbe werden wohl als Gegenmittel dafür angewendet, doch auch nicht immer mit Erfolg.

Auch der harzige Geruch, der dem Holze der Kiefer eigen ist, verbietet oft die Verwertung desselben. Gegenstände wie Tisch- und Kommodenkasten, Küchen- und Speiseschränke dürfen nicht aus Kiefernholz gefertigt werden, weil alsdann der harzige Geruch den darin aufbewahrten Stoffen mitgeteilt wird, wodurch einige Genußmittel, wie z. B. die Butter, Milch ꝛc. manchmal unbrauchbar gemacht werden.

Das spezifische Gewicht der Kiefer ist 0,64, das absolute aber 20 bis 21 kg.

4. Die Lärche.

Die Lärche — ein lieblicher Nadelbaum — ist wohl der niedrigste unter den Nadelhölzern, denn er erreicht nur eine Höhe von 20 bis 25 m. Darin, daß sie ihre Nadeln, welche im Herbste gelb werden und abfallen, in Büschel stellt, wird sie uns zu einem Abbilde der Zeder des Libanon, welche der König David besingt.

Die Rinde der Lärche ist rötlichbraun, ebenso das Holz, welches oft flammige Spiegel zeigt. Im übrigen ist das Holz sehr fest, leicht spaltbar und ebenfalls sehr harzreich. Daher schreibt sich auch seine große Dauerhaftigkeit gegen die Einwirkung von Nässe; unter Wasser wird es steinhart wie das Eichenholz.

Nicht unerwähnt dürfen zwei Haupteigenschaften dieses Holzes bleiben, durch welches es sich vor allen seinen Vorgängern auszeichnet; es wirft sich nicht und hat nur höchst selten vom Wurmfraß zu leiden.

Infolge dieser für die Bearbeitung dieses Holzes überaus günstigen Eigenschaften sollte man glauben, daß diesem Baume zwecks seiner Anpflanzung und Vermehrung große Aufmerksamkeit geschenkt würde. Dem ist aber nicht so und ist er deshalb nur vereinzelt in Deutschlands Wäldern anzutreffen, noch seltener im Handel.

Bei allen guten Eigenschaften dieses Holzes hat dieser Baum doch auch einen Feind zu bekämpfen und das ist die Stammfäule, welche oft das ganze Kernholz anfrißt, so fest es auch sonst sein mag. Die Krankheitserscheinung dieses Holzes ist eine fast gänzlich weiße Farbe.

Der Splint des Lärchenholzes ist weißlich und viel fester als bei den übrigen Holzarten dieser Gattung; es läßt sich dieses Holz sehr leicht und glatt bearbeiten.

Als Nebenprodukt liefert es den unechten venezianischen Terpentin.

Das spezifische Gewicht des Lärchenolzes beträgt 0,62; sein absolutes Gewicht 20 kg.

B. Die Laubhölzer.

Wie ganz anders erscheint ein Laubwald vor einem Nadelwalde! Dieser mit seinem dunkeln smaragdgrünen, sich immer gleichbleibenden Nadeldache, wie ernst steht er vor uns. Ein Baumstamm wie der andere steigt senkrecht aus dem mit magerem Gras bedeckten Boden empor. Melancholie ist der Grundzug seiner Stimmung.

Wohl mögen wir im heißen Sommer uns seines harzigen Duftes erfreuen und seine schattigen luftigen Hallen gern besuchen. Aber wenn nach langer Winterruhe der Laubwald erwacht, wenn Knospe um Knospe, Blatt um Blatt die dunkeln Hüllen sprengen, wenn Tausende von bunten, duftigen Blumen den frischen Waldboden bedecken, wenn das junge, zarte Grün in goldener Frühlingssonne sich badet und die besiederten Sänger ihr tausendstimmiges Konzert beginnen und alles, alles vor Lust und Freude jubelt, dann lassen wir den ernsten, dichten Tannenwald hinter uns, wir eilen hin, mitten hinein in das lustige Leben und Treiben des Laubwaldes und stimmen wohl selbst mit ein aus voller Kehle und frischer Brust in das alte schöne Lied:

> Wer hat dich du schöner Wald
> Aufgebaut so hoch da droben?
> Wohl dem Meister will ich loben
> So lang noch mein Stimm erschallt!

Doch dem Industriellen ist es nicht vergönnt, lange den Empfindungen seines Gemütes nachgehen zu können; ihm ist die schöne Natur das noch ungelöste Exempel seiner Lebensaufgabe und mit strenger Hand muß er hineinschneiden in das schöne Leben der Natur, wenn es der kalte berechnende Verstand ihm gebietet und die Pflicht des Lebens von ihm fordert.

So müssen auch wir hier unser Ohr verschließen vor dem, was der Wald uns erzählen will und sollen lauschen auf das, was er uns lehrt, damit wir nicht träumerische Menschen sondern wissenskundige Arbeiter werden.

Die Laubbäume, so beweglich sie auch in ihrer äußeren Gestalt uns erscheinen, liefern vorzugsweise nur harte Hölzer und es sind nur einige wenige, die von dieser Regel abweichen. Selbst auch das Holz der Birke und Linde, welche eine solche Ausnahme von dieser Regel ist, gilt im Handel und in der technischen Sprache noch als hartes. Betrachten wir einmal im folgenden die uns bekanntesten und am meisten verwendeten Laubhölzer etwas näher.

1. Die Eiche.

Von allen unsern Laubhölzern ist der stattlichste Baum die deutsche Eiche, ein Sinnbild der Hoheit und Kraft. Durch kräftige Wurzeln fest geankert in den Boden, der sie trägt, streckt sie zu trotzigem Widerstande ihre knorrigen Aeste dem Unwetter des deutschen Klimas mutig entgegen. In den Klüften ihrer borkigen Rinde gewährt sie Schutz den glänzenden Käfern und ladet zu sich all die munteren Sänger. Jawohl, der Eichbaum ist ein König der Bäume.

Ganz der äußeren Haltung und Gestalt entsprechend ist auch das Holz, welches sie spendet. Kein anderes Holz kann sich in bezug auf Ausdauer mit dem Holze der Eiche messen, es kann sogar unmittelbar nach dem Schlage zur Verwendung kommen, wenn ihm sein Platz im Wasser angewiesen wird. Hier dauert es aus und wird zuletzt hart wie ein Stein. Dagegen will das Eichenholz gut ausgetrocknet sein, wenn es im Freien oder im Hause seine Verwendung finden soll.

Es nimmt sich zu diesem Geschäft gemächlich Zeit, denn es dauert Jahre hindurch bevor es vollkommene Trockenheit erlangt. Bei näherer Untersuchung dieses Baumes stellt sich heraus, daß wir es hier in Deutschland mit zwei Arten der Eiche zu thun haben, nämlich mit der Winter- oder Steineiche und mit der Sommer- oder Stieleiche.

a) Die Wintereiche ist erkenntlich an dem Stande ihrer Früchte. In Trauben sitzen die kleinen kugel- bis kegelförmigen Eicheln beisammen, welche nur sehr kurze Stielchen haben.

Ihr Holz ist schwer, porös und etwas grobfaserig, dabei zähe, doch gut spaltbar. Die Farbe desselben ist bräunlichgelb, im Alter etwas dunkler. Es liefert dem Tischler ein vorzügliches Nutzholz, wenn er ihm die genügende Zeit zum Austrocknen läßt, wozu allerdings 8 bis 10 Jahre nötig sind, wenn es nur auf natürlichem Wege erfolgt.

b) Die Sommereiche wird an den längeren Stielen der Eicheln erkannt, diese selbst sind länger und walzenförmig. Die Blätter dagegen sind kurz gestielt, gewöhnlich kleiner und buchtiger als die der vorigen. Wegen der langen Stiele, welche eine Länge bis zu 10 bis 11 cm erreichen, wird diese Eiche auch Stieleiche genannt.

Das Holz dieser Eichenart ist spaltbarer als das der Wintereiche und wird früher reif. Es ist aber auch etwas spröder und rissiger und arbeitet sich nicht so leicht glatt als jenes.

Außer diesen beiden hier einheimischen Eichenarten können wir noch die Galleiche im östlichen Europa und Klein-Asien nennen, deren Nebenprodukt die bekannten Galläpfel sind, sodann die immergrüne Korkeiche Südeuropas, deren Rinde den Kork liefert, sowie die Scharlacheiche Amerikas deren Holz schon mit den 30. Jahre Reife erlangt und vom Tischler gern verarbeitet wird.

Das Schwarzwerden des Eichenholzes, welches eintritt, wenn es längere Zeit mit Eisen in Berührung kommt, rührt von der Gerbsäure her, die in dem Safte der Eiche reichlich vorhanden ist.

2. Die Erle.

Die Erle, oft auch Eller oder Else genannt, ist ein weit verbreiteter Baum, der besonders sumpfigen Boden oder selbst die Flußufer zu seinem Standorte wählt. Die Blätter sind rundlich und schwärzlichbraun, seine Früchte, welche Kätzchen bilden, sind ebenfalls rundlich und schwärzlich.

Das Holz der Erle ist schwer, ziemlich hart aber feinfaserig und elastisch und liefert feine Arbeiten. Selbst in der Bildhauerei wird es wegen seiner Feinheit vielfach verwendet.

Die Farbe des Holzes ist, wenn es frisch gefällt wird, gelbrot, erblaßt aber allmählich im Alter. Es nimmt sehr gut die Beize an, sowie die Politur. Weißlichgelbe Flecken im Holze sind ein Zeichen von Stockung. Leider wird dieses schöne Holz gern von Würmern aufgesucht und nimmt alsdann ein rasches Ende. Im Wasser dagegen dauert es mit dem Holze der Eiche aus.

3. Die Esche.

Die Esche ist ein stattlicher Baum mit abgerundeter Laubkrone. Die Blätter derselben sind gefiedert und ziemlich groß, die Rinde ist graulich. Der Baum wächst in Wäldern, sowie einzeln in Anpflanzungen.

Das Holz der Esche ist sehr hart, porös, zähe und weißlich glänzend, älteres Holz geht mehr in das Gelbliche über. Es reißt nicht leicht und ist sehr elastisch, wird leider auch gern von dem Wurme aufgesucht und nimmt die Beize nur unvollkommen an. Nichtsdestoweniger ist es ein gesuchtes Holz und wird mehr noch als vom Tischler von dem Stellmacher in reichlichstem Maße verwendet. Auch dem Mühlen- und Maschinenbauer reicht es ein vortreffliches Material.

Weniger gut hält das Eschenholz sich in der Erde, im Wasser und im Freien wo es dem Witterungswechsel ausgesetzt ist.

4. Die Birke.

Wer kennte nicht jenen zierlichen, idyllisch, friedlichen Waldbaum — die Birke mit ihrer silberweißen Rinde und den dreieckigen, zartgrünen Blättern? Man sieht es diesen feinen, zarten Reißern, die fadenähnlich — beständig wedelnd von den Zweigen herniederhängen, schon äußerlich an, daß das Holz eines solchen, in jeder Beziehung fein gebauten Baumes auch fein gefasert, und elastisch sein muß. Fast von gleicher Farbe wie die Rinde, jedoch mehr ins Gelbliche spielend, ist auch das Holz, etwas geflammt, zähe und schwer spaltbar. Wird es zu Möbeln verarbeitet, so wird es gewöhnlich gebeizt und liefert alsdan ein schönes, welliges Farbenspiel, deshalb wird das Birkenholz sehr häufig auch zu Furnieren geschnitten. Eine vorzügliche Lebhaftigkeit des Farbenspieles besitzen die Masern, welche vom Tischler deshalb auch sehr gern verwendet werden. Freilich lassen sich diese sowie das Birkenholz überhaupt nicht so leicht glatt arbeiten und erfordert scharfe Werkzeuge, künstliche Mittel und Geduld.

Das Holz der Birke trocknet nur sehr schwer, hält sich aber im Trocknen, wenn es nicht von Würmern frühzeitig angegriffen wird, sowie auch im Wasser recht gut, weniger gut hingegen, wenn es den Angriffen der atmosphärischen Luft ausgesetzt ist.

Wie die Birke unsere Gärten, Haine und Wälder ziert, so schmückt sie auch noch die Wälder in den kältesten Zonen. Wir finden sie in Grönland in den Eisregionen hoher Gebirge, sowie auf der Grenze aller Vegetationen noch als Zwergbirke.

5. Die Linde.

Schon an dem sanften, lieblichen Klange des Wortes Linde merken wir, mit was für einem Holze uns dieser schöne, deutsche Baum beschenkt. Es ist weich, weiß, zähe und langgefasert, läßt sich wohl gut spalten nicht aber immer gut glatt arbeiten. Es wird vom Tischler ungemein gern verarbeitet zu Kästen, Kastenboden und kleineren Gegenständen, deren Inneres ein feines Aussehen erhalten soll. Nicht weniger gern wird es seiner Weichheit halber vom Bildhauer verarbeitet. Es nimmt die Beizen, besonders die schwarze, vorzüglich gut an. Zu seinen guten Eigenschaften gehört ferner, daß es sich nicht leicht wirft, nur selten reißt und auch dem Wurmfraße ziemlich gut widersteht.

Die Schwächen dieses Holzes aber sind, daß es im Wasser und in freier Witterung bald verdirbt.

Der Botaniker unterscheidet zwei Arten von Linden: eine Winter- und eine Sommerlinde.

a) Die Winterlinde, welche kleinere Blätter und kleinere Blüten hervorbringt, überhaupt kleiner von Wuchs als die Sommerlinde ist, erwacht in der Regel im Frühjahre 14 Tage später als jene. Ihr Holz ist etwas rötlicher, dichter, fester und zäher als das der Sommerlinde.

b) Die Sommer- oder Wasserlinde hat größere Blätter und Blüten. Ihre Rinde ist in der Jugend bräunlichrot und glatt, im Alter aber grau und der Länge nach aufgerissen.

Die Blüten beider Arten geben, wenn sie getrocknet werden, einen aromatischen, lieblich schmeckenden Thee, der von vielen Leuten dem chinesischen grünen Thee vorgezogen wird. Der Lindenbaum erfreut sich im öffentlichen Leben einer großen Beliebtheit im Volke. Mehr noch als in der Stadt ist man auf dem Lande bestrebt, diesen herrlichen schönen Baum mit seiner schattigen, runden Laubkrone in die nächste Nähe der menschlichen Wohnung zu ziehen. Größere patriotische Feste sucht man dadurch zu verherrlichen, daß man auf öffentlichen Plätzen zur steten Erinnerung eine Linde pflanzt. In Städten sucht man sich unter ihren mächtigen Zweigen gütlich zu thun. Die Linde erreicht eine Höhe von über 30 m und ein Alter von 1000 Jahren und darüber.

6. Die Pappel.

Die Pappel ist insofern mit der Linde nahe verwandt, weil sie ein ebenso weiches, gewöhnlich noch weicheres Holz produziert als die Linde. Das Holz der Pappel ist weiß, porös, läßt sich oft nur unter erschwerenden Umständen glatt arbeiten und besitzt nur im Zustande der Trockenheit eine einigermaßen befriedigende Dauerhaftigkeit. Die guten Eigenschaften dieses Holzes sind, daß es äußerst leicht ist, nicht leicht reißt und sich nicht verzieht. Aus diesem Grunde wird das Pappelholz vom Tischler gern zum Blindholz verarbeitet.

Die in unserer Gegend gebräuchlichsten Pappeln sind die italienische, die Silber- und die Schwarzpappel.

a) Die italienische- oder Pyramidenpappel ist ein bekannter ungemein hoher Baum, der in früheren Jahren mehr als in der Gegenwart zur Einfassung unserer Chausseen häufig angepflanzt wurde. 30 m und darüber ragt seine Spitze hoch in die Luft, während die Stärke des Stammes nur einen Meter beträgt. Sie liebt humusreichen Boden und entwickelt ein überaus schnelles Wachstum. Das Holz ist meist geflammt oder geädert und sonst ziemlich fest, läßt sich darum auch noch am besten verarbeiten.

b) Die Silberpappel, welche an ihren unterhalb weißlichen und filzigen Blättern zu erkennen ist, ist etwas niedriger, dafür aber stärker und hat eine breitere Krone. Dieses Holz ist das weißeste Pappelholz, läßt sich gut spalten und steht fest, wird deshalb häufig zu Brettern geschnitten.

c) Die Schwarzpappel, bekannter unter dem Namen deutsche Pappel, hat dreieckige, gesägte glatte Blätter. Das Holz ist porös und schwammig und reißt beim Hobeln gern ein.

7. Die Espe.

Die Espe oder Aspe ist eigentlich auch eine Pappel und wird gemeinhin auch mit dem Namen Zitterpappel belegt. Sie ist zu erkennen an der weißlich graugrünen, glatten Rinde und an den rundlichen Blättern, welche, weil sie auf sehr langen Stielen sitzen, in fast beständiger Bewegung sich befinden, was die Veranlassung zu dem Namen Zitterpappel gewesen sein mag. Die Beschaffenheit des Holzes der Espe ist dieselbe wie das der Pappeln.

8. Der Ahorn.

Man sieht es dem edlen Baume eines Acers schon von außen an, welches feine, vorzügliche und gediegene Holz unter seiner Rinde steckt. Stolz und kraftvoll streckt er seine fast immer geraden Zweige schräg aufwärts in die Luft; energisch ausgebuchtete und scharf zugespitzte Blätter schaukeln sich auf langen Blattstielen und lassen ebenfalls von ihrer straffen und harten Struktur auf ein ähnlich beschaffenes Holz schließen.

Die Rinde dieses aristokratischen Baumes ist glatt, weißlichgrau und saftig; im Alter ist sie etwas aufgerissen und ein wenig dunkler.

Das Holz des Ahorns aber besitzt eine ganz vorzügliche Feinheit in seiner Textur, ist sehr fest und daher auch schwer. Die Poren sind kaum sichtbar, weshalb es eine vorzügliche Politur annimmt. Die Farbe mancher Hölzer ist fast blütenweiß, andere gehen mehr ins Gelbliche und Rötliche über. Aeste finden sich nur selten vor. Ein Kennzeichen des Ahornholzes sind die kleinen, feinen gelblichen Spiegel desselben. Wegen des feinen Gefüges liefert dieses Holz das beste Material zur Anfertigung feiner Tischlerarbeiten, sowie in der höheren Bildhauerkunst zur Anfertigung verschiedener Kunstwerke.

Die Dauerhaftigkeit des Ahorns ist in geschützten Räumen eine vorzügliche, es wirft sich fast gar nicht und reißt ebenso selten; nur das längere Verweilen in der äußeren Feuchtigkeit im Wasser und in der Luft, will ihm nicht dienlich sein, indem es dann verdirbt.

Außer diesem eben beschriebenen gemeinen Ahorn (Acer pseudopladanus) wachsen bei uns noch zwei andere Arten: Der Spitzahorn (Acer platanoides) und der kleine oder Feldahorn (Acer campestris).

Der Spitzahorn, erkenntlich an den scharf zugespitzten Zipfeln der Blätter, liefert ein weniger weißes, mehr gelbliches und nicht so feines Holz, welches jedoch um weniges härter als das des gemeinen Ahorns ist. Oft findet es sich auch gemasert.

Die Rinde dieses Baumes ist gelblicher aber ebenso glatt.

Der Feldahorn oder Maßholder (in verschlechteter Aussprache: Meßheller) wächst nur strauchartig und heißt deshalb auch kleiner Ahorn. Er wird im besten Falle nur 12 bis 13 m hoch und etwa 30 cm dick. Sein Geäst ist kurz und verworren und unansehnlich.

Die Rinde ist rostbraun, später weißlich und schwarzbraun mit tiefen, buchtigen Rissen.

Das Holz davon ist gelblich bis rötlich, aber zähe fein und langgefasert, von ebenfalls vorzüglicher Feinheit und Dichte.

Ein amerikanischer Ahorn ist der Zuckerahorn, welcher vorzügliches Maserholz liefert.

Die Säfte aller Ahornarten sind im Frühjahre sehr zuckerhaltig. Der Zuckergehalt dieses Baumes ist so groß, daß in Nordamerika aus seinem Safte wirklich Zucker gewonnen wird.

Wegen der Feinheit des Ahornholzes und seiner Dauerhaftigkeit verwendet der Tischler dasselbe besonders gern zur Anfertigung seiner Werkzeuge, und gibt ihnen somit zugleich ein freundliches und feineres Ansehen. Ganz besonders gut eignet es sich zur Herstellung von Schraubenspindeln für Zwingen und Hobelbänke.

9. Die Buche.

Ein Baum voll Saft und Kraft von der Wurzel bis zum Wipfel ist die Buche, ein Bild der Stärke, prächtig anzuschauen. Wenn ihre Zeit gekommen ist, ihren Blätterschmuck zu entfalten, so ist sie durch das goldgelbe Grün ihrer gefälteten Blätter unter Hunderten von Bäumen leicht herauszufinden. Sie bildet herrliche, frische, anmutige Wälder auf dem Rücken der Berge und in Thälern.

Straff um den kreisrunden Stamm gespannt, sitzt die graue, glatte Rinde fest am Holze. Die Früchte dieses Baumes, die Bucheckern, liefern ein vorzügliches Oel.

a) Die Rotbuche. Das Holz der Rotbuche besitzt eine eigentümlich rötliche Färbung, welche in der Jugend mehr verblichen, im Alter aber desto intensiver erscheint und oft ins Zimtbraun übergeht. Eine solche Farbe ist das beste Anzeichen für die Gesundheit des Holzes. Das Holz selbst ist wegen seiner großen Dichte ziemlich schwer und fest. Es spaltet sich leicht, verzieht sich aber nur wenig, sowie es auch nur selten reißt. Im Wasser hält es sich besser als im Wechsel der Witterung und hält im Trocknen gut aus. Gegen die Angriffe des Wurmes kann es sich nur in geringem Maße wehren und wird nicht selten bis auf den Kern zerfressen. Weiße Flecken im Holze sind Stockflecken.

Eine Eigentümlichkeit des Buchenholzes sind die rötlichen Spiegel, welche nur ungenügend Beize annehmen und das Holz der Buche immer kennzeichnen.

Rotbuchenholz wird zu zahlreichen Tischlerarbeiten mit großem Nutzen verwendet.

b) Die Weißbuche oder auch Hornbaum genannt, ist ein 20 bis 25 m hoher Buchenbaum mit gefalteten, länglich spitzen Blättern, die etwas schmäler sind als die der Rotbuche. Der Stamm ist nie vollkommen rund, sondern kantig und zum Teil gefurcht. Die Rinde ist weißlich aschgrau.

Das Holz dieser Buche besitzt einen großen Grad von Festigkeit, welche mit dem Alter so zunimmt, daß es mit dem Hobel oder mit der Säge kaum noch bearbeitet werden kann. Dem entsprechend ist auch die Schwere des Holzes. Es ist ferner sehr elastisch und federt daher sehr gut. Die Farbe ist weiß, der Splint ist äußerst dünn, das Holz in der Nähe des Kernes ist fester als das in der Nähe des Splintes. Trotz seiner enormen Festigkeit ist es im Wasser und in der freien Natur doch sehr vergänglich; während seine Dauerhaftigkeit im geschützten Raume nichts zu wünschen übrig läßt.

Tischler, Drechsler sowie alle andern Holzarbeiter fertigen aus diesem festen Holze gern ihre Werkzeuge, wie Hobel, Hefte, Schrauben und dergl. an, wobei es sich trefflich bewährt.

10. Die Ulme.

Die Ulme oder Rüster ist ein kräftiger, aber wenig schöner Baum, welcher fruchtbaren, frischen Boden liebt. Er bewaldet lieber die Niederungen als das Hochland und erreicht eine Höhe von 30 m und eine Dicke von ziemlich einem Meter. Die Blätter der Ulme sind länglich zugespitzt, gewellt und kurz gestielt. Ihr Rand ist doppelt gesägt.

Die Rinde ist dunkelbraun bis grau und meistenteils aufgerissen.

Das Holz der älteren Stämme ist intensiv braun, hart, zähe und fest und würde gewiß ein gutes Möbelholz abgeben, wenn es nicht so grob porös wäre. Das Holz der jüngeren Stämme ist heller von Farbe und mehr gelb als braun; ebenso ist der Splint gefärbt.

Ueber die Dauerhaftigkeit dieses Holzes ist zu berichten, daß es gleich wie das Eichenholz im Wasser gut aushält, sowie auch in Abgeschlossenheit vom Wechsel der Witterung. Von den Würmern wird es fast gar nicht inkommodiert, dagegen zeigt es größere Neigung zum Reißen und Verziehen.

11. Die Akazie.

Der Baum, welcher bei uns den Namen Akazie gemeinhin führt, aber nicht verdient, weil er nur eine Robinie ist, stammt aus Amerika und hat eine überaus zierliche Laubkrone aus gefiederten Blättern bestehend und spendet in der Blütezeit aus seinen Lippenblüten einen überaus starken Duft. Ihre kleinen rundlichen, braunen Samenkörner sitzen in bräunlichen Schoten. Die Rinde ist graubraun und tief borkig.

Das Holz von diesem Baume hat eine sehr helle und angenehme Farbe, welche bald ins Gelbe bald ins Grüngelbe mit purpurfarbenen Adern spielt. Es läßt sich sehr gut verarbeiten und nimmt leicht eine glatte Fläche an, läßt sich darum auch leicht polieren. Je älter das Holz wird, desto dunkler wird auch seine Farbe, auch wenn es bearbeitet und poliert worden ist. Im übrigen ist es fest, dicht und daher ziemlich schwer. Das Gefüge ist fein, kurzfaserig; es besitzt eine bedeutende Elastizität.

Steht die Robinie auf gutem, lockeren Boden, so wächst sie ziemlich rasch empor und erreicht eine Höhe von 15 bis 20 m und eine Stärke bis zu einem halben Meter und darüber.

Bei uns in Deutschland wird die unechte Akazie fast nirgends als Nutzholz, sondern nur als Zierbaum gezogen, daher ist auch sein Holz ziemlich unbekannt. In seinem Vaterlande aber, in Nordamerika, ist seine Anpflanzung allgemein; das Holz desselben ist daher auch billiger, so daß es zum Bau der Häuser häufig seine Verwendung findet, was wegen seiner Wurmfreiheit gewiß von Vorteil sein muß. Es widersteht der Fäulnis noch länger als das Eichenholz!

12. Die Roßkastanie.

Dieser bekannte Baum mit seinen fünf=, sieben= oder neunteiligen Blättern und kugeligen, braunglänzenden Samen, wächst ziemlich rasch empor zu einem kräftigen Stamme mit laubreicher Krone. Das Holz derselben ist weiß, fein, zart und weich wie Linde, läßt sich noch feiner wie dieses bearbeiten und gut polieren. Doch fault es leicht, wenn es der Luft im Freien ausgesetzt ist, hat aber sonst eine hinreichende Dauer.

Tischler, Drechsler, Formenstecher, Bildhauer verwenden es gern zu ihren Arbeiten.

Außer den bisher beschriebenen Laubhölzern, welche in der Tischlerei verarbeitet werden, sind nun noch einige andere zu nennen, die gleichfalls Nutzholz liefern, es sind die Obstbäume. Sie verdienen um so mehr unsere Aufmerksamkeit, als sie durch ihre saftigen, aromatischen, süßen Früchte bei ihrem Bestande uns manchen angenehmen Genuß verschaffen und, nachdem sie gefällt sind, auch noch durch schönfarbige Hölzer erfreuen.

13. Der Apfelbaum.

Der liebliche Apfelbaum mit seinen rotwangigen Früchten, der „wundermilde Wirt", wie ihn der Dichter Uhland nennt, er reiht sich auch ein in diejenigen Nutzhölzer, welche ein schönes, feines, rötlichgelbes, äußerst zartes Holz liefern. Lebhafter noch als die Farbe des veredelten Apfelbaumes ist die des im Walde wildwachsenden Baumes. Es läßt sich das Apfelholz sehr fein bearbeiten und nimmt eine sehr glatte, mattglänzende Fläche durch den Hobel an. Weil es jedoch gern reißt und auch hin und wieder verzieht, ist es geraten, dieses Holz zu Furniere zu schneiden und auf diese Weise zu verwerten.

14. Der Birnbaum.

Ein sehr naher Verwandter des Apfelbaumes ist der Birnbaum, der ein ebenso guter Freund der Kinder als auch des Tischlers ist, denn sein feines, zartes und festes Holz steht bei letzterem in sehr hoher Achtung. Die Poren dieses Holzes sind so fein, daß sie mit unbewaffnetem Auge kaum zu sehen sind, daher ist auch die bearbeitete Fläche des Holzes eine so feine und glatte. Die Farbe geht durch verschiedene Nüancen der hellern Farben vom matten Weiß bis ins Gelbliche und Rötliche. Es nimmt alle Beizen, die schwarze aber mit solcher Vollkommenheit an, daß das schwarz gebeizte Birnholz dem Ebenholze gleichkommt.

Außer dem Tischler greift der Formenstecher und Modelleur gern nach diesem feinen Holze, wenn es gilt besonders zarte Arbeiten daraus zu fertigen.

15. Der Kirschbaum.

Der wilde Kirschbaum im Walde, sowie der edle in unsern Gärten liefert ein ebenfalls sehr feines, festes und schweres Holz, welches sich sehr gut und angenehm verarbeiten und leicht polieren läßt. Infolge seiner freundlichen, gelblichroten sehr lebhaften Färbung hat es sich fast allgemein als Möbelholz in unsern Wohnzimmern eingebürgert. Lebhafter noch als der edle Kirschbaum ist das Holz des wilden gefärbt, weil die Uebergänge aus dem hellern Splint in das dunklere Kernholz plötzlicher erfolgen, schön gefärbte Adern mit bald hellern bald dunklern Flammen, wechseln anmutig ab und verleihen dem Möbel einen lieblichen Reiz, besonders wenn es der Verfertiger versteht, durch geeignete Zusammenstellung der Furniere die Lebhaftigkeit des Farbenspieles zu erhöhen.

16. Der Pflaumenbaum.

Das Pflaumenholz ist dunkler, rot bis rötlichbraun und ziemlich gleichmäßig gefärbt. Durch den Schliff und die darauf folgende Politur wird die Farbe noch dunkler und kommt dem Mahagoni ziemlich nahe. Das Holz ist zwar fest und fein gefasert, doch etwas spröde. Eine nachteilige Eigenschaft dieses Holzes ist die, daß es beim Trocknen sehr leicht rissig wird; diese Risse sind oft so fein und gehen so tief in das Innere des Holzes, daß oft das meiste Holz in den Abfall geschnitten werden muß. Deshalb sind größere Gegenstände nicht leicht aus diesem Holze herzustellen. Das Trocknen dieses Holzes muß sehr vorsichtig geleitet werden; am besten ist es, die Stämmchen wenigstens einmal zu trennen und den Schnitt durch den Kern des Holzes zu legen.

17. Der Nußbaum.

Das überaus schöne, farbenreiche und malerische Nußbaumholz, welches unsere besten Möbel herstellen hilft, ist auch in Deutschland heimisch, zieht aber sonst wärmere Länder vor, in welchen es alsdann auch ein noch intensiveres Farbenspiel entwickelt. Bei uns erreicht das Nußholz nicht den tiefen bräunlichschwarzen Farbenton, wie das des südlichen Frankreichs und der Schweiz, aber doch liefert auch das rheinische Nußholz ganz befriedigende Farben, auch wenn es schlicht gewachsen ist. Jüngeres Holz verfällt überhaupt mehr in ein helleres Grau. Durch Beizen mit einer aus Nußschalen gekochten und alkalisch verschärften Beize läßt sich der mangelnde tiefere Farbenton so täuschend verbessern, daß nur das Auge des Fachmanns die Imitation erkennt. Nur die besseren Hölzer werden zu Furnieren geschnitten.

Das Nußholz besitzt einen ganz erheblichen Grad von Härte und Festigkeit, seine Elastizität ist wirklich auffallend und wird von keinem anderen Holze erreicht. Von allen Hölzern bricht es am spätesten. Wegen seiner Festigkeit haftet der Leim nicht so gut, es müssen die zu verleimenden Hölzer deshalb gut abgezahnt, tüchtig gewärmt und mit heißem Leim versehen werden. Thun dann die Schraubzwingen das ihrige und läßt man dem Leime gehörige Zeit zum Austrocknen, so kann man sich eines guten Resultates versichert halten. Weißer russischer Leim ist aber in diesem Falle nicht gut zu verwenden, weil er die weiße Leimfuge ersichtlich macht.

Ebenso große Vorsicht und noch sorgfältigere Vorbereitungen verlangt aber auch noch das Furnieren mit maßerigem Furnier, das, je bunter es ist, auch desto wolkiger und bauchiger ist. Oefteres Bestreichen mit recht flüssigem Leime und fleißiges Pressen zwischen Zulagen müssen unbedingt vorausgehen, um das wollige Furnier einigermaßen zu ebenen und zu glätten. Ist dieses gelungen, dann geht es an das Zusammensetzen des Furniers. Sind sie hieraus auf der rechten Seite reichlich mit Makulatur bedeckt worden und unganze Stellen ausgerieben, dann erst kann das Furnieren beginnen.

C. Ausländische Hölzer.

Haben wir uns nun mit den wesentlichen Eigenschaften der einheimischen Nutzhölzer bekannt gemacht, so liegt es uns nun noch ob, einige ausländische Hölzer, die auch sehr häufig verarbeitet werden, einer Besprechung zu unterziehen.

18. Das Mahagoniholz.

Die Heimat dieses schönen, roten Holzes ist Amerika und Westindien, von woher es zumeist in großen, starken Blöcken zu uns kommt. Es ist ziemlich hart, oft spröde und porös. Neue, aus Mahagoni gearbeitete Möbel haben eine hellrote Farbe. Mit den Jahren aber geht dieselbe in immer dunklere Nüancen über und wird nicht selten fast braunschwarz, eine Eigenschaft, welche nicht zu den angenehmen zu zählen ist.

Gute Eigenschaften dieses Holzes sind aber seine Beständigkeit; es wirft sich nicht und wird auch nicht vom Wurmfraße zerstört. Buntes, flammiges Holz ist fester und spröder als schlichtes, daher müssen auch die bunten Furniere mit Vorsicht behandelt werden. Das Mahagoni nimmt sehr leicht eine hohe Politur an und diese hält sich lange Zeit sehr gut, wodurch es sich vorteilhaft vor andern Hölzern z. B. dem Nußholz, Kirschbaum ꝛc. unterscheidet.

19. Das Palisanderholz.

Unter dem Namen Palisanderholz kommt eine Holzart im Handel vor, welches Brasilien zu seiner Heimat hat. Es ist ein sehr festes und sprödes Holz, welches sich nur mit sehr guten und scharfen Werkzeugen behandeln läßt. Die Farbe desselben ist tief braunschwarz untermischt mit hellgelben oder rötlichen Längsadern.

Infolge seines Fettgehaltes ist dieses Holz dem Leim nur schwer zugänglich und erfordert das Leimen desselben Fleiß und Akkuratesse seitens des Arbeiters. In gleichem Grade widersetzt es sich dem Schleifen und Polieren, auch muß das neue Möbel vielmal aufpoliert werden, ehe die Politur steht, weil die außergewöhnlich großen Poren des Holzes immer wieder durchschlagen.

20. Das Ebenholz.

Aus Ostindien, Afrika und aus einem Teile Amerikas, von Ceylon und von Madagaskar kommt ein Holz zu uns, welches eine vollkommene schwarze Farbe besitzt. Weil es sehr fest und dicht ist, ist es auch spröde und ziemlich schwer. Es wird nur zu feineren Arbeiten, zu Auslegereien und kleinen Nippartikeln verwendet. Nur das Kernholz ist schwarz, der Splint dagegen fast weiß, welcher daher immer erst entfernt werden muß. Vorteilhaft für die Bearbeitung dieses Holzes ist es, längere Zeit vorher dasselbe in Wasser zu legen, wodurch es milder gemacht wird.

Das Ebenholz spaltet sehr leicht und gut, bearbeitet sich sehr schön glatt und nimmt daher mit Leichtigkeit eine hohe Politur an. Eigentümlich ist es, daß es beim Verarbeiten abfärbt und beim Verbrennen einen angenehmen Geruch verbreitet.

Das echte Ebenholz wird indessen gegenwärtig nicht mehr so viel als in früheren Jahren verarbeitet, weil man es durch Imitationen vollständig ersetzen kann. Diese besitzen die Schönheit der schwarzen Farbe in gleichem Maße wie das Ebenholz, haben aber die Vorteile der Billigkeit für sich.

Neuntes Kapitel.
Ueber die Bauglieder.

Unter dem Ausdrucke Bauglieder versteht man in der Sprache der Baukunst gewisse ornamentale Verzierungen, welche dazu dienen, größere Flächen und Bauformen in passender, das Auge des Beschauers angenehm berührender Weise zu unterbrechen.

Bauglieder sind demnach nicht wesentliche Bestandteile des Baues selbst, sondern nur zufällige Bauformen, künstlerische Zuthaten, welche hinzugethan oder weggelassen werden können, ohne dadurch die innere Struktur des Baues zu beeinträchtigen.

Aber gerade darin, daß sie nicht unbedingt notwendig sind, liegt es begründet, daß es Zeiten gegeben hat, in welcher man diese ornamentalen Bauwerke rücksichtslos beiseite setzte oder doch auf ein unendlich knappes Maß beschränkte und zwar lediglich aus Ersparnisgründen! Es ist nicht zu verkennen, daß in unserer gegenwärtigen Zeit eine entschiedene Wendung, zum Bessern nach dieser Richtung hin eingetreten ist. Möchte dieselbe eine dauernde sein!

Glücklicherweise hat man es in der Möbelbranche nicht wie im Baufache so leicht vermocht, über die Anwendung von Baugliedern sich kurzer Hand hinwegzusetzen, denn zu allen Zeiten hat man dem Möbel seinen baulichen Zierat gelassen, wenn auch mehr oder weniger beschränkt, denn sowie es die Aesthetik der Baulehre verlangt, daß große Flächen wie z. B. die Fassade eines Hauses entweder horizontal oder vertikal oder beides zugleich unterbrochen werden müssen, damit sie nicht monoton, eintönig wirken, so verlangt es auch die Aesthetik des Möbelbaues, daß größere Flächen in angenehmer Weise unterbrochen, d. h. gegliedert werden, wenigstens doch nach unten oder oben einen passenden Abschluß erhalten müssen.

Die Verschiedenartigkeit und Mannigfaltigkeit dieser Bauglieder ist eine sehr große. Sie muß auch eine große sein, weil ein jedes einzelne Bauglied sich den Verhältnissen anzupassen hat, in welchen es seine Anwendung findet. Und da sie zugleich als selbstgewählte Symbole eine deutliche Sprache reden sollen, müssen sie unter sonst gleichen Verhältnissen bald diese bald jene Form, bald größere bald geringere Ausladungen erhalten.

Bauglieder, welche in den unteren Linien eines Gegenstandes vorkommen, nennt man gewöhnlich Sockel, fußbildende Elemente, Fußgesimse.

Diejenigen Bauglieder, welche einen Gegenstand nach oben einen Abschluß geben, heißen in der Sprache der Möbeltechnik gemeinhin Gesims. Die Sprache des Baufaches nimmt es aber mit ihren Bezeichnungen und Ausdrücken genauer und nennt daher die erwähnten Glieder Bekrönungsgesims oder auch Hauptgesims.

Zwischen beiden liegen für den Baubeflissenen noch die sogenannten bindenden oder auch trennenden Gesimse, welche z. B. eine Wand in der Gegend der Fensterbrüstung horizontal durchlaufen. Sie werden Gurtgesimse genannt.

Der Möbeltischler kann von dieser letzteren Art keinen Gebrauch machen, wohl aber muß der Bautischler dieselben vielfach anwenden, also auch ausführen.

Nach diesen drei Hauptgesichtspunkten sind denn auch die Bauglieder anzulegen und zu konstruieren. Fußgesimse müssen einen tragenden und stützenden Charakter annehmen, wenn sie richtig konstruiert sein sollen. Bekrönungs- oder Hauptgesimse müssen mehr hängend und nach oben abschließend konstruiert sein. Die Gurtgesimse sollen beide Formen in sich in passender Weise vereinigen.

Auch die Gesimsformen der Möbel haben sich nach diesen allgemeinen Regeln streng zu richten, denn es würden grobe Fehler entstehen, wenn man in willkürlicher Anordnung ein Gesims so oder so vielleicht gar nach dem gerade sich vorfindenden Gesimshobel auskehlen wollte. Eine solche Nonchalance wäre das schlimmste Zeugnis, welches sich ein Tischler ausstellen könnte! Es muß eben eins zum andern passen und jedes seinen bestimmten Ort aber auch seine ihm zukommende Form bekommen, sonst ist es keine Zierde, keine Verzierung, sondern eine Verstellung des Gegenstandes. Dieses gilt ganz besonders von den Baugliedern oder wie der Tischler sie kurz nennt, von den Gesimsen.

Aber nicht nur die Form, sondern auch die Größe, die Ausladung der Gesimse kommt hierbei in Betracht, denn ist das Sockel oder Bekrönungsgesims zu klein, so wird dasselbe den Ausdruck der Dürftigkeit und Armut erhalten; sind aber seine Dimensionen zu groß, dann muß dem Beschauer ganz von selbst der Eindruck kommen, als wenn er einen Zwerg vor sich sähe, bei welchen Menschen bekanntlich der Kopf in einem sehr mangelhaften Verhältnisse zu dem übrigen Körper steht.

Endlich aber dürfen solche Ausschmückungen weder zu karg bemessen noch zu zahlreich angebracht werden, welcher Umstand ebenfalls dazu beiträgt, daß der ursprünglich beabsichtigte Eindruck, der durch diese Gesimse im Beschauer hervorgerufen werden soll, verfehlt wird.

Diese fragmentarischen Notizen mögen wohl schon einigermaßen die große Wichtigkeit, welche die Bauglieder im Bauwesen sowie auch speziell im Möbelwesen haben, zur Genüge beleuchtet haben, und die kurzgefaßte, nun folgende Besprechung derselben rechtfertigen. Da dieselben zugleich eine kleine Uebung im Freihandzeichnen, welches der Bau- und Möbeltischler sehr gut brauchen kann, abgeben sollen, sind die auf der letzten Tafel dieses Werkes gegebenen Baugliederformen so angeordnet worden, daß sie von dem Leichteren zum Schwereren fortschreiten.

Fig. 1, Taf. XXV.

Das einfachste Glied, welches in der Architektur vorkommt, sehen wir hier dargestellt, es ist eine Platte. In größerem Format ausgeführt, tritt die Platte selbständig auf, wie z. B. als Sockelplatte eines Möbels, einer Säule, eines Pfeilers und dergl. Wird sie aber kleiner angelegt, so kommt sie gewöhnlich in Verbindung anderer, geschweifter Glieder auf, die sie entweder begrenzt oder miteinander innig verbindet.

Fig. 2, Taf. XXV.

Wir sehen hier, daß auch die Platten an sich ebenfalls eine Verbindung eingehen können. Die große, untere Platte tritt als Sockelplatte auf, über welche sich zwei schmälere erheben. Letztere werden Plättchen genannt.

Fig. 3, Taf. XXV.

Wir haben es in dieser Figur wieder mit einer Sockelplatte zu thun, welche oben eine schräge Abdachung erfahren hat; eine solche Abdachung wird Fase, der Vorgang selbst aber abfasen genannt, was in der Tischlerei sehr häufig zur Anwendung kommt.

Dieses einfache Beispiel lehrt uns, daß die architektonische Gliederung unserer Gebäude, Monumente 2c. maßgebend auch für alle übrigen Gliederungen geworden sind, so daß wir sie z. B. an unsern Möbeln mit der treuesten Nachahmung wiederfinden, auch wenn sie scheinbar keinen Sinn hat. Eine solche Fase wendet man beispielsweise an bei Gebäuden oder Gegenständen, die im Freien stehen, um das Ansammeln des Regenwassers in rechtwinkeligen Kehlen, wie sie die **Fig.** 2 dieser Tafel bot, unmöglich zu machen und das Gesims auf die einfachste Art dadurch zu konservieren. Im Zimmer regnet es bekanntlich nicht, und doch wendet man die Fase gern an und thut dieses fast niemals zum Nachteil des Ansehens, denn eine Fase ist immer ein feines zierliches Glied, zumal wenn ihre Schräge recht eben, also nicht flachrund ist (wie es häufig zu sehen ist). Gehoben wird eine solche Fase, wenn sie eine schöne Politur erhält.

Fig. 4, Taf. XXV.

Eine größere und eine kleinere Platte, beide durch einen Vorsprung getrennt und eine Fase sind hier zu einem größeren Sockelgesims vereinigt, welches weniger an Möbeln als an Pfeilern, Säulen und Zimmerwänden Anwendung findet.

Fig. 5, Taf. XXV.

Alle bisherigen Gesimsglieder dieser Tafel sind geradlinig; es treten nun die geschweiften auf und zwar zuerst das Stäbchen. Es ist hier das Stäbchen zweimal zur Verwendung gekommen; man thut dieses gern, wenn es auf größeren Flächen angebracht werden muß, bei welchen ein einzelnes Stäbchen zu sehr verschwinden würde. Zwischen beide läßt sich leicht ein Plättchen anbringen.

Dem Stäbchen wird gewöhnlich der Halbkreis zum Profile gegeben. Sehr schwache Stäbchen macht man aber gern etwas höher. Dieses thut man auch dann, wenn ein Plättchen angelegt oder zwischengeschoben wird, wie eben bemerkt worden ist.

Fig. 6, Taf. XXV.

Wird ein Stäbchen in größerem Maßstabe ausgeführt, so entsteht der Stab, auch Rundstab genannt. Sein Profil ist ebenfalls der Halbkreis.

Fig. 7, Taf. XXV.

Wird ein Stab beiderseits durch ein Plättchen begrenzt, so entsteht eine einfache, aber recht ansprechende Kehlleiste, die als bindendes Glied oder auch selbständig als Schlagleiste auftreten kann.

Fig. 8, Taf. XXV.

Eine ähnliche Leiste wie die vorige, aber in reicherer Ausführung tritt uns hier entgegen. Der Rundstab wurde auf eine breitere Platte gesetzt, welcher an ihren äußeren Längskanten eine kleine Hohlkehle angekehlt worden ist. Die Hohlkehlen haben einen Viertelkreis zum Profil erhalten, welcher für diesen Fall der Hohlkehle die beste Schweifung gibt.

Eine solche Leiste kann schon recht gut als Schlagleiste für Doppelhausthüren funktionieren und gibt ein recht gefälliges Aussehen.

Fig. 9, Taf. XXV.

Zu der Hohlkehle sind in dieser Zeichnung zwei uns schon bekannte Glieder getreten, nämlich die Fase auch Wasserfase oder Wasserschlag und ein Plättchen. Das Ergebnis ist ein zierliches Glied, welches ebenfalls zu den bindenden Elementen gerechnet wird.

Es kann als unterer Abschluß von größeren Friesen gebraucht werden oder auch selbständig als Bekrönung kleinerer Gegenstände auftreten. Auch hier ist das Profil der Hohlkehle ein Viertelkreis.

Fig. 10, Taf. XXV.

An Stelle des Plättchens in **Fig.** 9 dieser Tafel ist in diesem Beispiele ein Rundstäbchen gesetzt worden, wodurch dieses kleine Gesims noch mehr Leichtigkeit angenommen hat.

Die Verwendung dieses Gesimses ist ganz dieselbe wie in voriger Figur und kann dasselbe ebenfalls als Bekrönungsgesims für kleinere Gegenstände gelten.

Fig. 11, Taf. XXV.

Das neue Glied, welches hier zum erstenmale auftritt, heißt gemeinhin Karnies. Eine größere und eine kleinere Fase sowie ein Plättchen sind ihm zur Begrenzung beigegeben worden. Der Karnies hat nicht die Leichtigkeit im Ausdruck als die Hohlkehle, vielmehr hat er etwas Massiges und Gedrungenes. Dieses Glied kann deshalb nur dann an die Stelle eines bindenden Elementes treten, wenn über dem Friese, welchen es nach unten begrenzt, noch andere größere und wuchtige Gesimsformen sich aufbauen; im andern Falle würde es plump ausfallen und mehr stören als zieren.

Als kleines Bekrönungsgesims kann diese Kehlleiste wegen seines massigen Gehaltes nicht auftreten, weil der Abschluß ein ganz unvollkommener sein würde.

Häufig findet man eine solche Karniesleiste unter Weglassung der großen Fase als Einfassungsleiste von Thürbekleidungen, wohin sie auch mit Fug und Recht gehört, denn die große Fläche der Thür wird immer harmonisch zu dieser Leiste stimmen, besonders wenn die Thür eine Doppelflügelthür und die Bekleidung der Thür zu zwei breiteren Platten abgeplattet worden ist.

Fig. 12, Taf. XXV.

Es ist hier ein überaus einfaches, bindendes Glied gegeben worden, welches nur aus einem rechten Winkel besteht, an dessen unterem Schenkel eine halbkreisförmige Hohlkehle eingeschoben worden ist. Es ist ein sehr schlankes und zierliches Gesims, welches einen stark ausgeprägten gotischen Charakter an sich trägt.

Fig. 13, Taf. XXV.

Diese Figur ist als Grundrißzeichnung aufzufassen. Der Dreiviertelkreis ist das Profil für eine Dreiviertelsäule, wie sich solche, natürlich nur in senkrechter Stellung, an manchen Möbeln früheren Stiles noch vorfinden. Solche Säulen wollen die scharfen Ecken der Möbel verbergen und somit die etwas schwerfällige Masse der prismatischen Gegenstände mildern und beleben. In diesem Falle erhält die Säule unten ein ebensolches Sockelgesims und oben ein Bekrönungsgesims oder Kapitäl, auf welchem gewöhnlich eine Urne steht.

Als Fenstereinfassung an gotischen Gebäuden kommt dieses Bauglied auch in horizontaler Lage vor.

Fig. 14, Taf. XXV.

Wir lernen hier den sogenannten Spitzstab kennen, wie er oft als hängendes Glied bei Kassettendecken oder an der untern Kante von Treppenwangen angewandt wird.

Fig. 15, Taf. XXV.

Dieses, dem vorigen ähnliche Glied nennt man Birnstab.

Spitzstab und Birnstab werden so hergestellt. Beim Spitzstabe legt man an die Peripherie des Kreises zwei Tangenten, die sich unter einem rechten Winkel treffen.

Beim Birnstabe zieht man dieselben Tangenten, schweift sie aber hohl aus und bricht dem rechten Winkel die Spitze ab. Beide Glieder sind gotischen Ursprungs.

Fig. 16, Taf. XXV.

Es beginnen nun die

Sockelgesimse.

Das runde Glied, welches hier neu auftritt und das Hauptglied ist, wird Wulst genannt. Ein solcher Wulst eignet sich immer sehr gut zu fußbildenden Elementen, weil er infolge seiner kräftigen Schweifung den

Ausdruck des Tragens annimmt. Er kann aber deshalb niemals allein, sondern muß immer in Gesellschaft anderer, kleinerer Glieder auftreten, die seine Derbheit zu mildern haben.

Fig. 17, Taf. XXV.

Dem hier etwas weniger energisch geschweiften Wulste ist in diesem Beispiele unterhalb eine sogenannte Einziehung gegeben worden, wodurch sein Ausdruck freier wird.

Fig. 18, Taf. XXV.

Sehr vorteilhaft zu Sockelgesimsen läßt sich auch die Hohlkehle verwenden, wie wir aus diesem Beispiele sehen. Dieselbe hat wieder einen Viertelkreis zum Profil erhalten, doch soll damit nicht gesagt sein, daß dieses in allen Fällen stattfinden müßte, wo überhaupt die Hohlkehle auftritt. Sie kann sehr gut auch etwas steiler angelegt werden, wodurch sie freilich etwas an ihrer Leichtigkeit und Anmut einbüßt.

Fig. 19, Taf. XXV.

Wir treffen hier dieselbe Hohlkehle wieder an, jedoch in Verbindung noch anderer Glieder. Das Rundstäbchen, mit welchem sie nach oben endigt, sowie das schmale Plättchen beim Beginn der Hohlkehle trägt sehr viel dazu bei, die Zierlichkeit dieses Baugliedes zu erhöhen. An Pilastern und Säulen sehen wir diese Gliederung verwendet; sie geben denselben etwas Aufstrebendes.

Fig. 20, Taf. XXV.

Ein ebenso gefälliges Sockelgesims wie das vorige ist das vorliegende, welches durch eine Einziehung im größeren Maßstabe hergestellt worden ist. Sie ist das einzige, gebogene Glied an diesem Gesimse, alle andern sind gerade Glieder. Es ist demnach mit ganz einfachen Mitteln hergestellt und eignet sich ebenfalls zur Sockelbildung von freistehenden Säulen, Pfeilern und Pilastern, welche nicht allzugroße Massen zu tragen haben.

Fig. 21, Taf. XXV.

Ein recht schlankes und ansprechendes Profil eines Fußgesimses ist auch das in dieser Figur gegebene Beispiel. Obwohl es nur aus einem Viertelstäbchen und zwei Hohlkehlen besteht, zeigt es doch eine reichliche Abwechselung in der Gliederung. Es läßt sich dasselbe mit Vorteil als Sockelgesims für den Untersatz eines Kleiderschrankes, der zum Auseinandernehmen eingerichtet ist, anwenden. Die senkrechte Linie des Frieses zwischen der oberen und unteren Hohlkehle wird alsdann von der Seite oder Zarge des Untersatzes selbst gebildet. Das obere Stäbchen mit der Fase und Hohlkehle bildet alsdann den oberen Abschluß des Untersatzes und wenn dasselbe so angeleimt wird, daß es über die Deckfläche des Untersatzes um etwa 5 mm hinausragt, so kann dasselbe zugleich die Fuge verdecken, welche die Schrankseiten mit dem Untersatze bilden. Wird dieses Profil für einen solchen Zweck verwendet, so dürfte es sich empfehlen, der unteren Partie etwas weniger Ausladung zu geben.

Fig. 22, Taf. XXV.

Der größte Teil dieses Fußgesimses wird durch einen umgekehrten Karnies gebildet, welchem unten ein zurück= oben ein vorspringendes Plättchen beigegeben worden ist. Die sanfte Welle dieses Baugliedes findet man vielfach als architektonisches Bauglied verwertet. Es läßt sich dieselbe nicht nur als fußbildendes, sondern auch als bekrönendes Element verwenden, wovon man sich sofort überzeugen wird, wenn man die Zeichnung auf den Kopf stellt. Die große obere Platte müßte denn allerdings etwas von ihrer Breite einbüßen, indem man dem Gesims oben eine Wasserfase gibt.

Fig. 23, Taf. XXV.

Das Hauptglied dieser Sockelleiste, der Karnies hat oben eine Einziehung und unten eine Nut als Unterschneidung erhalten. Durch eine solche Bearbeitung erhält das Gesims etwas Energisches im Ausdruck.

Wird die Ecke der Platte, welche eine Hohlkehle erhalten hat, zu einem Viertelstabe umgearbeitet, so kann auch dieses Profil durch Umdrehung desselben zu einem passenden Bekrönungsgesimse umgeformt werden.

Fig. 24, Taf. XXV.

Es sind hier zwei Karnieslinien zu einem Sockelgesims ausgezeichnet worden.

Fig. 25, Taf. XXV.

Die Welle aus **Fig. 22** dieser Tafel hat zu gunsten anderer Glieder etwas an Größe einbüßen müssen. Das Gesims hat eine stützende Haltung.

Fig. 26, Taf. XXV.

Noch einmal tritt die Hohlkehle auf, um in Verbindung mit zwei kleinen Karniesen ein aufwärtsstrebendes Sockelgesims zu bilden.

Fig. 27, Taf. XXV.

Dieses höchst ansprechende Fußgesims ist der attischen Basis nachgebildet.

Bekrönende Gesimse.

Fig. 28, Taf. XXV.

Diese Zeichnung bringt ein Bekrönungsgesims der einfachsten Art. Die Hohlkehle ist unten durch ein prismatisches Stäbchen zum Abschluß gekommen. Dasselbe kann auch halbkreisförmig ausgeführt werden.

Fig. 29, Taf. XXV.

Die Hohlkehle ist in diesem Profile sehr flach gehalten, oben durch ein Viertelstäbchen unten durch einen kleinen Wulst begrenzt worden. Derartige Gesimse findet man häufig bei furnierten Möbeln angewendet.

Fig. 30, Taf. XXV.

Auch dieses Gesims läßt sich noch für furnierte Möbel verwenden.

Fig. 31, Taf. XXV.

Die Verwendung dieses Profils zu einem Bekrönungsgesimse kann sich nur auf weiche Möbel beziehen.

Fig. 32, Taf. XXV.

Dasselbe muß auch von diesem Profile gesagt werden.

Fig. 33, Taf. XXV.

In diesem Bekrönungsgesimse sehen wir die sogenannte Hängeplatte auftreten und sind wir somit zu derjenigen Gattung von Bekrönungsgesimsen gekommen, welche vorzugsweise im Baugewerbe ihre Anwendung finden.

Das vorliegende Beispiel kann sowohl als Dachgesims als auch als Gurtgesims seinen Platz angewiesen bekommen; in letzterem Falle darf es aber nicht allzugroße Dimensionen annehmen. Sehr häufig findet es auch seine Anwendung als Fenster und Thürverdachung.

Fig. 34, Taf. XXV.

Auch dieses Profil kann beiden Zwecken dienen.

Fig. 35, Taf. XXV.

Wir sehen hier die Unterschneidung einer Hängeplatte angewendet, welche einem Gesimse immer etwas Leichtes und Schwebendes gibt.

Fig. 36 und 37, Taf. XXV.

Beide Beispiele wollen nur als Dachgesimse verwendet sein.

Fig. 38 und 39, Taf. XXV.

Daß die Dachgesimse auch in reicherer Profilierung und architektonischen Ausschmückungen ausgeführt werden können, lernen wir aus diesen beiden letzten Beispielen kennen.

Zehntes Kapitel.
Vom Maßstabe.

Erster Abschnitt.
Ueber den natürlichen Maßstab.

Alles, was wir in dieser körperlichen Welt sehen, nimmt einen Raum ein. Je nachdem ein Gegenstand oder Körper viel oder wenig von diesem Raum einnimmt, nennen wir ihn groß oder klein oder mittelgroß. Im Anfange der Zeit, als die Menschheit noch in ihren Kinderjahren lebte, wird dieser kindliche Maßstab: groß, klein, mittelgroß, vollständig seine Schuldigkeit gethan haben, denn er reichte hin, die Frage nach der Größe eines Gegenstandes den damaligen Zuständen gemäß in befriedigender Weise zu beantworten.

Wenn der Mensch aber allmählich heranwächst und sein Verstand reifer wird, befriedigen aber diese drei eben gefundenen Größenbezeichnungen ihm nicht mehr, denn auch ein Kind will oft wissen, wie groß oder wie klein, wie teuer oder billig dieses oder jenes sei.

Als nun die Menschheit ihre Kinderschuhe ausgezogen hatte und zu reiferen Anschauungen gekommen war, da entstand zweifelsohne auch damals wohl die Frage nach dem wie groß, wie klein?

So lange ein Kind nur in seiner Kinderstube lebt, weiß es ziemlich genau, was groß oder klein ist; denn es richtet sich allein nach seinen Anschauungen. Sicherlich wird es seine Eltern zu den großen, ja wohl zu den größten Dingen rechnen. Sobald es aber in den Verkehr mit anderen Menschen tritt, wird es unsicher in seinen Größenbezeichnungen, denn es sieht nun oft Dinge, welche größer sind als seine Eltern und diese müssen ihm nun klein vorkommen.

Ganz so verhielt es sich, als die Menschheit zu einander in kommerziellen Verkehr trat, und so entstand die allgemeine Frage nach einem Maße, welches als Anknüpfungspunkt für die Größenbeizeichnungen dienen sollte und dienen konnte.

Aber noch war die Gesamtmenschheit nicht zu der Verständnisreife gelangt, zu welcher sie hätte herangereift sein können, denn eine jede größere für sich politisch abgeschlossene menschliche Gesellschaft sah und achtete nur auf ihre eigenen speziellen Verhältnisse und bildete sich ihr Maß nach ihrem eigenen Ermessen. Wie konnte es daher anders sein, als daß ein jedes Land sein eigenes Maß, seinen eigenen Maßstab sich ausbildete! Und so hatten wir es erleben müssen, daß in unserem engeren Vaterlande eine solche Maßverschiedenheit herrschte, daß in Deutschland nicht weniger als 13 verschiedene Maßeinheiten in Gebrauch waren, von welchen das kleinste z. B. der hessische Fuß von dem größten, dem Pariser Fuß nicht weniger als um 74 mm verschieden war.

Zu welchen Weitläufigkeiten und Irrungen eine solche Maßverwirrung wie die ebengenannte im kommerziellen Verkehr führen mußte, liegt auf der Hand. Erst seit einem Jahrzehnt sind wir in die glückliche Lage versetzt worden, wenigstens im deutschen Reiche eine Maßeinheit als Norm zu besitzen, und stehen wir nicht an, diese Thatsache als eine neue Stufe in dem Entwickelungsgange der bürgerlichen Gesellschaft zu betrachten. Die Maßeinheit, mit welcher uns jener Reichstagsbeschluß im Jahre 1873 speziell als Längenmaß beschenkt hat, ist das Meter.

Das Metermaß haben wir aus Frankreich überkommen. Dort war infolge der Landeseinheit gegenüber der bis dahin beklagenswerten Landeszerrissenheit in Deutschland schon früher das Verlangen nach einem einheitlichen Maße erwacht. Man suchte nach einem Maße, welches im wissenschaftlichen wie auch im gewerblichen Leben als Norm für Längenausdehnungen benutzt werden konnte. Gleichzeitig legte man darauf Gewicht, daß, wenn dieses Maß je einmal durch den Lauf der Zeiten verfälscht oder wohl gar abhanden käme, man es jederzeit von neuem bestimmen könne. Endlich kam man überein, die Lösung dieser hochwichtigen Frage zwei Gelehrten zu übertragen, es waren die beiden Delambre und Mechain.

Diese suchten sich ihres Auftrags auf folgendem Wege zu entledigen.

Sie maßen in den Jahren 1792 bis 1798 mit größter Sorgfalt den Quadranten eines größten Erdkreises (und zwar den, welcher durch Paris geht) und teilten denselben in 10 Millionen gleicher Teile. Einen solchen Teil trugen sie auf einen Platinstab, als dem am wenigsten veränderlichen Metalle auf und nannten nun diesen Maßstab: Meter.

Dieses Meter wurde nun in ganz Frankreich als Längenmaß eingeführt, welches sich auch in kurzer Zeit bewährte und schnell allgemeine Beliebtheit erlangte.

Auch bei uns in Deutschland hat sich dasselbe in dem ersten Dezennium schnell beliebt gemacht und als praktisch erwiesen, so daß wir es voraussichtlich noch lange Zeit werden für unsere gewerblichen und andern Zwecke benutzen.

Die große Zweckmäßigkeit dieses Längenmaßes besteht darin, daß es nicht auf das früher uns geläufige 12teilige, das Duodezimalmaß, sondern auf das Dezimalmaß, das ist das 10teilige, basiert. Bekanntlich ist das Meter in 10 Dezimeter, ein Dezimeter in 10 Zentimeter und ein Zentimeter in 10 Millimeter geteilt worden. Das Millimeter ist also unser kleinstes Längenmaß mit dem wir messen und der tausendste Teil eines Meters. Tausend Meter als Maßeinheit genommen heißt ein Kilometer.

Zweiter Abschnitt.
Ueber den verjüngten Maßstab.

Es ist einleuchtend, daß der Tischler, der Zimmermann, oder wer es auch sei, die Zeichnung eines Gegenstandes, welchen er anfertigen will, nicht immer so groß machen kann, daß sie der wirklichen Größe des Gegenstandes entspricht. Noch weniger wird er, wenn er einen bestimmten Gegenstand durch ein flüchtiges Konterfei seinem Notizbuche einverleiben. will, diese Notiz in der gewünschten Größe ausführen können. Er muß daher die Zeichnung verkleinern.

Damit würde aber der Gewinn, den eine solche Zeichnung gewähren soll, ein sehr geringer sein, denn es könnte kein Mensch nach einer solchen kleinen Zeichnung von unbestimmter Größe den fraglichen Gegenstand in natura anfertigen. Erst wenn wir die kleine Zeichnung zu dem größeren Objekte in ein gewisses Verhältnis setzen, wenn wir sagen, wie vielmal kleiner die Zeichnung gemacht worden ist, sind wir im stande, das Große nach dem Kleinen anzufertigen.

Ein solches Verhältnis finden wir denn auch bei allen Zeichnungen, welche als Richtschnur für den Arbeiter dienen sollen, vor; es ist dasselbe durch eine gewisse Zahlenverbindung angedeutet, wie etwa 1 : 2, oder 1 : 4, oder 1 : 10 und dergl. und wird gelesen, Verhältnis 1 zu 2 und so fort. Man nennt solche Angaben den verjüngten Maßstab und es sind diese so zu verstehen. Steht unter einer Zeichnung die Zahlenverbindung 1 : 2, so ist die Zeichnung noch einmal so klein als das Objekt; der Gegenstand muß demnach noch einmal so groß als die Zeichnung angefertigt werden. Steht die Zahlenverbindung 1 : 4 verzeichnet, so wissen wir, daß die Zeichnung viermal kleiner ist und der Gegenstand also viermal größer ausfallen muß. So verhält es sich mit einer jeden Angabe des verjüngten Maßstabes. Der Gegenstand muß immer sovielmal größer als die Zeichnung werden, als die größte Zahl des Verhältnisses angibt.

Dritter Abschnitt.
Die Veranlagung eines verjüngten Maßstabes.

Es genügt aber noch nicht, unter eine Zeichnung das Verhältnis zu schreiben, in welchem die Verkleinerung der Zeichnung stattgefunden hat, und in welchem die Vergrößerung des anzufertigenden Gegenstandes erfolgen muß, wenn diese Zeichnung zu technischen Zwecken benutzt werden soll. Es muß zu dieser verkleinerten Zeichnung nun auch der kleinere Maßstab selbst mit gezeichnet werden, um so endlich im stande zu sein, sich über die Größe eines jeden Teiles der Zeichnung Aufschluß zu holen.

Wie wird aber ein solcher verjüngter Maßstab angefertigt? Wir wollen die Beantwortung dieser Frage an folgenden Figuren zeigen.

Fig. 40, Taf. XXV.

Gesetzt man will eine Zeichnung in halber natürlicher Größe anfertigen, so zieht man auf das Reißbrett eine gerade Linie und gibt ihr eine Länge von 50 cm. Diese Linie betrachtet man nun so wie man den wirklichen Meterstab betrachtet, sie ist für die Zeichnung ein Meter. Teile ich diese so gefundene Linie in 10 gleiche Teile, so habe ich die Länge eines Dezimeters für die Zeichnung gefunden; teile ich nun noch einen solchen Dezimeter in zehn gleiche Teile, so weiß ich wie lang ein Zentimeter der Zeichnung ist. Teile ich endlich einen solchen Zentimeter ebenfalls in 10 gleiche Teile, so erhalte ich die Millimeter zu Papier. Ich kann also mit dieser eingeteilten Linie des Reißbretts genau so arbeiten wie mit dem Metermaßstocke in natura und das ist eben der Vorteil.

In vorliegender Figur konnte wegen des mangelnden Raumes nur ein Stück dieses verjüngten Maßstabes zur Darstellung kommen. Rechts von 0 sind vier Dezimeter des neuen Maßstabes aufgetragen worden; links von 0 nur einer. Die ganze Länge der Linie beträgt demnach 5 dcm also die Hälfte von einem Meter des verjüngten Maßstabes.

Der Dezimeter links von 0 ist ebenfalls in 10 gleiche geteilt worden, wodurch sich die Zentimeter ergeben haben; ein Zentimeter wurde in Millimeter zerlegt.

Die steigenden Ziffern rechts von 0 bezeichnen also die Dezimeter, während die steigenden Ziffern links von 0 die Zentimeter (also immer die nächst niedere Ordnung) zählen.

Diese Einrichtung muß ein jeder verjüngter Maßstab aufweisen, wenn er seinen Dienst vollständig leisten soll. Als Ueberschrift erhält er die Angabe: Verhältnis 1 : 2.

Fig. 41, Taf. XXV.

Wir wollen uns jetzt die Aufgabe stellen, einen verjüngten Maßstab zu fertigen in dem Verhältnisse 1 : 4 und diese Aufgabe durch Anfertigung der Zeichnung lösen.

Soll der Maßstab das Verhältnis 1 : 4 erhalten, so muß nach den obigen Erörterungen der neue Maßstab viermal kleiner werden als der wirkliche, also 1 Meter der Zeichnung = $\frac{1}{4}$ m in natura sein.

Wir ziehen daher eine gerade Linie und geben ihr die Länge von $\frac{1}{4}$ m, das sind 250 cm.

Diese Linie ist nun das ganze Meter für unsere Zeichnung. Teilen wir diese in 10 gleiche Teile, so erhalten wir die Dezimeter der Zeichnung und teilen wir einen Dezimeter davon in 10 gleiche Teile, so erhalten wir die Zentimeter des neuen Maßstabes.

Unser Bild, **Fig. 41**, stellt aber leider ebenfalls nur ein Bruchstück dieses verjüngten Maßstabes dar, weil der Raum dazu fehlte. Doch sehen wir an diesem die Einteilung und Einrichtung deutlich. Die Zentimeter links von 0 sind der Kleinheit wegen nicht in Millimeter geteilt worden, weil das Resultat eine undeutliche Zeichnung gewesen wäre, auch kommen so kleine Teile in der Praxis nicht in Betracht.

Fig. 42, Taf. XXV.

Der verjüngte Maßstab soll in dem Verhältnis 1 : 5 angefertigt werden.

Wir haben in diesem Falle zu erwägen, daß ein Meter der Zeichnung = $1/5$ Meter in Natura ist und demnach eine gerade Linie zu ziehen, die diese Länge, also 20 Zentimeter, hat.

Diese 20 Zentimeter in 10 gleiche Teile geteilt, gibt die Dezimeter an, es ist also ein Dezimeter der Zeichnung 2 Zentimeter in natura.

Teilen wir endlich einen Dezimeter der Zeichnung in 10 gleiche Teile (= 2 Millimeter), so erhalten wir die Zentimeter des verjüngten Maßstabes.

Wir sehen in unserer Figur zum erstenmal das Bild von diesem Maßstabe vollständig ausgeführt.

Fig. 43, Taf. XXV.

Es soll ein verjüngter Maßstab gezeichnet werden, zu welchem das Verhältnis 1 : 10 zu Grunde gelegt werden soll.

Zeichne eine Linie = $1/10$ eines Meters in Wirklichkeit, so ist ein Meter der Zeichnung gefunden. Letzterer beträgt demnach 1 Dezimeter wirkliches Maß. Gib nun dem so aufgefundenen Meter der Verjüngung diejenige Einteilung, wie wir sie uns in dem Obigen immer zur Bedingung machten, so ist die Aufgabe gelöst.

In **Fig. 43** dieser Tafel ist die Lösung so ausgefallen, daß die Linie rechts von 0 zwanzig Dezimeter, also 2 ganze Meter der Zeichnung darstellt. Links von 0 sind die Zentimeter gegeben.

Fig. 44, Taf. XXV.

Es wird ein verjüngter Maßstab verlangt, welcher zur Wirklichkeit in dem Verhältnisse 1 : 20 steht. Er soll Meter und Dezimeter angeben.

Das Verhältnis 1 : 20 weist uns darauf hin, daß ein Meter der Zeichnung = $1/20$ Meter wirklicher Größe sein soll, also 1 Meter verjüngt = 5 Zentimeter natura. Diese Länge ist nun nach der bisherigen Weise einzuteilen und zu benennen.

Unsere Zeichnung hat obige Aufgabe in der Art gelöst, daß rechts von 0 vier ganze Meter, links von 0 wie immer nur ein Meter aufgetragen worden sind. Links von 0 stehen die Dezimeter.

Fig. 45, Taf. XXV.

Fertige einen verjüngten Maßstab an, welcher zum natürlichen in dem Verhältnis 1 : 25 steht. Kalkuliere wie folgt. Ein Meter der Zeichnung = $1/25$ Meter Natura = 4 Zentimeter. Vier Zentimeter in 10 gleiche Teile geteilt gibt die Dezimeter der Zeichnung = 4 Millimeter.

Fig. 45 stellt die gelöste Aufgabe so dar, daß wir rechts von 0 fünf Meter der Zeichnung abzählen können; links von 0 haben wir zehn Dezimeter derselben erhalten.

Fig. 46, Taf. XXV.

Der Maßstab zu einer Zeichnung soll angefertigt werden, wenn erstere sich zur wirklichen Größe wie 1 : 50 verhält.

Wird das Verhältnis 1 : 50 verlangt, so kommt auf ein Meter der Verjüngung $^1/_{50}$ Meter der natürlichen Größe, also 2 Zentimeter. Das übrige wie bisher.

Unsere Figur läßt von dem verjüngten Maßstab rechts von 0 zehn Meter entstehen; links von 0 zehn Dezimeter.

Fig. 47, Taf. XXV.

Als letzte Uebung im Anfertigen verjüngter Maßstäbe soll das Verhältnis 1 : 100 gewählt sein.

Diese Lösung ist die leichteste, denn es kommen auf ein Meter der Zeichnung $^1/_{100}$ Meter in Natura, also **ein Zentimeter**. Ein Zentimeter in 10 gleiche Teile gibt die Dezimeter = 1 Millimeter in Natura.

Die Zeichnung enthält 20 Meter der Verjüngung rechts von 0; links; 10 Dezimeter derselben.

Der Augenschein lehrt, daß ein Maßstab in solcher Verjüngung wie die letzteren kaum noch als eine zuverläßliche Maßeinheit für die Praxis gelten kann, weil die Teile zu klein werden. Die notwendige Folge hiervon ist, daß Irrungen und Fehler entstehen können, die oft nicht gut zu verbessern sind. Man denke sich nach Angabe von **Fig.** 45 ist der zehnte Teil eines Millimeters ein Zentimeter!

Ist man aber genötigt, einen solchen kleinen Maßstab einer Zeichnung zu Grunde zu legen und soll nach dieser Zeichnung gearbeitet werden, so thut man am besten, wichtigere Teile dieser Zeichnung noch einmal und zwar nach einem größeren Maßstabe zu zeichnen. Eine solche Darstellung einzelner Teile im größeren Maßstabe nennt man Detailzeichnung.

Als sehr empfehlenswertes Verhältnis für verjüngte Maßstäbe gilt das Verhältnis 1 : 10, wie es in **Fig.** 43 dieser Tafel zur Darstellung kam. Bei diesem kann man sogar mit dem natürlichen Maßstabe in der Hand aus der verjüngten Zeichnung die Größe jedes Gliedes direkt ablesen, denn man braucht nur statt Millimeter Zentimeter, statt Zentimeter Dezimeter, statt Dezimeter Meter zu lesen, also immer eine höhere Ordnung.

Elftes Kapitel.
Das Berechnen von Linien, Flächen und Körpern.

Erster Abschnitt.
Das Berechnen von Linien.

Von einer Berechnung der Linien können wir nur in sehr beschränktem Maße reden, denn Linien werden vom Tischler weniger berechnet als vielmehr ausgemessen. Um die Größe, sagen wir Länge einer Linie, kennen zu lernen, nehmen wir das Metermaß zur Hand und sehen zu wievielmal sich dieses Maß an der zu untersuchenden Linie an oder abtragen läßt.

Nur in dem Falle, wenn eine zu messende Linie uns nicht zugänglich ist, von der wir aber ein Stück kennen, welches zur ganzen gegebenen Linie in einem bestimmten Verhältnisse steht, werden wir die Länge durch Berechnung finden. Wir messen dieses Stück mit dem Metermaße aus und multiplizieren diese Länge mit der Verhältniszahl.

In **Fig. 35, Taf. I**, Seite 30 lernten wir z. B. ein Dreieck kennen, deren Seiten in dem Verhältnis 3 : 4 : 5 stehen. Ist uns nun eine dieser Seiten zufällig nach ihrer Länge bekannt oder können wir sie ausmessen, so können wir durch Berechnung die Längen auch der übrigen Seiten dieses Dreiecks finden.

Haben wir also aus diesem Abschnitte praktische Kenntnisse nicht gewinnen können, so ist uns doch die Erkenntnis geworden, daß wir eine Länge nur wieder durch eine Länge, nämlich durch das Längenmaß ermitteln können und da wiederum ein Längenmaß auch nur eine Linie ist, so muß uns der Sinn des Satzes klar sein: Eine Linie kann nur durch eine Linie gemessen werden.

Zweiter Abschnitt.

Ueber Flächenberechnung.

1. Berechnung des Quadrates.

Wie Linien nur durch Linien, so können auch Flächen nur durch Flächen ausgemessen resp. berechnet werden. Diejenige Fläche, welche uns diesen wichtigen Dienst erweisen soll und kann, kann nur eine regelmäßig gebildete Figur sein: nämlich das Quadrat.

Nicht jedes Quadrat können wir für unsere Zwecke gebrauchen, sondern nur dasjenige, dessen Seitenlängen die für uns passenden sind.

Ein Quadrat, dessen Seiten
1 Millimeter lang sind, nennt man 1 Quadratmillimeter (1 qmm)
1 Zentimeter „ „ „ „ 1 Quadratzentimeter (1 qcm)
1 Dezimeter „ „ „ „ 1 Quadratdezimeter (1 qdm)
1 Meter „ „ „ „ 1 Quadratmeter (1 qm).

Dieses sind diejenigen Quadrate, welche zur Berechnung der Flächen dienen. Will ich also eine Fläche berechnen, so brauche ich nur zu untersuchen, wie oft eins dieser Quadrate in ihr enthalten ist. Dieses finde ich, wenn ich die Grundlinie der zu berechnenden Fläche sowie die Höhe derselben ausmesse und die gefundenen Maße miteinander multipliziere. Merke daher die Formel G $\times$ H das heißt Grund mal Höhe genommen.

Das Quadrat in **Fig. 22**, Taf. I, hat 35 mm Grundlinie und demnach auch 35 mm Höhe. Nach dieser Formel finde ich also den Flächeninhalt, wenn ich G $\times$ H nehme, also 35 . 35 = 1225. Diese Figur enthält demnach 1225 Quadratmillimeter.

100 Quadratmillimeter sind aber = 1 qcm (weil 10 Millimeter Grund mal 10 Millimeter Höhe = 100). Teile ich nun mit der Zahl 100 in 1225, so finde ich die Anzahl der Quadratzentimeter, welche dieses Quadrat enthält. 100 : 1225 = 12; also enthält das Quadrat 12 qcm und 25 qmm.

Das verschobene Viereck in **Fig. 20**, Taf. I, hat 21 mm Grundlinie, die Höhe beträgt, weil nicht die Schräge a c, sondern nur der senkrechte Abstand zwischen c d und a b die wirkliche Höhe angibt, 35 mm. Der Flächeninhalt dieser Figur ergibt sich demnach aus 35 . 21 = 735 qmm = 7 qcm und 35 qmm = 7,35 qcm.

Das Quadrat a b c d, **Fig. 39**, Taf. I, hat 34 mm als Seitenlänge, demnach 34 . 34 = 1156 qmm.

Das Quadrat d e f g hat 24 mm Seitenlänge, demnach 24 . 24 = 576 qmm. Der Konstruktion nach soll das kleine Quadrat d e f g noch einmal so klein als das große a b c d sein. Die Hälfte von 1156 qmm ist aber 573 qmm, es ist also letzteres um 3 mm zu groß. Es ist dieses jedoch weder ein Rechen- noch ein Konstruktionsfehler, sondern nur daraus entstanden, daß es uns bei so kleinen Figuren nicht möglich wird, die Seitenlängen ganz ausreichend zu messen.

Das Quadrat a b c d in **Fig. 32**, Taf. I, hat 28 mm Seitenlänge; es enthält demnach 28 . 28 = 784 qmm. Das danebenstehende Rechteck hat 14 mm Grundlinie und 28 mm Höhe, also 14 . 28 = 392 qmm. Wir haben demnach durch diese mathematische Berechnung den Beweis geliefert, daß die Konstruktion eine richtige gewesen ist.

Das Rechteck a b c d in **Fig. 33, Taf. I,** hat 38 mm Grundlinie und 23 mm Höhe. Der Flächeninhalt ist demnach 23 . 38 = 874 qmm. Dasselbe soll mit Hilfe der angewandten Konstruktion in ein gleichgroßes Quadrat verwandelt werden. Das Resultat dieser Konstruktion ist das Quadrat b i g h. Dieses Quadrat hat aber 30 mm Seitenlänge, demnach 900 qmm und wäre demnach um 26 qmm zu groß geworden. Es ist dieses Manko des Rechtecks aber ebenfalls auf die unzureichende Ausmessung der Grundlinie zu setzen, denn diese beträgt ziemlich $^3/_4$ Millimeter mehr als 38.

2. Berechnung des Dreiecks.

Bei der Besprechung der **Fig. 22** bis **25, Taf. I,** Seite 24 und 25, wurde gesagt, daß ein Dreieck immer die Hälfte sei von dem Vierecke, welches mit ihm gleiche Grundlinie und gleiche Höhe hat. Somit ist der Flächeninhalt eines Dreiecks gefunden, wenn ich mit den Maßen des Dreiecks aus Grundlinie und Höhe den Inhalt eines Quadrats berechne und das gefundene Resultat durch 2 dividiere. Die Formel zur Auffindung des Flächeninhaltes wird also sein: Grund mal Höhe geteilt durch 2. $\left(\frac{G \cdot H}{2}\right)$.

Das Dreieck a b c, **Fig. 23, Taf. I,** hat 21 mm Grundlinie und 35 mm Höhe C (senkrechter Abstand der Spitze c von der Grundlinie a b), es hat demnach einen Inhalt von $\frac{35 \cdot 21}{2} = 367{,}5$ qmm.

Das rechtwinkelig gleichschenkelige Dreieck **Fig. 18, Taf. I,** hat 34 mm Grundlinie und 34 mm Höhe, also $\frac{34 \cdot 34}{2} = 34 \cdot 17 = 578$ qmm = 5,78 qcm.

Das gleichseitige Dreieck a b c, **Fig. 17, Taf. I,** hat 36 mm Grundlinie und 31 mm Höhe, demnach an Flächeninhalt $\frac{36 \cdot 31}{2} = \frac{1116}{2} = 558$ qmm = 5,58 qcm.

Das gleichschenkelige Dreieck a b c, **Fig. 19, Taf. I,** hat 26 mm Grundlinie und 25 mm Höhe, demnach $\frac{26 \cdot 35}{2} = 13 \cdot 35 = 455$ qmm = 4,55 qcm.

Das stumpfwinklige Dreieck a b c **Fig. 20, Taf. I,** hat 20 mm Grundlinie und 37 mm Höhe, also $\frac{20 \cdot 37}{2} = 10 \cdot 37 = 370$ qmm = 3,70 qcm. (Die Höhe ist durch die Linie c d angedeutet.)

Das Dreieck abc, **Fig. 34, Taf. I**, hat 52 mm Grundlinie und 46 mm Höhe, macht $\frac{52 \cdot 46}{2} = 52 \cdot 23 = 1219$ qmm. Durch die angewendete Konstruktion ist dasselbe in ein gleichgroßes Quadrat verwandelt worden und hat dasselbe eine Kantenlänge von 35 mm erhalten. Es beträgt also der Inhalt des letzteren $35 \cdot 35 = 1225$ qmm. Der Ueberschuß des Quadrates beträgt hier 6 qmm, welcher indessen so geringfügig ist, daß wir uns mit dem Ergebnis dieses Konstruktionsverfahrens sehr wohl begnügen können.

3. Die Berechnung des regelmäßigen Vielecks.

a) Das Fünfeck. Um den Flächeninhalt eines regelmäßigen Fünfecks zu finden, zerlege ich dasselbe in fünf gleichgroße Dreiecke, indem ich von den fünf Ecken Strahlen nach dem Mittelpunkte c ziehe. Ich berechne nun den Flächeninhalt eines dieser Dreiecke und multipliziere das Resultat mit 5.

Das Dreieck cdf hat eine Grundlinie von 37 mm und eine Höhe von 29 mm (die Normale bc). Der Inhalt ist demnach $\frac{37 \cdot 29}{2} = \frac{1073}{2} = 536{,}5$ qmm. Dieses Produkt mit 5 multipliziert gibt 2682,5 qmm als Gesamtflächeninhalt für das Fünfeck.

b) Das Sechseck. Das regelmäßige Sechseck wird ebenso wie die vorige Figur berechnet.

Die Grundlinie eines Dreiecks aus **Fig. 3, Taf. II**, beträgt 23, die Höhe 20 mm, gibt $\frac{23 \cdot 20}{2}$ für ein Dreieck, also für das ganze Sechseck $\frac{23 \cdot 20 \cdot 6}{2} = 23 \cdot 10 \cdot 6 = 1380$ qmm Flächeninhalt.

c) Ebenso werden alle andern regelmäßigen Vielecke berechnet.

Das regelmäßige Achteck in **Fig. 24, Taf. II**, kann man auch so berechnen, daß man zuerst das Quadrat abcd berechnet, sodann ein Dreieck und das vierfache Produkt desselben von dem Flächeninhalte des Quadrates abzieht.

ab = 50 mm gibt $50 \cdot 50 = 2500$ qmm.

Ein Dreieck hat 20 mm Grundlinie und 10 mm Höhe macht $\frac{20 \cdot 10}{2}$ für ein Dreieck oder $\frac{20 \cdot 10 \cdot 4}{2} = 10 \cdot 10 \cdot 4 = 400$ qmm. Diese von 2500 qmm abgezogen gibt 2,100 qmm für das Achteck.

4. Die Berechnung unregelmäßiger Figuren.

Um eine unregelmäßige Figur zu berechnen, zerlegt man dieselbe in möglichst vorteilhafter Weise in kleinere Figuren und zwar in Dreiecke und Vierecke.

Ist das Siebeneck in **Fig. 23, Taf. II**, auch keine unregelmäßige Figur, so können wir das eben angedeutete Verfahren doch recht gut daran anschaulich machen. Wir ziehen die beiden Hilfslinien d f und i g, wodurch das Siebeneck in drei Figuren in zwei Vierecke und ein Dreieck verlegt wird. Wir berechnen nun eine jede dieser Figur einzeln und summieren sämtliche Produkte.

a) Das Dreieck g h i hat eine Grundlinie von 43 mm und eine Höhe von 9 mm, also $\frac{43 \cdot 9}{2} = \frac{387}{2} = 193{,}5$.

b) Das schiefwinklige Trapez f d g i. Um den Flächeninhalt einer solchen Figur zu finden, addiert man die Seite g i zur Seite f d und dividiert das Produkt durch 2. f d = 52, g i = 43 mm; 52 + 43 = $\frac{95}{2}$ = 47,5 mm. Diese Länge betrachtet man als Länge der Grundlinie; multipliziert man mit der Höhe der Figur 22 mm und erhält somit den Quadratinhalt derselben. 47,5 . 22 = 1045 qmm.

c) Das schiefwinkelige Trapez a b f d. Die Seite f d hat 52 mm Länge, a b 23 mm macht $\frac{52 + 23}{2} = \frac{75}{2} = 37{,}5$ mm. Die Höhe dieses Trapezes ist 18 mm; der Flächeninhalt demnach 37,5 . 18 = 675 qmm.

Addieren wir alle drei Resultate
193,5
1045,0
675,0, so erhalten wir einen Flächeninhalt von
1913,5 qmm.

5. Die Berechnung der Kreisfläche.

Gerade so wie ich den Flächeninhalt eines regelmäßigen Fünf-, Sechs-, Sieben-, Vielecks berechne, kann ich auch den Flächeninhalt eines Kreises berechnen, denn ich brauche nur die Umfangslinie des Kreises in möglichst viele gleiche Teile zu teilen und von jedem Teilpunkte Strahlen nach dem Mittelpunkte des Kreises zu ziehen, so wird der Kreis in viele, gleiche Dreiecke zerlegt. Berechne ich nun den Flächeninhalt eines dieser Dreiecke, indem ich die oben gelernte Formel anwende $\frac{G \cdot H}{2}$ und multipliziere das erhaltene Produkt mit der Anzahl der Dreiecke, so habe ich den Flächeninhalt des Kreises gefunden.

Mittels Konstruktion ist aber nach **Fig. 18, Taf. II**, Seite 39, die Kreisfläche in ein einziges Dreieck verwandelt worden, welches mit der Kreisfläche gleichen Flächeninhalt hat. Dieses Dreieck hat die Umfangslinie des Kreises zur Grundlinie und den Halbmesser desselben zur Höhe. Wenn ich also die Länge dieser Grundlinie des Dreiecks und die Höhe desselben ausmesse, so kann ich auf kürzerem Wege den Flächeninhalt der Kreisfläche finden. Weil aber die Grundlinie des Dreiecks eigentlich die Umfangslinie des Kreises ist und die Höhe der Strahl oder Halbmesser desselben, so sage ich nicht die Kreisfläche ist ein Produkt aus $\frac{G.H}{2}$, sondern aus Umfang mal Strahl geteilt durch 2, also Formel $\frac{G.H}{2}$

Nun ist aber in allen Fällen, in denen es sich um die Berechnung der Kreisfläche handelt, das Maß der Höhe eines solchen Dreiecks oder des Strahles leicht gefunden, denn ich brauche ja nur mit dem Metermaß den Durchmesser des Kreises auszumessen und das erhaltene Maß zu halbieren.

Nicht so schnell aber wird die Ermittelung der Umfangslänge des Kreises geschehen, denn nach dem Bisherigen müßte ich dieselbe erst mit dem Zirkel in eine Anzahl gleicher Teile teilen und dieselbe Anzahl auf einer geraden Linie auftragen, um das gewünschte Dreieck zu erhalten. Allein es ist diese zeitraubende Einteilung nicht einmal nötig, wie wir gleich sehen werden.

Gelegentlich der Besprechung der **Fig. 18, Taf. II**, wurde gesagt, daß sich der Umfang eines Kreises zu seinem Durchmesser stets in einem gewissen Verhältnisse befinde, nämlich wie 22 : 7. Wissen wir also wie groß ein Durchmesser eines Kreises ist, so wissen wir zugleich auch wie groß die Umfangslinie desselben ist, ohne daß wir einen Zirkel anzusetzen nötig haben; wir brauchen ja nur den ausgemessenen Durchmesser in 7 gleiche Teile zu teilen, so hat die Umfangslinie deren immer 22. Das Dreieck würde demnach diese 22 gleichen Teile des Durchmessers zur Grundlinie und $3\frac{1}{2}$ zur Höhe erhalten und ließe sich hiernach die Berechnung ausführen.

Zwecks der Berechnung einer Kreisfläche wendet man aber dieses archimedische Verhältnis nicht allgemein an, sondern benutzt dafür lieber die sogenannte Ludolphzahl 100 : 314, weil diese das Verhältnis richtiger angibt; doch ist auch dieses noch nicht ganz zutreffend, wie es wohl bis zur Stunde überhaupt ein ganz genaues noch nicht geben mag. Die Abweichung dieser letzteren Verhältniszahlen der Wirklichkeit sind aber so gering, daß sie für unsere Zwecke gar nicht in Betracht kommen und deshalb wollen wir dieselbe zu unserer Berechnung beibehalten.

Nach dieser erklärenden Einleitung wollen wir uns nun mit der Berechnung selbst beschäftigen.

Erstes Verfahren.

Der Kreis in **Fig. 18, Taf. II**, hat also einen Durchmesser von 46 mm, demnach hat der Umfang denselben $\frac{46 \text{ mm} . 314}{100}$ (denn ich muß die 46 mm in 100 gleiche Teile teilen und der Umfangslinie 314 davon geben). Der Umfang beträgt daher 144 mm.

Will ich nun aus diesen beiden Größen (46 mm und 144 mm) die Kreisfläche berechnen, so kann ich nicht 46 mm, also den Durchmesser, sondern nur die Hälfte davon, $\frac{46}{2}$ also, den Strahl oder Radius des Kreises hierfür verwenden. Das Exempel lautet demnach $\frac{46 . 314 . 46}{2 . 100 . 2} =$

$$\frac{23 \cdot 157 \cdot 23}{25 \cdot 2} = 1661^3/_{50} \text{ qmm} \left(\text{nach der Formel } \frac{U \cdot St}{2} \text{ der}\right.$$

Umfang ist $= \frac{46 \cdot 314}{100}$; der Strahl oder Radius (R) $= \left.\frac{46}{2}\right)$.

Zweites Verfahren.

Die Praxis wendet jedoch ein kürzeres Verfahren dafür an.

Wie jede Kreislinie in einem bestimmten Verhältnisse zu ihrem Durch- resp. Halbmesser sich befindet (7 : 22; 100 : 314; 113 : 355), so auch befindet sich die Kreisfläche selbst in einem bestimmten Verhältnisse zu demjenigen Quadrate, welches um den Kreis beschrieben wird. Da dieses Quadrat immer den Durchmesser des Kreises zu den Seitenkanten hat, wird es kurz Durchmesserquadrat genannt. Das Verhältnis beider Größen ist aber 785 : 1000, d. h. die Kreisfläche hat 785 solcher Teile, wie das Quadrat deren 1000 hat. Denn wäre z. B. ein Durchmesser 100 mm lang, so ist der Radius 50 mm. Die Kreisfläche ist aber $= \frac{U \cdot R}{2}$, also $\frac{100 \cdot 314 \cdot 50}{10 \cdot 2} = 314 \cdot 25 = 7850$ qmm.

Ist aber der Durchmesser 100 mm lang, so hat das Durchmesserquadrat G . H 100 . 100 = 10000 qm. Wenn aber die Kreisfläche 7850, das Quadrat aber 10000 qmm hat, so stehen beide in dem Verhältnisse 7850 : 10000 oder 785 : 1000 oder 314 : 400.

Wenden wir diese Art der Kreisberechnung auf obige Figur an, so erhalten wir 46 . 46 = 2116 qmm als Durchmesserquadrat. Teile ich diese in 400 Teile, so kommen davon auf die Kreisfläche 314; gibt also
$$\frac{2116 \cdot 314}{400} = \frac{529 \cdot 157}{50} = \frac{83053}{50} = 1661^3/_{50} \text{ qmm, was die}$$
Richtigkeit dieser Formel nachweist.

Berechnung eines Kreisringes.

Soll ein Kreisring berechnet werden, so berechnet man zuerst die große Kreisfläche, sodann die kleine und zieht schließlich die kleinere Summe von der größeren ab, wie dieses folgende Exempel zeigen wird.

Denken wir uns aus **Fig. 1, Taf. II**, den zweiten und vierten Kreis weg, so erhalten wir aus den Kreislinien 1 und 3 einen solchen Kreisring, dessen Flächeninhalt wir jetzt berechnen wollen.

Die Kreisfläche, welche durch die erste Kreislinie eingeschlossen wird, hat einen Durchmesser von 46 mm. Demnach ist ihr Flächeninhalt $\frac{46 \cdot 46 \cdot 314}{400} = 1661$, nach Weglassung des Bruches.

Die kleinere Kreisfläche, welche durch die Kreislinie 3 eingeschlossen wird, hat einen Durchmesser von 22 mm, demnach ist ihr Flächeninhalt $\frac{21 \cdot 21 \cdot 314}{400} = \frac{11 \cdot 11 \cdot 157}{50} = \frac{19017}{50} = 380$ qmm nach Weglassung des Bruches. Ziehen wir 380 qmm von 1661 qmm ab, so bleiben 1281 qmm für den Kreisring.

Berechnung eines Kreisausschnittes.

Bei der Berechnung eines Kreisausschnittes liegt es nahe, ebenfalls zuerst den Vollkreis zu berechnen und dann zu untersuchen, was für ein Teil der Kreisausschnitt von der ganzen Kreisfläche ist und hiernach den Flächeninhalt des Vollkreises dementsprechend zu reduzieren. Wir wollen versuchen eine solche Aufgabe an **Fig. 22, Taf. II**, zu lösen.

Der Radius a b beträgt 28 mm, der Durchmesser demnach 56 (2 . 28) mm, und das Durchmesserquadrat $\frac{56 \cdot 56 \cdot 314}{400} = \frac{14 \cdot 14 \cdot 157}{25} = \frac{61544}{25} = 2461$ nach Weglassung des Bruches.

Messe ich nun mit Hilfe des Transporteurs den Winkel des Kreisausschnittes a b 3, so finde ich, daß derselbe 110 Grad beträgt. Da der Vollkreis bekanntlich in 360 Grade eingeteilt wird, so ist vorliegender Kreisausschnitt $\frac{110}{360} = \frac{11}{36}$ vom Vollkreise. Multipliziere ich nun den Flächeninhalt des Vollkreises 2461 mm mit $^{11}/_{36}$, so erhalte ich den Flächeninhalt des Kreisausschnittes; gibt $\frac{2461 \cdot 11}{36} = \frac{27171}{36} = 754^{3}/_{4}$ qmm.

Ein drittes Verfahren zur Berechnung der Kreisfläche.

Der Radius in **Fig. 22, Taf. II**, beträgt wie wir wissen 28 mm. Bilde ich hieraus ein Quadrat, so ist dasselbe viermal kleiner, als das Durchmesserquadrat, mit welchem ich den Inhalt der Kreisfläche bisher berechnet habe. Es verhält sich aber dann ein solches Quadrat zur Kreisfläche nicht mehr wie 1000 : 785, oder 400 : 314, sondern wie 100 : 314 und es hat demnach ein Radiusquadrat 100 solcher Teile, wie deren die ganze Kreisfläche 314 hat. Will ich also der Berechnung einer Kreisfläche ein Radiusquadrat zu Grunde legen, so lautet die Formel: $\frac{R \cdot R \cdot 314}{100}$, gibt auf voriges Exempel angewendet $\frac{28 \cdot 28 \cdot 314}{100} = \frac{14 \cdot 14 \cdot 314}{25} = \frac{61544}{25} = 2461$ qmm, welches dasselbe Resultat als obiges ist.

Ist endlich die Bogenlänge eines Kreisausschnittes nach Millimetern, Zentimetern u. s. w. bekannt, so betrachte man diese als Grundlinie eines Dreiecks und den Radius a b als Höhe desselben. Es läßt sich sodann der Flächeninhalt eines Kreisausschnittes gerade so berechnen wie der eines Dreiecks nach der Formel $\frac{G \cdot H}{2}$.

6. Berechnung der Ellipse.

Den Flächeninhalt eines Ovales findet man, wenn man die einzelnen Kreisausschnitte, aus denen das Oval besteht, berechnet die erhaltenen Posten addiert und schließlich die doppelt berechneten Teile davon wieder in Abrechnung bringt.

Die Praxis macht indessen von diesem etwas umständlichen und zeitraubenden Verfahren nur wenig Gebrauch und wählt dafür lieber folgendes kürzere.

Aus der großen und kleinen Achse der Figur denkt man sich ein Rechteck konstruiert, dessen Flächeninhalt nach der Formel Gr . H sich bald ergibt. Das Produkt dieser Rechnung wird nun wie bei der Kreisfläche mit 314 multipliziert und das Resultat durch 400 dividiert. Die Formel lautet also $\frac{Gr . H . 314}{400}$.

Die Ellipse **Fig. 1, Taf. III**, hat eine Längenachse von 84 und eine Breitenachse von 46 mm. Der Flächeninhalt dieser Figur ergibt sich demnach aus $\frac{84 . 46 . 314}{400} = \frac{21 . 23 . 157}{25} = 3033$ qmm $= 30{,}33$ qcm.

Dasselbe Resultat erhält man, wenn man die Hälften dieser beiden Achsen miteinander multipliziert, das Ergebnis 314 mal nimmt und das Ganze durch 100 teilt; gibt für obigen Fall $\frac{42 . 23 . 314}{100} = \frac{21 . 23 . 157}{25} = 3033$ qmm.

Die Gründe für die Richtigkeit dieser Formel sind dieselben, wie sie bereits oben bei der Berechnung der Kreisfläche angegeben worden sind, denn wie sich der Kreis zum Durchmesserquadrate verhält, so verhält sich auch die Ellipse zu dem Parallelogramm seiner Achsen.

7. Berechnung der Oberfläche verschiedener Körper.

a) Der Würfel, **Fig. 16, Taf. VI.**

Ein jeder Würfel wird von sechs Quadraten begrenzt. Die Grundkante eines Quadrates für diesen Kubus beträgt 18 mm. Ein Quadrat hat demnach 18 . 18 qmm und demnach der ganze Körper 6 . 18 . 18 = 1944 qmm = 19,44 qcm Oberfläche.

b) Die prismatische Säule, **Fig. 17, Taf. VI.**

Die prismatische Säule wird von 2 Quadraten und vier Rechtecken begrenzt. Die Grundkanten eines Quadrates betragen 18, die Längenkanten eines Rechtecks 42 mm. Der Flächeninhalt der beiden Quadrate beträgt demnach 18 . 18 = 324 qmm. Der Flächeninhalt der vier Seitenflächen aber 18 . 42 . 4 = 3024 qmm. Demnach die Gesamtoberfläche 3024 + 324 = 3348 qmm.

c) Die Pyramide, Fig. 21, Taf. VI.

1. Diese vierseitige Pyramide wird von einem Quadrate als Grundfläche und vier Dreiecken als Seitenflächen begrenzt. Die Grundkanten des Quadrats betragen 18 mm, die Höhe einer Seitenfläche 48 mm. Die Grundfläche hat demnach 18 . 18 = 324 qmm. Die vier Seitenflächen $\frac{18 \cdot 48 \cdot 4}{2}$ = 18 . 48 . 2 = 1728 qmm. Die Gesamtoberfläche beträgt demnach 1728 + 324 = 2052 qmm = 20,52 qcm.

2. Die achtseitige Pyramide **Fig. 23**, Taf. VI, wird von einem regelmäßigen Achteck als Grundfläche und acht Dreiecken als Seitenfläche begrenzt.

Nach obiger Anleitung können wir das Achteck so berechnen, daß wir dasselbe in acht Dreiecke zerlegen. Ein Dreieck hat alsdann 10 mm Grundkante und 12 mm Höhe, gibt $\frac{10 \cdot 12}{2}$ qmm für ein Dreieck und $\frac{10 \cdot 12 \cdot 8}{2}$ = 10 . 6 . 8 = 480 qmm für die ganze Grundfläche.

Eine Seitenfläche hat aber 10 mm Grundkante und 48 mm Höhe, gibt $\frac{48 \cdot 10}{2}$ für eine Seitenfläche und demnach $\frac{48 \cdot 10 \cdot 8}{2}$ = 24 . 10 . 8 = 1920 qmm für die ganze Seitenfläche. Die Gesamtoberfläche dieser achtseitigen Pyramide enthält demnach 480 + 1920 = 2400 qmm = 24 qcm Inhalt.

Dasselbe Resultat erhalte ich aber, wenn ich die Höhe eines Dreiecks der Grundfläche (12 mm) zu der Höhe eines Dreiecks der Seitenfläche (48 mm) hinzurechne und nun die ganze Oberfläche dieses Körpers als aus nur acht Dreiecken bestehend berechne. Denn nach einem Lehrsatze der Geometrie sind verschiedene Dreiecke von gleicher Grundlinie einem Dreiecke gleich, welches dieselbe Grundlinie zur Grundlinie und die Summe aller Höhen dieser Dreiecke zur Höhe hat. 12 mm + 48 mm = 60 mm. Also $\frac{60 \cdot 10 \cdot 8}{2}$ = 60 . 10 . 4 = 2400 qmm = 24 qcm.

Ebenso konnte ich die vierseitige Pyramide **Fig. 21** berechnen.

Die Grundfläche a'b'd'f' kann ich mir aus vier Dreiecken bestehend denken. Es hat alsdann ein Dreieck 18 mm Grundkante und 9 mm Höhe. Diese 9 mm zu der Höhe der Seitenflächen = 48 mm gerechnet gibt vier Dreiecke von 10 mm Grundkante und 57 mm Höhe. Macht $\frac{57 \cdot 18 \cdot 4}{2}$ = 57 . 9 . 4 = 2052 qmm = 20,52 qcm, also dasselbe wie oben aber auf kürzerem Wege gewonnen.

d) Berechnung der Oberfläche eines Kegels.

Denken wir uns an Stelle des Achtecks in **Fig. 23**, Taf. VI, eine Kreisfläche (mit einem Durchmesser von 26 mm) und den Körper nicht von acht Dreiecken, sondern von einer einseitig gekrümmten Seitenfläche begrenzt, welche der Grundfläche gegenüber in einer Spitze ausläuft, so haben wir einen Körper vor uns, der unter dem Namen Kegel allgemein bekannt ist.

Die Berechnung der Oberfläche dieses Körpers unterliegt denselben Regeln, wie wir sie in dem Bisherigen kennen gelernt haben.

Wir berechnen die Kreis- (Grund-) fläche als ein Dreieck, welches den Kreisumfang zur Grundlinie und den Radius (13 mm) zur Höhe hat. Die Seitenfläche berechnen wir ebenfalls als Dreieck, welches dieselbe Kreislinie zur Grundlinie und die Seitenkante (50 mm) zur Höhe hat. Wir verwandeln nun beide Dreiecke in ein einziges, indem wir die Kreislinie als Grundlinie beibehalten, die beiden Höhen 13 mm und 50 mm aber addieren, gibt 63 mm Höhe.

Der Inhalt dieses Dreiecks ist aber nach der Formel $\frac{G \cdot H}{2}$: $\frac{26 \cdot 314}{100}$ (Grundlinie) mal 63 geteilt durch 2 also $\frac{26 \cdot 314 \cdot 63}{100 \cdot 2} = \frac{13 \cdot 314 \cdot 63}{100} = \frac{13 \cdot 157 \cdot 63}{50} = \frac{128583}{50} = 2570$ qmm $= 25{,}70$ qcm.

8. Die Berechnung der Kugelfläche.

Die Berechnung einer Kugelfläche ist leichter, als man vielleicht denken mag. Denkt man sich einen Cylinder, welcher ebenso weit und ebenso hoch als die Kugel ist (also gleichen Durchmesser mit ihr hat), so ist der Mantel dieses Cylinders an Flächeninhalt gleich der Oberfläche der Kugel. Kennen wir also den Durchmesser einer Kugel, so ist ihre Umfläche gleich dem Produkt aus Umfang (größter Kreis der Kugel) mal Durchmesser.

Nehmen wir also an, eine Kugel habe 5 cm Durchmesser, so beträgt ihr Umfang $\frac{5 \cdot 314}{100}$ cm. Dieses Produkt mal Durchmesser gibt $\frac{5 \cdot 314 \cdot 5}{100} = \frac{314}{4} = 78{,}5$ qcm.

Dritter Abschnitt.

Ueber die Körperberechnung.

Wie zum Messen einer Linie nur eine bestimmte Art einer Linie — das Meter — und wie zum Messen einer Fläche wieder nur eine bestimmte Fläche — das Quadrat — dienen kann, so auch kann zur Ermittelung eines körperlichen Inhaltes nur ein bestimmter Körper dienen und das ist der Würfel.

Weil nun der Würfel uns zur Ermittelung des körperlichen Inhaltes irgend eines Körpers dient, dieser aber auch Kubus genannt wird, wird die Angabe der Größe eines solchen Körpers mit dem Namen Kubikinhalt genannt.

Zur Berechnung des Kubikinhaltes eines Körpers dienen aber nur Würfel von bestimmter Größe, welche auch nach dieser Größe ihre Bezeichnung erhalten haben. Ein Würfel mit der

Seitenkante von 1 mm heiß Kubikmillimeter (cmm)
„ „ „ 1 cm „ Kubikzentimeter (ccm)
„ „ „ 1 dcm „ Kubikdezimeter (cdcm)
„ „ „ 1 m „ Kubikmeter (cbm.)

Will man nun einen Körper nach seinem räumlichen Inhalt berechnen, so berechnet man zuerst den Flächeninhalt seiner Grundfläche nach Quadratmillimetern, Zentimetern, Dezimetern oder Quadratmetern. Wird nun der Quadratinhalt der Grundfläche mit der Höhe des Körpers multipliziert, so erhält man den kubischen Inhalt desselben. Wir haben uns die Sache so zu erklären.

Hat ein Würfel z. B. 1 cm lange Seitenkanten, so beträgt der Quadratinhalt der Grundfläche desselben 10 . 10 = 100 qmm. Wir können demnach auf diese Grundfläche 100 solcher kleiner Würfelchen, von denen ein jeder 1 mm lang, breit und hoch ist, aufstellen und diese werden die ganze Grundfläche bedecken. Zugleich müssen sie aber alle die Höhe von 1 mm einnehmen. Sie bilden also eine Schicht von 100 Würfeln, welche 1 mm Höhe haben.

Untersuchen wir nun, wieviel solcher Schichten von 100 Würfeln wir in dem zu berechnenden Körper unterbringen können, so haben wir seinen Kubikinhalt kennen gelernt. Der Würfel, den wir berechnen wollten, hat 1 cm lange Seitenkanten. Da 1 cm = 10 mm sind, so ist offenbar, daß wir auch 10 solcher Schichten zu je 100 Würfelchen in dem großen unterbringen können, mithin 10 . 100 = 1000. Es hat mithin
1 Kubikzentimeter 1000 Kubikmillimeter
1 Kubikdezimeter 1000 Kubikzentimeter = 1000000 cmm
1 Kubikmeter 1000 Kubikdezimeter = 1000000 ccm

a) Berechnung des Würfels.

Der in **Fig 16, Taf. VI**, geometrisch dargestellte Würfel hat 18 mm Grundkanten; demnach die Grundfläche 18 . 18 = 324 qmm. Da in diesem Würfel sich aber 18 solcher Schichten von 324 Würfelchen aufschichten lassen, ist sein kubischer Inhalt 324 . 18 (= 18 . 18 . 18) = 5832 cmm = 5,832 ccm.

b) Berechnung einer prismatischen Säule.

Die prismatische Säule **Fig. 17, Taf. VI**, hat 18 mm Grundkanten und 42 mm Seitenkanten. Der kubische Inhalt derselben ist demnach 18 . 18 . 42 = 13508 cmm = 13,508 ccm.

Wäre nun aber einem Prisma anstatt eines Quadrates wie in **Fig. 17** ein Achteck, wie in **Fig. 23** dieser Tafel zur Grundfläche gegeben worden, so finde ich den Kubikinhalt desselben gleichfalls auf demselben Wege.

Ich berechne zuerst den Quadratinhalt des regelmäßigen Achtecks, den wir bereits oben aus acht Dreiecken ermittelt haben $\left(\frac{10 \cdot 12 \cdot 8}{2} = 10 \cdot 6 \cdot 8 = 480 \text{ qmm}\right)$. Dieses Produkt multipliziere ich mit der Höhe des Körpers. Die Höhe ist aber 48 mm, also gibt $480 \cdot 48 = 23040$ cmm $= 23,040$ ccm Inhalt.

Schiefwinkelige Prismen (das sind solche, deren Seitenflächen nicht senkrecht, sondern schief auf ihrer Grundfläche stehen) werden ebenso berechnet; nur hat man darauf zu achten, daß man stets den senkrechten Abstand der Deckfläche von der Grundfläche zu messen hat und nicht etwa die Höhe einer Seitenkante als Höhe des Prismas betrachtet.

c) Berechnung des Cylinders.

Ein Cylinder ist ein solcher Körper, welcher von zwei kongruenten Kreisflächen und einer einseitig gekrümmten Seitenfläche begrenzt wird.

Hat z. B. ein Cylinder einen Durchmesser von 20 mm, und eine Höhe von 50 mm so beträgt der Quadratinhalt einer Kreisfläche $\frac{20 \cdot 314 \cdot 20}{100 \cdot 2 \cdot 2} = \frac{10 \cdot 314 \cdot 10}{100} = 314$ qmm. Dieses Produkt mal Höhe $= 50$ mm gibt $314 \cdot 50 = 15700$ cbm $= 15,700$ ccm.

d) Berechnung der Pyramide.

Jede Pyramide ist nach ihrem kubischen Inhalte gleich dem 3. Teile eines Prismas, welches mit ihm gleiche Grundfläche und gleiche Höhe hat. Wir berechnen demnach die Pyramide zuerst als ein Prisma aus Grundfläche mal Höhe und dividieren den gefundenen Inhalt durch 3.

Die vierseitige Pyramide in **Fig. 20**, Taf. **VI**, hat 18 mm Grundkanten und 48 mm Höhe. Der Kubikinhalt eines solchen Prismas muß hiernach sich ergeben aus: $18 \cdot 18 \cdot 48$ und der Kubikinhalt der Pyramide aus: $\frac{18 \cdot 18 \cdot 48}{3} = 18 \cdot 18 \cdot 16 = 5184$ cmm $= 5,184$ ccm.

Berechnung einer achtseitigen Pyramide.

Um die achtseitige Pyramide, **Fig. 23**, Taf. **VI**, nach ihrem Kubikinhalte zu berechnen, berechnen wir zuerst den Quadratinhalt der Grundfläche, multiplizieren denselben mit der Höhe der Pyramide und dividieren das erhaltene Produkt durch 3.

Der Quadratinhalt des Achtecks beträgt nach früherer Berechnung 480 qmm, gibt also $480 \cdot 48$ (Höhe) geteilt durch 3 $\frac{480 \cdot 48}{3} = 480 \cdot 16 = 7680$ cmm.

Hätten wir aber nur den Pyramidenstumpf zu berechnen, so müssen wir noch den Kubikinhalt der Spitze rsc berechnen, und ihren Inhalt von dem obigen abziehen.

Die Grundfläche dieser Spitze besteht gleichfalls aus acht Dreiecken, von denen ein jedes 8 mm Grundkante und 7 mm Höhe hat, macht also als Quadratinhalt für das kleine Achteck $\frac{5 \cdot 7 \cdot 8}{2} = 5 \cdot 7 \cdot 4 = 140$ qmm. Dieses mal Höhe der Spitze $= 25$ mm gibt 140,25 als Prisma und $\frac{140 \cdot 25}{3} = \frac{3500}{3} = 1166^2/_3$ Inhalt als Pyramide.

$$\begin{array}{r} 7680 \text{ weniger} \\ 1166^2/_3 \\ \hline 6513^1/_2 \text{ für den Pyramidenstumpf.} \end{array}$$

e) Berechnung des Kegels.

Was von der Pyramide gilt, gilt auch von dem Kegel, denn auch der kubische Inhalt eines Kegels ist gleich dem dritten Teile eines Cylinders, welcher mit ihm gleiche Grundfläche und gleiche Höhe hat. Die Berechnung des Kegels ist demnach folgende.

Betrachten wir die **Fig. 23, Taf. VI**, als einen Kegel, dessen Grundfläche 26 mm Durchmesser und dessen Achse 48 mm Höhe hat, so ergibt sich aus diesen Maßen für die Kreisfläche $\frac{26 \cdot 314 \cdot 26}{100 \cdot 2 \cdot 2} = \frac{13 \cdot 214 \cdot 13}{100} = \frac{13 \cdot 157 \cdot 13}{50}$ qmm; für den Kegel selbst aber $\frac{13 \cdot 157 \cdot 13 \cdot 48}{50 \cdot 3} = \frac{13 \cdot 157 \cdot 16 \cdot 31}{50} = \frac{13 \cdot 157 \cdot 8 \cdot 13}{25} = \frac{212264}{25} = 8490^{14}/_{25}$ cmm $= 8{,}490$ ccm.

Sollte aber der Kubikinhalt des abgestumpften Kegels ermittelt werden, so muß man den kubischen Inhalt der Ergänzung r s c dieses Kegels ausrechnen und das Produkt von dem obigen abziehen. Die kleinere Kreisfläche hat in diesem Falle einen Durchmesser von 14 mm, gibt $\frac{14 \cdot 314 \cdot 14}{100 \cdot 2 \cdot 2} = \frac{7 \cdot 314 \cdot 7}{100} = \frac{7 \cdot 157 \cdot 7}{50}$ Quadratinhalt. Dieses Produkt mal Höhe $= 25$ geteilt durch 3 gibt $\frac{7 \cdot 157 \cdot 7 \cdot 25}{50 \cdot 3} = \frac{7 \cdot 157 \cdot 7}{2 \cdot 3} = \frac{7693}{6} = 1282^1/_6$ cmm.

Diese abgezogen von 8490 nach Weglassung des Bruches gibt
$$\begin{array}{r} 1282 \\ \hline 7208 \text{ cmm für den Stumpf.} \end{array}$$

In der Praxis wendet man jedoch folgendes einfachere Verfahren an.

Man addiert den großen Durchmesser der Grundfläche zum kleinern Durchmesser der Deckfläche und halbiert dieses Produkt, wodurch man den mittleren Durchmesser des Stumpfes erhält. Berechnet man mit diesem den Quadratinhalt und multipliziert denselben mit der Höhe des Stumpfes $= 23$ mm, so erhält man ebenfalls ein annähernd richtiges Resultat, z. B. der untere Durchmesser ist 26 mm, der obere 14, gibt 40 mm geteilt durch 2 = 20. Der Quadratinhalt einer solchen Kreisfläche ist demnach $\frac{20 \cdot 314 \cdot 20}{100 \cdot 2 \cdot 2} = \frac{314}{\,}$, dieses mal Höhe 314 . 23 = 7032 cmm Inhalt.

f) Die Berechnung der Kugel.

Den kubischen Inhalt einer Kugel finde ich, wenn ich ihre Oberfläche als Grundfläche eines Kegels ansehe, der den Radius der Kugel zur Höhe hat. Die Formel zur Berechnung der Kugel lautet demnach: Umfläche mal Radius geteilt durch 3, oder was dasselbe ist: Umfläche mal Durchmesser geteilt durch 6.

Hat also eine Kugel einen Durchmesser von 5 cm, so beträgt ihre Oberfläche $\frac{5 \cdot 5 \cdot 314}{100}$ qcm. Diesen Quadratinhalt der Kugelfläche mal Durchmesser (5 cm) geteilt durch 6 ergibt $\frac{5 \cdot 5 \cdot 314 \cdot 5}{100 \cdot 6} = \frac{314 \cdot 5}{4 \cdot 6} = \frac{157 \cdot 5}{2 \cdot 6} = \frac{685}{12} = 65^{5}/_{12}$ cmm.

Vierter Abschnitt.

Angewandte Aufgaben.

Nachdem nun in dem Vorausgegangenen das reguläre Verfahren, nach welchem Körper hinsichtlich ihres Flächen- und Kubikinhaltes berechnet werden, gezeigt worden ist, sollen in folgendem noch einige Beispiele von Berechnungen aus der Praxis Platz finden, und wollen wir auch hierbei die bisher beobachtete Ordnung festhalten, indem wir mit

a) den Längenberechnungen

beginnen.

Die Längenberechnungen treten in der Tischlerei nur dann auf, wenn es sich darum handelt, den Preis für laufende Längen, wie z. B. Fuß- oder Scheuerleisten, Gesimse und dergl. zu bestimmen. Es werden zu dem Ende die erforderlichen Leisten oder Gesimse hinsichtlich ihrer Länge mit dem Metermaßstabe ausgemessen, ihre Längen summiert und die gefundene Meterzahl mit dem Preise für einen laufenden Meter multipliziert.

1) Ist z. B. ein Zimmer 4,80 m lang und 3,70 m breit und es sollen für dasselbe die nötigen Scheuerleisten gefertigt werden, so haben sämtliche Leisten eine Länge von

a) 2 mal 4,80 m = 9,60 m
b) 2 mal 3,70 „ = 7,40 „
also 17,00 m

Werden nun diese Leisten 2 cm stark und 3 cm breit gemacht und mit einem kleinen Kehlstoße versehen, so stellt sich der Preis für **einen** laufenden Meter auf 20 Pfennige und es beträgt demnach der Preis für 17 laufende Meter 17 × 20 Pfennige = 340 Pfennige = 3 Mark 40 Pfennige.

Werden dieselben aber 2½ cm stark und 8 cm hoch gemacht und mit einem reicheren Kehlstoße versehen, so stellt sich der Preis für **einen** laufenden Meter auf 45 Pfennige, macht also 17 × 45 = 765 Pfennige = 7 Mark 65 Pfennige.

2) Ist ein Zimmer 5,40 m lang und 3,90 m breit, und es sollen die vier Wände nach oben durch ein kleines, gegliedertes Gesims abgeschlossen werden, so beträgt die laufende Länge des letzteren

  a) 2 mal 5,40 = 10,80 m und
  b) 2 mal 3,90 = 7,80 „
     also 18,60 m

Beträgt nun der Preis für **einen** laufenden Meter dieses Gesimses 75 Pfennige, so macht es für 18,60 m 75 × 18,60. Lassen wir anfangs das Komma unberücksichtigt, so heißt das Exempel 75 × 1860 = 139500. Setzen wir nun das Komma wieder an seine Stelle, so erhalten wir 1395,00 als Preis in Pfennigen ausgedrückt; 1395 Pfennige sind aber 13,95 Mark, d. h. 13 Mark 95 Pfennige.

Um kürzer zu diesem Resultate zu gelangen, konnten wir von der Zahl 139500 sofort vier Dezimalstellen abschneiden, nämlich zwei um die Zentimeter in Meter und zwei um die Pfennige in Mark zu verwandeln, also 13,9500 = 13 Mark 95 Pfennige.

b) Die Flächenberechnung.

Weit häufiger als obige Längenberechnungen kommen in der Tischlerei und besonders in der Bautischlerei die Berechnungen von Flächen vor. Der Tischler greift zur Berechnung des Flächeninhaltes, wenn er gewisse gefertigte Arbeiten, wie z. B. Fußböden, Thüren, Verschalungen und dergl. oder auch, wenn er seine Rohmaterialen, wie Bretter, Bohlen hinsichtlich ihres Wertes berechnen will. Beginnen wir mit letzteren.

Hat ein Brett wie gewöhnlich 4 m Länge und 25 cm Breite, so beträgt sein Inhalt, da 25 cm = ¼ m sind, 4 × ¼ = 1 qm.

Beträgt dagegen die Breite eines Brettes bei gleicher Länge 28 cm, so finde ich den Flächeninhalt desselben, wenn ich 28 mit 4 multipliziere, macht 112. Da die Länge (4) schon in Metern ausgedrückt ist, die Breite (28) jedoch nur in Zentimetern, und weil zu einem Meter Breite 100 cm gehören, so muß ich obiges Produkt 112 noch durch 100 teilen, also 2 Dezimalstellen abschneiden, um den Inhalt des Brettes in Quadratmetern auszudrücken. Das Resultat ist also 1,12 qm, d. h. 1 qm und 12 qdcm.

Hat jedoch das Brett nur eine Länge von 3,95 m und eine Breite von 24 cm, so bringen wir beide Maße auf gleiche Benennung, indem wir 3,95 m in 395 cm verwandeln (also das Komma weglassen). Das Exempel lautet nun 395 mal 24 = 9480 qcm; es hat demnach ein solches Brett noch nicht einen Quadratmeter Flächeninhalt.

Aufgabe. Wieviel Flächeninhalt hat ein Fußboden, wenn die Länge desselben 3 m 40 cm, die Breite aber 2 m 85 cm beträgt?

Wir bringen zunächst die Maße beider Ausdehnungen auf gleiche Benennung. 3 m 40 cm (oder auch 3,40 m) = 340 cm und 2 m 85 cm (2,85 m) = 285 cm. Das Exempel lautet demnach

$$\begin{array}{r} 340\ \times \\ 285 \\ \hline 1700 \\ 2720 \\ 680 \\ \hline 96900 \text{ qcm} \end{array}$$

Da zu einem Quadratmeter 10000 qcm gehören, so verwandeln wir diese 96900 qcm dadurch in Quadratmeter, indem wir mit 10000 hineinteilen, oder — was dasselbe ist — vier Dezimalstellen abschneiden, gibt also 9,6900 qm, das sind 9 qm 69 qcm.

Aufgabe. Ein Zimmer hat 4,60 m und 3,80 m lange Wände. Die Ofenecke mißt 0,60 m und 0,90 m und es befindet sich in einer der Wände eine Thür von 1,1 m Breite. Für dieses Zimmer soll eine Lambris (Wandverkleidung) von 1,20 m angefertigt werden. Wieviel Quadratinhalt hat dieselbe?

Die gesamte laufende Länge für diese Wandverkleidung beträgt
a) 2 mal 4,60 = 9,20 m
+ b) 2 mal 3,80 = 7,60 „
16,80 m

Hiervon gehen an laufender Länge ab 0,60 + 0,90 + 1,10 m = ... 2,60 „
bleibt 14,20 m

Ich finde daher den Flächeninhalt dieser Wandverkleidung, wenn ich die Länge mit ihrer Höhe multipliziere, also 14,20 mal 1,20 m. Dieses gibt 14,20 mal 1,20 oder nach Weglassung des Kommas

$$\begin{array}{r} 1420\ \times \\ 120 \\ \hline 28400 \\ 1420 \\ \hline 170400 \end{array}$$

Setzen wir nun das Komma wieder ein, indem wir zweimal zwei Dezimalstellen abschneiden, so erhalten wir 17,0400 qm oder 17 qm 4 qdcm.

Aufgabe. Eine Giebelwand soll eine Holzverschalung erhalten. Wieviel Flächeninhalt hat dieselbe, wenn der Giebel an seiner Basis 7,50 m und die Höhe 5,40 m mißt?

Nach obigen Maßangaben erhält dieses Exempel folgenden Ansatz:

$$\begin{array}{r} 750\ \times \\ 540 \\ \hline 30000 \\ 3750 \\ \hline 405000 \end{array}$$

gibt nach Wiedereinsetzen des Kommas 40,5000 qm oder kurz 40,5 qm.

Da diese Fläche jedoch ein Dreieck ist und dieses nach einem früheren Lehrsatze die Hälfte ist von einem Parallelogramme, welches mit ihm gleiche Grundlinie und gleiche Höhe hat, so müssen wir obiges Resultat noch durch 2 teilen, gibt 2 : 40,5 m : 20,25 qm

```
      4
      0
      0
      5
      4
     10
```

Aufgabe. Ein Zimmer hat nur zwei rechte Winkel; von den beiden anderen ist der eine ein spitzer, der andere ein stumpfer. Die eine Wand, welche die beiden rechten Winkel bildet, mißt 4 m, von den beiden sich anschließenden und gegenüberliegenden Wänden hat die größere 3 m, die kleinere nur 2 m Länge. In dieses unregelmäßige Zimmer soll ein Fußboden gelegt werden. Wie groß ist er?

Das kürzeste Verfahren zur Lösung dieser Aufgabe ist folgendes. Man addiert die beiden verschiedenen Längen $2 + 3$ m und dividiert dieses Produkt 5 durch $2 = \frac{5}{2}$ und berechnet nun den Fußboden als regelmäßiges Viereck. Also $\frac{4 \cdot 5}{2} = \frac{20}{2} = 10$ qm Flächeninhalt. Dasselbe Resultat erhalte ich nach obiger Anleitung (Kapitel X, Abschnitt 4, Seite 263), wenn ich diesen Flächenraum in ein regelmäßiges Rechteck und ein Dreieck zerlege.

Ersteres hat alsdann eine Länge von 4 und eine Breite von 2 m, also einen Flächenraum von $2 \cdot 4 = 8$ qm.

Das Dreieck dagegen hat eine Höhe von 4 m und eine Grundlinie von 1 m. Sein Inhalt beträgt also $\frac{1 \cdot 4}{2} = 2$ qm. Diese zu obigen 8 gibt 10 qm.

Aufgabe. Folgendes unregelmäßige Zimmer hat nur einen rechten Winkel. Die beiden Wände, welche diesen einschließen, haben eine Länge von 8 und 6 m. Jener liegt eine Wand von 5,6 m, dieser eine von 7 m gegenüber. Dieses Zimmer soll gedielt werden, wie groß wird der Fußboden?

Lösung. Nach obiger Regel ziehe ich von einer Ecke des Zimmers zur gegenüberliegenden eine gerade Linie und zerlege somit den Fußboden in zwei Dreiecke, die sich leicht auf ihren Flächeninhalt berechnen lassen.

Beide Dreiecke haben folgende Maße. Die Grundlinie (das ist die vorhingezogene Diagonale) beträgt für beide Dreiecke 10 m. Die Höhe des einen Dreiecks aber 3,9 m, die des andern 4,6 m (natürlich winkelrecht zur Grundlinie gemessen). Die Berechnung ist nun folgende:

Erstes Dreieck $\frac{10 \cdot 4,6}{2} = \frac{46,0}{2} = 23,0$ qm

Zweites Dreieck $\frac{10 \cdot 3,9}{2} = \frac{39,0}{2} = 19,5$ „

also 42,5 qm.

— 277 —

Aufgabe. Ein kreisrundes Brunnenloch von 1,6 m Durchmesser soll mit einem Bohlenbelage bedeckt werden. Wieviel Quadratinhalt enthält dieser.

Lösung. Auf Grund des oben angegebenen zweiten Verfahrens (siehe zweiten Abschnitt, Seite 265) verhält sich der Flächeninhalt des Durchmesserquadrates zu dem seines größten Kreises wie 400 : 314.

Das Durchmesserquadrat von eben bezeichneter Größe beträgt aber $1,6 \times 1,6 = 16 \times 16 = 256$ qdcm. Teile ich diese in 400 gleiche Teile, so fallen hiervon 314 auf die Kreisfläche, also $\frac{256 \cdot 314}{400} = \frac{64 \cdot 314}{100} = \frac{16 \cdot 314}{25} = \frac{5024}{25} = 200,96$ qdcm oder 2 qm und noch nicht ganz einen Quadratdezimeter. Oder kürzer $\frac{16 \cdot 16 \cdot 314}{400} = \frac{16 \cdot 314}{25} = \frac{5024}{25} = 200,96$ qdcm u. s. f.

Noch kürzer wird der Ansatz nach dem obigen dritten Verfahren nach der Formel $\frac{R \cdot R \cdot 314}{100}$; also $\frac{8 \cdot 8 \cdot 314}{100} = \frac{2 \cdot 8 \cdot 314}{25} = \frac{5024}{25} = 200,96$.

Aufgabe. Wie viel Quadratinhalt hat ein kreisrunder Tisch, wenn sein Durchmesser 1 m beträgt?

Lösung nach dem zweiten Verfahren.

Beträgt der Durchmesser 1 m, so beträgt das Durchmesserquadrat $1 \times 1 = 1$ qm.

Teile ich diesen in 400 gleiche Teile, so kommen auf die Kreisfläche 314, also $\frac{314}{400}$ qm. Um diesen Bruchteil eines Quadratmeters in Dezimetern auszudrücken, multipliziere ich 314 mit 100 (weil 1 qm 100 qcm hat) gibt 31400 und teile dieses Produkt mit 400. Gibt

```
400 : 31400 = 78,5 qdcm
      2800
      ————
      3400
      3200
      ————
       2000
       2000
```

Lösung nach dem dritten Verfahren.

Beträgt der Durchmesser 1 m, so ist der Radius 50 cm.

Ansatz. $\frac{50 \cdot 50 \cdot 314}{100} = \frac{50 \cdot 314}{2} = \frac{25 \cdot 314}{0} =$ 7850 qcm oder $78\frac{1}{2}$ qdcm wie oben.

Aufgabe. Wieviel Flächeninhalt hat ein ovaler Tisch, wenn die Längenachse 1,15 und die Breitenachse 75 cm beträgt?

Lösung. (Siehe Abschnitt C) 1,15 m sind 115 cm, gibt folgenden

Ansatz: $\frac{115 \cdot 75 \cdot 314}{400} = \frac{115 \cdot 75 \cdot 314}{200} = \frac{23 \cdot 75 \cdot 157}{40} =$

$\frac{23 \cdot 15 \cdot 157}{8} = \frac{54165}{8} = 6770$ qcm oder 67 qdm 70 qcm.

Aufgabe. Es soll ein kreisrunder Tisch angefertigt werden, an welchem 5 Personen bequem Platz haben. Es frägt sich: a) Wie groß wird der Durchmesser für diesen Tisch zu machen sein? b) Wieviel Quadratinhalt enthält diese Tischplatte?

Lösung. a) Wie groß ist der Durchmesser dieses Tisches?

Rechnet man für eine Person 70 cm Raum, so macht es für fünf Personen $5 \times 70 = 350$ cm. Der Umfang des Tisches muß also 350 cm betragen. Da aber der Umfang eines Kreises sich zu seinem Kreise wie bekannt wie 314 : 100 verhält, so finde ich die Länge

des Durchmessers aus: $\frac{350 \cdot 100}{314} = \frac{350 \cdot 50}{157} = \frac{17500}{157}$

$111^{13}/_{157}$ cm.

Anmerkung. Sollte anstatt eines kreisrunden Tisches ein ovaler verlangt werden, so läßt sich diese Kreisfläche von fast 112 cm Durchmesser leicht in ein Oval verwandeln, wenn man folgendermaßen verfährt.

Man bestimmt zunächst die kurze Achse des Ovales z. B. 80 cm, zieht diese von der großen Achse 112 cm ab, gibt 32 und setzt diese dem Durchmesser 112 hinzu, gibt 144 cm. Konstruiert man nun aus diesen Maßen ein Oval, so kommt dieses jener Kreisfläche an Flächeninhalt ziemlich nahe.

b) Wie groß ist der Flächeninhalt dieses Tisches.

Nehmen wir den Durchmesser zu 112 cm, so ergibt sich nach dem

dritten Verfahren die Formel $\frac{56 \cdot 56 \cdot 314}{100} = \frac{56 \cdot 56 \cdot 157}{50} =$

$\frac{28 \cdot 56 \cdot 157}{25} = \frac{246176}{25} = 9847^1/_{25}$ qcm 0,9847 qm.

Aufgabe. Das kegelförmige Dach eines Flankenthürmchens von 5 m Durchmesser und 8 m seitlicher Höhe soll mit Brett verschalt werden. Wieviel Quadratinhalt hat dieses?

Lösung. Ist der Durchmesser 5 m, so beträgt der Umfang $\frac{5 \cdot 314}{100}$

und das ganze Dach $\frac{5 \cdot 314 \cdot 8}{100 \cdot 2} = \frac{5 \cdot 314 \cdot 4}{100} = \frac{5 \cdot 314}{25} =$

$\frac{314}{5} = 62^4/_5$ qm.

Aufgabe. Eine halbkreisförmige Kuppel von 8 m Durchmesser soll verschalt werden. Wieviel Flächeninhalt hat die Verschalung?

Lösung. Nach Abschnitt 8 dieses Kapitels hat diese Kuppel
$$\frac{8 \cdot 314 \cdot 8}{100 \cdot 2} = \frac{8 \cdot 314 \cdot 4}{100} = \frac{8 \cdot 314}{25} = \frac{2512}{25} = 100^{12}/_{25} \text{ qm}.$$

c. Berechnung des Kubikinhaltes.

Obgleich die Berechnung des körperlichen Inhaltes in der Tischlerei nur im beschränktem Maße auftritt, soll dieselbe, da sie nicht entbehrt werden kann, an einigen praktischen Beispielen hier gezeigt werden. Sie wird angewandt, wenn es sich um Aufsuchung des Kubikinhaltes von stärkeren Bohlen, harten Hölzern oder auch von Rohhölzern wie Baumstämmen ꝛc. handelt, um den Preis hiernach zu ermitteln.

Aufgabe. Wieviel Kubikinhalt hat ein Ahornblock von 1 m 50 cm Länge, 40 cm Breite und 25 cm Stärke?

Lösung. 1 m 50 cm = 150 cm, gibt also 150 × 40 × 25 = 150000 ccm oder 150 cdcm.

Aufgabe. Wieviel Rauminhalt hat eine Bohle von 4 m Länge, 18 cm Breite und 10 cm Stärke?

Lösung. 400 . 18 . 10 = 72000 ccm = 72 cdcm.

Aufgabe. Wieviel Inhalt hat eine cylindrische Säule von 85 cm Durchmesser und 3 m 2 dcm Höhe.

Lösung. Die Kreisfläche dieser Säule hat einen Quadratinhalt von $\frac{85 \times 85 \times 314}{400}$ dieses mal Höhe = 320 cm gibt
$$\frac{85 \cdot 85 \cdot 314 \cdot 320}{400} = \frac{17 \cdot 85 \cdot 157 \cdot 8}{} = 1814920 \text{ ccm oder}$$
1 cbm, 814 cdcm, 920 ccm.

Aufgabe. Ein Baumstamm von 4 m 15 cm Länge ist am unteren Ende 88, am oberen 64 cm dick. Wieviel Kubikinhalt hat er?

Lösung. Um den mittleren Durchmesser dieses Stammes zu ermitteln, addieren wir die beiden Durchmesser 88 + 64 = 152 und nehmen hiervon die Hälfte, gibt 76 cm und rechnen nun wie bekannt. Die Kreisfläche hat demnach einen Quadratinhalt von $\frac{76 \cdot 76 \cdot 314}{400}$ qcm; dieses mal Länge = 415 cm, gibt $\frac{76 \cdot 76 \cdot 314 \cdot 415}{400} =$
$$\frac{19 \cdot 38 \cdot 157 \cdot 83}{5} = 1881676^2/_5 \text{ ccm} = 1 \text{ cbm } 881 \text{ cdcm } 676^2/_5 \text{ ccm}.$$

d) Preisberechnung.

Alle bisherigen Berechnungen hätten wenig Interesse für uns, wenn sie uns nicht in den Stand setzten, mit ihrer Hilfe den Wert des Rohproduktes, sowie auch den der gefertigten Arbeit zu ermitteln. Dieses geschieht folgendermaßen.

— 280 —

Der Ausgangspunkt aller unserer Preisberechnung ist der Kubikmeter oder, wie er in der Fachsprache genannt wird — der Festmeter, d. h. ein Meter langes, ein Meter breites, ein Meter starkes, festes Holz. Der mittlere Preis für einen solchen Holzblock beträgt gegenwärtig

    1) für fichtenes oder Kiefernholz 50 Mark.
    2) „ buchenes oder hartes Holz 60 „
    3) „ Eichenholz . . . . . 90 „

Denken wir uns nun von einem solchen Holzblocke die oberste Schicht in der Stärke von einem Zentimeter parallel zur Oberfläche abgeschnitten, so erhalten wir eine Bretttafel von 1 m Länge, 1 m Breite, also einen Quadratmeter und dieser kostet nach obigen Preisangaben in Fichtenholz den hundertsten Teil von 50 Mark = 50 Pfennige, weil der ganze Block 100 solche Tafeln von 1 cm Stärke enthält.

Ein Brett ist aber gewöhnlich 4 m lang. Hat dasselbe nun eine Breite von 25 cm, so macht dies ebenfalls einen Quadratmeter aus und der Preis für ein solches 1 cm starkes Brett beträgt somit 50 Pfennige.

Da aber die gewöhnliche Brettstärke 2 cm beträgt, so muß auch ein solches Brett von 25 cm Breite 2×50 Pfennige = 1 Mark kosten.

Aufgabe. Was kostet ein 2 cm starkes Brett von 4 m Länge und 30 cm Breite.

Lösung. Eine 1 qm große und 2 cm starke Tafel kostet nach obiger Angabe den 50. Teil eines Festmeters = 1 Mark. Das Brett enthält aber $4 \times 0{,}30$ m = 1,20 qm. 1 qm = 100 Pfennige, also $^1/_{100}$ qm = 1 Pfennig und $^{120}/_{100}$ qm 120 Pfennige = 1 Mark 20 Pfennige.

Man merke also zur Berechnung des Preises folgende Regel für den Ansatz:

Man teilt mit 100 in den Preis des Festmeters und multipliziert dieses Produkt mit der Stärke des Brettes resp. Bohle in Zentimetern ausgedrückt, also $\dfrac{50 \text{ Mark} \cdot 2}{100}$. Hierauf multipliziert man diese Zahl mit der Länge und Breite des Brettes und teilt noch einmal mit 100. Das Produkt gibt alsdann den Preis des Brettes in Mark ausgedrückt; also für obige Aufgabe $\dfrac{50 \text{ Mark} \cdot 2 \cdot 4 \cdot 30}{100 \cdot 100} = \dfrac{12 \text{ Mark}}{10} = 1$ Mark 20 Pfennige.

Ist aber die Länge des Brettes nicht in reinen Metern, z. B. in 3 m 4 dm oder 3 m 35 dcm ausgedrückt, so verwandelt man dieses Maß in Zentimeter und teilt noch einmal mit 100.

Aufgabe. Was kostet eine buchene Bohle von 3 m 25 cm Länge, 20 cm Breite und 8 cm Stärke?

Lösung. $\dfrac{60 \text{ Mark} \cdot 8 \cdot 325 \cdot 20}{100 \cdot 100 \cdot 100} = \dfrac{3 \text{ Mark} \cdot 8 \cdot 325 \cdot 20}{5 \cdot 100 \cdot 100} =$
$\dfrac{3 \text{ Mark} \cdot 2 \cdot 325 \cdot 20}{5 \cdot 25 \cdot 100} = \dfrac{3 \text{ Mark} \cdot 2 \cdot 13 \cdot 20}{5 \cdot 100} = \dfrac{3 \text{ Mark} \cdot 2 \cdot 13}{5 \cdot 5} =$
$\dfrac{78}{25} = 3^1/_{25}$ Mark = 3 Mark 4 Pfennige.

Aufgabe. Wie teuer kommt eine eichene Schwelle von 90 cm Länge, 15 cm Breite und 4 cm Stärke.

Lösung. $\dfrac{90 \text{ Mark} \cdot 90 \cdot 15 \cdot 4}{100 \cdot 100 \cdot 100} = \dfrac{9 \text{ Mark} \cdot 9 \cdot 15}{10 \cdot 10 \cdot 25} = \dfrac{9 \text{ Mark} \cdot 9 \cdot 3}{10 \cdot 10 \cdot 5} = \dfrac{243}{500}$ Mark, also etwa ½ Mark.

Anmerkung 1. Will man sich das Kürzen im Ansatz ersparen, so kann man auch sämtliche Ziffern, welche über dem Teilungsstriche stehen, miteinander multiplizieren und das erhaltene Produkt (weil wir dasselbe mit 100 . 100 . 100 dividieren müssen) um sechs Stellen kürzen (abschneiden). Also 90 . 90 . 15 . 4 = 486000. Von diesem Produkte sechs Stellen abgeschnitten gibt 0,486000 Mark, also noch nicht ganz ½ Mark.

Anmerkung 2. Im Handel wird bei der Berechnung des Rohmaterials nicht so skrupulös verfahren, indem alle Dezimalstellen über 5 für voll gerechnet werden, dafür aber alle unter 5 in Wegfall kommen und gilt dieses besonders bei der Berechnung von geringeren Holzsorten. Es werden demnach 5,6 m für volle 6 m gerechnet, dagegen 5,4 m für nur 5 ganze Meter.

Nach dem Preise des Rohmaterials pro Quadratmeter richtet sich bei manchen Arbeiten der Bautischlerei auch der Preis für den Quadratmeter der gefertigten Arbeit. Bei Fußböden gewöhnlicher Art rechnet man für den Quadratmeter den doppelten Preis, also 2 Mark. Bessere und stärkere Fußböden aber mit 3 bis 4 Mark. Wird er mit einem eichenen Friese eingefaßt; 3 cm stark und Fries und Tafeln gespundet, so stellt sich der Quadratmeter auf 6 bis 7 Mark.

Auch Thüren werden häufig nach Quadratmetern berechnet und zwar bei gewöhnlichen Stubenthüren, Rahmenholz aus Bohle mit vier Füllungen mit 5 bis 6 Mark. Feinere Thüren werden mit 8 bis 9, Flügelthüren mit Glasverschluß sogar mit 11 bis 12 Mark pro Quadratmeter berechnet.

Aufgabe. Wie teuer kommt eine Flügelthür mit Glasfenster von 1,20 m Breite, 2,20 m Höhe, wenn der Quadratmeter mit 12 Mark berechnet wird?

Lösung. $\dfrac{1{,}20 \times 2{,}20 \times 12 \text{ Mark}}{0} = \dfrac{120 \cdot 220 \cdot 12}{1000} = \dfrac{316800}{1000}$ Mark = 31,86 Mark.

Es könnten solche Berechnungsaufgaben leicht noch vermehrt werden, um die leichte Art und Weise solcher Lösungen sowie ihre Bedeutung für die Praxis noch augenfälliger zu machen, allein es soll hiervon abgesehen werden. Kommt es ja doch nur auf das Verfahren an, und wer dieses sich angeeignet hat, dem wird es ein leichtes sein, die verschiedensten Arbeiten auf ihren Preis hin nunmehr berechnen zu können.

Um der Praxis sich noch weiter nützlich zu machen und namentlich Mindergeübten über zeitraubende Berrechnungen hinweg zu helfen, sind am Ende dieses Werkchens noch zwei Berechnungstabellen beigefügt worden, deren Gebrauch noch durch ein paar Worten erklärt werden soll.

Tabelle 1.

Umfang und Inhalt des Kreises.

Durchmesser in Zentimetern	Umfang in Zentimetern	Quadratinhalt in Quadratdezimetern	Durchmesser in Zentimetern	Umfang in Zentimetern	Quadratinhalt in Quadratmetern
5	15,7	0,196	115	361,1	1,038
10	31,4	0,785	120	376,8	1,130
15	47,1	1,766	125	392,5	1,226
20	62,8	3,140	130	408,2	1,326
25	78,5	4,906	135	423,9	1,430
30	94,2	7,065	140	439,6	1,558
35	109,9	10,616	145	455,3	1,650
40	125,6	12,560	150	471,0	1,766
45	141,3	15,896	155	487,6	1,885
50	157,0	19,625	160	502,0	2,009
55	172,7	23,746	165	518,1	2,138
60	188,4	28,260	170	533,8	2,268
65	204,1	33,166	175	549,5	2,423
70	219,8	38,465	180	565,2	2,543
75	235,5	44,156	185	580,9	2,686
80	251,2	50,240	190	596,6	2,833
85	266,9	55,431	195	612,3	2,984
90	282,6	63,568	200	628,0	3,140
95	298,3	70,846			
100	314,0	78,50			
105	329,7	86,54			
110	345,2	94,98			

Diese Tabelle gibt Aufschluß über die Länge eines Kreisumfanges, sowie über den Flächeninhalt desselben, wenn der Durchmesser bekannt ist. Umgekehrt kann aber auch der Durchmesser einer Kreisfläche daraus ersehen werden.

Wird z. B. ein runder Tisch für 8 Personen zu fertigen verlangt, so braucht man nur den Raum für eine Person — etwa 70 cm mit der Anzahl der Person (8) zu multiplizieren (gibt 560 cm) und hiernach den passenden Durchmesser zu entnehmen. Für obigen Fall wird derselbe 180 cm betragen.

Wie eine solche Tischplatte in eine ovale verwandelt werden kann, ist bereits oben gezeigt worden.

Beträgt aber der Durchmesser z. B. 32½ cm, so kann auch hierfür die Tabelle 1 Aufschluß geben; man nimmt in diesem Falle nämlich dieses Maß doppelt = 65 und halbiert, wenn es sich um den Umfang handelt 204, gibt 102 cm. Will man aber den Quadratinhalt von dieser Kreisfläche wissen, so muß das Produkt 33,166 durch 4 dividiert werden = 8,291 qcm.

Tabelle 2.

Berechnungstabelle des Kubikinhaltes runder Hölzer in Kubikdezimetern resp. Kubikmetern, von 10 bis 100 cm Durchmesser und 1 dcm bis 5 m Länge.

Länge in Dezimetern	Durchmesser in Zentimetern									
	10	12	14	16	18	20	22	24	26	28	30
1	0,78	1,09	1,53	1,61	2,54	3,14	4,17	4,52	5,30	6,15	7,06
2	1,56	2,18	3,6	3,62	5,08	6,28	8,34	9,04	10,60	12,30	14,12
3	2,34	3,27	4,59	4,83	7,63	9,42	12,51	13,56	15,90	18,45	21,18
4	3,12	4,36	6,12	6,44	10,16	12,56	16,68	18,08	21,20	24,60	28,24
5	3,90	5,45	7,65	8,05	12,71	15,70	20,85	22,60	26,50	30,75	35,30
6	4,68	6,54	9,18	9,66	15,26	18,84	25,02	27,12	31,80	36,90	42,36
7	5,32	7,63	10,71	11,27	17,80	21,98	29,19	31,64	37,10	43,05	49,42
8	6,24	8,72	12,24	12,88	20,34	25,12	33,36	36,16	42,40	49,20	56,48
9	7,02	9,81	13,77	14,49	22,89	28,26	37,53	40,68	47,70	55,45	63,54
Meter											
1	7,8	10,9	15,3	16,1	25,4	31,4	41,7	45,2	53,0	61,5	70,6
2	15,6	21,8	30,6	32,2	50,8	62,8	83,4	90,4	106,0	123,0	141,2
3	23,4	32,7	45,9	48,3	76,2	94,2	125,1	135,6	159,0	184,5	211,8
4	31,2	43,6	61,2	64,4	101,6	125,6	166,8	180,8	212,0	246,0	282,4
5	39,0	54,5	76,5	80,5	127,0	157,0	208,5	226,0	265,0	307,5	353,0

Fortsetzung.

Durchmesser in Zentimetern.											
32	34	36	38	40	42	44	46	48	50	52	54
8,04	9,07	10,11	11,34	12,56	13,85	15,19	16,61	18,08	19,62	21,22	22,89
16,08	18,14	20,22	23,50	25,12	27,70	30,38	33,22	36,16	39,24	42,44	45,78
24,12	27,21	30,33	34,25	37,68	41,55	45,57	49,83	54,24	58,86	63,66	68,67
32,16	36,28	40,44	47,00	50,24	55,40	60,76	66,44	72,32	78,48	84,88	91,56
40,20	45,35	50,55	58,75	62,80	69,25	75,95	83,05	90,40	98,10	106,1	114,45
48,24	54,42	60,66	70,50	75,36	83,10	91,14	99,6	108,48	117,72	127,3	137,34
56,28	63,49	70,77	82,25	87,92	96,95	106,3	126,2	126,56	137,34	148,5	160,23
64,32	72,56	80,88	94,00	100,48	110,80	121,5	132,8	144,64	156,96	169,7	183,12
72,36	81,63	90,99	105,75	114,04	124,65	136,7	149,4	162,72	176,58	190,9	206,01
Meter											
80,4	90,7	101,1	117,7	125,6	138,5	151,9	166,1	180,8	196,2	212,2	228,9
160,8	181,4	202,2	235,4	251,2	276,0	303,8	332,2	361,6	392,4	424,4	457,8
241,2	272,1	303,3	353,1	376,8	415,5	455,7	498,3	542,4	588,6	636,6	686,7
321,6	362,8	404,4	470,8	502,4	554,0	607,6	664,4	723,2	784,8	848,8	915,6
402,0	453,5	505,5	588,5	628,0	692,5	759,5	830,5	904,0	981,0	Kubikmeter 1,06	1,14

Fortsetzung.

Länge in Dezimetern	Durchmesser in Zentimetern									
	56	58	60	62	64	66	68	70	72	74	76
1	24,61	26,4	28,26	30,34	32,15	34,19	36,30	38,46	40,69	42,98	45,34
2	49,22	52,8	56,52	60,68	64,30	68,38	72,60	76,92	81,38	85,96	90,68
3	73,83	79,2	84,78	91,02	96,45	102,57	108,90	115,38	122,07	128,94	136,02
4	98,44	105,6	113,0	121,3	128,60	136,76	145,20	153,84	162,76	171,92	181,36
5	123,0	132,0	141,3	151,7	160,75	170,95	181,5	192,30	203,45	214,90	226,70
6	147,6	158,4	169,5	182,0	192,90	205,14	217,8	230,76	244,14	257,88	272,04
7	172,2	184,8	197,8	212,3	225,0	239,33	254,1	269,22	284,83	300,86	317,38
8	196,8	211,2	226,0	242,7	257,20	273,52	290,4	307,68	405,52	343,84	362,72
9	221,4	237,6	234,3	273,0	289,35	307,71	326,7	346,14	366,21	386,82	408,06
Meter											
1	246,1	264,0	282,6	303,4	321,5	341,9	363,0	384,6	406,9	429,8	453,4
2	492,2	528,0	565,2	606,8	643,0	683,8	726,0	769,2	813,8	859,6	906,8
						cbm	cbm	cbm	cbm	cbm	cbm
3	738,1	792,0	847,8	910,2	964,5	1,025	1,089	1,153	1,220	1,289	1,360
		cbm	cbm	cbm	cbm						
4	984,4	1,056	1,136	1,213	1,286	1,367	0,452	1,538	1,627	1,719	1,813
	cbm										
5	1,2305	1,3200	1,4130	1,5170	1,6075	1,5095	1,8150	1,9230	2,0345	2,1490	2,2670

Fortsetzung.

Durchmesser in Zentimetern										
78	80	82	84	86	88	90	92	94	96	98	100
47,57	50,24	52,78	55,30	18,06	60,79	63,58	66,56	96,36	72,34	75,39	78,5
95,06	100,48	105,56	111,78	156,12	121,58	127,16	133,06	138,72	144,68	150,78	157,0
142,68	150,72	158,34	166,17	174,18	182,37	190,74	199,68	208,08	217,02	226,17	235,5
190,24	200,96	211,12	221,56	232,24	243,16	254,32	266,24	277,44	289,36	301,56	314,0
237,80	251,20	263,90	276,95	290,30	303,95	317,90	332,80	346,80	361,70	376,95	392,5
285,36	301,44	316,68	332,34	348,36	364,74	381,48	399,36	416,16	434,04	452,34	471,0
332,92	351,68	369,46	387,73	406,42	425,53	445,56	465,92	485,52	506,38	527,73	549,5
380,48	401,92	422,24	443,12	464,48	486,32	508,64	582,48	554,88	578,72	603,12	628,0
428,04	452,16	475,02	498,51	522,54	547,11	572,22	599,04	624,24	651,06	678,51	706,5
Meter											
475,6	502,4	527,8	553,9	580,6	607,9	635,8	665,6	693,6	723,4	753,9	785,0
	cbm	cbm	cbm	cbm	cbm	cbm	cbm	cbm	cbm	cbm	cbm
950,6	1,0048	1,0556	1,1178	1,1160	1,2158	1,2716	1,3306	1,3872	1,4468	1,5078	1,570
cbm											
1,426	1,5072	1,5834	1,6617	1,7418	1,8237	1,9074	1,9968	2,0808	2,1702	2,2617	2,355
1,902	2,0096	2,1112	2,2156	2,3224	2,4316	2,5432	2,6624	2,7744	2,8936	3,0156	3,140
2,3780	2,5126	2,6390	2,7695	2,9030	3,0395	3,1790	3,3280	3,6170	3,4680	3,7695	3,925

Ist z. B. ein Baumstamm von 5 m Länge und 44 cm mittleren Durchmesser auf seinen Kubikinhalt zu berechnen, so ersehen wir aus dieser Tabelle, daß das Gesuchte 795,5 cdcm sind.

Wäre aber der mittlere Durchmesser nur 43 cm, so suche ich die doppelte Stärke, also 86 auf und dividiere das hier stehende Produkt durch 4 = 4 : 2,9030 = 7,257, als Kubikinhalt für 5 m Länge.

Ist aber ein Stamm 3,40 m lang und 0,78 m mittleren Durchmesser stark, so suche ich zunächst das Produkt für 3 m = 1,426 cbm, sodann dasjenige für 0,40 m = 4 dm nämlich 190,24 cdcm. Beide Zahlen addiert geben als gesuchten Inhalt 1,42600 +
$$\underline{0,19024}$$
$$1,61624 \text{ cbm.}$$

Es läßt sich demnach mit Hilfe dieser Tabelle der Kubikinhalt für jede Stammlänge und Stärke zwischen 10 und 100 cm in kürzester Zeit aufsuchen und hiernach der Preis wohl berechnen; beide werden demnach als eine willkommene Zugabe Beachtung finden.